화엄경소론찬요
華嚴經疏論纂要

화엄경소론찬요 ②
華嚴經疏論纂要

● **일러두기** ●

1. 이 책의 원서는 명말청초 때의 승려인 도패 스님※이 약술 편저한 《화엄경소론찬요》이다. 《대방광불화엄경》 80권본을 기초로 하여, 경문에 청량 스님의 소초(疏鈔)와 이통현 장자의 논(論)을 붙여 상세하게 풀이하였다.

2. 경(經), 소(疏), 논(論)은 원문에 토를 붙여서 그 뜻을 이해하기 편하도록 했으며, 원문 바로 아래 번역문을 넣었다.

3. 원문을 살려 그대로 옮겨 놓음을 원칙으로 하다 보니 본문의 제목 번호에 있어서 다소 혼동이 올 수 있다. 그럴 경우 목차를 참고하기 바란다.

4. 산스크리트 어 표기는 〈표준국어대사전〉과 〈불광 사전〉 등에 등재된 음역어를 사용하였으며, 불교 용어에 대한 설명은 주로 〈불광 사전〉을 참고하였다.

※ 위림도패(爲霖道霈, 1615~1702) 스님은 명말청초 때의 조동종 승려이다. 14세 때 백운사(白雲寺)에서 출가하여 경교(經敎)를 공부했다. 영각원현을 모시며 법을 이었고, 천동산(天童山) 밀운원오(密雲圓悟)에게 배워 크게 깨달았다. 그 후 백장산(百丈山)에 암자를 짓고 5년 동안 정업(淨業)을 닦았다. 나중에 고산(鼓山)으로 옮겨 20여 년 동안 살았는데 귀의하는 사람이 매우 많았다.
저술로는 《인왕반야경합소(仁王般若經合疏)》 3권을 비롯하여 《화엄경소론찬요(華嚴經疏論纂要)》 120권, 《법화경문구찬요(法華經文句纂要)》 7권, 《불조삼경지남(佛祖三經指南)》 3권, 《위림도패선사병불어록(爲霖道霈禪師秉拂語錄)》 2권, 《여박암고(旅泊庵稿)》 4권, 《선해십진(禪海十珍)》 1권, 《사십이장경지남(四十二章經指南)》, 《불유교경지남(佛遺敎經指南)》, 《고산록(鼓山錄)》 6권, 《반야심경청익설(般若心經請益說)》, 《팔십팔불참(八十八佛懺)》, 《준제참(準提懺)》, 《발원문주(發願文註)》 등이 있다.

● 간행사 ●

《화엄경소론찬요》 번역서를 간행하면서

《화엄경》은 비로자나 세존께서 보리도량에서 처음 정각을 성취하신 후, 일곱 도량 아홉 차례의 법문에서 일진(一眞)의 법계(法界)와 제불의 과원(果願)을 보여주시어 미묘한 현지(玄旨)와 그지없는 종취(宗趣)를 밝혀주신 최상의 경전이다. 이처럼 《화엄경》은 법계와 우주가 둘이 아닌 하나로 그 광대함을 말하면 포괄하지 않음이 없고, 그 심오함을 말하면 갖춰 있지 않음이 없어 공간으로는 법계에 다하고 시간으로는 삼세에 통하고 있다.

이러한 이유에서 《화엄경》은 근본 법륜으로 중국은 물론 동양 각국에서 높이 받들며 수많은 주석서가 간행되어 왔다. 그러나 세상에 널리 알려진 것은 청량 국사의 《대방광불화엄경소초(大方廣佛華嚴經疏鈔)》와 통현 장자의 《대방광불화엄경론(大方廣佛華嚴經論)》이다. 소초(疏鈔)는 철저한 장 구(章句)의 분석으로 본말을 지극히 밝혀주었고, 논(論)은 부처님의 논지를 널리 논변하여 자심(自心)으로 회귀하고 있는 것이 특징이다. 이처럼 청량소초와 통현론은 양대 명저(名著)로 모두 수증(修證)하는 데에 지극한 궤범(軌範)이었다.

탄허 대종사께서는 이러한 점을 토대로 통현론을 주(主)로 하고 청량소초를 보(補)로 하여 번역하심으로써 《화엄경》이 동양에 전해진 이후 동양 최초의 《화엄경》 번역이라는 쾌거를 이룩하셨다. 일찍이 한국불교에 침체된 화엄사상은 대종사의 번역에 힘입어 다시 온 누리에 화엄의 꽃비가 내려 화엄의 향기로 불국정토를 성취하여 더할 수 없는, 지극한 법륜을 설하셨다.

그러나 대종사께서 열반하신 이후, 불법은 날로 쇠퇴하고 중생의 근기는 날로 용렬하여 방대한 소초와 논을 열람하기에는 역부족이었다. 이에 대종사의 《화엄경》을 다시 한 번 밝히기 위해서는 또 다른 모색을 필요로 할 시점에 이르렀다. 보다 쉽게 볼 수 있고 간명한 데에서 심오한 데로, 물줄기에서 본원을 찾아갈 수 있는 진량(津梁)을 찾지 않는다면 대종사의 평생 정력을 저버리게 된다는 절박한 마음이 없지 않았다.

청대(淸代) 도패(道霈) 대사는 청량의 소초와 통현의 논 가운데 그 정요(精要)만을 뽑아 《화엄경소론찬요(華嚴經疏論纂要)》를 편집하였다. 이는 매우 방대한 소초와 논을 축약하여, 가까이는 청량 국사와 통현 장자의 심법을 전수하였고 멀리는 비로자나불의 묘체(妙諦)를 밝혀주는 오늘날 최고의 《화엄경》 주석서이다.

이에 《화엄경소론찬요》를 대본으로 하여, 다시 대종사의 번역서를 참고하면서 현대인이 보다 쉽게 이해할 수 있는 번역서를 간행하기에 이르렀다.

이제 돌이켜 생각하면 무상한 세월 속에 감회가 적지 않다. 내 지난날 출가 입산하여 겨우 이레가 되던 날, 처음 접한 경전이 《화엄경》이었다. 행자 생활을 시작한 영은사는 대종사께서 오대산 수도원이 해산된 후, 이의 연장선상에서 3년 결사(結社)를 선포하시고 《화엄경》 번역이라는 대작불사를 시작하여 강의하셨던, 한국불교사에 한 획을 그려준 역사의 도량이었다.

그 당시 대종사께서는 행자인 나에게 《화엄경》을 청강하라 하시면서 "설령 알아듣지 못할지라도 들어두면 글눈이 생겨 안 들은 것보다 낫다."고 권면하셨다. 이제 생각해보면 행자 출가 즉시 《화엄경》 공부 자리에 참여했다는 것은 전생의 숙연(宿緣)이 아니었으면 어떻게 그 당시 그 법회에 참석이나 할 수 있었겠는가. 이는 행운 중 행운으로 다겁의 선근공덕이 아닐까 생각되며, 아울러 늦게나마 대종사의 영전에 하나의 향을 올리는 바이다.

처음 《화엄경》 설법을 듣는 순간, 끝없는 우주법계의 장엄세계가 황홀하고 법계를 밝혀주고 무진 보배를 담고 있는 바다의 불가사의한 공덕이라는 대종사의 사자후가 머릿속에 쟁쟁하게 울려왔을 뿐, 그 도리를 이해한다는 것은 나의 근기로서는 도저히 불가능한 일이었다. "쭉정이만도 못하다."고 꾸지람을 하시던 대종사의 방할(棒喝)을 맞으며 영은사에서의 결사가 끝난 후, 나는 단 한 번도 《화엄경》을 펼쳐 볼 엄두를 내지 못했다.

그러던 몇 해 전, 무비 스님께서 범어사에서 《화엄경》을 강좌하시면서 서울에서도 《화엄경》 강좌를 열어보라고 권할 적만 하더라도 언감생심 《화엄경》을 강의하겠다는 생각을 하지 못하였다. 그러나 씨앗을 뿌려놓으면 새싹이 돋아나듯, 반드시 인연법은 사라지지 않는 모양이다. 영은사에서의 《화엄경》 인연이 자곡동 탄허기념박물관에 화엄각건립불사를 발원하게 되었고, 화엄각건립불사를 위하여 《화엄경》 강좌를 열기에 이를 줄은 꿈에도 생각지 못하였다.

미력한 소견으로 강좌를 열면서 정리된 강의 자료를 여러 뜻있는 이들과 다시 한 번 토론하고 강마하면서 우선 〈세주묘엄품〉부터 출간하게 되었으며, 앞으로도 연차적으로 간행할 예정이다.

이 책이 나오도록 기꺼이 설판제자가 되어주신 김철관(金澈官), 오정순(吳貞順) 불자(佛子)의 심신이 건강하고 사업이 번창하여 세세생생 부처님 가피가 충만하시기를 바라 마지않으며, 무주상으로 동참해주신 무애지, 법연심 등, 그리고 화엄각 불사에 앞장서주신 모든 불자들의 향연공덕이 무량하여 이 책이 간행된 인연으로 다시 한 번 화엄사상이 꽃피어 온 누리에 탄허 대종사의 공덕이 빛나고, 아울러 화엄정토가 구현되어 남북의 통일과 세계의 평화 속에서 부처님 세계 화엄정토가 이루어지길 진심으로 축원하는 바이다.

2016년 5월

五臺山 後學 彗炬 合掌 再拜

◉ 목차 ◉

간행사 《화엄경소론찬요》 번역서를 간행하면서 5

화엄경소론찬요 제8권 ◉ 세주묘엄품 제1-7

(2) 팔부사왕중
- 제1 건달바왕乾闥婆王 장항 10법 15
- 제2 구반다왕鳩槃茶王 장항 10법 34
- 제3 용왕龍王 장항 11법 45
- 제4 야차왕夜叉王 장항 10법 59
- 제5 마후라가왕摩睺羅伽王 장항 10법 69
- 제6 긴나라왕緊那羅王 장항 10법 79
- 제7 가루라왕迦樓羅王 장항 10법 88
- 제8 아수라왕阿修羅王 장항 10법 100

(3) 모든 신중에는 19무리의 대중이 있다
- 제1 주주신主晝神 장항 10법 110
- 제2 주야신主夜神 장항 10법 123
- 제3 주방신主方神 장항 10법 142
- 제4 주공신主空神 장항 10법 152
- 제5 주풍신主風神 장항 10법 167

화엄경소론찬요 제9권 ● 세주묘엄품 제1-8

- 제6 주화신主火神 장항 10법 179
- 제7 주수신主水神 장항 10법 192
- 제8 주해신主海神 장항 10법 209
- 제9 주하신主河神 장항 10법 221
- 제10 주가신主稼神 장항 10법 230
- 제11 주약신主藥神 장항 10법 238
- 제12 주림신主林神 장항 10법 255
- 제13 주산신主山神 장항 10법 267
- 제14 주지신主地神 장항 10법 277
- 제15 주성신主城神 장항 10법 289
- 제16 도량신道場神 장항 11법 304
- 제17 족행신足行神 장항 10법 314
- 제18 신중신身衆神 장항 10법 322
- 제19 집금강신執金剛神 장항 10법 334

화엄경소론찬요 제10권 ● 세주묘엄품 제1-9

2) 동생同生 대중
(1) 보현普賢 보살이 일체 법문을 얻다 349
　① 법문에 들어간 바를 총괄하여 나타내다 349
　② 10문을 별도로 밝히다 351

(2) 십보十普 보살이 각기 하나의 법문을 얻다 364
   (3) 10명의 다른 이름의 보살 또한 각기 하나의 법문이다 374

 제8. 사자좌 내의 대중 386
   1. 출처를 밝히다 387
   2. 대중의 무리를 밝히다 388
   3. 대중의 명칭을 나열하다 389
   4. 대중의 수효를 끝맺다 390
   5. 공양구름을 일으키다 391
   6. 대중바다에 공양하다 392
   7. 공경히 부처님을 에워싸다 393
   8. 본위의 자리에 앉다 394
   9. 덕의 능력을 찬탄하다 396
   10. 게송으로 부처님을 찬탄하다 407
   • 제1 해혜자재신통왕海慧自在神通王 보살의 게송 407
   • 제2 뇌음보진雷音普震 보살의 게송 413
   • 제3 중보광명계衆寶光明髻 보살의 게송 419
   • 제4 대지일용맹혜大智日勇猛慧 보살의 게송 425
   • 제5 부사의공덕보지인不思議功德寶智印 보살의 게송 433
   • 제6 백목연화계百目蓮華髻 보살의 게송 440

화엄경소론찬요 제11권 ● 세주묘엄품 제1-10

   • 제7 금염원만광金燄圓滿光 보살의 게송 449

- 제8 법계보음法界普音 보살의 게송 473
- 제9 운음정월雲音淨月 보살의 게송 505
- 제10 선용맹광명당善勇猛光明幢 보살의 게송 519

제9. 천지에 상서의 징조가 보이다 529
1. 땅이 진동하다 530
2. 공양구름을 일으키다 536

제10. 무진법계를 통틀어 끝맺다 538

화엄경소론찬요 제8권
華嚴經疏論纂要 卷第八

◉

세주묘엄품 제1-7
世主妙嚴品 第一之七

一

自下第二_에 有八段_{하니} 明八部四王衆_{이라} 初四段_에 皆初一_은 是天_{이니} 義如前釋_{이라}

아래 제2에는 8단락이 있다. 이는 '팔부사왕중'에 대해 밝히고 있다. 첫 부분 4단락 가운데 제1은 천왕이니 그 뜻은 앞의 해석과 같다.

今初乾闥婆王 長行十法

제1. 건달바왕(香神, 음악신)

장항 10법

經

復次持國乾闥婆王_은 得自在方便_{으로} 攝一切衆生解脫門_{하고}

樹光乾闥婆王_은 得普見一切功德莊嚴解脫門_{하고}

淨目乾闥婆王_은 得永斷一切衆生憂苦_{하야} 出生歡喜藏解脫門_{하고}

華冠乾闥婆王_은 得永斷一切衆生邪見惑解脫門_{하고}

喜步普音乾闥婆王_은 得如雲廣布_{하야} 普蔭澤一切衆生解脫門_{하고}

樂搖動美目乾闥婆王_은 得現廣大妙好身_{하야} 令一切獲安樂解脫門_{하고}

妙音師子幢乾闥婆王은 **得普散十方一切大名稱寶解脫門**하고

普放寶光明乾闥婆王은 **得現一切大歡喜光明淸淨身解脫門**하고

金剛樹華幢乾闥婆王은 **得普滋榮一切樹**하야 **令見者歡喜解脫門**하고

普現莊嚴乾闥婆王은 **得善入一切佛境界**하야 **與衆生安樂解脫門**하시니라

또한 다음 지국(持國) 건달바왕은 자재방편으로 일체중생을 받아들이는 해탈문을 얻었고,

수광(樹光) 건달바왕은 부처님의 모든 공덕 장엄을 널리 보도록 하는 해탈문을 얻었고,

정목(淨目) 건달바왕은 일체중생의 근심과 고통을 길이 끊어주어 환희장을 내도록 하는 해탈문을 얻었고,

화관(華冠) 건달바왕은 일체중생의 삿된 소견의 미혹을 길이 끊어주는 해탈문을 얻었고,

희보보음(喜步普音) 건달바왕은 구름이 널리 퍼지듯이 일체중생을 널리 덮어 윤택하게 하는 해탈문을 얻었고,

낙요동미목(樂搖動美目) 건달바왕은 넓고 크며 미묘하고 훌륭한 몸을 나타내어 일체중생에게 안락을 얻게 하는 해탈문을 얻었고,

묘음사자당(妙音師子幢) 건달바왕은 시방 일체중생에게 대명칭의 삼보(三寶)를 널리 흩어주는 해탈문을 얻었고,

보방보광명(普放寶光明) 건달바왕은 일체중생이 크게 환희하는, 빛나고 해맑은 몸을 나타내는 해탈문을 얻었고,

금강수화당(金剛樹華幢) 건달바왕은 모든 나무를 무성하게 키워, 보는 이들에게 모두 기쁨을 주는 해탈문을 얻었고,

보현장엄(普現莊嚴) 건달바왕은 모든 부처님의 경계에 잘 들어가 중생에게 안락을 주는 해탈문을 얻었다.

◉ 疏 ◉

初一은 卽東方天王이니 謂攝受折伏에 逆順多端이나 善巧應機일새 故名自在라하니라

제1 지국 건달바왕. 이는 동방천왕이다. 받아들이고 꺾어 굴복시키는 데에 逆境과 順境이 수없이 많으나 중생의 근기에 따라 아주 잘 대응하기에 '자재방편'이라 말한다.

二 普見等者는 謂令衆生으로 見佛一切功德莊嚴하니 佛一毛而爲利益이며 一一皆爾라 故云普見이라

제2 수광 건달바왕. "부처님의 모든 공덕 장엄을 널리 보도록 하다." 등은 중생으로 하여금 부처님의 모든 공덕 장엄을 볼 수 있도록 마련해줌을 말한다. 부처님의 모공 하나를 본 것만으로도 이익이 된다. 이처럼 부처님의 그 하나하나가 모두 중생에게 이익이 되기에 "부처님의 모든 공덕 장엄을 널리 보도록 마련해주었다."고 말하였다.

三 以慈愍方便으로 除憂則喜生이라 憂苦 旣如海廣深이오 喜樂도 亦

難盡일세 名藏이라하니라 然則世之憂喜는 生乎利害오 利害는 存乎情僞오 苦樂은 存乎吉凶이오 吉凶은 存乎愛惡니 愛惡 盡이면 則吉凶苦樂皆亡이오 情僞 息이면 則利害憂喜 永斷이니라 如此라야 方爲永斷憂苦하야 喜樂生焉이니라【鈔_ 愛惡盡下는 彰滅吉凶憂喜所以니 卽知無憂無喜라야 方爲大喜오 無苦無樂이 眞樂耳라】

제3 정목 건달바왕. 자비의 방편으로써 근심을 없애주면 기쁨이 나오게 된다. 근심과 고통이 이미 바다처럼 넓고 깊으며, 기쁨과 즐거움 또한 끝이 없기에 이를 '藏'이라고 말한다.

이로 보면 세상의 근심과 기쁨은 이익과 손해에서 나오고, 이익과 손해는 진실과 거짓에 있으며, 고통과 즐거움은 길하고 흉한 일에 있고, 길흉은 사랑과 증오에 있다. 사랑과 증오가 다하면 길흉과 고락이 모두 사라지고, 진실과 거짓이 없으면 이익과 손해, 근심과 고통이 길이 끊어지게 된다. 이와 같아야 만이 비로소 길이 근심과 고통을 끊어 기쁨과 즐거움이 나오게 된다.【초_ "사랑과 증오가 다하면" 이하의 문장은 길흉, 그리고 근심과 기쁨을 없애줄 수 있는, 그 이유를 밝혀준 것이다. 걱정도 없고 즐거움도 없어야 바야흐로 '큰 기쁨'이라 하고, 고통도 없고 즐거움도 없는 것이 참다운 즐거움임을 알 수 있다.】

四 永斷等은 謂得佛決定智光이면 則邪惑 永斷이라

제4 화관 건달바왕. "삿된 소견의 미혹을 길이 끊어주다." 등은 부처님의 '경계에 대한 決定智' 광명을 얻으면 삿된 미혹이 길이 끊어지게 된다.

五는 謂慈雲이 普蔭하야 材與不材가 皆涼이오 慧澤이 廣霑하야 三草·二木이 咸發이라【鈔】慈雲普蔭 材與不材皆涼等者는 上句는 依莊子(雜篇 第20 山木)오 下句는 依法華라 材者는 可爲棟梁이니 成器之木也오 不材는 無所堪也라 莊周가 行山이라가 見伐木者러니 止其旁而不取어늘 周가 歎曰 '此木은 以不材로 得終其天年이로다' 及還至故人家러니 主人이 將殺雁할새 豎子曰 '一能鳴이오 一不能鳴이어니 請奚殺고' 主人曰 '殺不能鳴者하라' 弟子가 問周曰 '山中之木은 以不材로 得終天年하고 主人之雁은 以不材로 致死하니 先生은 將何處焉고' 周가 笑對曰 '將處夫材與不材之間호리라' 然材不材之言은 雖在莊子나 意亦法華第三에 云 "我觀一切호니 普皆平等이라" 乃至云 "貴賤上下와 持戒毀戒와 威儀具足과 及不具足과 正見邪見과 利根鈍根에 等雨法雨하야 而無懈倦이라"하니 卽材與不材가 皆涼也라

言三草者는 謂小草·中草·上草오 二木은 謂小樹·大樹라 以人天乘으로 爲小草니 經(妙法蓮華經 藥草喩品第五)에 云 "或處人天 轉輪聖王·釋梵諸王은 是小藥草오 二乘으로 爲中草라"하고 經(上同)에 云 "知無漏法이라야 能得涅槃하야 起六神通과 及得二明하고 獨處山林하야 常行禪定하야 得緣覺證이 是中藥草라"하고 菩薩로 爲上草니 經(上同)에 云 "求世尊處하야 我當作佛이라하야 行精進定이 是上藥草라"하니 此는 通說大乘爲上이니 以大乘登地已上은 慈蔭義廣일세니라 復加二樹하야 七地已前을 小樹라하니 經(上同)에 云 "又諸佛子가 專心佛道하야 常行慈悲하고 自知作佛하야 決定無疑가 是名小樹라"하고 八地已上으로 爲大樹라하니 經(上同)에 云 "安住神通하야 轉不退輪하고 度無量億百千衆生이니 如是菩薩을 名

爲大樹라 하야늘 而言咸發者는 經(니하)에 云"佛平等說이 如一味雨로되 隨衆生性하야 所受不同하니 如彼草木이 所稟各異"等이라하다 】

제5 희보보음 건달바왕. 자비의 구름을 널리 덮어주어 利根의 훌륭한 이[材]와 鈍根의 용렬한 이[不材]들에게 모두 시원함을 주고, 지혜의 은택을 널리 적셔주어 三草(人天乘의 小藥草, 二乘의 中藥草, 大乘의 上藥草), 그리고 七地 이전의 작은 나무와 八地 이상의 큰 나무[二木]가 모두 꽃피우도록 마련해주는 것이다. 【초_ "자비의 구름을 널리 덮어주어… 꽃 피어나다." 등의 위 구절[材不材]은 莊子 雜篇 제20 山木 편의 문장에 근거하고, 아래 구절[三草]은 妙法蓮華經 藥草喩品 제5의 문장에 근거하여 말한 것이다.

재목[材]이란 기둥과 들보감이니 쓸모 있는 나무이며, 不材는 쓸모없는 나무이다. "장주가 산길을 가다가 나무 베는 사람을 보았는데, 어느 나무 곁에 한참 서 있다가 그 나무를 자르지 않자, 장주가 탄식하였다.

'이 나무는 재목감이 되지 않기에 그에게 주어진 수명을 제대로 다 사는구나!'

장주가 친구의 집에 도착하였는데, 주인이 기러기를 잡아 대접하려고 할 적에 어린아이가 물었다.

'한 마리는 잘 울고 한 마리는 울지 못하니 어떤 기러기를 잡아야겠습니까?'

'울지 못하는 기러기를 잡도록 해라.'

제자들이 스승 장주에게 물었다.

'산중의 나무는 재목감이 되지 않음으로써 그에게 주어진 수명을 제대로 다 살 수 있었지만 주인집의 기러기는 재목감이 아님으로써 죽음을 불러들였습니다. 선생께서는 그 어느 쪽에 서시렵니까?'

장주가 웃으면서 대답하였다.

'나는 재목감도, 재목감이 아닌 그 중간에 머물 것이다.'"

그러나 재목감도 재목감이 아니라는 말은 장자에서 나온 구절이지만, 그 뜻은 또한 법화경 제3에 이르기를, "나는 모든 것을 살펴보니 모두가 평등하다." 내지 "귀천·상하와 계율을 지킨 이와 훼손한 자, 위의가 구족한 자와 구족하지 못한 자, 正見과 邪見, 利根과 鈍根에게 똑같이 法雨를 내려 게으름이 없다."고 하였다. 이는 곧 "이근과 둔근에게 모두 시원함을 줌"이다.

'三草'란 소약초·중약초·상약초를 말하고, 두 가지의 나무[二木]란 작은 나무·큰 나무를 말한다.

人天乘은 소약초이다. 묘법연화경 약초유품 제5에 이르기를, "혹 人天에 처한 전륜성왕과 석범제왕은 '소약초'라 한다."고 하였다.

二乘은 중약초이다. 경(上同)에 이르기를, "무루법을 알아야 만이 열반을 얻어 6가지의 신통력(天眼通·天耳通·他心通·宿命通·神足通·漏盡通)을 일으키고 2가지의 밝음을 얻어 홀로 산림에 거처하면서 항상 선정을 행하여 '부처님의 교화에 의하지 않고 홀로 깨달아 自由境에 도달한 緣覺(pratyeka-buddha)'의 증득을 중약초라 한다."고 하였다.

보살은 상약초이다. 경(上同)에 이르기를, "세존 계신 곳을 찾아 '나는 부처가 되겠다.'는 다짐으로 정진의 선정을 행하는 것이 상약초이다."고 하였다. 이는 대승을 통틀어 상약초라 한다. 이는 대승이 '보살 수행의 지위 점차 중에서 10地의 자리에 오른, 즉 等地' 이상이면 자비의 그늘이 드넓기 때문이다.

여기에 다시 '두 무리의 나무'를 더하여, 七地 이전을 작은 나무[小樹]라 하니 경(上同)에 이르기를, "또한 모든 불자가 부처의 도에 오롯한 마음을 두어 항상 자비를 행하고 스스로 부처가 될 수 있음을 알고서 결정코 의심이 없는 것을 작은 나무라고 말한다."고 하며, 八地 이상을 큰 나무[大樹]라 하니 경(上同)에 이르기를, "신통에 안주하여 전전하며 물러서지 아니하고 한량없는 억백천 중생을 제도하니 이와 같은 보살을 큰 나무라고 말한다."고 하였다.

"모두 꽃핀다[咸發]."고 말한 것은, 경(上同)에 이르기를, "부처님의 평등한 말씀이야 똑같이 내려주는 비와 같지만 중생의 자성에 따라서 받아들이는 바가 똑같지 않다. 마치 저 풀과 나무가 받아들이는 바가 각기 다른 것과 같다."고 하였다.】

六 現廣等者는 現身益物也라 稱性普應일새 故廣大요 具相淸淨이라 故妙好라

제6 낙요동미목 건달바왕. "넓고 크며 미묘하고 훌륭한 몸을 나타내다[現廣大妙好身]." 등은 훌륭한 몸을 나타내어 중생에게 이익을 줌이다. 중생의 자성에 맞추어 널리 응하기에 '넓고 크다[廣大]'고 말하고, 부처님의 相好가 구족하여 청정하기에 '미묘하고 훌륭하

다[妙好]'고 말하였다.

七 佛出說法은 是大名稱이오 佛法衆僧을 俱稱爲寶오 令此遠聞은 義云普散이라

제7 묘음사자당 건달바왕. 부처님께서 출현하여 설법하심이 '대명칭'이며, 佛·法·僧을 모두 일컬어 三寶라 하니 이런 보배를 시방 일체중생에게 널리 들려주기에 그 뜻을 "널리 흩어주다[普散]."라고 말하였다.

八 現一切等者는 身光普照하야 塵不能染하야 見者必歡이오 智光悅機하야 惑累不生하니 又歡喜也라 故云大喜라하니라

제8 보방보광명 건달바왕. "일체중생이 크게 환희하는, 빛나고 해맑은 몸을 나타내다[現一切大歡喜光明淸淨身]." 등은 부처님 몸에서 쏟아지는 청정한 광명이 널리 비쳐 티끌 한 점 묻지 않았기에 이런 모습을 본 중생들은 반드시 환호[大歡]하게 되고, 부처님의 지혜광명은 모든 일을 기쁘게 처리하여 의혹의 누가 일어나지 않기에 또한 즐거워하고 기뻐하게 된 것이다. 이 때문에 '大喜'라 말하였다.

九 法水로 徧滋菩提實行하야 行旣樹立에 見者必歡이라 無復二乘일세 一切皆菩提樹也라

제9 금강수화당 건달바왕. 법의 물로 보리실행을 두루 적셔주어 보리행이 이미 수립되어, 보는 이들이 반드시 즐거워하고 기뻐하게 된다. 다시는 二乘의 차별이 없기에 '일체가 모두 보리수'이다.

十 善人等者는 一多無礙를 名爲佛境이니 天王智達일세 故云善人이라하니라

제10 보현장엄 건달바왕. "모든 부처님의 경계에 잘 들어가다[善入一切佛境界]." 등은 하나와 많은 것에 걸림이 없는 경계가 곧 '부처님의 경계'이니 천왕의 지혜가 이를 통달한 까닭에 "…에 잘 들어가다[善入…]"라고 말한 것이다.

經

爾時에 **持國乾闥婆王**이 **承佛威力**하사 **普觀一切乾闥婆衆**하고 **而說頌言**하사대

그때 지국 건달바왕이 부처님이 지닌, 헤아릴 수 없는 영묘하고도 불가사의한 힘을 받들어 모든 건달바 대중을 두루 살피고 게송으로 말씀드렸다.

◉ 疏 ◉

偈中에 **亦十**이러

게송 또한 10편이다.

제1 지국 건달바왕의 게송

經

諸佛境界無量門이여 **一切衆生莫能入**이어늘
善逝如空性淸淨하사 **普爲世間開正道**로다

모든 부처의 경계, 한량없는 문이여

일체중생 들어갈 수 없는 길을
여래[善逝: 十號의 하나]여, 허공처럼 청정한 불성으로
세간중생 위해 널리 바른길 보여주셨네

제2 수광 건달바왕의 게송

經

如來——毛孔中에　　功德大海皆充滿하사
一切世間咸利樂하시니　此樹光王所能見이로다

여래의 하나하나 모공에
공덕의 큰 바다 모두 충만하사
모든 세간이 다 이롭고 즐거우니
수광왕이 이런 경계 보았네

제3 정목 건달바왕의 게송

經

世間廣大憂苦海를　　佛能消竭悉無餘하시니
如來慈愍多方便이여　淨目於此能深解로다

세간에 크고 많은 근심 고통의 바다
부처님 남김없이 모두 없애주시니
부처님 자비의 많은 방편이여

정목왕이 이런 도리 깊이 알았네

제4 화관 건달바왕의 게송

經

十方刹海無有邊을　　　　**佛以智光咸照曜**하사
普使滌除邪惡見하시니　　**此樹華王所入門**이로다

끝없는 시방세계

부처님 지혜광명 모두 비춰

사악한 소견 널리 씻어 없애주시니

수화왕이 이런 해탈법문 들어갔네

제5 희보보음 건달바왕의 게송

經

佛於往昔無量劫에　　　　**修習大慈方便行**하사
一切世間咸慰安하시니　　**此道普音能悟入**이로다

부처님이 옛적 한량없는 겁 동안

대자비 방편행 닦으시어

모든 세간 다 위안 주시니

이런 도리를 보음왕이 깨달았네

● 疏 ●

前五는 可知라

위의 제1 지국 건달바왕으로부터 제5 희보보음 건달바왕의 게송까지는 설명하지 않아도 알 수 있다.

제6 낙요동미목 건달바왕의 게송

經

佛身淸淨皆樂見이여　　能生世間無盡樂이오
解脫因果次第成하시니　　美目於斯善開示로다

　부처님 몸 청정하사 모두 반기는 친견
　일체 세간 끝없는 안락 주시고
　해탈 인과 차례차례 성취해주시니
　미목왕이 이런 도리 잘 보여주었네

● 疏 ●

六中에 初句는 現身이오 次一句는 一切獲安樂也니 世間은 卽一切也오 無盡樂은 總顯也니 謂佛現於世하사 "足履影覆에 若在人天하야 現增快樂이오 若在下苦하야 七日之中에 身心安樂하며" 乃至終獲涅槃之樂이라 故云無盡이라하다【鈔_ 足履影覆으로 至身心快樂者는 涅槃二十六說이니 如有怖鴿이 至身子影中하야도 猶自戰懼라가 至佛影中하야 坦然快樂이라하고 世尊履地에 去地四指라 然當足下蟲은 皆得

生天이라 於如來所에 種少善根이라도 如食金剛하야 必至涅槃이니라】

　제6 낙요동미목 건달바왕의 게송. 제1구는 청정한 부처님 몸을 나타냄이며, 제2구는 일체가 안락을 얻음이니 세간이 곧 '일체'이다. '끝없는 안락[無盡樂]'이란 총괄하여 밝힘이니 부처님이 세상에 출현하사 "걸을 적에 발로 밟은 곳, 그림자로 덮어주시는 자리, 예컨대 人天에 계셨을 경우, 현재 즐거움을 더해주고, 조류 충류 따위의 下苦에 있어서는 7일 가운데 하늘에 태어나 몸과 마음이 안락하며," 내지 마침내 열반의 즐거움을 얻을 수 있기 때문에 이를 '끝없는 즐거움'이라고 말한다. 【초_ "걸을 적에 발로 밟은 곳…몸과 마음이 안락하며"까지는 열반경 26에 관한 부분이다. 예를 들면, "잔뜩 겁을 먹은 비둘기가 그 자신의 그림자만 보아도 스스로 두려움을 느끼다가 부처님의 그림자 속에 들어와서는 편안한 마음으로 즐거워한다."고 하였고, "세존께서 땅을 밟으실 적에는 사뿐사뿐 땅과의 거리가 손가락 네 개 정도의 높이 이상 발을 들지 않았다. 그러나 부처님이 밟으신 발바닥 아래에 있는 벌레들은 모두 하늘에 나게 된다. 여래가 계신 곳에서는 작은 선근만 심을지라도 금강을 먹은 것처럼 사라지지 않기에 반드시 열반에 이를 수 있다."고 하였다.】

次句는 別示出世因果之樂이니 先因後果와 先世後出世 皆次第義라 又總取偈意댄 佛身淸淨은 是解脫因이오 生無盡樂은 是解脫果이며【鈔_ 又總取偈意等者는 上別配三句 竟하다 今總取三句하야 釋因果次第成言에 乃有五對因果하니 一은 取初句上四字는 爲因이오

第三句初二字는 是果니 由佛身淨하야 令衆解脫故오 二는 以第三句 初解脫字로 爲因이오 爲二句 爲果니 此是如來 作用解脫로 令衆生 得樂故니 此爲一對라 】世無盡樂은 又解脫因이오 能現淨身은 又解 脫果며 又佛身淸淨은 是樂見因이오 樂見은 卽爲淸淨身果며 衆生樂 見은 是安樂因이오 無盡安樂은 是樂見果며 無盡安樂은 是淨身因이오 能現淨業은 是無盡果니 如是展轉因果를 名次第成이라하다

제3구는 별개로 출세간 인과의 즐거움을 보여준 것이다. 因은 앞에, 果는 뒤에, 그리고 세간은 먼저, 출세간은 뒤에 있는 것이 모 두 '차례'라는 뜻이다. 또한 게송의 뜻을 총괄하여 말하면, '청정한 부처님의 몸[佛身淸淨]'은 해탈의 因이고, '끝없는 안락을 낳아줌[生無 盡樂]'은 해탈의 果이며,【초_ "또한 게송의 뜻을 총괄하여 말하면" 등은 위에서 개별로 3구절을 配對한 부분을 끝마친 것이다. 여기 에서 총체적으로 3구절을 취하여 '인과의 차례'를 해석하는 말에는 5가지로 배대한 인과가 있다.

첫째, 첫 구절의 위 네 글자[佛身淸淨]는 인이고, 제3구의 첫 두 글자[解脫]는 과이다. 부처님의 청정한 몸으로 말미암아 모든 사람 을 해탈시킬 수 있기 때문이다.

둘째, 제3구 첫 부분 '해탈' 두 글자는 인이 되고, 제2구[能生世間 無盡樂]는 과이다. 이는 여래의 작용 해탈에 의해 중생으로 하여금 즐거움을 얻게 하기 때문이다. 이것이 첫 번째 配對이다.】

제2구의 '세간의 끝없는 안락'은 또한 해탈의 인이고, 제1구의 '청정한 몸을 나타낸 것'은 또한 해탈의 과이며,**(제2配對)** 또한 제1구

의 '청정한 부처님의 몸'은 일체중생이 보기를 좋아하는[樂見] 인이고, 일체중생이 보기를 좋아하는 것은 '청정한 부처님의 몸'의 과이며,(제3配對) '일체중생이 보기를 좋아하는' 것은 '세간의 끝없는 안락'의 인이고, '세간의 끝없는 안락'은 '일체중생이 보기를 좋아하는' 과이며,(제4配對) '세간의 끝없는 안락'은 '청정한 부처님의 몸'의 인이고, 청정한 업을 나타낼 수 있는 것은 '세간의 끝없는 안락'의 과이다.(제5配對) 이처럼 상호 전전한 인과를 '차례차례 성취함[次第成]'이라고 말한다.

제7 묘음사자당 건달바왕의 게송

經

衆生迷惑常流轉하야　　愚癡障蓋極堅密이어늘
如來爲說廣大法하시니　　師子幢王能演暢이로다

중생이 미혹으로 항상 생사에 윤회하며
어리석은 업장 덮개 지극히 견고한데
여래께서 중생 위해 광대한 법 설하시니
사자당왕이 이런 도리 말하였네

◉ 疏 ◉

七中에 初二句는 寶所濟機라 堅謂難壞오 密謂無隙이라 間無空處하야 智不得生이라 次句는 正散寶也라

제7 묘음사자당 건달바왕의 게송. 제1, 2구는 부처님의 귀중한 보배로 제도해야 할 대상으로서의 중생 근기를 말한다. 堅은 파괴하기 어려움을, 密은 빈틈마저 없음을 말한다. 그 사이에 빈 공간이 없어서 지혜가 생겨나지 못한 것이다. 제3구는 부처님의 귀중한 보배를 중생에게 널리 나눠줌이다.

제8 보방보광명 건달바왕의 게송

如來普現妙色身하사대　　無量差別等衆生하사
種種方便照世間하시니　　普放寶光如是見이로다

　여래가 미묘한 몸 널리 나타내어
　한량없이 다른 모습으로 중생과 같이하며
　갖가지 방편으로 세간을 비추시니
　보방보광왕이 이런 도리 보았네

● 疏 ●

八中의 結句는 應云普放寶光如是見이어늘 而云妙音은 譯者之誤라 妙音은 屬前師子幢故니라

　제8 보방보광명 건달바왕의 게송. 제4구는 당연히 '普放寶光如是見'으로 써야 하는데, '妙音'으로 말한 것은 역자의 오류이다. '妙音'은 앞의 '제7 묘음사자당 건달바왕'에 속하기 때문이다.(※ "이 부분은

北藏에 의해 개정한 부분이다." 이는 탄허 스님의 번역에 의해 보완한 것이다. **譯註)**

제9 금강수화당 건달바왕의 게송

大智方便無量門이여 **佛爲群生普開闡**하사
入勝菩提眞實行케하시니 **此金剛幢善觀察**이로다

큰 지혜 한량없는 방편법문
부처님이 중생 위해 활짝 열어주어
훌륭한 보리 진실행에 들게 하시니
금강당왕이 이런 경계 잘 보았네

● **疏** ●

九中에 初二句는 法水普滋요 次句는 道樹普榮也라 又方便多門은 是開權也요 入菩提行은 是顯實也요 種種方便으로 但爲一乘은 是普滋也라

제9 금강수화당 건달바왕의 게송. 제1, 2구는 법의 물을 널리 적셔줌이며, 제3구는 道의 나무에 널리 꽃이 피어남이다. 또한 '수많은 방편문'은 방편의 權敎를 열어 보여줌이며, '보리행에 들어가게 한다.'는 것은 불변의 진리인 實敎를 나타냄이다. 온갖 방편으로 다만 부처님의 가르침[一乘]을 위함이 곧 '법의 물을 널리 적셔줌'이다.

제10 보현장엄 건달바왕의 게송

經

一刹那中百千劫을　　　佛力能現無所動하사
等以安樂施群生하시니　此樂莊嚴之解脫이로다

한 찰나 사이 백천 겁을
부처님 힘으로 보여주되 움직인 바 없이
중생에게 평등한 안락 베푸시니
이런 경계는 장엄왕의 해탈문이네

● 疏 ●

十中에 初二句는 佛境也오 次句는 安樂也라 佛力能現無所動者는 遮妄見也니 非促多劫하야 就一刹那오 非展刹那하야 受於多劫이오 本相如故로 名'無所動'이라하니 隨應度者하야 佛力令見이라

제10 보현장엄 건달바왕의 게송. 제1, 2구는 부처님의 경계이며, 다음 제3구는 안락을 말한다. "부처님 힘으로 보여주되 움직인 바 없다."는 것은 사람들의 헛된 생각을 막으려는 것이다. 이는 백천 겁을 줄여서 하나의 찰나로 만든 것이 아니며, 또한 하나의 찰나를 벌려서 백천 겁을 받아들이는 것도 아니다. 본래의 모습이 如如한 까닭에 이를 '움직인 바 없다[無所動]'고 말한 것이다. 제도해야 할 중생을 따라서 부처님의 힘으로 그들이 보도록 마련해준 것이다.

第二鳩槃茶王 長行十法

제2. 구반다왕(甕形鬼, 또는 冬瓜鬼)

장항 10법

經

復次增長鳩槃茶王은 得滅一切怨害力解脫門하고
龍主鳩槃茶王은 得修習無邊行門海解脫門하고
莊嚴幢鳩槃茶王은 得知一切衆生心所樂解脫門하고
饒益行鳩槃茶王은 得普成就淸淨大光明所作業解脫門하고
可怖畏鳩槃茶王은 得開示一切衆生安穩無畏道解脫門하고
妙莊嚴鳩槃茶王은 得消竭一切衆生愛欲海解脫門하고
高峰慧鳩槃茶王은 得普現諸趣光明雲解脫門하고
勇健臂鳩槃茶王은 得普放光明하야 滅如山重障解脫門하고
無邊淨華眼鳩槃茶王은 得開示不退轉大悲藏解脫門하고
廣大面鳩槃茶王은 得普現諸趣流轉身解脫門하시니라

　　또한 다음 증장(增長) 구반다왕은 모든 원수와 상해(傷害)를 소멸하는 인력(忍力)의 해탈문을 얻었고,

　　용주(龍主) 구반다왕은 끝없는 행문(行門)을 닦아 익히는 해탈문

을 얻었고,

　장엄당(莊嚴幢) 구반다왕은 모든 중생의 마음에 좋아하는 바를 아는 해탈문을 얻었고,

　요익행(饒益行) 구반다왕은 청정한 대광명으로써 하는 일을 널리 성취하는 해탈문을 얻었고,

　가포외(可怖畏) 구반다왕은 모든 중생에게 편안하여 두려움이 없는 도를 열어 보여주는 해탈문을 얻었고,

　묘장엄(妙莊嚴) 구반다왕은 모든 중생의 애욕바다를 메말려 없애주는 해탈문을 얻었고,

　고봉혜(高峰慧) 구반다왕은 여러 길[**보살, 연각, 성문, 天, 人, 아수라, 축생, 아귀, 지옥계**]에 광명구름을 널리 보여주는 해탈문을 얻었고,

　용건비(勇健臂) 구반다왕은 널리 광명을 쏟아내어 산처럼 무거운 업장을 소멸하는 해탈문을 얻었고,

　무변정화안(無邊淨華眼) 구반다왕은 물러섬이 없는 대자비의 창고를 열어 보여주는 해탈문을 얻었고,

　광대면(廣大面) 구반다왕은 여러 길[**보살, 연각, … 지옥계**]에 이곳저곳으로 떠돌아다니는 몸을 널리 나타내는 해탈문을 얻었다.

● 疏 ●

初는 卽南方天王이니 謂內惑外讐를 皆名怨害니 安住忍力으로 並能伏之니라

　제1 증장 구반다왕. 이는 남방천왕이다. 내면의 미혹과 바깥의

원수를 모두 '怨害'라 말하니 忍力에 안주하여 모두 이를 조복하는 것이다.

二 修習等者는 二利之行으로 趣果曰門이오 深廣難窮을 名無邊海머

제2 용주 구반다왕. "끝없는 행문을 닦아 익히다." 등은 自利行과 利他行으로 果에 나아가는 것을 '門'이라 한다. 깊고도 넓어서 끝이 없기에 이를 '無邊海'라고 말한다.

三은 知其現欲하야 如應化伏이라

제3 장엄당 구반다왕. 중생이 현재 좋아하고 원하는 것을 알아서 똑같이 응해 주면서 교화하고 조복하는 것이다.

四 普成就等者는 鈍識者에 現之以通하고 利智者에 示之以法호되 徧世多劫을 名普成就오 並如虛空일새 故云淸淨이오 俱能照世는 卽是光明이오 三輪化生은 是所作業이라

제4 요익행 구반다왕. "하는 일을 널리 성취하다." 등은 노둔한 이에게는 신통으로 보여주고, 예리한 지혜를 지닌 이에게는 법으로 보여주되 일체 세계와 오랜 겁 동안 이뤄주는 것을 '널리 성취하다[普成就]'라고 말하고, 아울러 허공과 같기에 '청정'이라 말한다. 세간을 모두 비춰주는 것은 '광명'이고, 身·口·意 三業으로 중생을 교화함은 '하는 일[所作業]'이다.

五 世間惑苦는 可畏不安이오 菩提涅槃은 安穩無畏머 萬行으로 爲其因道면 則畏滅果成矣라

제5 가포외 구반다왕. 세간의 미혹과 고통은 두렵고 불안하며, 보리열반은 편안하여 두려움이 없다. 萬行으로 因道를 삼으면 두

려움이 사라지고 果가 이뤄진다.

六 消竭等者는 愛欲漂流 深廣如海로되 智日赫照면 則妄竭眞明이라

제6 묘장엄 구반다왕. "애욕바다를 메말려 없애주다." 등은 애욕의 물결이란 깊고도 넓어서 바다와 같지만 지혜의 태양이 찬란하게 비치면 거짓은 사라지고 진리가 밝아온다는 말이다.

七 謂於諸趣에 普現身雲하야 曜通明等之光也라

제7 고봉혜 구반다왕. 보살, 연각, 성문, 天, 人, 아수라, 축생, 아귀, 지옥계 등 여러 길에 널리 법신의 구름을 나타내어 十通과 十明 등의 광명을 밝혀주는 것이다.

八 普放等者는 身智光明으로 遣除二障이라

제8 용건비 구반다왕. 법신광명과 지혜광명으로 煩惱障·所知障을 없애주는 것이다.

九 多劫修悲하야 究竟滅苦를 爲不退轉이오 悲多方便일세 故復名藏이오 爲安衆生일세 所以開示니라

제9 무변정화안 구반다왕. 오랜 겁에 大悲를 닦아 마침내 고통을 없애는 것을 '물러섬이 없다[不退轉].'고 말하고, 大悲의 방편이 많기에 또한 '창고[藏]'라고 말한다. 중생에게 편안함을 주기 위해 대자비의 창고를 열어 보여주는 것이다.

十 普現等者는 稱性神通은 無來去而流轉이라

제10 광대면 구반다왕. "떠돌아다니는 몸을 널리 나타내다." 등은 중생의 자성에 알맞게 나타내는 신통이 오고 감이 없으면서도 이곳저곳 돌아다니며 출현하는 것이다.

經

爾時에 增長鳩槃茶王이 承佛威力하사 普觀一切鳩槃茶衆하고 而說頌言하사대

그때 증장 구반다왕이 부처님이 지닌, 헤아릴 수 없는 영묘하고도 불가사의한 힘을 받들어 모든 구반다 대중을 두루 살피고 게송으로 말씀드렸다.

제1 증장 구반다왕의 게송

經

成就忍力世導師여　　爲物修行無量劫하사
永離世間憍慢惑일세　　是故其身最嚴淨이로다

　　참는 힘 성취하여 세상을 이끄신 스승이여
　　중생 위해 한량없는 겁 수행하여
　　세간의 교만 미혹, 길이 여의었기에
　　그 몸이 가장 장엄 청정하여라

◉ 疏 ◉

偈中에 初偈는 通顯이니 明佛已滅怨이니 怨之大者는 莫越憍慢이니 有之則卑陋오 滅之則端嚴이라

제1 증장 구반다왕의 게송. 이 게송은 전체의 뜻을 나타냄이니 부처님께서 이미 원수와 상해를 없애주었음을 밝힌 것이다. 큰 원

수로는 교만심보다 더 큰 것이 없다. 교만심이 있으면 비루하고, 교만심이 사라지면 단정 장엄하다.

제2 용주 구반다왕의 게송

> [經]
> **佛昔普修諸行海**하사 **教化十方無量衆**하사
> **種種方便利群生**하시니 **此解脫門龍主得**이로다
>
> 부처님은 옛적에 모든 행을 널리 닦으시어
> 시방세계 한량없는 중생을 교화하여
> 갖가지 방편으로 중생을 이롭게 하시니
> 이런 해탈문을 용주왕이 얻었네

제3 장엄당 구반다왕의 게송

> [經]
> **佛以大智救衆生**하사대 **莫不明了知其心**하사
> **種種自在而調伏**하시니 **嚴幢見此生歡喜**로다
>
> 부처님이 큰 지혜로 중생을 구제할 때
> 그들의 마음을 환히 아시어
> 갖가지 신통자재 조복하시니
> 장엄당왕이 이런 경계 보고 기뻐하였네

제4 요익행 구반다왕의 게송

經
神通應現如光影이오　　　法輪眞實同虛空이여
如是處世無央劫하시니　　此饒益王之所證이로다

　신통으로 보여주심, 그림자와 같고
　법륜의 진실함, 허공 같음이여
　이처럼 한량없는 세월 세상에 머무시니
　요익왕이 이런 도리 증득하였네

제5 가포외 구반다왕의 게송

經
衆生癡翳常蒙惑이어늘　　佛光照現安穩道하사
爲作救護令除苦하시니　　可畏能觀此法門이로다

　어리석은 중생 항상 혼미 속에 있는데
　부처님 광명으로 편안한 길 비춰주어
　중생을 구호하여 고통을 없애주시니
　가외왕이 이런 법문 보았네

● 疏 ●

次四偈는 可知라

제2 용주 구반다왕으로부터 제5 가포외 구반다왕까지의 게송은 설명하지 않아도 알 수 있다.

제6 묘장엄 구반다왕의 게송

經

欲海漂淪具衆苦어늘　　智光普照滅無餘하사
旣除苦已爲說法하시니　　此妙莊嚴之所悟로다

애욕바다 떠돌며 온갖 고통 받는 중생
지혜광명 널리 비춰 남김없이 없애주고
고통을 없앤 후에 법문을 설하시니
묘장엄왕이 이런 도리 깨달았네

◉ 疏 ◉

六中에 初句는 欲海니 欲爲苦本일세 云具衆苦오 次二句는 消竭이니 旣欲惡止에 當說善行이라【鈔_ 欲爲苦本者는 法華에 云諸苦所因은 貪欲爲本이라하다】

제6 묘장엄 구반다왕의 게송. 제1구는 애욕의 바다이다. 애욕이란 고통의 근본이기에 "온갖 고통을 받는다."고 말한다. 다음 제2, 3구는 고통을 없애줌이다. 이미 애욕의 악업을 버리고 나면 당연히 선행을 설법할 수밖에 없다.【초_ "애욕이란 고통의 근본이다."는 것은 법화경에 이르기를, "모든 고통의 因이 되는 것은 탐욕

이 근본이다."고 말하였다.】

제7 고봉혜 구반다왕의 게송

經
佛身普應無不見하사　　　**種種方便化群生**이여
音如雷震雨法雨하시니　　**如是法門高慧入**이로다
　부처님 몸 널리 보여주어, 못 보는 이가 없어
　갖가지 방편으로 중생을 교화함이여
　우레 같은 법음으로 법의 비 내리시니
　고혜왕이 이런 법문 깨달았네

◉ **疏** ◉

七中에 初句는 普現身雲이오 次句는 明等電光일세 故云種種이오 次句는 兼明雷雨니 雷有二義하니 一은 遠震이오 二는 發生이니 謂蟄蟲發動하고 草木發萌이니 圓音之雷를 可以思準이라【鈔　次句는 明等電光者는 下經에 云 "通明無畏 以爲電光"이라하니 謂十通·十明·十無畏等을 皆稱電光이라 故云方便이라 圓音之雷 可以思準者는 謂雷震百里라하니 今周法界오 二發生은 是標니 云何爲發고 耽著禪味하야 起大功用이니 是蟄蟲發動이니라 云何爲生고 令諸衆生으로 善根萌芽를 未生令生이니라】

제7 고봉혜 구반다왕의 게송. 제1구는 널리 법신의 구름을 보

여줌이고, 제2구는 밝음이 번갯불과 같기에 '갖가지[種種]'라 하고, 제3구는 우레와 비를 겸하여 밝힘이다. 우레에는 2가지의 뜻이 있다. 첫째는 멀리에서 진동하는 것이고, 둘째는 깨워주고[發] 낳아줌[生]이니 겨울잠 자는 벌레들이 깨어나고, 풀과 나무에 새싹이 돋아남을 말한다. 원만한 법음의 우레를 이에 준하여 생각할 수 있다. 【초_ "제2구는 밝음이 번갯불과 같다."는 것은 아래의 경문에서 "통달하고 밝아 두려움이 없는 것이 번갯불이다."고 말하니 十通·十明·十無畏 등을 모두 번갯불이라 말한다. 이 때문에 '방편'이라고 말한다.

"원만한 법음의 우레를 이에 준하여 생각할 수 있다."는 것은 우렛소리가 백 리 멀리에서 진동한다고 말하니 여기에서는 법계에 두루 함을 말한다.

"둘째는 '發'·'生'시켜줌이다."라는 것은 표제이다. 무엇을 發이라고 말하는가. 禪味를 탐착하여 큰 공용을 일으킴이니 이는 마치 겨울잠 자는 벌레들이 잠에서 깨어난 것과 같다. 무엇을 生이라고 말하는가. 모든 중생으로 하여금 선근의 싹이 나오지 않은 것을 나오도록 만들어주는 것이다.】

제8 용건비 구반다왕의 게송

淸淨光明不唐發이여   若遇必令消重障하야

演佛功德無有邊하시니　　　勇臂能明此深理로다

　　청정한 광명 헛되이 비추지 않음이여
　　만나면 반드시 무거운 업장 소멸되어
　　부처님 공덕 끝없이 연설하시니
　　용비왕이 이런 깊은 도리 밝혔네

　　제9 무변정화안 구반다왕의 게송

經

爲欲安樂諸衆生하야　　　修習大悲無量劫하사
種種方便除衆苦하시니　　如是淨華之所見이로다

　　모든 중생의 안락을 위해
　　한량없는 겁 동안 큰 자비 닦으시어
　　갖가지 방편으로 온갖 고통 없애주시니
　　정화왕이 이런 경계 보았네

　　제10 광대면 구반다왕의 게송

經

神通自在不思議어　　　　其身普現徧十方하사대
而於一切無來去하시니　　此廣面王心所了로다

　　신통의 자재함 부사의여

그 몸 널리 나타내 시방에 두루 하사

모든 것 가고 옴이 없으시니

광면왕이 이런 도리 마음으로 깨달았네

◉ 疏 ◉

餘三은 可知라

나머지 제8, 제9, 제10의 게송. 이는 설명하지 않아도 알 수 있다.

第三 龍衆 十一法

제3. 용왕 대중

장항 11법

經

復次毗樓博叉龍王은 得消滅一切諸龍趣熾然苦解脫門하고

娑竭羅龍王은 得一念中에 轉自龍形하야 示現無量衆生身解脫門하고

雲音幢龍王은 得於一切諸有趣中에 以淸淨音으로 說佛無邊名號海解脫門하고

燄口龍王은 得普現無邊佛世界建立差別解脫門하고

燄龍王은 得一切衆生의 瞋癡蓋纏을 如來慈愍하사 令除滅

解脫門하고
雲幢龍王은 得開示一切衆生의 大喜樂福德海解脫門하고
德叉迦龍王은 得以淸淨救護音으로 滅除一切怖畏解脫門하고
無邊步龍王은 得示現一切佛色身과 及住劫次第解脫門하고
淸淨色速疾龍王은 得出生一切衆生의 大愛樂歡喜海解脫門하고
普行大音龍王은 得示現一切平等悅意無礙音解脫門하고
無熱惱龍王은 得以大悲普覆雲으로 滅一切世間苦解脫門하시니라

또한 다음 비루박차(毗樓博叉) 용왕은 모든 용들의 불길처럼 매서운 고통을 없애주는 해탈문을 얻었고,

사갈라(娑竭羅) 용왕은 한 생각 사이에 자기의 용의 형상을 바꿔서 한량없는 중생들의 몸을 나타내는 해탈문을 얻었고,

운음당(雲音幢) 용왕은 모든 중생의 세계에 청정한 음성으로 부처님의 그지없는 명호를 설하는 해탈문을 얻었고,

염구(焰口) 용왕은 그지없는 부처님 세계를 갖가지로 달리 세워 널리 나타내는 해탈문을 얻었고,

염(焰) 용왕은 여래께서 자비의 마음으로 일체중생의 성내고 어리석음의 번뇌를 불쌍히 여겨 없애주는 해탈문을 얻었고,

운당(雲幢) 용왕은 일체중생의 큰 기쁨과 즐거움의 복덕바다를 열어 보여주는 해탈문을 얻었고,

덕차가(德叉迦) 용왕은 청정하게 구호하는 음성으로 모든 두려움을 없애주는 해탈문을 얻었고,

　　무변보(無邊步) 용왕은 모든 부처님의 몸과 머무는 겁의 차례를 나타내는 해탈문을 얻었고,

　　청정색속질(淸淨色速疾) 용왕은 일체중생의 사랑하고 즐거워하고 환희하는 큰 바다를 낳아주는 해탈문을 얻었고,

　　보행대음(普行大音) 용왕은 일체에게 평등하고 기쁜 마음으로 걸림 없는 음성을 나타내 보이는 해탈문을 얻었고,

　　무열뇌(無熱惱) 용왕은 큰 자비로써 구름같이 널리 덮어주어 모든 세간의 고통을 없애주는 해탈문을 얻었다.

● **疏** ●

準偈及梵本이면 皆有十이라 前第一卷中에 長行脫第五하야 但有十法이어늘 今長行十一法이라

　　게송과 범본에 준하면 모두 10항이라 하였다. 이는 앞의 제1권 가운데 장항 제5가 탈락되어 단 10법만이 있게 될 것이다. 그러나 여기에서는 장항 11법이다.

初一은 卽西方天王이라

　　제1 비루박차 용왕. 이는 서방천왕이다.

法門及第二는 如偈當釋이라

　　법문 및 제2 사갈라 용왕은 게송처럼 해석해야 한다.

三 與偈文으로 通有六義니 一諸趣는 是化處요 二淨音은 是化具요 三

佛名은 是化法이오 四神通은 是化本이오 五衆生은 是化機오 六隨樂은 是化意니라

제3 운음당 용왕. 게송과 합하여 보면 모두 6가지의 뜻이 있다.

⑴ 보살, 연각,… 지옥계 등 여러 길은 중생을 교화할 공간이다.
⑵ 청정한 법음은 중생을 교화할 도구이다.
⑶ 부처님의 명호는 중생을 교화할 법이다.
⑷ 신통은 중생을 교화할 근본이다.
⑸ 중생은 중생을 교화할 근기이다.
⑹ 중생이 좋아하는 바를 따른 것은 중생을 교화할 뜻이다.

四 普現等者는 謂一毛普現하야 無邊依正이라 以毛稱性하야 能廣容故니 廣容이 卽是普徧故오 能現之佛이 還自住於毛孔所現刹中하되 能所無雜하며 依正區分하며 大小宛然을 名建立差別이라하다

제4 염구 용왕. "갖가지로 널리 나타내다." 등은 하나의 털끝에 그지없는 依報와 正報를 나타내되 털끝이 자성과 하나가 되어 모든 것을 널리 받아들인 때문이다. 널리 받아들임이 곧 '普徧'이기 때문이다. 현신할 수 있는 주체로서의 부처님이 또한 스스로 털끝에 나타난 세계 속에 머물되 주객[能所]이 뒤섞임이 없으며, 의보와 정보의 구분이 분명하며, 크고 작은 세계가 완연한 것을 "그지없는 부처님 세계를 갖가지로 달리 세웠다."고 말한다.

五 靜法이 云은 "準梵本이면 有餤龍王이 得一切衆生 瞋癡蓋纏일새 如來慈愍하사 令除滅解脫門이라"하니 謂大慈居懷면 則三毒俱滅이라

제5 염 용왕. 靜法 스님이 이르기를, "범본에 준하면, '염 용왕

은 여래께서 자비의 마음으로 일체중생의 성내고 어리석음의 번뇌를 불쌍히 여겨 없애주는 해탈문을 얻었다.'고 하였다."고 하니 대자비의 마음을 간직하면 삼독이 모두 사라짐을 말한다.

六 開示等者는 佛大慈悲는 是福德海니 二資糧滿이라야 然後得故니라 衆生慈福은 卽是百川이오 佛毛示現은 以表同體라 旣知同體면 自然朝宗이니 因示悟入일세 故得大喜樂이라【鈔_ 自然朝宗者는 謂百川趣海 如萬國歸朝니 禮云 春見曰朝오 夏見曰宗이라】

제6 운당 용왕. "즐거움의 복덕바다를 열어 보여주다." 등은 부처님의 대자비가 복덕의 바다이니, 이는 복덕과 지혜 두 살림살이가 원만한 후에야 얻어지기 때문이다. 중생의 자비 복덕은 수많은 시냇물과 같고, 부처님의 털끝에 나타난 세계는 일체임을 밝힌 것이다. 이미 일체임을 알면 수많은 시냇물은 절로 바다로 돌아가게[自然朝宗] 된다. 이처럼 보여줌으로 인하여 깨달음을 얻을 수 있기에 큰 즐거움을 얻게 된다.【초_ '自然朝宗'이란 수많은 시냇물이 바다로 흘러가는 것이 마치 수많은 제후가 천자에게 조회를 보러 가는 것과 같다. 예기에 이르기를, "제후가 봄에 천자를 알현한 것을 '朝'라 하고, 여름의 알현을 '宗'이라 한다."고 하였다.】

七 慈音智俱일세 故云淸淨이라 淨無貪愛어니 何畏何憂리오

제7 덕차가 용왕. 자비의 법음이 지혜와 함께하기에 '청정'이라 말한다. 청정하여 탐심과 애욕이 없는데, 그 무엇을 두려워하며, 그 무엇을 근심하랴.

八 示現等者는 謂於身中에 現身土也라

제8 무변보 용왕. "모든 부처님의 몸과 머무는 겁의 차례를 나타내다." 등은 몸에 부처의 몸과 국토가 출현함을 말한다.

九觀佛昔行深廣일세故愛樂歡喜라海는言通二니謂歡喜오供養이라

제9 청정색속질 용왕. 부처께서 지난 세월 닦아온 행이 깊고 넓음을 보았기에, 사랑하고 즐거워하고 환희하는 것이다. '바다[海]'란 2가지를 들어 말하니, 환희의 바다와 공양의 바다를 말한다.

十示現等者는謂爲衆演音일세故云示現이라音有四義하니一類多니謂一切오二는普徧이니謂平等이오三은稱根淸雅라故云悅意오四는一音隨類라故云無礙니無礙는卽方便也라

제10 보행대음 용왕. "평등하고 기쁜 마음으로 걸림 없는 음성을 나타내 보이다." 등은 중생을 위해 법음을 연설한 까닭에 "걸림 없는 음성을 나타내 보이다."라고 말한다.

음성에는 4가지의 뜻이 있다.

⑴ 종류가 많음이니, 일체를 말한다.

⑵ 널리 두루 함이니, 평등을 말한다.

⑶ 근기에 알맞게 맑고 우아하기에 '기쁜 마음'이라고 말한다.

⑷ 하나의 음성으로 각기 다른 대중에 따라 말하기에 '걸림 없는 음성'이라고 말한다. 걸림 없는 것이 곧 방편이다.

十一은謂此無熱龍이住淸涼池하야出香美水하야流注四海하고導引百川하며時布慈雲하야降澍甘澤이라是故로能滅諸世間苦니라

제11 무열뇌 용왕. 이 용왕이 청량한 연못에 머물면서 향기로운 물을 뿜어내어 그 물이 동서남북의 바다로 흘러가고 수많은 시

냇물을 이끌어 들이며, 때로 자비의 구름을 펼쳐 단비를 내려준다. 이 때문에 모든 세간의 고통을 없애주는 것이다.

經

爾時에 毗樓博叉龍王이 承佛威力하사 普觀一切諸龍衆已하고 而說頌言하사대

그때 비루박차 용왕이 부처님이 지닌, 헤아릴 수 없는 영묘하고도 불가사의한 힘을 받들어 모든 용 대중을 두루 살피고 게송으로 말씀드렸다.

제1 비루박차 용왕의 게송

經

汝觀如來法常爾하라　　一切衆生咸利益하사
能以大慈哀愍力으로　　拔彼畏塗淪墜者로다

　그대는 여래의 법이 영원함을 보라
　모든 중생에게 다 도움을 주어
　큰 자비 불쌍히 여기는 힘으로
　저 무서운 삼악도(**축생**·**아귀**·**지옥**)에 빠진 이를 건져주시네

● 疏 ●

偈有十一이라 初中에 諸龍 有四熱惱일세 名熾然苦라하니 今並有治라

一은 金翅所食苦니 初句는 爲治니 以觀佛法이 同三歸故오 二는 行欲時復本身苦오 三은 鱗甲細蟲苦니 並第二句로 爲治니 學佛等利故오 四는 熱砂著身苦니 後二句로 爲治니 以不堪蟲癢하야 熱砂中驟이어늘 今大悲哀愍일세 故能治之라 有說四苦에 無鱗甲細蟲이오 而有風吹寶衣에 露身之苦하니 亦以第二句로 治之라하니 就龍하야 且說龍趣어니와 末句는 約佛通拔畏塗라【鈔 諸龍皆有四種熱惱者는 經論不同이라 然謗佛經說에 如阿那婆達多龍王이 三種過患을 皆悉遠離하나니 一者는 熱砂에 不墮其頭오 二者는 不以蛇身行欲이오 三者는 無迦樓羅鳥之畏라하니 彼喻發菩提心하야 離三界惡이라 然會之亦同이라 無鱗甲細蟲而有風吹者는 由有細蟲故로 驟熱砂니 此二則同이라 其風吹寶衣露身은 卽見復本身之恥니 所以互有開合이라】

게송은 11편이다.

제1 비루박차 용왕의 게송. 많은 용에게 4가지의 견디기 어려운 고뇌가 있기에 "불길처럼 매서운 고통[熾然苦]"이라고 말한다. 여기에서는 이를 모두 다스리는 것이다.

⑴ 金翅鳥에게 잡아먹히는 고통이다. 이는 제1구(汝觀如來法常爾)로 다스려야 한다. 불법을 보는 것이 삼귀의와 같기 때문이다.

⑵ 탐욕을 부릴 적에 본래 몸으로 되돌아가는 고통이다.

⑶ 비늘 속의 미세한 곤충에게 겪는 고통이다. 이는 아울러 제2구(一切衆生咸利益)로 다스려야 한다. 불법을 배워 평등하게 도움을 주기 때문이다.

⑷ 뜨거운 모래에 몸을 나뒹구는 고통이다. 이는 제3, 4구(能以

大慈… 淪墜者)로 다스려야 한다. 비늘 속의 미세한 곤충에게 물린 가려움을 견딜 수가 없어 뜨거운 모래 위에서 나뒹구는 것이다. 여기에서 대자비의 마음으로 불쌍히 여기는 마음이 있기에 이를 다스릴 수 있다.

일설에 의하면, "용의 4가지 고통 가운데 '세 번째 비늘 속의 미세한 곤충에게 겪는 고통'은 없고, 그 대신 바람이 보배 옷자락에 불어오면 몸이 드러나는 고통이 있다. 이 또한 제2구로 다스려야 한다."고 하였다. 이는 용의 입장에서 용의 세계를 말했지만, 끝 구절은 부처님이 축생·아귀·지옥에 빠진 중생을 구제한 것으로 말하였다. 【초_ "많은 용에게 4가지의 견디기 어려운 고뇌가 있다."는 것에 대한 경전의 해석은 똑같지 않다. 그러나 謗佛經[1]에서 이르기를, "아나바달다 용왕이 3가지 잘못과 걱정을 모두 다 멀리 여의었다. 첫째는 뜨거운 사막에 그 머리를 떨어뜨리지 않음이며, 둘째는 뱀의 몸으로 탐욕을 부리지 않음이며, 셋째는 가루라조에게 잡아먹히는 두려움이 없는 것이다."고 하니 이는 보리심을 일으켜 三界의 악을 여의었음을 비유한 것이다.

그러나 이렇게 이해하면 또한 다음과 같다.

"세 번째 비늘 속의 미세한 곤충에게 겪는 고통은 없고, 그 대신 바람이 보배 옷자락에 불어오면 몸이 드러나는 고통이 있다."는

....
1 謗佛經(방불경) : 【범】Buddhakṣepaṇa. 1권. K-239, T-831. 後魏시대에 菩提流支(Bodhiruci)가 508년에서 535년 사이에 낙양과 鄴建에서 번역하였다. 부처님 법을 비방한 경우에 받게 되는 과보에 대해 설한 경전이다.

것은 앞서 비늘 속의 미세한 곤충 때문에 뜨거운 사막에서 나뒹군 바 있다. 이 2가지는 똑같은 일이기 때문이다. 그 대신 "바람이 보배 옷자락에 불어오면 몸이 드러나는 고통이 있다."는 것은 곧 두 번째에서 말한 본래 몸으로 되돌아가는 수치와 똑같은 점을 볼 수 있다. 이 때문에 상호 모순이 있다.】

제2 사갈라 용왕의 게송

經
一切衆生種種別을   於一毛端皆示現하사
神通變化滿世間하시니   娑竭如是觀於佛이로다

사생(四生: 胎·卵·濕·化)의 중생 갖가지 다른 업을
한 터럭 끝에 모든 업보 보여주어
신통변화여 세간에 가득하니
사갈 용왕이 부처님 이런 경계 보았네

● 疏 ●
二中에 此는 就佛하야 論示現이오 前은 約龍하야 云能轉이라 又前一念은 時促이오 今一毛는 處小니 二文 影略이라 餘九는 可知로되 但第五偈는 卽前所說이라

제2 사갈라 용왕의 게송. 이는 부처님의 입장에서 보여주는 신통력을 논한 것이다. 앞에서는 용의 입장에서의 변화를 말하였다.

또 앞에서 말한 '한 생각의 찰나'는 얼마 되지 않은 시간을 말하고, 여기에서 말한 '한 터럭 끝'이란 아주 작은 공간을 말한다. 두 문장은 상호 보완하여 설명해주고 있다.

아래 나머지 9편의 게송은 설명하지 않아도 알 수 있다. 단 제5의 게송에 대해서는 이미 앞에서 설명한 바 있다.

제3 운음당 용왕의 게송

佛以神通無限力으로　　廣演名號等衆生하사
隨其所樂普使聞케하시니　如是雲音能悟解로다

　　부처님 무한한 신통력으로
　　중생에게 평등한 마음으로 명호 널리 연설하여
　　그들이 좋아하는 마음 따라 널리 듣게 하시니
　　운음 용왕이 이런 도리 깨달았네

제4 염구 용왕의 게송

無量無邊國土衆을　　佛能令入一毛孔하고
如來安坐彼會中하시니　此燄口龍之所見이로다

　　한량없고 그지없는 국토의 중생

부처님 한 모공에 넣어두고
여래께서 회중에 편히 앉으시니
염구 용왕이 이런 경지 보았네

제5 염 용왕의 게송

> 經

一切衆生瞋恚心과　　　纏蓋愚癡深若海어늘
如來慈愍皆除滅하시니　　燄龍觀此能明見이로다

모든 중생 성내는 마음과
얽히고 덮이고 어리석음이 바다처럼 깊은데
여래의 연민자비로 모두 없애주시니
염 용왕이 이런 경계 밝게 보았네

제6 운당 용왕의 게송

> 經

一切衆生福德力을　　　佛毛孔中皆顯現하사
現已令歸大福海하시니　　此高雲幢之所觀이로다

모든 중생의 복덕의 힘을
부처님 모공 속에 모두 보여주어
이처럼 복덕바다 들어가게 하시니

고운당 용왕이 이런 경계 보았네

제7 덕차가 용왕의 게송

經

佛身毛孔發智光하사 　　**其光處處演妙音**하시니
衆生聞者除憂畏라 　　**德叉迦龍悟斯道**로다

　부처님 모공에 쏟아지는 지혜광명
　광명 비친 모든 곳에 미묘한 법음 울려오니
　법문 들은 중생, 근심과 두려움 사라졌네
　덕차가 용왕이 이런 도리 깨달았네

제8 무변보 용왕의 게송

經

三世一切諸如來와 　　**國土莊嚴劫次第**를
如是皆於佛身現하시니 　　**廣步見此神通力**이로다

　삼세 모든 여래와
　국토의 장엄, 억겁의 세월을
　부처님 몸으로 모두 보여주시니
　광보 용왕이 이런 신통력 보았네

제9 청정색속질 용왕의 게송

經
我觀如來往昔行에 　　**供養一切諸佛海**하고
於彼咸增喜樂心하시니 　　**此速疾龍之所入**이로다

나는 보았네, 여래의 옛적 수행을
수많은 부처에게 공양 올려
그 자리에 제불의 환희심 더하시니
속질 용왕이 이런 경계 들어갔네

제10 보행대음 용왕의 게송

經
佛以方便隨類音으로 　　**爲衆說法令歡喜**하시니
其音淸雅衆所悅이라 　　**普行聞此心欣悟**로다

부처님이 중생 따라 방편으로 설하신 법음
중생 위한 설법으로 환희심 내주시니
법음이 청아하여 중생이 기뻐하네
보행 용왕이 이를 듣고 마음으로 깨달았네

제11 무열뇌 용왕의 게송

經

衆生逼迫諸有中하야　　業惑漂轉無人救어늘
佛以大悲令解脫하시니　　無熱大龍能悟此로다

　　중생이 삼계[諸有: 欲界有·色界有·無色界有]에 핍박받아
　　업장 미혹의 윤회, 구제할 이 없었는데
　　부처님 큰 자비로 해탈시켜주시니
　　무열 대용왕이 이런 경계 깨달았네

一

第四夜叉王衆 長行十法【鈔_ 第四夜叉王下는 前之十段은 長行偈頌을 委釋이고 第十一段去는 卽摘難釋이어니와 此下는 多不釋偈오 偈有難者를 懸引하야 釋於長行之中하노니 講者는 自對會之어다】

　　제4. 야차왕 대중

　　장항 10법【초_ 제4. 야차왕 이하는 앞의 10단락은 장항과 게송을 자세히 해석하였고, 제11 단락 이하는 어려운 부분만을 지적하여 해석했지만, 이 아랫부분은 대부분 게송을 해석하지 않고, 게송의 어려운 부분은 그 이해를 돕고자 장항 부분에서 해석하고 있다. 이를 강설하는 이는 이러한 점을 알아야 한다.】

經

復次毗沙門夜叉王은 得以無邊方便으로 救護惡衆生解脫門하고

自在音夜叉王은 得普觀察衆生하야 方便救護解脫門하고
嚴持器仗夜叉王은 得能資益一切甚羸惡衆生解脫門하고
大智慧夜叉王은 得稱揚一切聖功德海解脫門하고
燄眼主夜叉王은 得普觀察一切衆生大悲智解脫門하고
金剛眼夜叉王은 得種種方便으로 利益安樂一切衆生解脫門하고
勇健臂夜叉王은 得普入一切諸法義解脫門하고
勇敵大軍夜叉王은 得守護一切衆生하야 令住正道하야 無空過者解脫門하고
富財夜叉王은 得增長一切衆生福德聚하야 令恆受快樂解脫門하고
力壞高山夜叉王은 得隨順憶念하야 出生佛力智光明解脫門하시니라

또한 다음 비사문(毗沙門) 야차왕은 끝없는 방편으로 악행 중생을 구호하는 해탈문을 얻었고,

자재음(自在音) 야차왕은 중생 근기를 널리 관찰하여 방편으로 구호하는 해탈문을 얻었고,

엄지기장(嚴持器仗) 야차왕은 모든 아주 여위고 추악한 일체중생을 도와주는 해탈문을 얻었고,

대지혜(大智慧) 야차왕은 모든 성인의 공덕바다를 칭찬하는 해탈문을 얻었고,

염안주(燄眼主) 야차왕은 일체중생을 널리 관찰하는 큰 자비와

지혜의 해탈문을 얻었고,

금강안(金剛眼) 야차왕은 갖가지 방편으로 모든 중생에게 이익과 안락을 주는 해탈문을 얻었고,

용건비(勇健臂) 야차왕은 모든 법의 도리를 널리 깨달아 들어가는 해탈문을 얻었고,

용적대군(勇敵大軍) 야차왕은 모든 중생을 수호하여 그들로 하여금 바른 도에 안주하여 세월을 허송하는 이가 없도록 하는 해탈문을 얻었고,

부재(富財) 야차왕은 모든 중생의 복덕 더미를 더욱 키워서 그들로 하여금 항상 쾌락을 누리게 하는 해탈문을 얻었고,

역괴고산(力壞高山) 야차왕은 생각하는 바를 따라서 부처님의 힘과 지혜의 광명을 내는 해탈문을 얻었다.

● 疏 ●

初一은 卽北方天王이라 得以無邊等者는 謂善者自樂일세 不待加哀어니와 惡者는 必苦라 心則偏重이니 巧救多門일세 故云無邊이오 又此天能伏惡鬼하야 令不犯衆生이 是救護也라

제1 비사문 야차왕. 이는 북방천왕이다. "끝없는 방편으로 악행 중생을 구호하다."란 선한 자는 스스로 즐거워하기에 그를 가엾이 여겨줄 필요가 없겠지만, 악한 자는 반드시 고통을 받는 터라, 그의 마음이 한쪽으로 치우쳐 있으니, 여러 가지의 방편으로 그들을 잘 구제해주기에 '끝없다[無邊]'고 말한다. 또 북방천왕이 악귀를

굴복시켜 다시는 중생에게 해를 끼치지 못하도록 함이 바로 '중생을 구호'함이다.

二는 智觀悲救호되 救苦護善하야 不滯空有라 故云方便이라

제2 자재음 야차왕. 지혜로 살펴보고 大悲로 구제하되 고통에서 구제해주고 선을 보호하여 空과 有에 막힘이 없기에 이를 '방편'이라고 말한다.

三은 惡業障重을 名甚羸惡이오 又羸는 無善力이니 謂一闡提오 惡은 卽弊惡이니 謗方等經者라 明示妙理를 是謂資益이라

제3 엄지기장 야차왕. 악업의 장애가 큰 것을 '아주 여위고 추악하다[甚羸惡].'고 말한다. 또 羸는 선을 행할 수 있는 힘이 없는 자이다. 이는 도저히 성불할 성품이 없는, 一闡提를 말한다. 惡은 곧 弊惡이다. 이는 방등경을 비방한 자이다. 오묘한 이치를 분명하게 보여준 것을 '도움[資益]'이라고 말한다.

四는 傲佛歎佛하야 得名聞果라

제4 대지혜 야차왕. 부처님과 같이 부처를 찬탄하여 이름을 얻고 佛果를 들은 것이다.

五는 悲智二照 合爲一心하야 與法身俱라 故恆觀察이라

제5 염안주 야차왕. 大悲와 大智 2가지가 하나의 마음으로 합하여 법신과 함께한 까닭에 널리 '항상 관찰'할 수 있다.

六은 妙音說法에 利益多端이로되 唯應度者라야 聲曁能益이라

제6 금강안 야차왕. 오묘한 법음으로 설법할 적에 수많은 이익이 있으나 오직 응당 제도할 자에게만 법음이 전해져 그에게 이익

을 주는 것이다.

七은 敎廣理深을 一句能演이 卽是普入이라

　　제7 용건비 야차왕. 가르침이 드넓고 이치가 심오한 것을 한마디의 말씀으로 하신 것이 곧 '널리 깨달아 들어감'이다.

八은 令物離邪면 則能住正하야 爲守護矣라 然住正道者는 則不分別是邪是正일세 云不思議라하니라

　　제8 용적대군 야차왕. 중생으로 하여금 사도를 멀리하게 하면 곧 바른 도에 안주하여 불법을 수호하게 된다. 그러나 바른 도에 안주한 자는 곧 이것이 사도이니 이것이 정도이니 따지지 않기에 게송에서 '부사의'하다고 말한 것이다.

九는 集福德因으로 受快樂果하나니 由身智光하야 得增長也라

　　제9 부재 야차왕. 복덕을 모여들게 하는 因으로 쾌락의 果를 받으니 법신광명과 지혜광명에 의하여 복덕이 더욱 커나가는 것이다.

十은 念佛修因하야 生十力果니 天未證極일세 故云隨順이라

　　제10 역괴고산 야차왕. 염불로 因을 닦아 十力의 果를 얻음이니 天은 아직 지극한 지위를 증득하지 못한 까닭에 '생각하는 바를 따르는' 것이다.

經

爾時에 多聞大夜叉王이 承佛威力하사 普觀一切夜叉衆會하고 而說頌言하사대

그때 다문 대야차왕이 부처님이 지닌, 헤아릴 수 없는 영묘하고도 불가사의한 힘을 받들어 모든 야차 대중의 모임을 두루 살피고 게송으로 말씀드렸다.

◉ 疏 ◉

偈中에 亦十이니 文顯可知라

게송 또한 10편이다. 문장의 뜻이 분명하기에 설명하지 않아도 알 수 있다.

제1 비사문 야차왕의 게송

經

衆生罪惡深可怖라　　於百千劫不見佛하야
漂流生死受衆苦일세　　爲救是等佛興世로다

　중생이 지은 죄악, 너무 깊어 두려워라
　백천 겁 세월 부처님 볼 수 없어
　생사바다 표류하며 온갖 고통 받을 적에
　이들을 구제코자 세상에 부처님 나오셨네

제2 자재음 야차왕의 게송

經

如來救護諸世間이여　　　悉現一切衆生前하사
息彼畏塗輪轉苦하시니　　如是法門音王入이로다

　　여래께서 모든 세간 제도 위해
　　모든 중생 앞에 모두 나타나시어
　　그들의 윤회 고통 없애주시니
　　자재음왕이 이런 법문 들어갔네

　　제3 엄지기장 야차왕의 게송

經

衆生惡業爲重障이어늘　　佛示妙理令開解하시니
譬以明燈照世間이라　　　此法嚴仗能觀見이로다

　　중생의 나쁜 업, 크나큰 장애인데
　　부처님 묘한 도리 깨우쳐주시니
　　밝은 등불로 세간 비추는 듯하여라
　　엄장왕이 이런 법문 보았네

　　제4 대지혜 야차왕의 게송

經

佛昔劫海修諸行에　　　　稱讚十方一切佛이라

故有高遠大名聞하시니　　此智慧王之所了로다

　　부처님 오랜 겁을 수행하실 때
　　시방 부처님을 찬탄하셨네
　　그 공덕으로 높고 큰 명성 얻으시니
　　지혜왕이 이런 경계 알았네

　　제5 염안주 야차왕의 게송

經

智慧如空無有邊이요　　法身廣大不思議라
是故十方皆出現하시니　　欲目於此能觀察이로다

　　지혜는 허공처럼 끝이 없고
　　광대한 법신, 불가사의여
　　이 때문에 시방세계 널리 나타나시니
　　염목왕이 이런 도리 보았네

　　제6 금강안 야차왕의 게송

經

一切趣中演妙音하사　　說法利益諸群生이여
其聲所曁衆苦滅하니　　入此方便金剛眼이로다

　　모든 육도(六道) 중에 미묘한 법음

설법으로 육도중생 이익을 주심이여

그 음성 들리는 곳 중생 고통 사라지니

금강안왕이 이 방편에 들어갔네

제7 용건비 야차왕의 게송

經
一切甚深廣大義를　　　　如來一句能演說이여
如是敎理等世間하니　　　勇健慧王之所悟로다

모든 법의 한량없이 깊고 큰 뜻을

여래께서 한마디로 말씀하심이여

이러한 교리를 모든 세간에 평등히 베푸시니

용건혜왕이 이런 도리 깨달았네

제8 용적대군 야차왕의 게송

經
一切衆生住邪道어늘　　　佛示正道不思議하사
普使世間成法器하시니　　此勇敵軍能悟解로다

일체중생이 사도(邪道)에 머물거늘

부처님이 부사의한 정도를 보여주어

널리 세간중생 법 그릇 이뤄주시니

용적군왕이 이런 도리 깨달았네

제9 부재 야차왕의 게송

經
世間所有衆福業이여　　一切皆由佛光照라
佛智慧海難測量이시니　如是富財之解脫이로다

세간에 존재하는 모든 복업이여
그 모두 부처님 광명으로 비춰주신 것
부처님 지혜바다 헤아리기 어려우니
이런 도리는 부재왕의 해탈법문이네

제10 역괴고산 야차왕의 게송

經
憶念往劫無央數에　　　佛於是中修十力하사
能令諸力皆圓滿하시니　此高幢王所了知로다

생각건대 과거 제불 끝없는 오랜 겁에
부처님 그동안 십력을 닦으시어
모든 십력 원만하시니
고당왕이 이런 경계 알았네

第五 摩睺羅伽王

제5. 마후라가왕(大腹行, 蟒神)

經

復次善慧摩睺羅伽王은 得以一切神通方便으로 令衆生集功德解脫門하고

淨威音摩睺羅伽王은 得使一切衆生으로 除煩惱得淸涼悅樂解脫門하고

勝慧莊嚴髻摩睺羅伽王은 得普使一切善不善思覺衆生으로 入淸淨法解脫門하고

妙目主摩睺羅伽王은 得了達一切無所著福德自在平等相解脫門하고

燈幢摩睺羅伽王은 得開示一切衆生하야 令離黑暗怖畏道解脫門하고

最勝光明幢摩睺羅伽王은 得了知一切佛功德하야 生歡喜解脫門하고

師子臆摩睺羅伽王은 得勇猛力으로 爲一切衆生救護主解脫門하고

衆妙莊嚴音摩睺羅伽王은 得令一切衆生으로 隨憶念生無邊喜樂解脫門하고

須彌臆摩睺羅伽王은 得於一切所緣에 決定不動하야 到彼

岸滿足解脫門하고

可愛樂光明摩睺羅伽王은 得爲一切不平等衆生하야 開示平等道解脫門하시니라

또한 다음 선혜(善慧) 마후라가왕은 모든 신통의 방편으로 중생에게 공덕을 쌓게 하는 해탈문을 얻었고,

정위음(淨威音) 마후라가왕은 모든 중생으로 하여금 번뇌를 버리고 청량한 즐거움을 얻게 하는 해탈문을 얻었고,

승혜장엄계(勝慧莊嚴髻) 마후라가왕은 온갖 선과 불선을 생각하는 중생들을 청정한 법문에 들어가게 하는 해탈문을 얻었고,

묘목주(妙目主) 마후라가왕은 일체 집착이 없는 복덕이 자재하고 평등한 상을 분명하게 통달하는 해탈문을 얻었고,

등당(燈幢) 마후라가왕은 모든 중생에게 부처의 지견(知見)을 보여주어 어둡고 두려운 길을 여의게 하는 해탈문을 얻었고,

최승광명당(最勝光明幢) 마후라가왕은 모든 부처님의 공덕을 알고 환희심을 내는 공덕문을 얻었고,

사자억(師子臆) 마후라가왕은 용맹스러운 힘으로 모든 중생을 구호하는 주인이 되는 해탈문을 얻었고,

중묘장엄음(衆妙莊嚴音) 마후라가왕은 모든 중생으로 하여금 자신들이 생각하는 바를 따라서 그지없는 즐거움을 내게 하는 해탈문을 얻었고,

수미억(須彌臆) 마후라가왕은 모든 반연에 결코 흔들리지 아니하고 피안에 이르러 만족하는 해탈문을 얻었고,

가애락광명(可愛樂光明) 마후라가왕은 평등하지 못한 모든 중생을 위해 평등한 도리를 열어 보이는 해탈문을 얻었다.

◉ 疏 ◉

一은 普現威光을 名爲神通이오 不動性淨은 示涅槃因일새 故云方便이니 依因集德이면 必得無依涅槃이니라

제1 선혜 마후라가왕. 널리 위신력의 광명을 보여줌을 '신통'이라고 말하고, 자성이 청정하여 흔들리지 않고 열반의 因을 보여주기에 '방편'이라고 말한다. 因에 의해 덕을 쌓아가면 반드시 의지하거나 머묾이 없는 열반을 얻을 수 있다.

二는 除惑契寂은 是淸淨因이오 淸涼悅樂은 是涅槃果이라

제2 정위음 마후라가왕. 미혹을 없애어 靜寂에 계합함은 청정의 因이고, 청량한 즐거움은 열반의 果이다.

三은 善者도 善之하고 不善者도 佛示善之하사 善覺亦亡이라야 乃入本淨이니라

제3 승혜장엄계 마후라가왕. 선한 자도 선으로 보여주고, 불선한 자도 부처님 또한 선으로 보여주니 선하다는 생각마저도 없어야 이에 근본 청정에 들어갈 수 있다.

四는 福非福相일새 染不可著이니 非福現福을 名自在相이오 佛佛無二는 是平等相이라

제4 묘목주 마후라가왕. 복덕이 복덕의 상에 집착하지 않기에 더러움에 물들지 않으니 복덕에 집착하지 않고서 복덕을 나타냄을

'自在相'이라 말하고, 부처와 부처가 둘이 없음이 '平等相'이다.

五는 無智黑因을 如燈開示오 怖畏苦果를 如幢爲歸라

제5 등당 마후라가왕. 지혜가 없는 암흑의 因을 등불처럼 밝혀주고, 두려움에 떠는 고통의 果를 깃발을 보고서 찾아오는 것처럼 돌아오게 하는 것이다.

六은 以知로 佛德同空하야 齊已一性일세 故歡喜也라

제6 최승광명당 마후라가왕. 부처님의 덕이 허공과 같아서 나의 자성도 똑같음을 알았기에 환희의 마음을 내는 것이다.

七은 見理決斷하야 聞深不怖오 聞淺不疑오 聞非深非淺에 意而有勇하야 八風不傾이 爲勇猛力이니 旣以自正이면 必能正他하야 爲救護主니라【鈔_ 聞深不怖等者는 大分深義니 所謂空也니 聞說於空이면 謂同斷滅일세 故令人怖니라 故大品에 云旣非先有오 亦非後無니 自性常空이라 勿生驚怖라하다 聞淺不疑者는 淺은 謂涉事니 方便多門이면 則令疑惑이어늘 今知隨宜어니 何所疑耶아 聞非深非淺은 謂無所據면 使身心茫然이어늘 今知非深爲妙有오 非淺爲眞空하야 離身心相이라야 方爲勇猛하야 可造斯境이니라 又此三句는 亦卽三觀이니 初空·次假·後中道라 三句齊聞에 一念皆會라】

제7 사자억 마후라가왕. 도리를 보는 데에 결단이 있어 空의 깊은 도리를 들을지라도 두려워하지 않고, 假의 얕은 도리를 들을지라도 의심하지 않으며, 깊지도 얕지도 않은 中道의 뜻을 들을지라도 용맹심으로 八風에 흔들리지 않음을 '용맹의 힘'이라고 한다. 앞서 자신이 바르면 반드시 남을 바로잡아줄 수 있기에 이를 '구호주'라고 말한다. 【초_ "空의 깊은 도리를⋯ 두려워하지 않고"라는 것은 크게 깊은 뜻으로 구분 지어 말한 것이니 이른바 空이다. 공에 대한 말을 들으면 그는 '斷滅과 같다고 생각하기에 모든 사람을 두렵게 만드는 것이다. 이 때문에 대품경에서 이르기를, "이미 앞에 있었던 것도 아니요, 또한 뒤에 없었던 것도 아니다. 자성이 항상 공이다. 놀라거나 두려운 마음을 내지 말지어다."라고 하였다.

"假의 얕은 도리를⋯ 의심하지 않으며"에서 '얕은 도리'란 事法界에 관계된 것이다. 여러 가지 방편이 많으면 의혹을 낳기 마련인데 오늘날 적절한 편의를 따를 줄 아니 그 무엇을 의심하겠는가.

"깊지도 얕지도 않은 中道의 뜻을 들을지라도"라는 것은 근거한 바가 없으면 몸과 마음이 아득하게 된다. 그러나 여기에서 말한 '깊지 않다'는 것은 妙有이고, '얕지 않다'는 것은 眞空임을 알고서 몸과 마음의 상을 여의어야 만이 비로소 용맹스럽게 이러한 경계에 나아갈 수 있다. 이 세 구절은 또한 곧 三觀이다. 처음은 空이고, 그다음은 假이고, 또 그다음은 中道이다. 세 구절을 한꺼번에 들으면서 한 생각의 사이에 모두 이해한 것이다.】

八은 往修喜因이라 故見念皆喜라

제8 중묘장엄음 마후라가왕. 지난 겁에 환희의 因을 닦았기에 보는 것마다 생각하는 것마다 모두 기뻐하는 것이다.

九는 見理智成이면 則緣不動이오 智爲行本이라 諸度悉圓하나니 亦猶海納百川이면 更不流矣라

제9 수미억 마후라가왕. 도리를 깨달아 지혜가 이뤄지면 어떤

반연에도 흔들리지 않고, 지혜가 모든 행실의 근본이 되기에 모든 바라밀이 다 원만하게 된다. 이 또한 바다가 수많은 강물을 받아들이면 다시는 흘려보내거나 버리지 않음과 같다.

十은 開生等理요 示佛等應하야 破情不等하야 令悟性等이 爲平等道라

제10 가애락광명 마후라가왕. 중생의 평등한 도리를 깨우쳐주는 것이다. 부처님의 평등하게 대함을 보여주어, 평등하지 못한 중생의 마음을 타파하고 그들로 하여금 자성의 평등함을 깨닫게 함을 '평등한 도리'라고 말한다.

經

爾時에 善慧威光摩睺羅伽王이 承佛威力하사 普觀一切摩睺羅伽衆하고 而說頌言하사대

그때 선혜위광 마후라가왕이 부처님이 지닌, 헤아릴 수 없는 영묘하고도 불가사의한 힘을 받들어 모든 마후라가 대중을 두루 살펴보고 게송으로 말씀드렸다.

◉ 疏 ◉

十偈如次하니 文顯可知라

10편의 게송은 다음 차례와 같다. 문장의 뜻이 분명하기에 설명하지 않아도 알 수 있다.

제1 선혜 마후라가왕의 게송

汝觀如來性淸淨하라　　普現威光利群品하사대
示甘露道使淸涼하야　　衆苦永滅無所依로다

　그대는 보라, 여래의 성품이 청정함을
　위엄 광명 널리 밝혀 중생에게 도움 주며
　감로수 도리 보여 청량세계 얻게 하여
　모든 고통을 길이 없애주어 발붙일 곳 없게 하였네

　제2 정위음 마후라가왕의 게송

一切衆生居有海하야　　諸惡業惑自纏覆어늘
示彼所行寂靜法하시니　　離塵威音能善了로다

　일체중생이 삼계 바다에 머물며
　온갖 악업에 얽히고 뒤덮였는데
　중생이 행해야 할 고요한 법 보여주시니
　이진위음왕이 이런 경계 잘 알았네

　제3 승혜장엄계 마후라가왕의 게송

佛智無等叵思議어　　知衆生心無不盡하사

爲彼闡明淸淨法하시니   **如是嚴髻心能悟**로다

    부처님 지혜 같은 이 없는 불가사의여

    중생의 마음 모두 아시어

    중생 위해 청정한 법 밝혀주시니

    엄계왕이 마음으로 이런 도리 깨달았네

    제4 묘목주 마후라가왕의 게송

經

無量諸佛現世間하사   **普爲衆生作福田**하시니
福海廣大深難測이라   **妙目大王能悉見**이로다

    한량없는 부처님 세간에 나타나

    널리 중생 위해 복전 마련하시니

    복덕바다 넓고 깊어 헤아리기 어려워라

    묘목대왕이 이런 경계 모두 보았네

    제5 등당 마후라가왕의 게송

經

一切衆生憂畏苦를   **佛普現前而救護**하사대
法界虛空靡不周하시니   **此是燈幢所行境**이로다

    모든 중생의 근심과 두려움 고통 위해

부처님 그 앞에 나타나 구제하사

법계와 허공에 두루 하시니

등당왕이 수행한 해탈경계여라

제6 최승광명당 마후라가왕의 게송

> 經

佛一毛孔諸功德을　　　世間共度不能了라
無邊無盡同虛空하시니　　如是廣大光幢見이로다

부처님 한 모공에 한량없는 공덕을

세간중생 헤아려도 알 수 없어라

그지없고 다함없어 허공 같으니

광당왕이 이처럼 광대한 도리 보았네

제7 사자억 마후라가왕의 게송

> 經

如來通達一切法하사　　　於彼法性皆明照하사대
如須彌山不傾動하시니　　入此法門師子臆이로다

여래는 모든 법을 통달하사

수많은 법성을 밝게 비춰주되

수미산처럼 움직이지 않으시니

사자억왕이 이 법문에 들어갔네

제8 중묘장엄음 마후라가왕의 게송

經
佛於往昔廣大劫에　　　**集歡喜海深無盡**이라
是故見者靡不欣하니　　**此法嚴音之所入**이로다

　　부처님이 지난 옛적 오랜 겁에
　　쌓아놓은 환희바다 끝없이 깊은 터라
　　이 때문에 보는 이 모두 기뻐하니
　　엄음왕이 이 법문에 들어갔네

제9 수미억 마후라가왕의 게송

經
了知法界無形相하사　　**波羅蜜海悉圓滿**하야
大光普救諸衆生하시니　**山臆能知此方便**이로다

　　법계는 형상이 없음을 분명히 알아
　　바라밀의 바다 모두 원만하여
　　큰 광명으로 모든 중생 널리 구하시니
　　산억왕이 이런 방편 알았네

제10 가애락광명 마후라가왕의 게송

經

汝觀如來自在力하라　　十方降現罔不均하사
一切衆生咸照悟하시니　　此妙光明能善入이로다

　　그대들은 여래의 자재한 힘을 보라
　　시방세계에 고루 나타내어
　　모든 중생 다 비추어 깨달음 주시니
　　묘광명왕이 이런 경계 들어갔네

第六 緊那羅王 十法

　　제6. 긴나라왕(疑神)
　　장항 10법

經

復次善慧光明天緊那羅王은 得普生一切喜樂業解脫門하고
妙華幢緊那羅王은 得能生無上法喜하야 令一切로 受安樂解脫門하고
種種莊嚴緊那羅王은 得一切功德이 滿足하야 廣大淸淨한 信解藏解脫門하고

79

悅意吼聲緊那羅王은 得恆出一切悅意聲하야 令聞者로 離憂怖解脫門하고
寶樹光明緊那羅王은 得大悲安立一切衆生하야 令覺悟所緣解脫門하고
普樂見緊那羅王은 得示現一切妙色身解脫門하고
最勝光莊嚴緊那羅王은 得了知一切殊勝莊嚴果의 所從生業解脫門하고
微妙華幢緊那羅王은 得善觀察一切世間業의 所生報解脫門하고
動地力緊那羅王은 得恆起一切利益衆生事解脫門하고
威猛主緊那羅王은 得善知一切緊那羅心하야 巧攝御解脫門하시니라

또한 다음 선혜광명천(善慧光明天) 긴나라왕은 모든 기쁘고 즐거운 업을 내는 해탈문을 얻었고,

묘화당(妙華幢) 긴나라왕은 더할 수 없는 최고의 법희(法喜)를 내어 일체중생에게 안락을 누리게 하는 해탈문을 얻었고,

종종장엄(種種莊嚴) 긴나라왕은 모든 공덕이 만족하여 광대하고 청정한 신심과 견해 창고의 해탈문을 얻었고,

열의후성(悅意吼聲) 긴나라왕은 그들의 마음을 기쁘게 해주는 모든 음성을 항상 내어 듣는 이에게 근심과 두려움을 여의게 하는 해탈문을 얻었고,

보수광명(寶樹光明) 긴나라왕은 큰 자비로 일체중생을 편안하게

하여 반연해야 할 본래의 자성을 깨닫게 하는 해탈문을 얻었고,

　보락견(普樂見) 긴나라왕은 여러 가지 미묘한 몸을 나타내 보이는 해탈문을 얻었고,

　최승광장엄(最勝光莊嚴) 긴나라왕은 온갖 훌륭하게 장엄한 불과(佛果)가 생겨나는 업인(業因)을 분명하게 아는 해탈문을 얻었고,

　미묘화당(微妙華幢) 긴나라왕은 온갖 세간의 업으로 생기는 과보를 잘 관찰하는 해탈문을 얻었고,

　동지력(動地力) 긴나라왕은 중생에게 도움이 되는 온갖 일을 항상 일으키는 해탈문을 얻었고,

　위맹주(威猛主) 긴나라왕은 모든 긴나라의 마음을 잘 알고 잘 거두어 다스리는 해탈문을 얻었다.

◉ 疏 ◉

一은 世喜樂業이 皆因佛生이오

　제1 선혜광명천 긴나라왕. 세간의 기쁘고 즐거운 업이 모두 부처님에 의해 생겨난 것이다.

二는 聞深適神이라 故法喜無上이오 終得涅槃이 無盡安樂이오

　제2 묘화당 긴나라왕. 심오한 불법을 들으면 심신이 쾌적한 까닭에 더할 수 없는 최고의 법희이고, 마침내 열반을 얻음이 게송에서 말한 '그지없는 안락[無盡安樂]'이다.

三은 佛德深廣이라 信亦包含이오

　제3 종종장엄 긴나라왕. 부처님의 덕이 심오하고 드넓기에 신

심 또한 모든 것을 간직하고 있다.

四는 音演眞法令聞일세 故妄憂除而意悅이오

제4 열의후성 긴나라왕. 미묘한 법음으로 참 불법을 연설하여 모든 중생이 듣도록 마련해주기에 허튼 근심이 사라지고 마음이 기쁜 것이다.

五는 達境唯心而本空이면 則安立衆生於覺悟오

제5 보수광명 긴나라왕. 모든 경계가 오직 마음이라, 본래 공한 줄을 통달하면 중생을 깨달음의 경지에 세워줄 수 있다.

六은 難遇益生일세 所以示現이오 相嚴常住일세 名爲妙色이라하다

제6 보락견 긴나라왕. 서로 만나기 어려운 인연으로 만나 중생에게 도움을 주고자 법신을 나타내 보여주고, 好相의 장엄으로 길이 머물기에 '미묘한 색'이라고 말한다.

七은 大智普慈는 是二嚴果오 一切智因은 是能生業이라

제7 최승광장엄 긴나라왕. 큰 지혜와 큰 자비는 지혜 장엄과 복덕 장엄의 果요, 一切智의 因은 모든 것을 낳아주는 주체이다.

八은 業細難窮이오 自觀示物이라

제8 미묘화당 긴나라왕. 업이 미세하여 궁구하기 어렵기에 자신이 먼저 보고서 중생에게 보여줌이다.

九는 神通益物無間을 稱恆이라

제9 동지력 긴나라왕. 신통력으로 중생에게 도움을 주되 끊임없음을 '恆(十方大地恆震動)'이라고 말한다.

十은 知機巧化니 謂攝心正智오 御心如境이라

제10 위맹주 긴나라왕. 중생의 근기를 알고서 잘 교화함이니 중생의 마음을 바른 지혜로 이끌고 중생의 마음을 '여여 경계[如境: 眞境]'로 다스림을 말한다.

經

爾時에 善慧光明天緊那羅王이 承佛威力하사 普觀一切緊那羅衆하고 而說頌言하사대

그때 선혜광명천 긴나라왕이 부처님이 지닌, 헤아릴 수 없는 영묘하고도 불가사의한 힘을 받들어 모든 긴나라 대중을 두루 살피고 게송으로 말씀드렸다.

◉ 疏 ◉

十頌次第는 文並可知라

10편의 게송 차례는 문장의 뜻이 분명하기에 아울러 설명하지 않아도 알 수 있다.

제1 선혜광명천 긴나라왕의 게송

經

世間所有安樂事여　　　一切皆由見佛興이라
導師利益諸衆生하사　　普作救護歸依處로다

세간중생이 누리는 안락한 일이여

그 모두가 부처님 친견에 의해 비롯된 터
부처께서 중생에게 도움을 주시고자
구제하여 귀의할 곳 널리 마련하셨네

제2 묘화당 긴나라왕의 게송

> **經**

出生一切諸喜樂에　　　　**世間咸得無有盡**이라
能令見者不唐捐케하시니　　**此是華幢之所悟**로다

중생의 온갖 즐거움 모두 내주시니
세간중생 모두 끝없이 얻어가네
친견하는 이 그 누구도 헛되지 않게 하시니
화당왕이 이런 경계 깨달았네

제3 종종장엄 긴나라왕의 게송

> **經**

佛功德海無有盡이여　　　　**求其邊際不可得**이라
光明普照於十方하시니　　　**此莊嚴王之解脫**이로다

부처님 공덕바다 그지없어
그 끝을 찾으려도 찾지 못하네
부처님 광명 시방세계 널리 비추시니

이런 경계는 장엄왕의 해탈법문이네

제4 열의후성 긴나라왕의 게송

經
如來大音常演暢하사　　開示離憂眞實法하시니
衆生聞者咸欣悅이라　　如是吼聲能信受로다

　　여래의 광대한 음성 항상 연설하사
　　근심 없는 진실한 법 보여주시니
　　법문 들은 중생 모두 기뻐하네
　　후성왕이 이런 법문 믿고 받들었네

제5 보수광명 긴나라왕의 게송

經
我觀如來自在力컨대　　皆由往昔所修行이라
大悲救物令淸淨케하시니　　此寶樹王能悟入이로다

　　나는 보았네, 여래의 자재신통력을
　　모두 지난 옛적 수행하신 공덕일세
　　큰 자비로 중생 제도 청정케 하시니
　　보수왕이 이런 경계 깨달았네

제6 보락견 긴나라왕의 게송

經

如來難可得見聞이여　　衆生億劫時乃遇라
衆相爲嚴悉具足하시니　　此樂見王之所覩로다

　여래의 법문과 친견, 만나기 어려움이여

　중생이여, 억겁에 어쩌다 한 번 만나리

　부처님 32상 모두 장엄 구족하니

　낙견왕이 이런 경계 보았네

제7 최승광장엄 긴나라왕의 게송

經

汝觀如來大智慧하라　　普應群生心所欲하사
一切智道靡不宣하시니　　最勝莊嚴此能了로다

　그대는 보라, 여래의 큰 지혜를

　중생이 원하는 마음, 널리 응하시어

　온갖 지혜 도리 베푸시니

　최승장엄왕이 이런 해탈문 알았네

제8 미묘화당 긴나라왕의 게송

經

業海廣大不思議여　　衆生苦樂皆從起라
如是一切能開示하시니　　此華幢王所了知로다

　　삼업의 바다, 광대하여 불가사의여
　　중생의 고통과 즐거움, 모두 삼업에서 비롯된 터
　　일체중생에게 이런 도리 보여주시니
　　화당왕이 이런 도리 알았네

　　제9 동지력 긴나라왕의 게송

經

諸佛神通無間歇하사　　十方大地恆震動이어늘
一切衆生莫能知하니　　此廣大力恆明見이로다

　　모든 부처님 신통력 쉴 틈도 없이
　　시방대지 항상 진동함에도
　　일체중생 이런 도리 알 길 없으니
　　광대력왕이 이런 경계 밝게 알았네

　　제10 위맹주 긴나라왕의 게송

經

處於衆會現神通하사　　放大光明令覺悟하야

顯示一切如來境하시니　　此威猛主能觀察이로다
　　대중이 모인 곳에 신통력 나타내어
　　큰 광명 쏟아 중생 깨우쳐주고자
　　모든 여래 경계 보이시니
　　위맹주왕이 이 도리를 보았네

第七 迦樓羅王
　　제7. 가루라왕(大鵬 金翅鳥)

經

復次大速疾力迦樓羅王은 得無著無礙眼으로 普觀察衆生界解脫門하고
不可壞寶髻迦樓羅王은 得普安住法界하야 敎化衆生解脫門하고
淸淨速疾迦樓羅王은 得普成就波羅蜜精進力解脫門하고
不退心莊嚴迦樓羅王은 得勇猛力으로 入如來境界解脫門하고
大海處攝持力迦樓羅王은 得能竭衆生煩惱海[2]解脫門하고
堅法淨光迦樓羅王은 得成就無邊衆生差別智解脫門하고

....
2 得能竭衆生煩惱海 : 탄허 대종사의 번역본에서는 '得入佛行廣大智慧海'로 쓰여 있다.

妙嚴冠髻迦樓羅王은 得莊嚴佛法城解脫門하고
普捷示現迦樓羅王은 得成就不可壞平等力解脫門하고
普觀海迦樓羅王은 得了知一切衆生身하야 而爲現形解脫門하고
龍音大目精迦樓羅王은 得普入一切衆生歿生行智解脫門하시니라

또한 다음 대속질력(大速疾力) 가루라왕은 집착 없고 걸림 없는 눈으로 중생세계를 널리 관찰하는 해탈문을 얻었고,

불가괴보계(不可壞寶髻) 가루라왕은 법계에 널리 안주하여 중생을 교화하는 해탈문을 얻었고,

청정속질(淸淨速疾) 가루라왕은 바라밀을 널리 성취하여 정진하는 힘의 해탈문을 얻었고,

불퇴심장엄(不退心莊嚴) 가루라왕은 용맹스러운 힘으로 여래의 경계에 들어가는 해탈문을 얻었고,

대해처섭지력(大海處攝持力) 가루라왕은 중생의 번뇌바다를 고갈시켜주는 해탈문을 얻었고,

견법정광(堅法淨光) 가루라왕은 끝없는 중생을 성취시켜주는 차별 지혜의 해탈문을 얻었고,

묘엄관계(妙嚴冠髻) 가루라왕은 부처님의 법성(法城)을 장엄하는 해탈문을 얻었고,

보첩시현(普捷示現) 가루라왕은 깨뜨릴 수 없는 평등한 힘을 성취하는 해탈문을 얻었고,

보관해(普觀海) 가루라왕은 모든 중생의 몸을 분명히 알고서 그들을 위해 형상을 나타내는 해탈문을 얻었고,

용음대목정(龍音大目精) 가루라왕은 모든 중생의 나고 죽는 행에 널리 들어가는 지혜의 해탈문을 얻었다.

◉ 疏 ◉

依賢首靜法건대 皆云準頌이오 長行에 脫第五執持王이라

賢首와 靜法 스님의 말에 의하면, 모두 "게송에 준한다."고 하였고, 장항에는 제5 대해처섭지력 가루라왕이 누락되었다.

一은 智無著故로 見無礙오 悲普觀故로 通悉調라

제1 대속질력 가루라왕. 지혜에 집착이 없기에 견해에 걸림이 없고, 자비의 마음으로 중생을 널리 살펴보았기에 신통력으로 모두 조복하는 것이다.

二는 徧坐覺樹를 名住法界오 現通說法을 名爲敎化라

제2 불가괴보계 가루라왕. "보리수나무 아래 두루 앉음[徧坐十方覺樹下]"을 '법계에 안주한다.'고 말하고, 신통력을 나타내어 법을 설함을 '교화'라고 말한다.

三은 進策諸度하야 往修故로 成이라

제3 청정속질 가루라왕. 모든 바라밀을 지난날 정진과 경책으로 닦아온 까닭에 성취할 수 있었다.

四는 境界는 如偈文이라 絶思則入이니 方爲勇猛이라

제4 불퇴심장엄 가루라왕. 여래의 경계는 게송에서 말한 바와

같다. 생각을 끊으면 여래의 경계에 들어갈 수 있다. 이를 비로소 '용맹'이라 말한다.

五는 諸本에 多脫이라 遇本에 有文云 "大海處攝持力 迦樓羅王이 得能竭衆生 煩惱海 解脫門이라"하니 多是古疏本脫이어늘 今依有本이라 然偈約能竭하야 說佛福智라

제5 대해처섭지력 가루라왕. 이 부분은 여러 책에 대부분 누락되었다. 어느 책에 이르기를, "대해처섭지력 가루라왕은 중생의 번뇌바다를 고갈시켜주는 해탈문을 얻었다."고 하였다. 대부분 옛 주석에 누락되었던 것을 여기에서는 위의 책에 준한 것이다. 그러나 게송에서는 "중생의 번뇌바다를 고갈시켜주다."의 뜻을 "부처님의 복과 지혜"로 바꿔 말하였다.

六은 衆生無邊일세 故成就智 多라

제6 견법정광 가루라왕. 중생의 무리가 그지없기에 그들에 따라 알맞게 성취시켜주는, 차별의 지혜가 많다.

七은 城有三義하니 一은 防外敵이오 二는 養人衆이오 三은 開門引攝이라 今言法城은 通教理行果니 行契理教면 則無不俱嚴이라 故各有三義니 謂了心城之性空이면 則衆惑不入(卽防外敵)이오 見恆沙性德이면 則萬行爰增(卽養人衆)이오 道無不通이면 則自他引攝(卽開門引攝)이라【鈔 各有三義下는 別釋教理行果에 皆有防外敵等三이오 而四法爲三이니 以理行合釋이면 非理면 不顯行이오 非行이면 不顯理故일세니라】便能契果면 絶百非하야 以成解脫이오(卽防外敵) 養衆德이면 以全法身이오(卽養人衆) 開般若而無不通矣며(卽開門引攝) 方顯教城無非와(卽防

外敵)養所詮旨와 **(卽養人衆)** 句句通神이라**(卽開門引攝)** 有斯多義일새 故偈에 云"廣大叵窮이오 重重四門이라 故無數量이라 究竟能闢은 唯我世尊이로다"【鈔_ 有斯多義下는 二會에 釋偈文이오 重重四門者는 且第一重이니 卽是四句니 謂一은 有門이오 二는 空門이오 三은 亦空亦有門이오 四는 非空非有門이라 天台는 以斯로 歷於四敎면 則有四箇四門하니 略如前玄談中辨이오 今且於一重四句中에 更有四重四門이라 然執著成見이오 取成四謗이오 得意爲門이니 今取門義라 】

제7 묘엄관계 가루라왕. 城에는 3가지의 뜻이 있다.

(1) 외적을 방어하는 것이며,

(2) 많은 백성을 보호하는 것이며,

(3) 문을 열어 끌어들이는 것이다.

여기에서 法城이라고 말한 데에는 敎理行果에 통틀어 말한 것이다. 行이 理敎와 하나가 되면 장엄을 갖추지 않음이 없기 때문이다.

또 敎理行果에는 각각 3가지의 뜻이 있다. 心城의 性이 空함을 깨달으면 수많은 미혹이 들어오지 못하고,**(외적의 방어)** 항하사와 같은 자성의 덕을 보면 만행이 이에 더욱 커나가고,**(백성의 보호)** 도가 통하지 않음이 없으면 자타를 모두 끌어들이며,**(문을 열어 끌어들임)**【초_"각각 3가지의 뜻이 있다." 이하는 별도로 교리행과에 모두 외적을 막는 등등의 3가지가 있음을 해석한 것이며, 4가지의 법을 3가지로 삼은 것이니 이치와 行으로 합하여 해석하면 이치가 아니면 행이 나타날 수 없고, 행이 아니면 이치를 나타낼 수 없기 때문이다.】문득 果에 계합하면 百非를 끊어 이로써 해탈을 이루고,(외적의 방어) 많은 덕을 길러 이로써 법신을 온전케 하고,(백성의 보호) 반야를 열어 통달하지 않음이 없으며,(문을 열어 끌어들임) 설법해야 할 주체로써 바야흐로 가르침의 城에 그릇됨이 없음(외적의 방어)과 설법해야 할 종지를 기르는 것(백성의 보호)과 구절구절이 신통함(문을 열어 끌어들임)을 밝혔다.

이처럼 많은 뜻이 있기에 게송에서 말하였다.

"광대하여 다함이 없고, 거듭거듭 4가지의 문이 있기에 헤아릴 수 없다. 이런 뜻을 결국 밝힌 분은 오직 세존뿐이시다."【초_ "이처럼 많은 뜻이 있기에" 이하는 二會에서 게송의 문장을 해석한 것이다. '거듭거듭 4가지의 문'이란 第一重이니 곧 4구이다. 1은 有門, 2는 空門, 3은 亦空亦有門, 4는 非空非有門이다. 천태학에서는 "이를 四教에 붙여보면 네 개에 4가지의 문이 있다."고 한다. 대략 앞의 玄談에서 논변함과 같다. 또한 第一重의 四句 가운데에는 다시 四重 四門이 있다. 그러나 집착하면 見을 이루고, 취하면 4가지의 비방을 이루고, 뜻을 얻으면 門이 된다. 여기에서는 '門'의 뜻을 취하였다.】

八은 法身無相이라 故不可壞오 體卽眞如일새 凡聖平等이니 無分別智로 安住證會를 名成就力이라

제8 보첩시현 가루라왕. 법신은 모습이 없기에 파괴되지 않고, 본체가 곧 진여이기에 중생이나 성자가 모두 평등하다. 분별이 없는 지혜로 안주하여 증득하고 이해함을 "평등한 힘을 성취하였다."

고 말한다.

九는 現同類形하야 方便調伏이라

제9 보관해 가루라왕. 중생의 무리와 똑같은 모습을 나타내어 방편으로 그 중생을 조복하는 것이다.

十은 衆生歿生은 皆由行業이니 佛生死智라야 方能普入이라

제10 용음대목정 가루라왕. 중생의 나고 죽음은 모두 행업에 의한 것이다. 나고 죽음을 깨달은 부처님의 지혜만이 "널리 들어갈 수 있다."고 한다.

經

爾時에 大速疾力迦樓羅王이 承佛威力하사 普觀一切迦樓羅衆하고 而說頌言하사대

그때 대속질력 가루라왕이 부처님이 지닌, 헤아릴 수 없는 영묘하고도 불가사의한 힘을 받들어 모든 가루라 대중을 두루 살피고 게송으로 말씀드렸다.

● 疏 ●

頌文如次니 配釋이면 可知라

게송은 차례와 같다. 위의 문장과 대비하여 해석하면 설명하지 않아도 알 수 있다.

제1 대속질력 가루라왕의 게송

佛眼廣大無邊際하사　　　普見十方諸國土하시니
其中衆生不可量이어늘　　現大神通悉調伏이로다

    부처님의 눈은 넓고 커서 끝이 없어

    시방국토 널리 보시니

    그 가운데 중생 헤아릴 수 없는데

    큰 신통력 나타내어 모두 조복하셨네

    제2 불가괴보계 가루라왕의 게송

佛神通力無所礙여　　　徧坐十方覺樹下하사
演法如雲悉充滿하시니　寶髻聽聞心不逆이로다

    부처님 신통력 걸림 없음이여

    시방국토 보리수 아래 두루 앉으시어

    연설하신 법, 구름처럼 시방에 충만하시니

    보계왕이 법문 듣고 마음이 편하였네

    제3 청정속질 가루라왕의 게송

經
佛於往昔修諸行에　　　普淨廣大波羅蜜하사

供養一切諸如來하시니　　此速疾王深信解로다
　　부처님 지난 옛날 갖은 고행 닦을 때
　　광대한 바라밀 두루 청정하여
　　일체 시방여래 공양하시니
　　속질왕이 이런 법문 깊이 믿고 알았네

　　제4 불퇴심장엄 가루라왕의 게송

經

如來——一毛孔中에　　一念普現無邊行하시니
如是難思佛境界여　　不退莊嚴悉明覩로다
　　여래의 하나하나 모공 속에
　　한 생각에 그지없는 행 널리 보여주시니
　　이처럼 생각하기 어려운 부처님 경계여
　　불퇴장엄왕이 이런 법문 밝게 보았네

　　제5 대해처섭지력 가루라왕의 게송

經

佛行廣大不思議라　　一切衆生莫能測이니
導師功德智慧海여　　此執持王所行處로다
　　부처님의 광대한 8만4천 행, 불가사의여

모든 중생 헤아릴 수 없으니
위대한 스승, 공덕과 지혜 바다여
이 경계는 집지왕이 수행한 곳일세

● 疏 ●

但第五偈에 或有前脫이라 故略釋之라 初二句는 甚深廣大오 次句는 福智相嚴이라 行通因果니 因深果遠이 已不思議라 復有一行하니 是如來行이니 所謂大乘의 大般涅槃은 則行爲果果일새 皆絶言道니라 佛行은 如出現品하다

다만 제5 대해처섭지력 가루라왕의 게송은 혹 이전에 탈락이 있었을 것으로 보이기에 간략하게 해석하는 바이다. 제1, 2구는 매우 심오하고 광대한 부처님의 行門이고, 다음 제3구는 복덕과 지혜가 모두 장엄함이다. 행은 인과에 통하니 인이 깊고 과가 원대함이 이미 부사의이다. 또 다른 하나의 행이 있으니 이는 여래행이다. 이른바 대승의 대반열반은 곧 행이 果의 果가 되기에 여기에는 모두 말 한마디를 붙일 수 없다. 광대한 부처님의 行門은 출현품에서 말한 바와 같다.

제6 견법정광 가루라왕의 게송

如來無量智慧光이여　　能滅衆生癡惑網하사

一切世間咸救護하시니　　此是堅法所持說이로다

　　여래의 한량없는 지혜광명이여

　　중생의 어리석음과 혹업(惑業) 그물 없애주어

　　모든 세간중생 모두 구제하시니

　　견법왕이 이런 경계 연설하였네

　　제7 묘엄관계 가루라왕의 게송

> **經**

法城廣大不可窮이여　　其門種種無數量이어늘
如來處世大開闡하시니　　此妙冠髻能明入이로다

　　그지없이 드넓은 법의 성채여

　　8만4천 법문 한량없는데

　　여래여 세간에 머무시며 활짝 열어 밝혀주시니

　　묘관계왕이 이런 경계 밝게 알았네

　　제8 보첩시현 가루라왕의 게송

> **經**

一切諸佛一法身이여　　眞如平等無分別이라
佛以此力常安住하시니　　普捷現王斯具演이로다

　　시방삼세 부처님, 하나의 법신이여

진여 불성 평등하여 차별이 없네
진여평등 힘으로 항상 안주하신 부처님
보첩현왕이 이런 법문 잘 연설하였네

제9 보관해 가루라왕의 게송

經
佛昔諸有攝衆生하사대　普放光明徧世間하사
種種方便示調伏하시니　此勝法門觀海悟로다

부처님이 옛날 모든 세간중생 교화할 때
광명을 널리 놓아 세간에 밝혀주어
갖가지 방편으로 조복하시니
훌륭한 이 법문을 관해왕이 깨달았네

제10 용음대목정 가루라왕의 게송

經
佛觀一切諸國土가　悉依業海而安住하사
普雨法雨於其中하시니　龍音解脫能如是로다

부처님이 혜안으로 시방국토 살펴보니
업의 생사바다에 안주하는 중생들
그들에게 법비를 널리 내리시니

용음왕의 해탈문 이와 같아라

第八 阿修羅王 十法
　제8. 아수라왕(非天)
　장항 10법

經
復次羅睺阿修羅王은 得現爲大會尊勝主解脫門하고
毗摩質多羅阿修羅王은 得示現無量劫解脫門하고
巧幻術阿修羅王은 得消滅一切衆生苦하야 令淸淨解脫門하고
大眷屬阿修羅王은 得修一切苦行하야 自莊嚴解脫門하고
婆稚阿修羅王은 得震動十方無邊境界解脫門하고
徧照阿修羅王은 得種種方便으로 安立一切衆生解脫門하고
堅固行妙莊嚴阿修羅王은 得普集不可壞善根하야 淨諸染著解脫門하고
廣大因慧阿修羅王은 得大悲力無疑惑主解脫門하고
現勝德阿修羅王은 得普令見佛하고 承事供養하야 修諸善根解脫門하고
善音阿修羅王은 得普入一切趣決定平等行解脫門하시니라

또한 다음 나후(羅睺) 아수라왕은 큰 법회에 높고 훌륭한 법주가 되는 해탈문을 얻었고,

비마질다라(毗摩質多羅) 아수라왕은 한량없는 겁을 나타내 보이는 해탈문을 얻었고,

교환술(巧幻術) 아수라왕은 일체중생의 고통을 없애주어 청정한 즐거움을 주는 해탈문을 얻었고,

대권속(大眷屬) 아수라왕은 모든 고행을 닦아 스스로 장엄하는 해탈문을 얻었고,

바치(婆稚) 아수라왕은 시방의 끝없는 경계를 진동하는 해탈문을 얻었고,

변조(遍照) 아수라왕은 갖가지 방편으로 일체중생을 편안하게 하는 해탈문을 얻었고,

견고행묘장엄(堅固行妙莊嚴) 아수라왕은 깨뜨릴 수 없는 선근을 널리 쌓아 모든 반연에 물들지 않고 청정하게 하는 해탈문을 얻었고,

광대인혜(廣大因慧) 아수라왕은 큰 자비의 힘으로 의혹이 없게 하는 법주(法主)의 해탈문을 얻었고,

현승덕(現勝德) 아수라왕은 널리 부처님을 뵈옵고 받들어 섬기며 공양하여 모든 선근을 닦게 하는 해탈문을 얻었고,

선음(善音) 아수라왕은 모든 갈래(天趣·人趣·阿修羅趣·畜生趣·餓鬼趣·地獄趣)에 널리 들어가 반드시 일체중생이 평등하여 모두 불국토에 오를 수 있다는 행인 해탈문을 얻었다.

⊙ 疏 ⊙

一은 修羅尊勝은 等須彌之高로되 如來威光은 蔽十方大衆하야 衆生各見하나니 眞勝主也라

제1 나후 아수라왕. 아수라로서의 높고 훌륭함이 수미산처럼 드높다지만, 부처님의 위엄과 광명은 시방중생을 두루 비춰주어 모든 중생이 제각기 볼 수 있으니 참으로 훌륭하신 법주이다.

二는 彼能以一絲로 作種種事일새 今一刹那에 現於多劫調生等事라

제2 비마질다라 아수라왕. 비마질다라는 요술에 뛰어나 실오라기 하나로 온갖 일들을 만들어내기에, 여기에서 한 찰나에 오랜 겁의 중생을 조복하는 따위의 일을 보여주는 것이다.

三은 以多法門으로 入佛境界면 則苦滅心淨하나니 種種法門이 亦如幻也라 下云 苦末羅는 卽巧幻梵音이라

제3 교환술 아수라왕. 수많은 법문으로 부처님의 경계에 들어가면 고통이 사라지고 마음이 청정하나니 온갖 법문 또한 요술과 같다. 아래 게송에서 말한 '苦末羅(苦末羅王此能見)'는 '요술처럼 잘하는 범음[巧幻梵音]'이라는 뜻이다.

四는 多劫多苦는 爲物이오 非己니 如尸毗救鴿과 薩埵投崖가 已是丈夫最勝嚴飾이온 況終尅寂智萬德以嚴가 翻顯無利勤苦는 誠爲可醜라 旣爲物而行일새 故有大眷屬이라

제4 대권속 아수라왕. 오랜 세월 동안 수많은 고행을 닦아온 것은 중생을 위함이지, 자신을 위함이 아니다. 智度論 제5에서 尸毗王이 비둘기를 잡아먹으려는 굶주린 매에게 자신의 살점을 도려

내어 주고서 비둘기의 목숨을 구제해주었던 것과, 報恩經에서 말한 薩埵 태자가 언덕에서 몸을 던져 범의 먹이가 되었던 고행들이 이미 대장부의 가장 수승한 장엄이 되었다. 하물며 마침내 寂智에 만덕으로 장엄하면 오죽하겠는가. 이는 거꾸로 도움이 되지 않은 고행은 참으로 잘못된 일임을 밝혀준 것이다. 이처럼 중생을 위해 고행한 까닭에 많은 권속을 둘 수 있었다.

五는 以大幻通力으로 動刹悟機하되 不怖衆生이 斯爲大力이라 大力婆稚는 華梵異耳라

제5 바치 아수라왕. 뛰어난 요술의 신통력으로 세계를 진동시켜 불법을 깨닫게 하되 중생을 두렵게 하지 않음이 '뛰어난 요술의 신통력'이다. '대력'과 '바치'는 중국과 범어의 이칭이다.

六은 開種種權門하야 安衆生於一極之樂이오 權爲入大之本일새 故皆佛智因이니 權實不迷 斯爲徧照니라

제6 변조 아수라왕. 갖가지 방편으로 일체중생을 하나의 낙에 편안하게 해줌이다. 방편은 大道로 들어가는 근본이 되기에, 모든 부처의 지혜 因이니 중생을 구제하기 위해 변할 수 있는 방편[權], 변하지 않는 진리와 실체[實]에 혼미하지 않음이 곧 '權과 實을 두루 비춤'이라고 한다.

七은 萬善順理하야 普不可壞 斯解脫處니 何染不亡가 功歸正覺일새 故偈에 云佛力이라하니 如是修者는 堅固妙嚴이라

제7 견고행묘장엄 아수라왕. 모든 선으로 도리를 따라 널리 파괴되지 않음이 해탈처이다. 그 어떤 오염인들 사라지지 않겠는가.

그 일은 正覺에 귀결되기에 게송에서 '佛力(能生普令淨)'이라 말하니 이와 같이 수행하는 자는 '견고묘엄'이다.

八은 悲用智故로 普令無疑니 主斯事者 廣大因慧라

제8 광대인혜 아수라왕. 대자비에 지혜를 쓴 까닭에 널리 의심이 없게 하였다. 이 일을 주관하는 자가 '광대인혜 아수라왕'이다.

九는 供事修善하야 有勝德故니라

제9 현승덕 아수라왕. 부처님을 공양하고 섬기면서 선을 닦아 수승한 덕이 있기 때문이다.

十은 普入諸趣는 明處無不徧이오 偈에 云 "三世는 時無不均이오 同有佛性"을 名爲決定이오 具上三義하야 平等行焉이오 不宣實義는 非善音也라 此上一段과 及後夜神은 皆結歸名이니 上下例然이라 恐繁不釋이로다

제10 선음 아수라왕. "天趣·人趣·阿修羅趣·畜生趣·餓鬼趣·地獄趣에 널리 들어가다."는 것은 모든 곳에 널리 들어가지 않음이 없음을 밝힌 것이고, 게송에서 '三世(如來往修三世行)'라 말한 것은 모든 시간에 똑같이 하지 않음이 없는 것이며, 똑같이 모두가 불성을 지녔다는 것을 '결정'이라 말한다. 위의 3가지 뜻을 갖춘 것이 '평등행'이며, 실제의 뜻을 말하지 않는 것은 선한 음성이 아니다.

이 위의 한 단락과 뒤의 주야신은 모두 그들의 이름으로 귀결지은 것이다. 상하 문장은 이 예와 같다. 너무 번거로울까 두려운 마음에 더 이상 해석하지 않는다.

經

爾時에 羅睺阿修羅王이 承佛威力하사 普觀一切阿修羅衆하고 而說頌言하사대

그때 나후 아수라왕이 부처님이 지닌, 헤아릴 수 없는 영묘하고도 불가사의한 힘을 받들어 모든 아수라 대중을 두루 살피고 게송으로 말씀드렸다.

◉ 疏 ◉

頌文如次可知라

게송은 다음 차례와 같이 설명하지 않아도 알 수 있다.

제1 나후 아수라왕의 게송

經

十方所有廣大衆에　　佛在其中最殊特이라
光明徧照等虛空하사　　普現一切衆生前이로다

시방에 있는 많은 대중 가운데
부처님이 가장 빼어나시니
광명이 두루 비쳐 허공과 같아
일체중생 앞에 널리 나타나셨네

제2 비마질다라 아수라왕의 게송

經

百千萬劫諸佛土를　　　　**一刹那中悉明現**하사
舒光化物靡不周하시니　　**如是毗摩深讚喜**로다

　백천만겁 모든 불토를
　한 찰나 가운데 모두 나타내 보여
　광명으로 중생을 모두 교화하시니
　비마왕이 이런 도리 깊이 찬탄하였네

　제3 교환술 아수라왕의 게송

經

如來境界無與等이여　　　**種種法門常利益**하사
衆生有苦皆令滅하시니　　**苦末羅王此能見**이로다

　여래의 경계 같을 이 없음이여
　갖가지 법문으로 항상 도움 주어
　중생의 갖은 고통 모두 없애주시니
　고말라왕이 이런 경계 보았네

　제4 대권속 아수라왕의 게송

無量劫中修苦行하사　　　**利益衆生淨世間**하시니

由是牟尼智普成이라　　大眷屬王斯見佛이로다

　　한량없는 겁 동안 고행을 닦으시어
　　중생에게 도움 주고 세간을 맑게 하시니
　　이에 의해 부처님 지혜 널리 이루셨는데
　　대권속왕이 이런 부처님 보았네

　　제5 바치 아수라왕의 게송

經

無礙無等大神通이여　　徧動十方一切刹호대
不使衆生有驚怖케하시니　　大力於此能明了로다

　　걸림 없고 짝이 없는 큰 신통력이여
　　시방의 모든 세계 두루 진동하되
　　중생을 놀라게 하지 않으시니
　　대력왕이 이런 도리 밝게 알았네

　　제6 변조 아수라왕의 게송

經

佛出於世救衆生하사대　　一切智道咸開示하사
悉令捨苦得安樂케하시니　　此義徧照所弘闡이로다

　　부처님이 세상에 나와 중생을 구제함에

모든 지혜의 도리 모두 열어 보여

모두 고통 버리고 안락을 얻게 하시니

이런 뜻은 변조왕이 크게 밝혔네

제7 견고행묘장엄 아수라왕의 게송

經

世間所有衆福海를　　佛力能生普令淨하시고
佛能開示解脫處하시니　　堅行莊嚴入此門이로다

세간에 있는 온갖 복덕바다를

부처님 힘으로 내시어 청정하게 하시고

부처님이 해탈할 곳 가르쳐주시니

견행장엄왕이 이런 해탈문 들어갔네

제8 광대인혜 아수라왕의 게송

經

佛大悲身無與等이여　　周行無礙悉令見하사대
猶如影像現世間하시니　　因慧能宣此功德이로다

부처님 대자비의 몸 짝할 이 없음이여

걸림 없이 법계 두루 출현하여 모두 보여주시되

세간에 그림자가 나타나듯 하시니

인혜왕이 이런 공덕 말하였네

제9 현승덕 아수라왕의 게송

經
希有無等大神通이여　　**處處現身充法界**하사
各在菩提樹下坐하시니　　**此義勝德能宣說**이로다

희유하고 짝이 없는 큰 신통력이여
법계 모든 곳에 몸을 나투어
각각 보리수 아래 앉으시니
승덕왕이 이런 뜻을 말하였네

제10 선음 아수라왕의 게송

經
如來往修三世行에　　**諸趣輪廻靡不經**하사
脫衆生苦無有餘하시니　　**此妙音王所稱讚**이로다

여래께서 삼세에 수행하실 때
육도에 두루 돌아 안 가신 곳 없이
중생 고통 남김없이 벗겨주시니
묘음왕이 이런 법문 칭찬하였네

● 疏 ●

已上은 八部四王衆 竟하다

이상은 8부 4왕의 대중을 끝마치다.

自下第三諸神衆은 有十九衆이라
今初 主晝神 十法

이 아래로 제3의 모든 신중에는 19무리의 대중이 있다.
제1. 주주신
장항 10법

經

復次示現宮殿主晝神은 得普入一切世間解脫門하고
發起慧香主晝神은 得普觀察一切衆生하야 皆利益令歡喜
滿足解脫門하고
樂勝莊嚴主晝神은 得能放無邊可愛樂法光明解脫門하고
華香妙光主晝神은 得開發無邊衆生의 淸淨信解心解脫
門하고
普集妙藥主晝神은 得積集莊嚴普光明力解脫門하고
樂作喜目主晝神은 得普開悟一切苦樂衆生하야 皆令得法
樂解脫門하고
觀方普現主晝神은 得十方法界差別身解脫門하고

大悲威力主晝神은 **得救護一切衆生**하야 **令安樂解脫門**하고

善根光照主晝神은 **得普生喜足功德力解脫門**하고

妙華瓔珞主晝神은 **得聲稱普聞**에 **衆生見者**가 **皆獲益解脫門**하시니라

또한 다음 시현궁전(示現宮殿) 주주신은 모든 세간에 두루 들어가는 해탈문을 얻었고,

발기혜향(發起慧香) 주주신은 모든 중생을 널리 살펴보고 모두 도움 되게 하여 환희하고 만족하게 하는 해탈문을 얻었고,

낙승장엄(樂勝莊嚴) 주주신은 그지없이 사랑스러운 법의 광명을 쏟아내는 해탈문을 얻었고,

화향묘광(華香妙光) 주주신은 끝없는 중생의 청정한 믿음과 이해하는 마음을 열어주는 해탈문을 얻었고,

보집묘약(普集妙藥) 주주신은 큰 지혜광명의 힘을 쌓아 장엄하는 해탈문을 얻었고,

낙작희목(樂作喜目) 주주신은 모든 고통과 즐거움을 받는 중생을 깨우쳐 모두 법의 즐거움을 얻게 하는 해탈문을 얻었고,

관방보현(觀方普現) 주주신은 시방 법계에 따라 갖가지 다른 몸으로 나타내는 해탈문을 얻었고,

대비위력(大悲威力) 주주신은 모든 중생을 구제하여 편안하고 즐겁게 하는 해탈문을 얻었고,

선근광조(善根光照) 주주신은 기쁘고 만족한 공덕의 힘을 두루

내는 해탈문을 얻었고,

묘화영락(妙華瓔珞) 주주신은 명성이 널리 알려져 친견한 중생이 모두 이익을 얻는 해탈문을 얻었다.

● 疏 ●

一은 智了物心은 如空入色이오 光照身器는 如日合空이오 身徧器中은 如像在鏡이라 世間主力이 能攝此身하나니 此身之性은 等世間故오 皆入觀機일세 故名普入이니 所入之處는 卽爲宮殿이니라【鈔】智了物心 如空入色'者는 取下偈意니 偈中에 如空은 是喩오 光明之言은 含於法喩오 餘皆是法이라 法喩相對에 略有三入하니

一은 以初句佛智로 爲能入이오 第三句 衆生心行으로 爲所入이니 入者는 了達義라 故八十經에 云"佛智廣大同虛空하사 普徧一切衆生心이라 悉了世間諸妄想하사 不起種種異分別이로다"하니 此는 卽智了物心이오 而云'如空入色'者는 出現品에 云"譬如虛空이 徧至一切色非色處라"하니라

二는 言'光照身器 如日合空'者는 卽以第二句光明으로 爲能入이오 第四句로 爲所入이라 '一切世間'은 卽衆生世間과 及器世間이라 故云光照身器라하니 卽取上空喩하야 爲所入하고 取光明上法喩하야 皆爲能入이라 光은 通二種이니 身光은 照事오 智光은 雙照事理라

三은 '身徧器中 如像在鏡'者는 卽唯取第四句에 自有能所니 則無不入言은 通三種入이니 一은 光入이오 二는 智入이니 如上已說이오 三은 身入이니 但言'無不入'은 不揀身故오 而言'如像在鏡'者는 將上如

112

空普徧하야 喻此亦齊일세 今旁出一喻하야 以喻身入이라 質來對鏡하야 鏡中見像이면 像是質像이오 機感對刹하야 刹中見佛에 佛是心佛이라 '世間主力'下는 上是佛德이어니와 今攝就畫神이라 故云'能攝此身'이라 하니라 '此身之性 等世間故'者는 彰入所以라 智身·色身이 皆等世間이니 論에 云"智性·色性이 皆相卽故"라하다 '皆入觀機'는 彰入之意니 並釋普字하야 結歸長行이라 '所入之處'下는 結歸神名이니 以難見故로 偏結이라

七隨緣非有之法身等은 至第五經에 當釋이라】

　제1 시현궁전 주주신. 지혜로 중생의 마음을 깨달음은 허공이 색에 들어가는 것과 같고, 빛이 몸과 器世界를 비추는 것은 태양이 허공에 합하는 것과 같고, 몸이 器世界 가운데 두루 함은 영상이 거울에 있는 것과 같다. 세간 법주의 힘이 이 몸을 받아들이는 것은 이 몸의 자성이 세간과 같기 때문이다. 모두 중생세계에 들어가 그들의 근기를 살피기에 "모든 세간에 두루 들어가다."라고 말하니, 들어간 곳이 곧 명호에서 말한 示現宮殿의 '궁전'이다. 【초_ "지혜로 중생의 마음을 깨달음은 허공이 색에 들어가는 것과 같다."는 것은 아래 게송의 뜻을 취한 것이다. 게송에서 말한 佛智如空無有盡의 '如空'은 비유이고, 광명이란 법과 비유를 모두 포괄한 말이며, 나머지는 모두 법으로 말한 것이다.

　법과 비유로 상대하여 말하면 간단하게 3가지로 들어갈 수 있다.

　① 게송 제1구에서 말한 佛智로 들어갈 수 있는 주체를 삼고,

제3구의 衆生心行으로 들어가야 할 대상을 삼는다. '들어간다[入]'는 '깨달아 통달하다'의 뜻이다. 그러므로 80경에 이르기를, "부처님의 지혜, 넓고 커서 허공과 같기에, 일체중생에 두루 하사, 세간 모든 망상 다 아시되, 갖가지 차별을 일으키지 않는다."고 하였다. 이는 곧 지혜로 중생의 마음을 깨달음이고, "허공이 색에 들어가는 것과 같다."는 것은 출현품에 이르기를, "비유하면 허공이 일체의 색과 색이 아닌 곳에 두루 이르는 것과 같다."고 하였다.

② "빛이 몸과 器世界를 비추는 것은 태양이 허공에 합하는 것과 같다."는 말은 게송 제2구 光明照曜徧十方의 광명으로 들어갈 수 있는 주체를 삼고, 제4구(一切世間無不入)로 들어가야 할 대상을 삼는다. '일체 세간'이란 곧 중생세간과 器世間이다. 이 때문에 "빛이 몸과 기세계를 비추다."라고 말하니 곧 위에서 말한 허공의 비유를 취하여 들어가야 할 대상을 삼고, '광명'이라는 법과 비유를 취하여 모두 들어갈 수 있는 주체를 삼았다. 光은 2가지에 모두 통하니 법신광명은 사법계를 비추고, 지혜광명은 사법계와 이법계 모두를 비추는 것이다.

③ "몸이 器世界 가운데 두루 함은 영상이 거울에 있는 것과 같다."는 것은 오직 게송 제4구(一切世間無不入)에 스스로 能所의 주객이 있음을 말한다. '들어가지 못할 곳이 없다.'는 말은 3가지로 들어감을 모두 들어 말하니 첫째는 광명으로 들어감이고, 둘째는 지혜로 들어감이니 위에서 이미 말한 바와 같고, 셋째는 몸으로 들어감이다. 단 '들어가지 못할 곳이 없다.'고 말한 것은 몸을 가리지 않

은 때문이며, "영상이 거울에 있는 것과 같다."는 것은 위의 문장에서 '허공처럼 널리 두루 하다.'는 뜻을 들어 이 또한 똑같음을 비유한 것이기에, 여기에서는 사방으로 하나의 비유를 들어 '몸으로 들어감'을 비유한 것이다. 형질이 거울 앞에 다가와 마주하여 거울 속에 비친 영상을 보면 영상이 바로 형질의 모습이고, 機의 감촉으로 세계에 마주하여 세계 속에서 부처를 보면 부처가 마음의 부처이다.

'세간 법주의 힘' 이하의 문장은 위에서 말한 부분은 부처님의 덕이지만 여기에서는 주주신의 입장에서 받아들인 것이다. 이 때문에 '能攝此身'이라 말하였다.

"이 몸의 자성이 세간과 같기 때문"이란 그렇게 될 수밖에 없는 이유를 밝힌 것이다. 智身과 色身이 모두 세간과 같다. 논에 이르기를, "智性과 色性이 모두 서로 함께하기 때문이다."고 하였다.

"모든 세간에 두루 들어간다."는 것은 '들어가다'의 뜻을 밝힌 것으로, 아울러 '普' 자까지 해석하여 장항에 귀결 지었다.

'들어간 곳[所入之處]' 이하의 문장은 주주신의 명호에 귀결 지어 말한 것이다. 그 신을 보기 어렵기 때문에 오직 이 부분만을 들어 끝맺은 것이다.

제7 관방보현 주주신에서 말한 "인연을 따르되 유가 아닌 법신" 등은 제5경의 해당 부분에서 해석하기로 한다.】

二는 義圓稱機라 故滿心成益이라

제2 발기혜향 주주신. 의리가 원만하여 근기에 알맞은 까닭에 마음에 만족하고 도움을 이룬 것이다.

三은 身法二光을 皆可愛樂이라

제3 낙승장엄 주주신. 몸의 광명과 법의 광명 2가지를 모두 사랑하고 좋아하는 것이다.

四는 法雨潤種에 已含實者는 解開오 善未芽者는 信發이라

제4 화향묘광 주주신. 법의 비를 내려 종자를 촉촉하게 적셔줌에 이미 열매의 씨앗을 간직한 것은 떡잎이 돋아나고, 善根의 싹이 돋아나지 못한 자는 신심이 일어나게 된다.

五는 無法不悟를 名普明力이니 曠劫修集하야 成智莊嚴이라

제5 보집묘약 주주신. 모든 법을 깨닫지 않음이 없음을 '큰 지혜광명의 힘[普明力]'이라 말하니 오랜 겁을 닦고 쌓아 지혜 장엄을 성취한 것이다.

六은 方便開示 世樂亦苦하야 令其悟入하야 見理法樂이 如歡喜地也라

제6 낙작희목 주주신. 방편으로 세간의 쾌락 또한 고통임을 보여주어, 중생으로 하여금 깨달아 진리의 法樂을 보도록 함이 '환희지'와 같다.

七은 如來身雲을 就體則非有無이니와 約機則差別이 偏於十方하니 不可謂之無오 約佛則稱眞法界에 不可謂之有라 此則隨緣非有之法身이 恆不異事而顯現하사 以化寂滅非無之衆生이 恆不異眞而成立하나니 卽無差別之差別也라

제7 관방보현 주주신. 여래의 구름 같은 몸을 본체로 말하면

있느니 없느니 말할 수 없지만, 機緣으로 말하면 중생의 무리에 따라 그들에게 알맞게 각기 다른 몸을 나타내어 시방세계에 두루 가득하기에, 이를 '없다'고 말하지 못할 것이며, 부처님으로 말하면 참 법계와 하나이기에 '있다'고 말할 수도 없다. 이는 인연을 따르되 有가 아닌 법신이 항상 사법계와 다르지 않고 뚜렷이 나타나, 적멸하되 無가 아닌 중생이 항상 참 법계와 다르지 않고 성립하는 것으로 교화하니 곧 차별이 없는 가운데 차별이 존재하는 것이다.

八은 處危者를 護之令安하고 有苦者를 救之令樂이라

제8 대비위력 주주신. 위험에 처한 자를 보호하여 편안케 하고, 고통이 있는 자를 구제하여 즐겁게 만들어주는 것이다.

九는 衆生은 暗於多欲이라 故沉淪長夜일새 以法開曉에 喜足爲先이라 喜足智俱는 是功德力이니 能令離苦 得安樂故니라

제9 선근광조 주주신. 중생이 많은 욕심을 탐닉하여 혼미해져 어둠의 긴긴밤에 빠져 있기에 불법으로 그들을 깨우쳐줌에 있어 기쁨과 만족이 가장 급선무이다. 기쁨과 만족에다가 지혜가 함께하는 것이 곧 '공덕의 힘'이다. 중생으로 하여금 고통을 버리게 하고 안락을 주기 때문이다.

十은 有覺德行이라 故名稱普聞이오 旣福廣名高라 故不虛其益이라

제10 묘화영락 주주신. 큰 덕행이 있기에 명칭이 널리 알려지고, 이미 복이 드넓고 명성이 높기 때문에 그 이익이 헛되지 않는다.

經

爾時에 **示現宮殿主晝神**이 **承佛威力**하사 **普觀一切主晝神衆**하고 **而說頌言**하사대

　그때 시현궁전 주주신이 부처님이 지닌, 헤아릴 수 없는 영묘하고도 불가사의한 힘을 받들어 모든 주주신 대중을 두루 살펴보고 게송으로 말씀드렸다.

◉ **疏** ◉

偈文 可知라

　게송의 문장은 설명하지 않아도 알 수 있다.

　제1 시현궁전 주주신의 게송

經

佛智如空無有盡하사　　**光明照曜徧十方**하시며
衆生心行悉了知하사　　**一切世間無不入**이로다

　부처님의 지혜 허공처럼 그지없어
　지혜광명 시방세계에 두루 비추시며
　중생의 마음 모두 아시어
　일체 세간 모든 곳에 들어가셨네

　제2 발기혜향 주주신의 게송

知諸衆生心所樂하사   如應爲說衆法海하사대
句義廣大各不同하니   具足慧神能悉見이로다

　　일체중생 좋아하는 마음 아시기에
　　그들에게 맞추어 온갖 법문 설하시되
　　말과 뜻이 광대하여 그들 따라 각기 다르니
　　구족혜신이 이런 경계 모두 보았네

　　제3 낙승장엄 주주신의 게송

佛放光明照世間이여   見聞歡喜不唐捐이라
示其深廣寂滅處하시니   此樂莊嚴心悟解로다

　　부처님이 광명 놓아 세간을 비추심이여
　　보고 듣는 이 환희하여 헛되지 않네
　　깊고 넓은 미묘한 법, 적멸한 곳 보여주시니
　　낙장엄신이 이런 경계 깨달았네

　　제4 화향묘광 주주신의 게송

經
佛雨法雨無邊量하사   能令見者大歡喜케하시니

最勝善根從此生이라　　**如是妙光心所悟**로다

　부처님이 법비를 한량없이 내리시어
　보는 이에게 큰 기쁨 주시니
　가장 훌륭한 선근이 여기에서 나오네
　묘광신이 이런 도리 깨달았네

　제5 보집묘약 주주신의 게송

經

普入法門開悟力이여　　**曠劫修治悉淸淨**이라
如是皆爲攝衆生이여　　**此妙藥神之所了**로다

　법문에 널리 들어가 깨달음 마련하신 힘
　오랜 겁 닦아 모두 청정한 법이네
　이처럼 중생 모두 거두어줌이여
　묘약신이 이런 도리 깨달았네

　제6 낙작희목 주주신의 게송

經

種種方便化群生이여　　**若見若聞咸受益**이라
皆令踊躍大歡喜케하시니　　**妙眼晝神如是見**이로다

　갖가지 방편으로 중생을 교화함이여

보고 듣는 이 모두 도움을 받는다네

모두 기뻐 날뛰며 환희하게 하시니

묘안주신이 이런 경계 보았네

제7 관방보현 주주신의 게송

> **經**
>
> 十力應現徧世間하사　　十方法界悉無餘하사대
> 體性非無亦非有니　　此觀方神之所入이로다

부처님 열 가지 힘, 일체 세간 두루 나타나

시방법계 그 어디에도 남김 없으나

체성(體性)은 없지도 있지도 않으니

관방신이 이런 경계 깨달았네

제8 대비위력 주주신의 게송

> **經**
>
> 衆生流轉險難中하니　　如來哀愍出世間하사
> 悉令除滅一切苦하시니　　此解脫門悲力住로다

중생이 험난한 생사의 길 윤회하니

여래께서 불쌍히 여겨 세간에 나오시어

중생 모든 고통 없애주시니

비력신이 이런 해탈문에 머물렀네

제9 선근광조 주주신의 게송

> **經**
> **衆生暗覆淪永夕**이어늘　　**佛爲說法大開曉**하사
> **皆使得樂除衆苦**하시니　　**大善光神入此門**이로다

　　중생이 무명(無明)에 덮여 긴긴밤에 빠졌는데
　　부처님이 설법으로 크게 깨우치사
　　모두 즐거움 얻고 고통을 없애주시니
　　대선광신이 이런 해탈문 들어갔네

제10 묘화영락 주주신의 게송

> **經**
> **如來福量同虛空**이여　　**世間衆福悉從生**이라
> **凡有所作無空過**하시니　　**如是解脫華纓得**이로다

　　여래의 복덕, 허공처럼 크심이여
　　세간의 모든 복이 그곳에서 나오네
　　하는 모든 일 헛되지 않으니
　　화영신이 이러한 해탈 얻었네

第二. 主夜神 十法
　　제2. 주야신
　　장항 10법

初七夜神은 是善財 十地善友니 見解深廣하야 彌顯衆海 法門難思라
　　제1 보덕정광 주야신(善財離垢地善友)으로부터 제7 평등호육 주야신(不動地善友)까지는 선재동자의 32선지식 가운데 十地 선지식이다. 견해가 심오하고 광대하여 더욱 수많은 대중의 법문이 헤아리기 어려움을 밝혀주었다.

經

復次普德淨光主夜神은 得寂靜禪定樂大勇健解脫門하고
喜眼觀世主夜神은 得廣大淸淨可愛樂功德相解脫門하고
護世精氣主夜神은 得普現世間하야 調伏衆生解脫門하고
寂靜海音主夜神은 得積集廣大歡喜心解脫門하고
普現吉祥主夜神은 得甚深自在悅意言音解脫門하고
普發樹華主夜神은 得光明滿足한 廣大歡喜藏解脫門하고
平等護育主夜神은 得開悟衆生하야 令成熟善根解脫門하고
遊戱快樂主夜神은 得救護衆生無邊慈解脫門하고
諸根常喜主夜神은 得普現莊嚴大悲門解脫門하고

示現淨福主夜神은 得普使一切衆生으로 所樂滿足解脫門
하시니라

또한 다음 보덕정광(普德淨光) 주야신은 고요한 선정의 즐거움에 크게 용맹한 해탈문을 얻었고,

희안관세(喜眼觀世) 주야신은 넓고 크고 청정하여 사랑스러운 공덕의 모양인 해탈문을 얻었고,

호세정기(護世精氣) 주야신은 일체 세간에 두루 나타나 중생을 조복하는 해탈문을 얻었고,

적정해음(寂靜海音) 주야신은 넓고 큰 환희심을 쌓아가는 해탈문을 얻었고,

보현길상(普現吉祥) 주야신은 매우 깊고 자재하여 마음을 즐겁게 해주는 오묘한 음성의 해탈문을 얻었고,

보발수화(普發樹華) 주야신은 방광이 충만하여 광대한 환희 창고의 해탈문을 얻었고,

평등호육(平等護育) 주야신은 중생을 깨우쳐 선근을 성숙하게 해주는 해탈문을 얻었고,

유희쾌락(遊戲快樂) 주야신은 중생을 구제하는 끝없는 자비의 해탈문을 얻었고,

제근상희(諸根常喜) 주야신은 장엄을 널리 나타내는 큰 자비문의 해탈문을 얻었고,

시현정복(示現淨福) 주야신은 일체중생이 좋아하는 바를 널리 만족하게 해주는 해탈문을 얻었다.

● *疏* ●

一은 普德淨光은 卽善財離垢地善友니 彼名 全同이오 法門名은 寂靜禪定樂普游步니 普遊步言은 卽大勇健也라 寂靜禪定樂은 卽是定體니 現法樂住라 故名爲樂이오 大勇健者는 卽是定用이니 健則堪能이오 勇則無畏니 謂見佛靜機하고 游戲神通일세 故名勇健이오 亦游步也라 勇健廣大일세 故稱普德이오 無惑智俱일세 可謂淨光이니라

제1 보덕정광 주야신. 보덕정광은 선재동자의 32선지식 가운데 제2 離垢地 선지식이다. 그 이름이 모두 똑같고, 법문의 이름은 '고요한 선정의 낙으로 두루 다님[寂靜禪定樂普游步]'이다. 普游步는 곧 위의 장항에서 말한 '大勇健'이다. '고요한 선정의 낙'은 禪定의 본체이다. 법의 즐거움에 안주함을 밝힌 까닭에 '樂'이라 말하고, '대용건'이란 선정의 작용이다. 힘차면[健] 모든 일을 감내하여 능할 수 있고, 용맹스러우면 두려움이 없다. 부처님의 고요한 機緣을 보고 신통력이 자재한 까닭에 '勇健'이라 말하고 또한 '遊步'이다. 용맹스럽고 힘차고 광대하기에 그의 명호를 '普德'이라 말하고, 미혹이 없어 지혜와 함께하기에 '정광'이라고 말한다.

二는 卽發光地善友니 彼名은 喜目觀察衆生이오 解脫名은 大勢力普喜幢이니 謂此解脫은 德無不備오 化無不周일세 名大勢力이니 卽今廣大오 身·惑俱淨하야 無不樂見일세 故云普喜오 悲爲德相이 卽幢義也오 觀察普喜가 名爲喜目이라

제2 희안관세 주야신. 이는 선재동자의 32선지식 가운데 제3 發光地 선지식이다. 그의 이름은 '반가운 눈으로 중생을 살핌[喜目

觀察衆生]'이며, 해탈문의 이름은 '큰 세력으로 널리 기쁘게 하는 당기[大勢力普喜幢]'이다. 이 해탈은 덕이 갖춰지지 않음이 없고 교화가 두루 미치지 않음이 없기에 '대세력'이라 하니 곧 위의 장항에서 말한 '넓고 큼[廣大]'이다. 몸과 미혹이 모두 청정하여 반갑게 보지 않음이 없기에 해탈문의 이름을 '普喜'라 하고, 자비가 복덕상이 됨이 곧 '幢' 자의 뜻이며, 중생을 살펴 널리 기쁘게 해줌을 '喜目'이라고 이른다.

三은 卽燄慧地善友니 彼名 普救衆生妙德이니 護世精氣라야 方是救生이라 由護生故로 顯德之妙也니 法門全同하고 次第又當하니 謂感必現前하야 調令淸淨故니라

제3 호세정기 주야신. 이는 선재동자의 32선지식 가운데 제4 燄慧地 선지식이다. 그의 이름은 '널리 중생을 구제하는 오묘한 덕[普救衆生妙德]'이다. 세간을 구제할 수 있는 정기가 있어야 바야흐로 중생을 구제할 수 있다. 중생을 구제함으로 말미암은 까닭에 덕의 미묘함이 나타나게 된다. 법문이 모두 똑같고, 차례 또한 해당된다. 느끼면 반드시 그의 앞에 나타나 그를 조복하여 청정하게 해주기 때문이다.

四는 卽難勝地善友니 彼名 寂靜音海요 法門名은 念念出生廣大喜莊嚴이라 念念出生은 卽積集義니 見佛利生일세 故生大喜니라 莊嚴은 二義니 一은 見佛修歡喜因하야 嚴樂見果故오 二는 積集此喜하야 神自莊嚴이라 由定發音을 名寂靜音이니 深廣如海니라

제4 적정해음 주야신. 이는 선재동자의 32선지식 가운데 제5

難勝地 선지식이다. 그의 이름은 '고요한 음성 바다[寂靜音海]'이며, 법문의 이름은 '생각 생각마다 광대한 기쁨을 내는 장엄[念念出生廣大喜莊嚴]'이다. '생각 생각마다… 내다[念念出生]'라는 것은 곧 '쌓아가다'의 뜻이다. 부처님이 중생에게 도움을 주는 것을 보았던 까닭에 '큰 기쁨[廣大喜]'을 낸 것이다.

'장엄'에는 2가지의 뜻이 있다. 첫째는 부처님을 보고 환희의 因을 닦아서 樂見의 果를 장엄한 때문이고, 둘째는 이런 기쁨을 쌓아가면서 정신이 스스로 장엄함이다.

선정에 의해 나오는 음성을 '적정음'이라 하니, 그 음성의 깊고 넓음이 '바다[海: 寂靜音海]'와 같다.

五는 卽現前地善友니 彼云 守護一切城增長威力이오 偈云尸利는 以梵音 含於二義니 一은 云吉祥이오 二는 翻爲守라 故下譯跋陀室利하야 以爲賢首라 又以首字 音同義別이니 彼爲頭首어니와 法界品中에 乃爲守護니 皆譯者가 方言을 少融耳라 若以義會댄 增長威力이 卽是 普現吉祥이니 正當次第오 法門又同이라 彼云 甚深自在 妙音解脫이라하니 妙音故로 悅意오 悅則意淨이니 卽寂能演일세 故名自在라하니라

제5 보현길상 주야신. 이는 선재동자의 32선지식 가운데 제6 現前地 선지식이다. 그를 "일체 성을 수호하여 위력을 증장시켜주다[守護一切城增長威力]."라고 말한다. 게송에서 '尸利(尸利夜神聞踊悅)'라 함은 범음으로 2가지의 뜻을 가지고 있다. 하나는 길상이고, 또 다른 하나는 번역하면 '守'의 뜻이다. 이 때문에 아래 경문에서 '跋陀室利'를 번역하여 '賢首'라 한 것이다. 또 '首' 자는 음이야 똑같지만

그 뜻은 다르다. 그곳에서는 '머리[頭首]'라는 뜻으로 쓰였지만 제39 입법계품에서는 곧 '수호'의 뜻으로 쓰였다. 모두 번역자가 방언을 조금 융통하여 썼기 때문이다. 이를 의미로 이해한다면 '위력을 증장'함이 곧 '길상을 널리 나타냄'이다. 바로 차례에 해당하고 법문도 또한 같다. 위의 장항에서는 "매우 깊고 자재하여 오묘한 음성의 해탈문[甚深自在 妙音解脫]"이라 하니 오묘한 음성이기에 듣는 이마다 '기뻐하는 마음'을 가지게 되고, 기뻐하면 마음이 청정하게 된다. 적정에 의해 법을 말하기에 '자재'하다고 말한다.

六은 卽遠行地善友니 彼云開敷一切樹華라하니 一切開敷는 卽普發也라 法門은 彼云菩薩出生廣大喜光明이라하니 文少倒略耳라 舊經에 云菩薩無量歡喜知足光明이라하니 知足·滿足은 文相近也라 謂能知如來巧智示法 大福威光일세 故曰光明이오 佛以福智로 滿足物心일세 則含喜名藏이라하다

제6 보발수화 주야신. 이는 선재동자의 32선지식 가운데 제7 遠行地 선지식이다. 따라서 입법계품에서 "일체 모든 꽃을 피워주다[開敷一切樹華]."라고 하고 모든 꽃이 피어나는 것이 곧 법명에서 말한 '普發'의 뜻이다. 법문은 입법계품에서 "보살이 광대한 기쁨의 광명을 내는 해탈법문"이라고 하니 문장이 조금은 전도되고 생략되었다. 舊經에 이르기를, '菩薩無量歡喜知足光明'이라 하니 知足이나 滿足은 서로 유사한 문장이다. 여래의 뛰어난 지혜로 법의 대복 威光을 보일 줄 알기에 이를 '광명'이라 하고, 부처님이 복덕과 지혜로 중생의 마음을 만족케 해주기에 곧 기쁨을 간직하여 '藏'이

라고 말한다.

七은 卽不動地善友니 彼名은 大願精進力救護一切衆生이오 法門名은 敎化衆生令生善根이니 敎化開悟는 文異義同이오 令生成熟은 始終異耳니 謂現通示相은 皆爲調化오 一切善根을 皆令生長하야 平等護育이 卽救護一切라 精進大願일세 故能爲之니 今文略耳라

제7 평등호육 주야신. 이는 선재동자의 32선지식 가운데 제8 不動地 선지식이다. 그의 이름은 '큰 서원 정진하는 힘으로 일체중생을 구제함[大願精進力救護一切衆生]'이며, 법문의 이름은 '중생을 교화하여 선근을 낳아주는 해탈문[敎化衆生 令生善根]'이다. "중생을 교화하여 깨달음을 준다."는 것은 문장은 다르지만 그 뜻은 똑같다. "미숙한 것을 성숙시키다[令生成熟]."는 것은 처음에는 미숙했다가 끝에는 성숙함이 다르기 때문이다. 이는 신통력을 나타내고 八相을 보인 것은 모두 조복과 교화라 말하고, 일체 선근을 모두 낳아주고 길러주어 평등하게 보호하고 길러줌이 곧 "일체중생을 구제함"이다. 정진의 큰 서원이 있었기에 이처럼 할 수 있었지만 이 문장에서는 이를 생략한 것이다.

八은 念念久修하야 恆徧救護 是無邊慈也라 此는 與善財歡喜地善友로 似同이나 而文多異하고 又非其次일세 故但直釋이라

제8 유희쾌락 주야신. 중생을 구제하려는 모든 생각으로 오랜 겁을 닦아 항상 두루 구제함이 끝없는 자비이다. 이는 선재동자의 32선지식 가운데 환희지 선지식으로 같은 것처럼 보이지만 많은 부분 문장이 다르고, 또한 그 차례가 아니기에 다만 곧이곧대로 해

석한 것이다.

九는 於三毒難壞衆生에 以大悲門現莊嚴身이라 故石室留影이오 毒龍心革이온 況現身耶아【鈔_ 石室留影 毒龍心革者는 革은 變也라 卽觀佛三昧海經에 彼事極長하니 今當略意라 卽第七經에 佛告阿難하사되 云如來 到那乾訶羅國의 古仙山 蒼蔔華林 毒龍池側 靑蓮華泉北 羅刹穴中 阿那斯山南이라 爾時에 彼穴에 有五羅刹이 化作龍女하야 與毒龍通하고 龍復降雹하며 羅刹亂行하야 饑饉疾疫이 已歷四年이라 時王이 驚懼하야 禱祀神祇로되 於事無益이라

下取意引이러니 有一梵志 讚佛功德이어늘 彼王이 焚香하고 遙請如來러니 如來 受那乾訶羅王 弗巴浮提請하고 廣現神變하니 羅刹·毒龍이 旣受化已하다 爾時에 龍王이 長跪合掌하고 勸請世尊호되 唯願如來 常住此間하소서 佛若不在면 我發惡心하야 無由得成無上菩提니이다 世尊이시여 不離龍窟하소서 復受王請하야 入城敎化하시고 遊行往昔行菩薩道處러니 諸龍이 皆從하다 聞佛欲還에 復啼哭雨淚하야 白佛言호되 世尊이시여 請佛常住하소서 云何捨我오 我不見佛이면 當作惡事하야 墜墮惡道니이다 爾時에 世尊이 安慰龍王하고 我受汝請하야 坐汝窟中 千五百歲호리라 釋迦文佛이 踊身入石호니 猶如明鏡하야 見人面像이라 諸龍이 皆見호니 佛在石內하야 影現於外라 爾時에 諸龍이 合掌歡喜하야 不出其池하고 常見佛日하다

爾時에 世尊이 結跏趺坐하사 在石壁內러니 衆生 見時에 遠望則見이오 近則不現이라 諸天百千이 供養佛影에 影亦說法이러니 時에 梵天王이 合掌恭敬하고 以偈頌曰 "如來處石窟하사 踊身入石裏라 如日無障

礙하사 金光相具足이라 我今頭面禮호니 牟尼救世尊이로다"

經文 甚廣일세 復令衆生으로 觀於佛座에 見丈六像이 坐於草座하고 作一石窟호니 高丈八尺이오 深二十四步며 靑白石相이라하니 又想此窟이 成七寶窟이오 復見佛像이 踊入石壁等은 廣弘明集說이라

遠公이 有石影讚하니 說處 所與經全同이니 云在西域那伽訶羅國南山古仙石室中하니 度流沙逕道에 去此一萬五千八百五十里라 感世之應은 備於別傳하고 西域記第八에 亦說하다 遠公序에 云昔遇西域沙門하야 輒餐遊方之說하니 知有佛影이나 而傳者 尙未曉然이러니 及在此山에 値罽賓禪師와 南國律學道士호니 與昔聞으로 旣同이오 並是其人 遊歷所經을 因其詳問하야 乃圖之하고 爲銘하다 曰 廓矣大象이여 理玄無名이라 體神入化하니 落影離形이로다 迴輝層巖이오 凝映虛亭이라 在陰不昧오 處暗逾明이로다 婉出蟬蛻여 朝宗百靈이라 應不同方하야 迹絶兩冥이로다(其一) 茫茫荒宇여 靡勸靡獎이라 淡虛寫容이오 拂空傳像이라 相具體微하니 冲資自朗이로다 白毫吐曜에 昏夜中爽이오 感誠乃應에 扣機發響이라 留音停岫하니 津悟冥賞이라 撫之有會어니 功弗由曩이로다(其二)

餘는 如廣弘明集이오 罽賓禪師는 卽耶舍三藏이라】

　　제9 제근상희 주야신. 삼독을 없애기 어려운 중생에게 대자비의 문으로 장엄한 몸을 보여주기에 석실에 부처님의 그림자만 비쳐도 독룡의 마음이 변하게 되는데, 하물며 부처님께서 몸소 현신한 곳이야 오죽하겠는가. 【초_ "석실에 부처님의 그림자만 비쳐도 독룡의 마음이 변하게 된다[毒龍心革]."는 것에서 革은 변함이다. 觀

佛三昧海經에 그 고사에 관해 지극히 길게 나열되어 있으니 여기에서는 당연히 그 뜻을 생략하는 바이다. 제7경에 의하면 다음과 같다.

부처님께서 아란에게 말씀하셨다.

여래께서 나간아라국의 고선산 담복화림, 독룡이 사는 연못 곁, 청련화천의 북쪽, 나찰의 동굴 속 아나사산 남쪽에 이르셨다. 그때에 그 동굴 속에 머물던 다섯 나찰이 용녀로 변신하여 독룡과 간통하였고, 용 또한 우박을 내리고 나찰의 난행으로 기근과 질역이 이미 심한 지 4년이나 되었다. 당시의 왕이 놀라고 두려운 마음에 신에게 기도하고 제사를 올렸지만 아무런 도움 되는 일이 없었다.

아랫사람들에게 의견을 물었더니, 당시 신분이 가장 높은 위치에 있던 어떤 승려가 부처님의 공덕을 찬탄하였다. 그 나라 왕이 향을 사르고 멀리 여래를 초빙하였다. 여래께서 나간아라 왕 불파부제의 청을 받아 널리 신통변화를 나타내시니 나찰과 독룡이 여래의 교화를 받아들이기에 이르렀다. 그 당시 용왕이 몸을 똑바로 세운 채, 오른쪽 무릎을 꿇고 합장하고서 세존에게 청하였다.

"오직 여래께서 항상 여기에 머무시기를 원하나이다. 부처님이 계시지 않는다면 저희는 악한 마음이 다시 일어나 더할 수 없이 훌륭한 보리를 성취할 길이 없습니다. 세존이시여, 용굴을 떠나지 마소서."

또한 왕의 부탁을 받고서 성으로 들어가 가르침을 펼치고 머무시다가 지난 옛날 보살도를 닦았던 곳을 갔는데, 여러 용들이 모두 부처님을 시종하였다.

부처님께서 돌아가시고자 한다는 말을 듣고서 다시 비가 쏟아지듯 눈물을 흘리며 통곡하면서 부처님에게 아뢰었다.

"세존이시여, 청컨대 부처님께서 항상 여기에 머무소서. 어떻게 저희를 버리십니까? 저희가 부처님을 뵙지 못한다면 악한 일을 범하여 악도에 떨어지게 될 것입니다."

그때 세존께서 용왕을 위로하였다.

"내가 너희의 부탁을 받아들여 너희 굴속에 천오백 년을 앉아 있으리라."

부처님께서 몸을 솟구쳐 바위 속으로 들어가시자, 마치 맑은 거울처럼 부처님의 모습이 비쳤다. 여러 용들이 모두 살펴보니 부처님께서 바위 속에 계시면서 바깥에 그림자가 보였다.

그때 여러 용들이 합장하고 기뻐하면서 그 연못에서 나오지 않고 항상 부처님의 햇살을 보게 되었다.

그 당시 세존이 가부좌로 석벽 속에 앉아 계셨는데, 중생들이 볼 적에 멀리 바라보면 보이다가 가까이 다가서면 보이지 않았다. 제천 百千 대중이 부처님의 그림자에 공양을 하면, 그림자 또한 설법을 하셨다. 당시 범천왕이 합장 공경하고서 부처님에게 게송을 올렸다.

"여래께서 석굴에 계시면서 몸을 드날려 바위 속으로 들어가셨네. 태양처럼 걸림이 없으셔 황금빛 모습이 구족하시네. 저희는 이제 세상을 구제하신 석가모니불에게 절을 올립니다."

이에 관한 경문이 너무 광범위하여 생략한다. 다시 중생으로 하여금 부처님 계신 자리를 살펴보게 하니 丈六像이 草座에 앉아 계시는 것을 보았다. 하나의 석굴을 만드니 높이는 1장 8척이고 깊이는 24보이며 푸르고 하얀 돌로 단장했다고 한다. 또 생각해보면 그 석굴은 칠보로 만들어진 것이었고, 또한 불상이 석벽으로 뛰어들어갔다는 따위를 살펴보면 광홍명집에서 말한 것이다.

遠公의 石影讚이 있는데 원공이 말한 부분은 여러 경전과 모두 똑같다. 부처님이 서역 나가아라국 남산, 고선 석실 중에 계셨는데, 流沙의 길을 헤아려보면 여기와는 1만5천8백5십 리 거리이다. 세상에 감응하신 자취는 별전에 갖추어져 있고, 서역기 제8에서도 말하고 있다.

원공의 서문은 다음과 같다.

"옛적에 인도의 스님을 만나 사방으로 행각하면서 겪었던 일들을 들었는데, 그때에 부처님의 그림자가 있다는 사실을 알았지만, 그 말을 전해준 스님 역시 뚜렷이 잘 알지는 못하였다. 이 산중에 주석하면서 계빈 선사와 남국의 율학 도사를 만났는데 옛적에 들었던 일과 이미 같았고, 아울러 그 스님들이 행각했던 곳을 자세히 물어보았다. 이를 계기로 그림으로 그리고, 명을 쓰는 바이다.

드넓으신 큰 모습이여, 이치가 현묘하여 말할 수 없어라. 신통력 얻어 변화에 드시니, 그림자는 떨어지고 형체를 벗어나셨다. 층층한 바위에 광명이 비치고, 빈 정자에 그림자 선명하다. 그늘에 있어도 어둡지 않고, 어두운 곳에 계실수록 더욱 밝다. 어여뻐 벗어나심이여, 모든 신령의 조종이시다. 감응하신 곳 똑같지 않고, 발자취는 하늘과 땅에서 찾아볼 수 없어라.(제1)

아득하고 아득한 우주여, 권함도 없고 장려함도 없어라. 담담하게 용모를 그리시고, 허공에 그 모습 전하였네. 모습은 갖춰져 있지만 본체는 미묘하니 허한 바탕이 스스로 밝도다. 백호에 광명 쏟으니, 한밤중에도 빛나고, 성의에 감응함이 악기를 두드리면 소리가 울려 나오는 것과 같다. 법음을 남기시고 산자락에 머무시니, 깨달음의 나루를 그윽이 볼 수 있네. 이를 어루만지면 깨달음 얻으니, 그 공은 지난날 말미암은 것이 아니다.(제2)

나머지는 광홍명집에서 말한 바와 같다. 계빈 선사는 인도 스님 耶舍 삼장법사를 말한다.】

十은 本爲衆生이라 故成自德하야 令他樂滿이라

제10 시현정복 주야신. 본래 중생을 위한 까닭에 자신의 덕을 성취하여 남들에게 만족스러운 즐거움을 주는 것이다.

經

爾時에 普德淨光主夜神이 承佛威力하사 徧觀一切主夜神衆하고 而說頌言하사대

그때 보덕정광 주야신은 부처님이 지닌, 헤아릴 수 없는 영묘하고도 불가사의한 힘을 받들어 모든 주야신 대중을 두루 살펴보고 게송으로 말씀드렸다.

제1 보덕정광 주야신의 게송

汝等應觀佛所行하라　　**廣大寂靜虛空相**이시니
欲海無涯悉治淨하사　　**離垢端嚴照十方**이로다

그대들은 부처님이 행하신 바를 보라
넓고 크고 고요한 허공의 모습이시니
끝없는 욕심바다 모두 청정하게 하사
때 없는 장엄으로 시방을 비추셨네

● 疏 ●

偈中十偈는 如次라 初中에 初句는 解脫之力으로 能觀이오 次句는 卽寂靜樂이니 神以此定으로 觀佛此體라 故下經에 云普見三世佛이나 而無取著하니 以知如來無相하사 性相本空故일세니라 故云寂靜虛空相也라하다 次句는 卽大勇健이니 準下經이면 則自他兼淨也오 次句는 定果也오 上約佛說이어니와 若約天說인댄 卽四句는 皆是定用이니 以住此解脫하야 能見佛體用因果故니라

　게송 10편은 위의 차례와 같다.

　제1 보덕정광 주야신의 게송. 제1구는 해탈의 힘으로 관찰하는 주체요, 제2구는 곧 적정의 즐거움이니 정신이 이런 선정으로 부처님의 본체를 살펴보는 것이다. 그러므로 아래의 경문에서 이르기를, "널리 삼세제불을 보되 집착이 없으니 여래가 相이 없어

性相이 본래 공함을 알기 때문이다."고 하였다. 이 때문에 "고요한 허공의 모습"이라고 말한 것이다.

제3구는 위의 장항 법문에서 말한 '대용건'이다. 이는 아래의 경문에 준하면 "自他가 모두 청정함"이다.

다음 제4구는 선정의 果이다. 위에서는 부처님의 입장에서 말했지만, 만일 하늘을 들어 말한다면 4구절이 모두 선정의 작용이다. 이런 해탈문에 안주하여 부처님의 體用 인과를 보았기 때문이다.

제2 희안관세 주야신의 게송

一切世間咸樂見이여　　無量劫海時一遇라
大悲念物靡不周하시니　　此解脫門觀世覩로다

　모든 세간중생이 친견을 좋아함이여
　한량없는 겁에 한 번 만날 둥 하네
　큰 자비로 중생을 두루 걱정하시니
　관세신이 이런 해탈문 보았네

제3 호세정기 주야신의 게송

導師救護諸世間이여　　衆生悉見在其前하야

能令諸趣皆淸淨게하시니　　**如是護世能觀察**이로다

　　도사께서 모든 세간 구제하심이여
　　중생이 그 앞에 계신 부처님 모두 뵈옵고
　　숱한 악도 중생 모두 청정하게 해주시니
　　이런 도리를 호세신이 보았네

◉ 疏 ◉

二三은 可知라

　　제2 희안관세 주야신, 제3 호세정기 주야신의 게송. 이는 설명하지 않아도 알 수 있다.

　　제4 적정해음 주야신의 게송

經

佛昔修治歡喜海여　　**廣大無邊不可測**이라
是故見者咸欣樂하니　　**此是寂音之所了**로다

　　부처님이 옛적에 닦으신 환희의 바다여
　　넓고 크고 그지없어 헤아릴 수 없어라
　　이 때문에 보는 이 모두 즐거워하니
　　적음신이 이런 경계 깨달았네

◉ **疏** ◉

四中에 稱理徧喜 爲廣大無邊이오 縱內心不搖라도 而外現威怒 更深難測이라

　제4 적정해음 주야신의 게송. 이는 도리에 맞아 두루 기뻐함이 "넓고 크고 그지없음"이며, 비록 마음이 흔들리지 않을지라도 밖으로 위엄과 노여움을 나타냄이 더욱 깊어 헤아리기 어려움이다.

　제5 보현길상 주야신의 게송

經

如來境界不可量이라　　寂而能演徧十方하사
普使衆生意淸淨케하시니　尸利夜神聞踊悅이로다

　여래의 경계, 헤아릴 수 없어라
　고요하면서도 시방에 두루 연설하사
　중생 마음을 모두 청정케 해주시니
　시리야신이 이런 법문 듣고 기뻐 날뛰네

◉ **疏** ◉

五는 以寂故로 能徧이라

　제5 보현길상 주야신의 게송. 이는 고요하여 흔들림이 없기 때문에 시방세계에 두루 연설할 수 있는 것이다.

제6 보발수화 주야신의 게송

經

佛於無福衆生中에　　　　大福莊嚴甚威曜하사
示彼離塵寂滅法하시니　　普發華神悟斯道로다

부처님이 복 없는 중생 가운데
큰 복으로 장엄하여 그 위엄 빛나시고
업장에서 벗어난 적멸법 보이시니
보발화신이 이런 도리 깨달았네

● 疏 ●

六은 以衆生本來自盡일세 故是寂滅이니 是以로 智窮妄本이면 理無不顯이오 妄徹眞源이면 惑無不盡이라 喜方滿足일세 故法門에 名出生廣大喜也라

제6 보발수화 주야신의 게송. 중생의 불성이 본래 스스로 극진하기에 적멸이다. 이에 지혜로 迷妄의 근본을 모두 다하면 도리가 나타나지 않음이 없고, 미망이 眞性의 본원에 통하면 미혹이 모두 사라지지 않음이 없기에 기쁨이 바야흐로 만족하게 된다. 이 때문에 법문의 이름을 '광대한 기쁨을 낳아주는 해탈문[生廣大喜]'이라고 말한다.

제7 평등호육 주야신의 게송

經

十方普現大神通하사 　　**一切衆生悉調伏**하사대
種種色相皆令見케하시니 　　**此護育神之所觀**이로다

　　시방세계에 큰 신통력 널리 나타내어
　　모든 중생 다 조복하시되
　　온갖 모습 모두 보게 하시니
　　호육신이 이런 경계 보았네

　　제8 유희쾌락 주야신의 게송

經

如來往昔念念中에 　　**悉淨方便慈悲海**하사
救護世間無不徧하시니 　　**此福樂神之解脫**이로다

　　여래께서 지난 옛적 모든 생각 속에
　　방편과 자비의 바다 모두 청정케 하사
　　세간을 두루두루 구제하시니
　　이 경계는 복락신의 해탈법문이네

　　제9 제근상희 주야신의 게송

經

衆生愚癡常亂濁하야 　　**其心堅毒甚可畏**어늘

如來慈愍爲出興하시니　　此滅怨神能悟喜로다

중생이 어리석어 항상 어지럽고 혼탁하여

그 마음 굳건한 삼독 심히 두려운데

여래께서 불쌍히 여겨 이 세상 나오시니

멸원신이 이런 도리 깨닫고 기뻐하였네

제10 시현정복 주야신의 계송

經

佛昔修行爲衆生하사　　一切願欲皆令滿이실세

由是具成功德相하시니　　此現福神之所入이로다

부처님이 옛적에 중생 위해 수행하사

모든 원을 다 만족시켜주셨기에

이로 인해 공덕상을 갖추시니

현복신이 이런 경계 깨달았네

● 疏 ●

七八九十偈는 可知라

제7, 제8, 제9, 제10의 계송. 이는 설명하지 않아도 알 수 있다.

第三 主方神 十法

제3. 주방신

장항 10법

經

復次徧住一切主方神은 得普救護力解脫門하고
普現光明主方神은 得成辦化一切衆生神通業解脫門하고
光行莊嚴主方神은 得破一切暗障하야 生喜樂大光明解脫門하고
周行不礙主主方神은 得普現一切處不唐勞[3]解脫門하고
永斷迷惑主方神은 得示現等一切衆生數名號하야 發生功德解脫門하고
徧遊淨空主方神은 得恆發妙音하야 令聽者로 皆歡喜解脫門하고
雲幢大音主方神은 得如龍普雨하야 令衆生歡喜解脫門하고
髻目無亂主方神은 得示現一切衆生業無差別自在力解脫門하고
普觀世業主方神은 得觀察一切趣生中種種業解脫門하고
周徧遊覽主方神은 得所作事가 皆究竟하야 生一切衆生歡喜解脫門하시니라

----

3 唐勞 : 여기에서의 唐 자는 徒然이라는 뜻으로, 空然함이다. 이는 공연한 고생을 말한다. 唐捐, 唐發의 唐 자 또한 이와 같다.

또한 다음 변주일체(徧住一切) 주방신은 널리 구제하는 힘의 해탈문을 얻었고,

보현광명(普現光明) 주방신은 모든 중생을 교화하는 신통한 업을 이룩하는 해탈문을 얻었고,

광행장엄(光行莊嚴) 주방신은 모든 어두운 장애를 깨뜨려서 기쁘고 즐거운 큰 광명을 내는 해탈문을 얻었고,

주행불애(周行不礙) 주방신은 모든 곳에 널리 나타나되 헛된 고생 하지 않는 해탈문을 얻었고,

영단미혹(永斷迷惑) 주방신은 모든 중생의 수와 같은 이름을 나타내 보여 공덕을 낳아주는 해탈문을 얻었고,

변유정공(徧遊淨空) 주방신은 항상 미묘한 소리를 내어 듣는 이에게 모두 기쁨을 주는 해탈문을 얻었고,

운당대음(雲幢大音) 주방신은 용이 비를 내려주는 것처럼 중생을 기쁘게 하는 해탈문을 얻었고,

계목무란(髻目無亂) 주방신은 모든 중생의 업에 따라 착오가 없이 보여주는 자재한 힘의 해탈문을 얻었고,

보관세업(普觀世業) 주방신은 여러 길의 중생들 가운데 가지가지 업을 살펴보는 해탈문을 얻었고,

주변유람(周徧遊覽) 주방신은 하는 일을 모두 끝맺어 일체중생을 기쁘게 하는 해탈문을 얻었다.

● 疏 ●

一은 現身說法하야 令悟得果는 皆救護力이라

　　제1 변주일체 주방신. 부처의 몸을 나타내어 설법하여 중생으로 하여금 깨달아 果를 얻게 함이 모두 구제해주는 힘이다.

二는 神通示相은 是能成辦業이오 衆生出苦는 是所成辦業이라

　　제2 보현광명 주방신. 신통력으로 모습을 보임은 일을 이뤄주는 주체이며, 중생이 고통에서 벗어남은 일을 이뤄주는 대상이다.

三은 法光破暗에 暗斷智生이라 智與法喜로 俱生이오 斷以寂滅로 爲樂이라

　　제3 광행장엄 주방신. 불법의 광명으로 어둠을 타파함에 어둠이 끊어지고 지혜가 생겨나게 된다. 지혜는 法喜와 함께 생겨나고, 어둠이 끊어짐은 적멸로 즐거움을 삼는다.

四는 普現說法에 聞必惑滅이라 故不唐勞라

　　제4 주행불애 주방신. 널리 몸을 나타내어 설법할 적에 법문을 들으면 반드시 미혹이 사라지기에 헛된 고생을 하지 않는다.

五는 聖人無名이로되 隨物立名이니 貴在生德과 及滅惑耳라

　　제5 영단미혹 주방신. 성인은 이름이 없지만 중생을 따라 이름을 세우나니 고귀함은 덕을 낳고 미혹을 없애는 데에 있다.

六七은 可知라

　　제6 변유정공 주방신, 제7 운당대음 주방신. 이는 설명하지 않아도 알 수 있다.

八은 業同性空이오 並不失報 俱無差異하야 性相無礙 爲自在力이니

說能感報하야 令除惡業하고 說業性空이면 善業도 亦亡이라

제8 계목무란 주방신. 중생의 업이란 業性이 空과 같고 아울러 과보에 어긋남이 없어 선에는 善報로, 악에는 惡報로 모두 착오가 없어, 業性과 業相에 걸림이 없는 것이 자재력이 된다. 응당 받게 될 과보를 말하여 중생의 악업을 없애주고, 업성이 空임을 설하여 선업에도 얽매임이 없도록 하는 것이다.

九는 前約說業性相하야 令物絶業이오 此는 約知業差別하야 擬邨遺機化라

제9 보관세업 주방신. 바로 앞에서 업성과 업상을 말하여 중생으로 하여금 업을 끊게 한 것으로 말했지만, 여기에서는 업에 따라 각기 다른 길에 태어나게 되는 것을 알려주어 그들의 근기에 따라 교화하는 것으로 말하였다.

十은 世人은 靡不有初나 鮮克有終이로되 今聖人 有志有能일세 故所作究竟이어니와 世人은 以人隨欲일세 不能兼亡이어늘 今有慈有愍일세 故令物喜니 謂十波羅密 無不究竟이오 四無量心으로 令物歡喜라 【鈔_ 世人以人隨欲者는 書(春秋)에 云"小人은 以人從欲이오 君子는 以欲從人이라"하다 言不能兼亡者는 亡은 無也나 而亡字는 有心이니 卽自他相忘하야 不恃己功也라 今云兼於無道之人耳라 】

제10 주변유람 주방신. 세간의 사람들은 처음에는 잘하지 않은 이가 없으나 끝까지 잘하는 이는 적거니와 여기에서 말한 성인은 의지도 있고 능력도 있기에 하는 일을 모두 끝맺은 것이다. 세상 사람은 사람으로서 욕심을 따르기에 모두 버리지 못하거니와

여기에서 말한 성인은 자비가 있고 연민이 있기에 중생을 기쁘게 해주는 것이다. 십바라밀을 끝맺지 않음이 없고, 慈·悲·喜·捨 四無量心으로 중생을 기쁘게 해주었음을 말한다.【초_ "세상 사람은 사람으로서 욕심을 따르다."는 것은 춘추(僖公 20년)에 이르기를 "소인은 사람으로서 욕심을 따르고, 군자는 하고자 하는 일로 사람을 따른다."고 하였다.

"모두 버리지 못하거니[不能兼亡]"라는 말에서 亡은 없다는 것이지만, 亡 자는 자연스럽지 못하고 고의로 한 것이다. 곧 자타가 서로 잊고 자신의 공을 자시하지 않음이다. 여기에서는 무도한 사람을 겸하여 말한 것이다.】

經

爾時에 **徧住一切主方神**이 **承佛威力**하사 **普觀 一切主方神衆**하고 **而說頌言**하사대

그때 변주일체 주방신은 부처님이 지닌, 헤아릴 수 없는 영묘하고도 불가사의한 힘을 받들어 모든 주방신 대중을 두루 살피고 게송으로 말씀드렸다.

● 疏 ●

頌中次第配釋이면 可知라

게송을 차례로 위의 문장과 대비하여 해석하면 설명하지 않아도 알 수 있다.

제1 변주일체 주방신의 게송

經
如來自在出世間하사　　敎化一切諸群生하사대
普示法門令悟入하사　　悉使當成無上智로다

　　여래께서 자유자재 세간에 나오시어
　　모든 중생을 교화하시되
　　법문을 널리 보여 깨닫게 하시고
　　모두 위없는 지혜를 이뤄주셨네

제2 보현광명 주방신의 게송

經
神通無量等衆生하사　　隨其所樂示諸相하시니
見者皆蒙出離苦라　　　此現光神解脫力이로다

　　한량없는 신통력으로 중생 마음에 똑같이
　　중생이 좋아하는 바 따라 여러 모양 보이시니
　　보는 이마다 모두 고통에서 벗어나네
　　이는 현광신이 얻은 해탈법문의 힘이네

제3 광행장엄 주방신의 게송

> **經**
>
> 佛於暗障衆生海에　　　爲現法炬大光明하시니
> 其光普照無不見이라　　此行莊嚴之解脫이로다

　　부처님이 어둠에 가려 있는 중생의 바다에서

　　법의 횃불 큰 광명 밝히시니

　　광명 널리 비쳐 모든 중생 보는 터라

　　이런 경계는 행장엄신의 해탈법문이네

　　제4 주행불애 주방신의 게송

> **經**
>
> 具足世間種種音하사　　普轉法輪無不解케하시니
> 衆生聽者煩惱滅이라　　此徧往神之所悟로다

　　세간의 갖가지 소리 모두 갖춰

　　법륜을 널리 굴려 모두 알게 하시니

　　중생이 법문 듣고 번뇌 사라졌네

　　변왕신이 이런 도리 깨달았네

　　제5 영단미혹 주방신의 게송

> **經**
>
> 一切世間所有名에　　　佛名等彼而出生하사

悉使衆生離癡惑케하시니　　此斷迷神所行處로다

　　일체 세간 존재하는 수많은 이름만큼
　　부처님도 그에 맞춰 세상에 나오시어
　　중생의 어리석은 미혹 모두 벗어나게 하시니
　　이런 경계는 단미신이 수행한 곳일세

　　제6 변유정공 주방신의 게송

經

若有衆生至佛前하야　　得聞如來美妙音하면
莫不心生大歡喜하니　　徧遊虛空悟斯法이로다

　　중생이 부처님 찾아와
　　여래의 아름답고 미묘한 법음 들으면
　　마음에 큰 기쁨 얻지 않은 이 없나니
　　변유허공신이 이런 법문 깨달았네

　　제7 운당대음 주방신의 게송

經

佛於一一刹那中에　　普雨無邊大法雨하사
悉使衆生煩惱滅케하시니　　此雲幢神所了知로다

　　부처님이 한 찰나 한 찰나에

끝없는 큰 법비 두루 내리시어
중생의 번뇌 모두 없애주시니
운당신이 이런 도리 깨달았네

제8 계목무란 주방신의 게송

經

一切世間諸業海를　　佛悉開示等無異하사
普使衆生除業惑하시니　此髻目神之所了로다

일체 세간 모든 업의 바다를
부처님이 모두 착오 없이 보여주시어
중생의 업장과 미혹 모두 없애주시니
이런 도리를 계목신이 깨달았네

제9 보관세업 주방신의 게송

經

一切智地無有邊하사　　一切衆生種種心을
如來照見悉明了하시니　此廣大門觀世入이로다

부처님의 일체종지(一切種智) 한량없어
일체중생 각기 다른 온갖 마음을
여래께서 밝게 비춰 모두 아시니

관세신이 이 반야문을 깨달았네

제10 주변유람 주방신의 게송

> 經

佛於往昔修諸行에　　**無量諸度悉圓滿**하사
大慈哀愍利衆生하시니　**此徧遊神之解脫**이로다

　　부처님이 지난 옛적 수행하실 때
　　한량없는 바라밀을 원만히 이루어
　　큰 자비로 슬피 여겨 중생 도움 주시니
　　이는 변유신의 해탈법문이네

―

第四 主空神 長行十法

　　제4. 주공신
　　장항 10법

> 經

復次淨光普照主空神은 **得普知諸趣一切衆生心解脫門**하고
普遊深廣主空神은 **得普入法界解脫門**하고
生吉祥風主空神은 **得了達無邊境界身相解脫門**하고
離障安住主空神은 **得能除一切衆生業惑障解脫門**하고

廣步妙髻主空神은 得普觀察思惟廣大行海解脫門하고
無礙光燄主空神은 得大悲光으로 普救護一切衆生厄難解脫門하고
無礙勝力主空神은 得普入一切호대 無所著福德力解脫門하고
離垢光明主空神은 得能令一切衆生으로 心離諸蓋淸淨解脫門하고
深遠妙音主空神은 得普見十方智光明解脫門하고
光徧十方主空神은 得不動本處하고 而普現世間解脫門하시니라

　또한 다음 정광보조(淨光普照) 주공신은 여러 길의 일체중생 마음을 널리 아는 해탈문을 얻었고,

　보유심광(普遊深廣) 주공신은 법계에 널리 들어가는 해탈문을 얻었고,

　생길상풍(生吉祥風) 주공신은 끝없는 경계에 불신(佛身)의 모습을 분명하게 아는 해탈문을 얻었고,

　이장안주(離障安住) 주공신은 모든 중생의 업과 번뇌의 장애를 없애주는 해탈문을 얻었고,

　광보묘계(廣步妙髻) 주공신은 중생이 닦아야 할 광대한 수행의 바다를 관찰하고 사유하는 해탈문을 얻었고,

　무애광염(無礙光燄) 주공신은 큰 자비의 광명으로 모든 중생의 액과 어려움을 널리 구제해주는 해탈문을 얻었고,

무애승력(無礙勝力) 주공신은 일체 집착이 없는 복덕력에 널리 들어가는 해탈문을 얻었고,

이구광명(離垢光明) 주공신은 일체중생의 마음에 오개(五蓋 : 貪欲蓋, 瞋恚蓋, 睡眠蓋, 掉悔蓋, 疑法蓋)를 벗어나 청정하게 하는 해탈문을 얻었고,

심원묘음(深遠妙音) 주공신은 널리 시방세계를 보는 지혜광명의 해탈문을 얻었고,

광변시방(光遍十方) 주공신은 본래 처소에서 꼼짝하지 않고서 세간에 두루 나타나는 해탈문을 얻었다.

● 疏 ●

一은 智慧造理면 則十眼廣照오 日月合空이면 則萬象歷然이라

제1 정광보조 주공신. 지혜가 이치에 나아가면 十眼이 널리 비치고, 일월이 허공에 합하면 만상이 분명하다.

二는 身智二光이 徧入法界라

제2 보유심광 주공신. 법신광명과 지혜광명이 법계를 두루 비춤이다.

三은 佛身如空은 是無邊境이오 無生無染은 爲吉祥風이라

제3 생길상풍 주공신. 부처의 몸이 허공 같음은 끝이 없는 경계이며, 나는 것도 없고 물듦도 없는 것이 길상의 바람이다.

四는 廣說聖道면 則離三障하야 安住二空이라

제4 이장안주 주공신. 성인의 도를 널리 말해주면 번뇌장·업

장·報障 3가지를 여의어 我空과 法空에 안주하는 것이다.

五는 上求下化를 名廣大行이오 爲安衆生이 如妙髻焉이라

　　제5 광보묘계 주공신. 위로 보리를 구하고 아래로 중생을 교화함을 광대행이라 하고, 중생을 위하여 편안케 함이 妙髻와 같다.

六은 沉生死之厄難을 悲智光以濟之라

　　제6 무애광염 주공신. 생사에 빠져 있는 액과 어려움을 悲智의 광명으로 구제해주는 것이다.

七은 不礙福智相導를 是謂勝力이라

　　제7 무애승력 주공신. 걸림이 없는 복덕과 지혜로 서로 인도함을 수승한 힘이라고 말한다.

八은 惑由智遣이라

　　제8 이구광명 주공신. 미혹이 지혜에 의해 없애지는 것이다.

九는 妙音善說이라

　　제9 심원묘음 주공신. 미묘한 음성으로 설법을 잘하는 것이다.

十은 不壞本處而稱周十方이라

　　제10 광변시방 주공신. 본래 처소를 무너뜨리지 않고 시방에 두루 하나가 되는 것이다.

經

爾時에 淨光普照主空神이 承佛威力하사 普觀一切主空神衆하고 而說頌言하사대

　　그때 정광보조 주공신이 부처님이 지닌, 헤아릴 수 없는 영묘

하고도 불가사의한 힘을 받들어 모든 주공신 대중을 널리 살펴보고 게송으로 말씀드렸다.

◉ 疏 ◉

偈中에 十頌은 如次라

　게송 10편은 위의 차례와 같다.

　제1 정광보조 주공신의 게송

如來廣大目이　　　　　淸淨如虛空이라
普見諸衆生하사　　　　一切悉明了로다

　여래의 넓고 크신 법안이여
　청정한 법안 허공 같아라
　모든 중생을 널리 보시고
　일체중생을 모두 밝게 아시네

　제2 보유심광 주공신의 게송

佛身大光明이　　　　　徧照於十方하사
處處現前住하시니　　　普遊觀此道로다

부처님 몸의 큰 광명이

시방에 두루 비쳐

곳곳의 중생 앞에 나타나시니

보유신이 이런 도리 보았네

제3 생길상풍 주공신의 게송

經

佛身如虛空하사 　　**無生無所取**며
無得無自性이시니 　　**吉祥風所見**이로다

　부처님의 몸 허공 같아

　생김이 없으니 취할 바도 없으며

　얻음이 없기에 자성(自性)도 없으시니

　길상풍신이 이런 도리 보았네

● **疏** ●

三中에 空有四義하야 含於五法이라 一은 離能取生이 卽絶妄想이오 二는 離所取相이 無相無名이오 三은 境無自性이 卽是如如오 四는 心無所得이 是爲正智라 迷如로 以成名相에 妄想是生이오 悟名相之本如면 執翻成智니 如外에 無智라 智體는 卽如라 此二 猶空하야 寂照無礙하니 如斯見佛을 是日吉祥이라【**鈔** 空有四義 含於五法者 四義는 卽無生等이오 五法은 卽名等이니 今當先釋五法이오 後消疏文이라 五

法은 經論皆具오 且依楞伽列次者는 則名·相·妄想·正智·如如로 以 爲其次오 若瑜伽七十二에 云一相·二名·三分別·四眞如·五正智 라하다 分別은 卽妄想異名이오 相은 謂言談安足事處오 名은 卽於相所 有增語오 分別은 謂三界行中에 所有心·心所오 眞如는 謂無爲法이니 無我所顯이오 聖智所行이니 非一切言談 安足事處오 正智는 略有二 種이니 一은 唯出世間正智오 二는 世間·出世間正智라 釋曰 上은 卽 根本이오 下는 卽後得이니 已知五法名相差別이면 今當消疏라하다

疏中에 先以五法으로 屬文이오 後迷如下는 辨因起融攝이라 言迷如 以成名相이면 則妄想是生者는 此顯迷時에 唯有三法이니 一은 名이오 二는 相이오 三은 妄想이라 故此五法이 通該一切로되 而不必同時라 謂 妄想·正智는 此必不並이라 故今有妄想이면 決無正智라 其如如·名 相은 則有隱顯이니 此中迷故로 如如則隱하고 名相則顯이라

次云悟名相之本如 執翻成智者는 此顯悟時에 但有其二니 一은 正 智오 二는 如如니 旣有正智면 決無妄想이오 了得如如면 名相則隱이니 雖不壞相이나 擧體卽空이어니와 理奪於事면 無不蕩盡이라 是故로 空 中無色等法라 故楞伽에 云謂了名相과 及與妄想 體不可得을 名爲 正智오 如如는 卽是名相妄想이 本自不生이라하니 釋云"名相不生이 면 則境如矣오 妄想不生이면 則心如矣니 了心境(二)如 是爲正智라 故 唯正智及如如存이라하다

次云如外無智 智體卽如者는 復融上二하야 以爲一味라 如外無智 는 卽以如攝智오 智體卽如는 是以智攝如니 合爲一味라 故下經에 云"無有智外如는 爲智所入이오 亦無如外智는 能證於如라하니 卽斯

義也라 故疏에 結云此二猶空 寂照無礙라하니 寂卽是如요 照卽正智라 如日合空이니 雖有二事나 一相難分이니라 】

제3 생길상풍 주공신의 게송. 空에는 生生·生不生·不生生·不生不生 4가지의 뜻이 있어 名·相·妄想·正智·如如 5가지의 법을 포함하고 있다.

⑴ 能取生을 벗어남이 곧 망상을 끊음이다.

⑵ 所取相을 벗어남이 모습도 없고 이름도 없음이다.

⑶ 경계가 자성(자체)이 없음이 곧 이 여여함이다.

⑷ 마음에 얻을 바가 없음이 바른 지혜이다.

여여함을 알지 못하여 名相을 이루면 망상이 이에 생겨나고, 명상이 본래 여여임을 깨달으면 집착이 바뀌어 지혜를 이루게 된다. 여여 밖에 지혜가 없는 터라, 지혜의 본체가 곧 여여이다. 여여와 지혜 이 2가지는 허공과 같아서 寂과 照에 걸림이 없으니 이와 같이 부처님을 보는 것을 '길상'이라고 말한다. 【초_ "空에는 4가지의 뜻이 있어 5가지의 법을 포함하고 있다."는 것에서 '4가지의 뜻'이란 곧 無生 등이며, '5가지의 법'이란 곧 名 등을 말한다.

여기에서는 먼저 '5가지의 법'을 해석하고, 뒤이어서 청량소의 문장을 말하고자 한다.

'5가지의 법'은 경문에 모두 잘 갖춰 말하였고, 능가경의 차례에 의하면, 名·相·妄想·正智·如如로 그 차례를 이루고 있으며, 유가경 72에 의하면, '① 相, ② 名, ③ 分別, ④ 眞如, ⑤ 正智'라 하였다. 분별은 망상의 다른 이름이다. 相은 그 어떤 일에 말을 붙일 수 있는 대상[處]으로 말하며, 名은 존재의 대상에다가 말을 붙여 나타내는 것이며, 분별은 三界行의 가운데에 있는 心과 心所이며, 진여는 무위법이니 내가 밝힐 수 있는 대상이 아니고 성인의 바른 지혜로만 행할 수 있다. 일체 언어를 붙일 수 있는, 相이 아니다. '성인의 바른 지혜'는 간단하게 2가지가 있다. 첫째는 오직 출세간의 바른 지혜이고, 둘째는 세간과 출세간의 바른 지혜이다. 이의 해석에 이르기를, "위에서 말한 출세간의 바른 지혜는 根本智이고, 아래에서 말한 세간과 출세간의 바른 지혜는 後得智이다. 이처럼 다섯 가지의 법에 대한 名相의 차이를 안다면 이제 모두 청량소를 이해할 수 있다."고 하였다.

청량소에서는 먼저 '5가지의 법'으로 글을 썼고, 뒤이어서 "여여함을 알지 못하여" 이하의 문장은 혼미와 깨달음을 서로 연결 지어 융화하여 받아들인 데에 대해 논변한 것이다. "여여함을 알지 못하여 名相을 이루면 망상이 이에 생겨난다."는 것은 혼미할 적에는 오직 3가지의 법이 있음을 나타낸 것이다. ① 名, ② 相, ③ 妄想이다. 그러므로 이 5가지의 법이 그 모든 곳에 다 갖추어져 있지만 꼭 동시에 이뤄진 것은 아니다. 망상과 바른 지혜는 반드시 함께할 수 없음을 말한다. 이 때문에 현재 망상이 있으 면 결코 바른 지혜가 있을 수 없다. 그 여여와 명상은 그 하나가 숨겨지면 또 다른 하나가 나타나기 마련이다. 여기에서는 미혹 때문에 여여는 숨겨져 보이지 않고, 도리어 명상이 나타나게 된다.

다음으로 "명상이 본래 여여임을 깨달으면 집착이 바뀌어 지혜를 이루게 된다."는 것은 깨달을 때에 단 2가지가 있음을 나타낸 것이다. 첫째는 바른 지혜이고, 둘째는 여여함이다. 이미 바른 지혜가 있으면 반드시 망상이 없고, 여여함을 깨달으면 명상은 보이지 않는다. 비록 명상은 파괴하지 않으나 본체를 들어 말하면 공이거니와 이법계가 사법계에 지배당하면 진공의 도리가 모두 없어지지 않음이 없다. 이 때문에 공 가운데에 색·성·향 등의 법이 없다. 그러므로 능가경에 이르기를, "명상과 망상 자체를 얻어서 안 됨을 깨달으면 바른 지혜라 말하고, 여여는 명상과 망상이 본래 나오지 않은, 근본자리이다."고 한다. 이의 해석에 이르기를, "명상이 나지 않으면 경계가 본래 여여함이며, 망상이 일어나지 않으면 마음이 여여함이다. 마음과 경계 2가지의 여여함을 깨닫는 것이 곧 이를 바른 지혜라고 말한다. 그러므로 오직 바른 지혜와 여여함이 존재하는 것이다."고 한다.

다음으로 "여여 밖에 지혜가 없는 터라, 지혜의 본체가 곧 여여이다."는 것은 다시 위의 2가지를 융합하여 하나로 삼은 것이다. '여여 밖에 지혜가 없다.'는 여여로써 지혜를 포괄함이며, '지혜의 본체가 곧 여여이다.'는 지혜로써 여여를 포괄한 것이다. 이를 융합하여 하나가 되는 것이기에 아래 경문에서 이르기를, "지혜의 밖에 여여가 없다는 것은 지혜에 의하여 들어간 바이며, 또한 여여의 밖에 지혜가 없다는 것은 여여함을 증명함이다."고 하니 곧 이러한 뜻이다. 그러므로 청량소에서 끝맺어 말하기를, "여여와 지혜 이 2가지는 허공과 같아서 寂과 照에 걸림이 없다."고 하니 寂이란 곧 여여이며, 照란 곧 바른 지혜이다. 마치 태양이 허공과 하나가 되는 것과 같다. 여여와 지혜는 2가지의 일이나 하나의 모습으로 구분하기 어렵다.】

제4 이장안주 주공신의 게송

經
如來無量劫에　　　　**廣說諸聖道**하사
普滅衆生障하시니　　**圓光悟此門**이로다

　　여래가 한량없는 겁에
　　여러 성인이 닦아온 도 널리 연설하여
　　중생 업장 널리 없애주시니
　　원광신이 이 해탈문 깨달았네

 疏
四中에 **長行及列**은 **並名安住**어늘 **今云圓光**이라하니 **圓光**은 **表智**요 **安住**는 **表定**이라 **二事相資**일새 **前後互擧**니 **並能滅障**이 **於理**에 **無違**니라

　　제4 이장안주 주공신의 게송. 위의 장항과 列衆에서는 아울러 '離障安住 主空神'이라 이름 붙였는데, 이 게송에서는 '圓光'이라고 말하였다. 원광은 지혜를, 안주는 禪定을 나타내는 말이다. 지혜와 선정 이 2가지의 일은 서로 힘이 되기에 전후의 문장에서 모두 들어 말한 것이다. 아울러 업장을 없애준다는 것은 이치에 어긋남이 없다.

제5 광보묘계 주공신의 게송

經

我觀佛往昔에 **所集菩提行**호니
悉爲安世間이라 **妙髻行斯境**이로다

나는 보았네, 부처님이 지난 옛적에

닦아 쌓으신 보리행을

모두 세간중생 안락을 위한 일이라

묘계신이 이런 법문 행하였네

제6 무애광염 주공신의 게송

經

一切衆生界 **流轉生死海**어늘
佛放滅苦光하시니 **無礙神能見**이로다

모든 중생세계

생사의 바다에 윤회하는데

부처님이 고통 없애주는 광명 비춰주시니

무애신이 이런 도리 보았네

● **疏** ●

六中에 生死海者는 瑜伽七十에 云 五法이 相似生死하야 得大海名이

니 一은 處無邊相似故오 二는 甚深故오 三은 難度故오 四는 不可飮故오 五는 大寶所依故라하니 釋曰 "由前四義하야 衆生流轉하고 由第五義하야 菩薩入之라하다 且約分喩댄 第九十에 云"由三相故로 不同水海니 一은 自性不同分이니 謂水海는 唯色一分오 二는 淪沒不同이니 唯人畜故며 唯沒身故오 三은 超度不同이니 未離欲者라도 亦能度故라하니라 '生死海'는 反上可思오 餘四偈는 可知라

제6 무애광염 주공신의 게송. 생사의 바다란 유가경 70에 이르기를, "5가지의 법이 생사와 닮았기에 큰 바다라는 이름을 얻게 된 것이다.

⑴ 그지없는 곳에 거처함이 서로 닮은 때문이며,

⑵ 매우 깊음이 서로 닮은 때문이며,

⑶ 헤아리기 어려움이 서로 닮은 때문이며,

⑷ 마실 수 없는 것이 서로 닮은 때문이며,

⑸ 큰 보배가 담겨 있는 것이 서로 닮은 때문이다."고 하였다.

이의 해석에 이르기를, "앞의 4가지 의의에 의해 중생이 윤회하고, ⑸의 큰 보배에 의해 보살이 그곳에 들어가는 것이다."고 하였다.

또한 이를 구분 지어 말한다면, 유가경 제90에 이르기를, "3가지의 모습에 의해 바닷물과 똑같지는 않다.

⑴ 중생의 자성이 똑같지 않은 부분이다. 이에 반해 바닷물은 오직 한 색깔의 일부분이기 때문이다.

⑵ 빠지는 것이 똑같지 않다. 오직 인간과 축생에 빠지기 때문

이며, 오직 몸이 빠지기 때문이다.

⑶ 초월함이 똑같지 않다. 욕심을 여의지 못한 자일지라도 또한 벗어날 수 있기 때문이다."고 하였다. '생사의 바다'는 위와 반대로 생각해야 하며, 아래의 나머지 4게송은 설명하지 않아도 알 수 있다.

제7 무애승력 주공신의 게송

淸淨功德藏이여   能爲世福田이라
隨以智開覺하시니   力神於此悟로다

    청정한 공덕 창고여
    세간의 복밭이어라
    중생에 따라 지혜로 깨달음 주시니
    승력신이 이런 도리 깨달았네

제8 이구광명 주공신의 게송

衆生癡所覆로   流轉於險道어늘
佛爲放光明하시니   離垢神能證이로다

    중생이 어리석음에 덮여
    악도(惡道)에 윤회하는데

부처님이 광명 놓으시니
이구신이 이런 경계 증득하였네

제9 심원묘음 주공신의 게송

經

智慧無邊際하야　　　悉現諸國土하사
光明照世間하시니　　妙音斯見佛이로다

끝이 없는 지혜로
모든 국토에 모두 나타나
지혜광명 일체 세간 비추시니
묘음신이 이런 부처님 보았네

제10 광변시방 주공신의 게송

經

佛爲度衆生하사　　　修行徧十方하시니
如是大願心을　　　　普現能觀察이로다

부처님이 중생 제도 위해
시방에 두루 수행하시니
이러한 큰 서원의 마음을
보현신이 잘 보았네

第五 主風神 十法

제5. 주풍신

장항 10법

經

復次無礙光明主風神은 得普入佛法과 及一切世間解脫門하고

普現勇業主風神은 得無量國土佛出現에 咸廣大供養解脫門하고

飄擊雲幢主風神은 得以香風으로 普滅一切衆生病解脫門하고

淨光莊嚴主風神은 得普生一切衆生善根하야 令摧滅重障山解脫門하고

力能竭水主風神은 得能破無邊惡魔衆解脫門하고

大聲徧吼主風神은 得永滅一切衆生怖解脫門하고

樹杪垂髻主風神은 得入一切諸法實相辯才海解脫門하고

普行無礙主風神은 得調伏一切衆生方便藏解脫門하고

種種宮殿主風神은 得入寂靜禪定門하야 滅極重愚癡暗解脫門하고

大光普照主風神은 得隨順一切衆生行無礙力解脫門하시니라

또한 다음 무애광명(無礙光明) 주풍신은 부처님 법과 모든 세간

에 널리 들어가는 해탈문을 얻었고,

보현용업(普現勇業) 주풍신은 한량없는 국토에 부처님이 나오실 적에 광대한 공양을 모두 드리는 해탈문을 얻었고,

표격운당(飄擊雲幢) 주풍신은 향기 바람으로 모든 중생의 병을 널리 없애주는 해탈문을 얻었고,

정광장엄(淨光莊嚴) 주풍신은 모든 중생에게 선근을 내어 무거운 업장의 산을 꺾어 없애주는 해탈문을 얻었고,

역능갈수(力能竭水) 주풍신은 끝없는 악마 무리를 깨뜨리는 해탈문을 얻었고,

대성변후(大聲徧吼) 주풍신은 모든 중생의 두려움을 길이 없애주는 해탈문을 얻었고,

수초수계(樹杪垂髻) 주풍신은 모든 법의 실상을 깨닫게 하는 변재 바다의 해탈문을 얻었고,

보행무애(普行無礙) 주풍신은 모든 중생을 조복하는 방편 창고의 해탈문을 얻었고,

종종궁전(種種宮殿) 주풍신은 고요한 선정의 문에 들어가 지극히 중후한 어리석음을 없애주는 해탈문을 얻었고,

대광보조(大光普照) 주풍신은 일체중생이 원하는 일을 따라 걸림없이 기쁘게 해주는 힘의 해탈문을 얻었다.

◉ 疏 ◉

一은 以方便風으로 合智日光하야 智入深法而無障礙오 身入世間而

無影像이라

제1 무애광명 주풍신. 방편의 바람으로 지혜의 태양과 하나 되어 지혜가 심오한 불법에 들어가되 걸림이 없고, 몸이 세간에 들어가되 그림자가 없다.

二는 菩薩이 以求菩提之大心으로 持稱眞之供具호되 等虛空之廣大하야 不礙事之繁多오 而以全法之身으로 一念供無邊之佛이 如彼風力하야 無不成也라

제2 보현용업 주풍신. 보살이 보리를 구하는 큰마음으로 진리에 맞는 공양의 도구를 가지되 드넓은 허공과 같아서 수많은 사물에 장애가 되지 않고, 온전한 법계의 몸으로 한 생각의 찰나에 그지없는 부처에게 공양을 올림이 마치 저 바람의 힘과 같아서 이뤄지지 않음이 없다.

三은 長風忽來에 浮雲散滅이오 慈風起에 惑苦病亡이라

제3 표격운당 주풍신. 멀리에서 불어온 바람이 갑자기 휘몰아 오면 뜬 구름이 흩어지고 사라지며, 자비의 바람이 불어오면 미혹 고통의 병이 없어진다.

四는 福智莊嚴之風으로 摧壞如山之障이라

제4 정광장엄 주풍신. 복덕과 지혜 장엄의 바람으로 산처럼 큰 업장을 꺾고 무너뜨리는 것이다.

五는 十力降魔에 十軍皆殄이어늘 獨名竭水者는 欲愛爲初니라【鈔_ '十力降魔 十軍皆殄'者는 智論第六에 云 欲은 是汝初軍이오 憂愁軍은 第二오 饑渴軍은 第三이오 渴愛軍은 第四오 睡眠軍은 第五오 怖畏

軍은 第六오 疑軍은 爲第七이오 含毒軍은 第八이오 利養軍은 第九오 著虛妄·名聞·自高軍은 第十이라 輕慢於他人한 汝等軍은 如是니 一切世間人과 及諸一切天이 無能破之者어늘 我以智慧箭으로 修定智로 爲弓하야 摧破汝魔軍을 如坏缾沒水라하니 今以愛欲으로 爲水일새 故偏語之니라】

제5 역능갈수 주풍신. 열 가지의 힘으로 魔軍을 항복받으면 열 가지의 군대가 모두 섬멸되는 것인데, 유독 명호를 '竭水'라 말한 것은 欲愛가 최초의 마군이기 때문이다.【초_ "열 가지의 힘으로 마군을 항복받으면 열 가지의 군대가 모두 섬멸된다."는 것은 지도론 제6에 이르기를, "탐욕은 너의 첫째 마군이요, 憂愁의 마군이 제2요, 飢渴의 마군이 제3이요, 渴愛의 마군이 제4요, 睡眠의 마군이 제5요, 怖畏의 마군이 제6이요, 疑의 마군이 제7이요, 含毒의 마군이 제8이요, 利養의 마군이 제9요, 虛妄·名聞·自高에 집착하는 마군이 제10이다. 남들을 경멸하고 거만하게 대하는 너희의 마군이 이와 같다. 일체 세간의 사람과 모든 일체 하늘은 이런 마군을 격파할 자가 없는데, 내가 지혜의 화살로, 선정 지혜를 닦아 활을 삼아서 그들 마군을 격파함이 마치 설구운 병이 물속으로 가라앉는 것과 같다."고 하였다. 여기에서는 애욕으로 물[水]을 삼기에 오직 이를 들어 말한 것이다.】

六은 毛孔慈音으로 滅除五怖는 若百籟異吹나 徧吼悅機라

제6 대성변후 주풍신. 모공에서 울려 나오는 자비의 음성으로 不活畏·惡名畏·死畏·惡道畏·威德畏 5가지의 두려움을 없애주는 것이 온갖 나무 구멍에서 각기 달리 울려 나오는 소리와 같아서, 두루 큰 음성으로 중생의 근기에 따라 기쁨을 주는 것이다.

七은 智入實相일새 故妙辯如海오 如風擊樹라 故能下垂니라

제7 수초수계 주풍신. 지혜가 실상을 깨달아 들어간 까닭에 미묘한 논변이 바다와 같고, 바람이 나무에 휘몰아치는 것과 같기에 아래로 드리워지는 것이다.

八은 調生方便이 爲智所入일새 故名爲藏이라

제8 보행무애 주풍신. 중생을 조복하는 방편이 지혜에 의해 들어가기에 '저장' 또는 '창고'라고 말한다.

九는 禪定宮殿에 必定慧雙游일새 故能滅癡闇이니 約佛인댄 則動寂無二일새 見必滅癡니라

제9 종종궁전 주풍신. 禪定 궁전에서는 반드시 定과 慧를 모두 가지고 살기에 어리석음과 혼미함을 없애주는 것이다. 부처님으로 말하면 動과 寂이 둘이 아니기에 친견하면 반드시 어리석음을 없앨 수 있다.

十은 日月明照나 非風不運이니 智行無礙는 方便力焉이라

제10 대광보조 주풍신. 해와 달이 밝게 비칠지라도 바람이 아니면 운행하지 못하니 지혜와 덕행이 걸림 없는 것이 방편의 힘이다.

經

爾時에 無礙光明主風神이 承佛威力하사 普觀一切主風神衆하고 而說頌言하사대

그때 무애광명 주풍신이 부처님이 지닌, 헤아릴 수 없는 영묘하고도 불가사의한 힘을 받들어 모든 주풍신 대중을 널리 살피고 게송으로 말씀드렸다.

◉ 疏 ◉

十偈는 可知라

10편의 게송은 설명하지 않아도 알 수 있다.

제1 무애광명 주풍신의 게송

經

一切諸佛法甚深에　　　無礙方便普能入하사
所有世間常出現하사대　無相無形無影像이로다

　모든 부처님의 법 매우 깊은데
　걸림 없는 방편으로 널리 들어가
　여러 세간에 항상 출현하시나
　모양 없고 형체 없고 영상도 없네

제2 보현용업 주풍신의 게송

經

汝觀如來於往昔에　　　一念供養無邊佛하라

如是勇猛菩提行이여　　　　**此普現神能悟了**로다

　　그대는 보라, 여래께서 지난날

　　한 생각으로 그지없는 부처께 공양함을

　　이와 같은 용맹한 보리행이여

　　보현신이 이런 도리 깨달았네

　　제3 표격운당 주풍신의 게송

經

如來救世不思議여　　　　**所有方便無空過**하사
悉使衆生離諸苦케하시니라　**此雲幢神之解脫**이로다

　　여래의 세간 구제 부사의여

　　모든 방편 헛되지 않고

　　일체중생 고통에서 벗어나게 하시니

　　이는 운당신의 해탈법문이네

　　제4 정광장엄 주풍신의 게송

經

衆生無福受衆苦하야　　　**重蓋密障常迷覆**어늘
一切皆令得解脫케하시니　**此淨光神所了知**로다

　　중생이 복 없어 온갖 고통 받아

무겁고 두터운 덮개와 장애 항상 덮여 있는데
일체중생 모두 벗게 해주시니
정광신이 이런 도리 잘 알았네

제5 역능갈수 주풍신의 게송

經

如來廣大神通力으로　　克殄一切魔軍衆하시니
所有調伏諸方便이여　　勇健威力能觀察이로다

여래의 넓고 큰 신통력으로
모든 마군 무찌르시니
그렇게 조복하는 모든 방편이여
용건신이 위력으로 이런 도리 보았네

제6 대성변후 주풍신의 게송

經

佛於毛孔演妙音하사대　　其音普徧於世間하사
一切苦畏皆令息하시니　　此徧吼神之所了로다

부처님 모공에서 울려 나오는 미묘한 음성
그 음성 일체 세간 널리 퍼져
온갖 고통과 두려움 없애주시니

변후신이 이런 도리 알았네

제7 수초수계 주풍신의 게송

經

佛於一切衆刹海에　　　不思議劫常演說하시니
此如來地妙辯才라　　　樹杪髻神能悟解로다

　부처님이 일체 세계
　부사의 겁에 항상 미묘한 법 연설하시니
　여래지(如來地)의 미묘한 변재여
　수초계신이 이런 도리 깨달았네

제8 보행무애 주풍신의 게송

經

佛於一切方便門에　　　智入其中悉無礙하사
境界無邊無與等하시니　此普行神之解脫이로다

　부처님이 모든 방편문에
　지혜로 그 가운데 들어가 걸림이 없어
　그 경계 그지없고 똑같을 이 없으니
　이는 보행신의 해탈법문이네

175

제9 종종궁전 주풍신의 게송

> 經

如來境界無有邊하사 **處處方便皆令見**하사대
而身寂靜無諸相하시니 **種種宮神解脫門**이로다

여래의 경계 끝이 없어
곳곳에 방편으로 모두 보여주시되
그 몸은 고요하여 형상 없으니
가지가지 궁전신의 해탈법문이네

제10 대광보조 주풍신의 게송

> 經

如來劫海修諸行이여 **一切諸力皆成滿**하사
能隨世法應衆生하시니 **此普照神之所見**이로다

여래의 오랜 세월 수행이여
모든 힘을 모두 성취하사
세상 법 따라 중생에 응하시니
보조신이 이런 도리 보았네

세주묘엄품 제1-7 世主妙嚴品 第一之七

화엄경소론찬요 제8권 華嚴經疏論纂要 卷第八

화엄경소론찬요 제9권
華嚴經疏論纂要 卷第九

◉

세주묘엄품 제1-8
世主妙嚴品 第一之八

第六 主火神 十法
제6. 주화신
장항 10법

經

復次普光燄藏主火神은 得悉除一切世間暗解脫門하고
普集光幢主火神은 得能息一切衆生의 諸惑漂流熱惱苦解脫門하고
大光徧照主火神은 得無動福力大悲藏解脫門하고
衆妙宮殿主火神은 得普能除煩惱塵解脫門하고
無盡光髻主火神은 得光明照曜無邊虛空界解脫門하고
種種燄眼主火神은 得種種福莊嚴寂靜光解脫門하고
十方宮殿如須彌山主火神은 得能滅一切世間諸趣熾然苦解脫門하고
威光自在主火神은 得自在開悟一切世間解脫門하고
光照十方主火神은 得永破一切愚癡執著見解脫門하고
雷音電光主火神은 得成就一切願力大震吼解脫門하시니라

또한 다음 보광염장(普光燄藏) 주화신은 일체 세간의 어두움을 모두 없애주는 해탈문을 얻었고,

보집광당(普集光幢) 주화신은 일체중생이 수많은 혹업(惑業)으로 악도[熱惱]의 고해에 표류하는 것을 없애주는 해탈문을 얻었고,

대광변조(大光徧照) 주화신은 흔들림이 없는 복덕의 힘과 큰 자비의 창고인 해탈문을 얻었고,

중묘궁전(衆妙宮殿) 주화신은 번뇌의 티끌을 널리 없애주는 해탈문을 얻었고,

무진광계(無盡光髻) 주화신은 광명으로 끝없는 허공계를 밝게 비춰주는 해탈문을 얻었고,

종종염안(種種燄眼) 주화신은 갖가지 복덕으로 부처의 몸을 장엄하고 적정(寂靜)에 의한 광명의 해탈문을 얻었고,

시방궁전여수미산(十方宮殿如須彌山) 주화신은 일체 세간 여러 악취[四惡趣]에서 겪는, 거센 불길처럼 큰 고통을 없애주는 해탈문을 얻었고,

위광자재(威光自在) 주화신은 일체 세간을 자유자재로 깨우쳐주는 해탈문을 얻었고,

광조시방(光照十方) 주화신은 온갖 어리석은 이들의 집착한 견해를 길이 깨뜨려주는 해탈문을 얻었고,

뇌음전광(雷音電光) 주화신은 일체중생의 소원을 성취하여주고 사자후로 법계를 크게 진동시키는 해탈문을 얻었다.

◉ 疏 ◉

有云˜準梵本이면 此脫第四아하다

"범본에 의하면, 제4 중묘궁전 주화신 부분이 누락되었다."고 말하는 이가 있다.

一은 以進力現世하야 除物無明이니 以最初故로 偏從火義라

제1 보광염장 주화신. 정진의 힘으로 세상에 출현하여 중생의 무명을 없애주는 것이다. 이는 최초이기에 불에 관한 의미만을 말하였다.

二는 惑有二義니 一漂二惱라 善巧廻轉이면 則能息之라

제2 보집광당 주화신. 미혹에는 2가지의 뜻이 있다.

⑴ 생사고해에 표류하는 것이고,

⑵ 온갖 번뇌이다.

이를 잘 되돌리면 종식시킬 수 있다.

三은 稱性之福이라 相惑不動이오 與大悲合이라 自利不動이니 俱能攝德無盡을 名藏이니라

제3 대광변조 주화신. 眞性에 칭합한 복이기에 相惑에 흔들리지 않고, 대비의 마음에 부합하기에 自利에 동요되지 않는다. 모두 그지없이 지닌 덕을 藏, 즉 창고라고 말한다.

四는 有云"準梵本컨대 神名은 勝上蘂光普照오 法門名은 普能除煩惱塵이라"하니 謂劫海에 行滿故로 今能現通滅惑이라 偈에 云衆妙宮神은 同前列名이니 衆妙는 卽勝上義耳라 然諸本에 多無오 或有本에 則具云"衆妙宮殿主火神이 得大慈悲廣蔭衆生解脫門이라"하니 恐是傳寫脫漏耳라

제4 중묘궁전 주화신. 어떤 사람이 말하기를, "범본에 준하면, 주화신의 이름은 '가장 훌륭하게 꽃술처럼 피어난 광명이 널리 비춤'이고, 해탈문의 이름은 '번뇌의 티끌을 널리 없앰'이라고 한다."

고 하였다. 이는 겁의 바다에 만행이 가득하기에 여기에서는 신통력을 나타내어 미혹을 없애주는 것이다. 게송에서 말한 '衆妙宮神'은 앞에서 말한 열명과 같다. 衆妙(수많은 미묘함)는 勝上(가장 훌륭하다)이라는 뜻이다. 그러나 여러 판본에는 대부분이 없고, 어쩌다 일부의 책에서 "중묘궁전 주화신은 대자비로 중생을 널리 덮어주는 해탈문을 얻었다."고 한다. 이는 서로 돌려가며 베껴 쓰는 과정에서 누락된 것으로 의심된다.

五는 光明照曜等者는 日光合空하야 等空無際오 智符實相하야 稱實無邊이라 雖曠劫修成이나 全同本有일세 窮靈極數하야 妙盡難思니라 實爲惑本이 卽是正因이오 智照心源이 卽是了因이라【鈔 日光合空等者는 初擧喻也라 智符已下는 二合이니 以智合日이오 以實相合空이며 符者는 分而合也라 實相體上에 本有智光이어늘 無始로 迷之라가 今方朗悟하니 卽我始會之오 非照今有라 故與實相으로 分而合也니라 實相無邊이오 智亦無邊이 如空無際하고 光亦無際니라 雖曠劫修成全同本有者는 以偈文으로 會義也라 偈에 云億劫修成不可思어 求其邊際莫能知라하니 義乃修成에 智無際耳니 何得分而合之오 故今答云雖則修成이나 全同本有라 是以로 經(偈)에 云演法實相令歡喜라하니라 故疏에 結云窮靈極數라하니 卽是修成이오 妙盡難思는 卽符本有니 亦猶始覺이 同本覺하야 無復始(覺)本(覺)之異로 爲究竟覺이라 '窮靈極數之言은 卽肇論劉遺民所難般若無知論語니 謂窮其靈鑑하고 極其數運하야 妙無不盡이니 則合心體難思耳라】如空與日은 今略申十義하야 以辨難思니 一은 謂日與空이 非卽非離오 二는 非住非不

住요 三은 而日善作破暗良緣이니 顯空之要요 四는 雖復滅暗顯空이나 空無損益이요 五는 理實無損이니 事以推之에 暗蔽永除라도 性乃無增이요 空界所含에 萬像皆現이요 六은 而此虛空이 性雖淸淨이나 若無日光이면 則有暗起요 七은 非以虛空 空故로 自能除暗이니 暗若除者는 必假日光이요 八은 日若無空이면 無光無照요 空若無日이면 暗不自除요 九는 然此暗性은 無來無去요 日之體相도 亦不生不滅이요 十은 但有日照空이면 則乾坤洞曉라 以智慧日로 照心性空에 亦有十義하니 準喩思之면 非唯釋此一文이라 乃遠通衆經이요 該羅前後니라

제5 무진광계 주화신. "광명으로 끝없는 허공계를 밝게 비춰준다."는 것은 태양의 빛이 허공과 하나가 되어 빛은 허공처럼 끝이 없고, 지혜가 실상에 부합하여 지혜는 실상처럼 끝이 없다. 비록 오랜 세월을 거쳐 닦아오면서 완성된 것이지만 완전히 본래 소유한 것과 같다. 신령스러움을 다하고 무한한 수를 다하여 그 미묘함이 불가사의하다. 실상이 미혹의 근본이 됨이 곧 正因이고, 지혜가 마음의 본원을 관조함이 곧 了因이다.【초_ "태양의 빛이 허공과 하나가 되다." 등은 처음 들어 말한 비유이다. "지혜가 실상에 부합하다." 등의 아래는 지혜와 태양 2가지를 종합한 해석이다. 지혜를 태양에다가, 실상을 공중에다가 결부시켜 말한 것이다. 부절[符]이란 둘로 나누어 지녔다가 이를 합하여 징표로 삼는 것이다. 실상의 본체 상에 본래 지혜의 광명이 있었던 것인데, 무시이래로 혼미했다가 이제야 처음으로 밝게 깨친 것이다. 이는 곧 내가 처음 깨달은 것이지, 오늘날 밝음이 처음 만들어진 것은 아니다. 이 때문에

실상과는 둘이면서도 하나이다. 실상은 끝이 없고 지혜 또한 끝이 없다. 마치 허공에 가장자리가 없고 광명 또한 가장자리가 없는 것과 같다.

"비록 오랜 세월을 거쳐 닦아오면서 완성된 것이지만 완전히 본래 소유한 것과 같다."는 것은 게송으로 그 뜻을 이해해야 한다. 게송에서 이르기를, "억겁 동안 닦아 성취하신 불가사의여, 그 끝을 찾으려도 알 길 없다."고 한다. 여기에서 말한 뜻은 닦아 성취한 지혜가 끝이 없다는 것이지, 어찌 둘로 나누었다가 다시 합한 것이라 말할 수 있겠는가. 이 때문에 게송에서 이르기를, "비록 닦아서 이뤘다 할지라도 전체가 본래 고유한 바와 같다."고 한다. 그러므로 게송에 이르기를, "법의 실상을 연설하여 기쁘게 만들어주었다."고 하였기에, 청량소에서 결론지어 말하기를, "신령스러움을 다하고 무한한 수를 다하였다."고 하니 이는 후천적으로 닦아서 성취한 것이다.

"그 미묘함이 불가사의하다[妙盡難思]."는 것은 곧 본래 고유한 覺性과 일치하는 것이니, 이 또한 "始覺이 本覺과 같아서 다시는 시각과 본각의 차이가 없는 것으로 究竟覺을 삼는다."는 것이다.

"신령스러움을 다하고 무한한 수를 다하다."는 말은 肇論에서 劉遺民이 논란한 '般若無知論'에 관한 말이다. 그 신령스러운 거울을 다하고, 그 수효의 운용을 다하여 오묘함이 다하지 않음이 없으니 곧 생각하기 어려운 마음의 본체에 부합되는 것이다.】

허공과 태양이 같다는 것은 여기에서 간략하게 열 가지 뜻으로 생각하기 어려운 불가사의에 대해 논변하고자 한다.

⑴ 태양과 허공이 서로 함께하는 것도 아니며 떠난 것도 아니다.

⑵ 머문 것도 아니며, 머물지 않은 것도 아니다.

⑶ 태양은 어둠을 타파해주는 좋은 인연을 잘 지을 수 있으니 空을 나타내는 요체이다.

⑷ 또한 어둠을 타파하고 허공을 나타내주지만 허공이란 줄어든 것도 더한 것도 없다.

⑸ 이치는 실로 줄어듦이 없다. 사물로 미뤄보면 어둠과 가림을 영원히 없앨지라도 체성은 더함도 없고, 허공계에 함유된 곳이면 만상이 모두 나타나게 된다.

⑹ 이 허공의 체성은 비록 청정하지만 태양의 광명이 없다면 어둠이 일어나게 된다.

⑺ 허공은 공허한 것이기에 스스로 어둠을 없앨 수 있다. 어둠을 없애는 것은 반드시 태양의 빛을 빌리는 것이다.

⑻ 태양에 만약 허공이 없다면 광명도 없고 비출 수도 없으며, 허공에 태양이 없다면 어둠을 스스로 없앨 수 없다.

⑼ 그러나 이 어둠의 성질은 오는 것도 없고 가는 것도 없으며, 태양의 본체와 형상 또한 나는 것도 아니고 사라지는 것도 아니다.

⑽ 단 태양이 허공을 비추면 하늘과 땅이 온통 밝아지게 된다.

지혜의 태양으로 마음의 性空을 비추는 데에도 또한 열 가지의 뜻이 있다. 비유에 준하여 생각하면 이 문장을 해석할 수 있을 뿐 아니라, 멀리 수많은 경전을 통달할 수 있고, 전후의 모든 문장을 다 갖출 수 있다.

六은 體寂發照를 名寂靜光이니 以斯成福하야 莊嚴身相이라

제6 종종염안 주화신. 寂靜을 체득하여 비춤이 일어나는 것을 적정광이라 말하니 이로써 복을 성취하여 몸의 모습을 장엄하게 만든 것이다.

七八은 可知라

제7 시방궁전여수미산 주화신, 제8 위광자재 주화신은 설명하지 않아도 알 수 있다.

九는 分別法相이면 永離不了愚癡하고 悟法實性이면 便無執著之見이라

제9 광조시방 주화신. 법상을 분별하면 영원히 깨닫지 못한 어리석음을 여의고, 법의 實性을 깨달으면 곧 집착의 견해가 없어지게 된다.

十은 以行扶願이라 故能現世하야 作師子吼라 (校_ 案經長行第四法은 疏主所見이 諸本多無어늘 纂要는 據他本하야 補入衆妙宮殿等十七字하다)

제10 뇌음전광 주화신. 行德으로 서원을 부지한 까닭에 세상에 출현하여 사자후를 울리는 것이다. (교정_ 경문의 장항 제4 해탈법은 청량소에서 주로 기록된 부분이 諸本에 대부분 실려 있지 않다. 纂要에서는 다른 판본에 근거하여 '衆妙宮殿' 등 17자를 보완하여 넣은 것이다.)

經

爾時에 普光焰藏主火神이 承佛威力하사 普觀一切主火神
衆하고 而說頌言하사대

그때 보광염장 주화신이 부처님이 지닌, 헤아릴 수 없는 영묘하고도 불가사의한 힘을 받들어 모든 주화신 대중을 두루 살펴보고 게송으로 말씀드렸다.

◉ 疏 ◉

頌加第四요 餘並可知라

게송에 제4 중묘궁전 주화신의 게송을 더하였다. 나머지는 모두 설명하지 않아도 알 수 있다.

제1 보광염장 주화신의 게송

經

汝觀如來精進力하라　　廣大億劫不思議여
爲利衆生現世間하사　　所有暗障皆令滅이로다

그대는 보라, 여래의 정진 힘을
광대한 억겁 동안 불가사의여
중생 이익 위해 세간에 나타나시어
모든 어둠의 장애 없애주셨네

제2 보집광당 주화신의 게송

經

衆生愚癡起諸見하야　　**煩惱如流及火然**이어늘
導師方便悉滅除하시니　　**普集光幢於此悟**로다

　중생의 어리석음 온갖 소견 일으켜
　번뇌는 폭포수처럼 거센 불길 같은데
　부처님이 방편으로 모두 없애주시니
　보집광당신이 이런 경계 깨달았네

제3 대광변조 주화신의 게송

經

福德如空無有盡하야　　**求其邊際不可得**이라
此佛大悲無動力이시니　　**光照悟入心生喜**로다

　복덕이 허공 같아 그지없기에
　그 끝을 찾으려야 찾을 수 없네
　부처님 큰 자비 흔들림 없는 힘이시니
　광조신이 이런 경계 깨닫고 기뻐하였네

제4 중묘궁전 주화신의 게송

經

我觀如來之所行컨대　　經於劫海無邊際라
如是示現神通力이라　　衆妙宮神所了知로다

여래의 수행하신 바를 살펴보니
끝없는 겁의 바다 지나는 동안
이처럼 신통력 보여주시니
중묘궁신이 이런 경계 알았네

　　제5 무진광계 주화신의 게송

經

億劫修成不可思여　　求其邊際莫能知라
演法實相令歡喜케하시니　無盡光神所觀見이로다

억겁 동안 닦아 성취하신 불가사의여
그 끝을 찾으려도 알 길 없어라
법의 실상 연설하여 기쁘게 하니
무진광신이 보았던 해탈경계이네

　　제6 종종염안 주화신의 게송

十方所有廣大衆이　　一切現前瞻仰佛이어늘
寂靜光明照世間하시니　此妙燄神所能了로다

　　시방에 끝없는 대중
　　일체중생 모두가 부처님 우러러보거늘
　　부처님 적정광명, 세간을 비추시니
　　묘염신이 이런 경계 깨달았네

　　　제7 시방궁전여수미산 주화신의 게송

牟尼出現諸世間하사　　坐於一切宮殿中하야
普雨無邊廣大法하시니　此十方神之境界로다

　　석가모니불이 일체 세간 출현하사
　　모든 궁전 법좌에 앉으시어
　　끝없이 광대한 법 널리 내려주시니
　　시방신이 이런 경계 깨달았네

　　　제8 위광자재 주화신의 게송

經
諸佛智慧最甚深이라　　於法自在現世間하사

能悉闡明眞實理하시니　　**威光悟此心欣慶**이로다

　　모든 부처님의 지혜 가장 깊어라

　　모든 법에 자재하사 세간에 몸을 보여

　　진실한 이치 모두 밝혀주시니

　　위광신이 이런 경계 기뻐하였네

　　제9 광조시방 주화신의 게송

諸見愚癡爲暗蓋하야　　**衆生迷惑常流轉**이어늘
佛爲開闡妙法門하시니　　**此照方神能悟入**이로다

　　삿된 견해 어리석음으로 뒤덮여서

　　미혹으로 항상 육도에 윤회하는 중생

　　부처님 그들 위해 미묘 법문 열어주시니

　　조방신이 이런 경계 깨달았네

　　제10 뇌음전광 주화신의 게송

願門廣大不思議라　　**力度修治已淸淨**하사
如昔願心皆出現하시니　　**此震音神之所了**로다

　　서원의 문 광대하여 불가사의여

191

십력(十力)[4] 십바라밀 수행 이미 청정하사
옛적 서원 마음으로 모두 출현하시니
진음신이 이런 경계 깨달았네

第七 主水神十法
제7. 주수신
장항 10법

經

復次普興雲幢主水神은 得平等利益一切衆生慈解脫門하고
海潮雲音主水神은 得無邊法莊嚴解脫門하고
妙色輪髻主水神은 得觀所應化하야 方便普攝解脫門하고
善巧漩澓主水神은 得普演諸佛甚深境界解脫門하고
離垢香積主水神은 得普現淸淨大光明解脫門하고
福橋光音主水神은 得淸淨法界無相無性解脫門하고
知足自在主水神은 得無盡大悲海解脫門하고
淨喜善音主水神은 得於菩薩衆會道場中에 爲大歡喜藏解脫門하고

....
4 십력(十力) : 부처가 지니고 있는 열 가지 지혜의 힘. 處非處智力, 業異熟智力, 靜慮解脫等持等至智力, 根上下智力, 種種界智力, 種種勝解智力, 遍趣行智力, 宿住隨念智力, 死生智力, 漏盡智力을 일컫는다.

普現威光主水神은 **得以無礙廣大福德力**으로 **普出現解脫門**하고

吼聲徧海主水神은 **得觀察一切衆生**하야 **發起如虛空調伏方便解脫門**하시니라

또한 보흥운당(普興雲幢) 주수신은 모든 중생에게 평등한 이익을 주는 자비의 해탈문을 얻었고,

해조운음(海潮雲音) 주수신은 끝없는 법문으로 장엄한 해탈문을 얻었고,

묘색륜계(妙色輪髻) 주수신은 교화할 중생을 살펴 방편으로 널리 받아들이는 해탈문을 얻었고,

선교선복(善巧漩澓) 주수신은 모든 부처님의 가장 심오한 경계를 널리 연설하는 해탈문을 얻었고,

이구향적(離垢香積) 주수신은 청정한 큰 광명을 널리 보여주는 해탈문을 얻었고,

복교광음(福橋光音) 주수신은 청정한 법계의 형상도 없고 자성도 없는 해탈문을 얻었고,

지족자재(知足自在) 주수신은 다함이 없는 큰 자비바다의 해탈문을 얻었고,

정희선음(淨喜善音) 주수신은 보살대중이 모인 도량에서 큰 환희의 창고가 되는 해탈문을 얻었고,

보현위광(普現威光) 주수신은 걸림 없고 광대한 복덕의 힘으로 널리 출현하는 해탈문을 얻었고,

후성변해(吼聲徧海) 주수신은 모든 중생을 관찰하여 허공과 같이 조복하는 방편을 일으키는 해탈문을 얻었다.

◉ 疏 ◉

一은 無緣大慈를 是曰平等이라

제1 보흥운당 주수신. 아무런 연고도 없는 인연에게 커다란 사랑을 베푸는 것을 '평등'이라고 말한다.

二는 無邊行法으로 莊嚴自他라

제2 해조운음 주수신. 그지없는 수행법으로 나와 남을 장엄하게 하는 것이다.

三은 寂然不動以觀機요 感而遂通以隨攝이라 若冬則積雪凝白이오 夏則無處不流라

제3 묘색륜계 주수신. 고요하여 동요가 없는 마음으로 중생의 근기를 살피고, 감응하여 마침내 통함으로써 중생을 따라 받아들이는 것이다. 겨울이면 쌓인 눈이 온통 하얗고, 여름이면 어느 곳이든 물이 흐르지 않음이 없음과 같다.

四는 妙音으로 演佛深旨하야 令悟妙法漩澓이라

제4 선교선복 주수신. 미묘한 음성으로 부처님의 심오한 종지를 연설하여 중생으로 하여금 소용돌이와도 같은 미묘한 법을 깨닫게 해주는 것이다.

五는 身智二光으로 徧覺開化하야 大充法界하야 淸淨無垢라

제5 이구향적 주수신. 법신의 광명, 지혜의 광명으로 중생을

두루 깨우쳐주고 교화를 하되 법계에 크게 충만하고 청정하여 때가 없었다.

六은 證淨法界하야 性相俱絕이나 德無不見일세 則大用不亡이니라

제6 복교광음 주수신. 청정한 법계를 증득하여 法性과 法相이 모두 끊어졌으나 덕이 나타나지 않음이 없기에 큰 작용이 없지 않았다.

七은 衆生不窮이라 故大悲無盡이니 滿而不溢이면 有知足義焉이오 流止從緣일세 斯爲自在라

제7 지족자재 주수신. 중생이 다함이 없기에 대자비의 마음도 끝이 없다. 가득하여도 넘치지 않기에 만족할 줄 아는 의의가 있고, 흐름과 멈춤이 인연을 따르기에 이를 '자재'라고 말한다.

八은 處處見佛이라 故大喜無窮이라 喜從佛生일세 卽佛名藏이라 若聆泉流之響이면 無不悅也라

제8 정희선음 주수신. 어느 곳에서나 부처님을 볼 수 있는 까닭에 큰 기쁨이 그지없는 것이다. 큰 기쁨은 부처님에 의해 발생하기에 곧 부처님을 '창고[藏]'라고 말한다. 시냇물 흐르는 소리를 들으면 기뻐하지 않음이 없는 것과 같다.

九는 性相無礙之福이라 故能普現神通하나니 若空色相映之流는 威光蕩漾이라

제9 보현위광 주수신. 法性과 法相에 걸림이 없는 복을 지녔기에 널리 신통을 보여주는 것이다. 이는 허공의 빛이 서로 비춰주면서 흐르는 물결 위에 위엄 광명이 출렁이는 것과 같다.

十은 調生行廣이 如空無邊이오 用靡暫停이 如空無盡이라

제10 후성변해 주수신. 중생을 조복하는 광대한 행이 그지없는 허공과 같고, 妙用이 잠시도 멈추지 않음이 끝없는 허공과 같다.

經

爾時에 普興雲幢主水神이 承佛威力하사 普觀一切主水神衆하고 而說頌言하사대

그때 보흥운당 주수신이 부처님이 지닌, 헤아릴 수 없는 영묘하고도 불가사의한 힘을 받들어 모든 주수신 대중을 두루 살펴보고 게송으로 말씀드렸다.

제1 보흥운당 주수신의 게송

經

淸淨慈門刹塵數가　　　　共生如來一妙相이어든
一一諸相莫不然하시니　　是故見者無厭足이로다

청정한 자비 법문, 세계 티끌처럼 많은 수효
여래의 미묘한 모습 모두 나오는데
낱낱 그 모습 모두 청정 자비이니
이 때문에 보는 이마다 싫어함이 없어라

◉ 疏 ◉

偈中에 第一偈 前半은 辨一相因果요 次句는 例餘요 後句는 辨益이라 初言淸淨者는 離過無緣故요 門如塵數者는 隨宜利樂故니 以慈爲因하야 得妙相果며 以相爲因하야 得無厭果라 然如來相에 有純有雜하니 此就純門이어니와 若以雜門인댄 則隨一相·一毛하야 皆收如來法界行盡이며 亦相相皆爾하야 純雜無礙하고 因果相融하니 圓成이요 非分成이라 故佛一相·一毛 卽同法界하야 無有分量이라 今此神은 從一慈門으로 入無盡相耳라 此約十身之相이어니와【鈔_ 前半 辨一相因果等者는 疏文 有二니 先消經文하야 辨十身相이오 後引經論하야 辨三身相이어늘 今初에 言純雜無礙 因果相融者라 然如來相에 亦具四句니 一은 一因에 一相이오 二는 一因에 一切相이니 此皆純門이오 三은 一切因에 一相이오 四는 一切因에 一切相이니 皆是雜門이라 正純이 恆雜하야 雜而常純이라 故云無礙라하니라 由因無礙로 果相도 亦無礙라 故得圓成非分成耳니 以一切純雜無礙之行으로 成一相故일세니라 故此一相이 卽同法界은 況因果交徹가 因中에 有無盡之果하고 果中에 有難思之因이니라】若三十二相之因인댄 但說一相一因이 如智度瑜伽等論과 涅槃大集等經이니 至相海品하야 當引하리라【鈔_ 若三十二相下는 第二 引經及論하야 說三身相호되 唯語化身이오 而總指는 在餘라 智論은 當三十二요 瑜伽는 當四十九요 涅槃 二十九經에 云 善男子여 若菩薩摩訶薩이 持戒不動하고 施心不移하고 安住實語하야 如須彌山이면 以是因緣으로 得足下平 如奩底相이니라

若於父母所와 和尙師長으로 乃至畜生히 以如法財로 供養供給이면

以是因緣으로 得足下千輻輪相이니라

若菩薩이 不殺不盜하고 於父母師長에 常生歡喜면 以是因緣으로 得成三相이니 一은 手指纖長이오 二는 足跟修長이오 三은 其身方直이니라

若菩薩이 修四攝法하야 攝取衆生이면 以是因緣으로 得網縵指 如白鵝王이니라

若菩薩이 父母師長의 若病苦時에 以手洗拭하고 捉持按摩면 以是因緣으로 得手足柔軟이니라

若菩薩이 持戒聞法하고 惠施無厭이면 以是因緣으로 得節踝𦢐滿하고 身毛上靡니라

若菩薩이 專心聽法하고 演說正教면 以是因緣으로 得鹿王腨이니라

若菩薩이 於諸衆生에 不生害心하고 飮食知足하고 常樂惠施하고 瞻病給藥이면 以是因緣으로 其身圓滿하야 如尼拘陀樹하고 立手過膝하며 頂有肉髻하야 無見頂相이니라

若菩薩이 見怖畏者에 爲作救護하고 見裸露者에 施與衣服이면 以是因緣으로 得陰藏相이니라

若菩薩이 親近智者하고 遠離愚人하야 善喜問答하고 掃治行路면 以是因緣으로 皮膚細滑하고 身毛右旋이니라

若菩薩이 常以飮食·衣服·臥具·醫藥·香華·燈明으로 施人이면 以是因緣으로 得身金色하야 常光照曜니라

若菩薩이 行施之時에 所施之物을 能捨不悋이오 不觀福田及非福田이면 以是因緣으로 得七處滿相이니라

若菩薩이 布施之時에 心不生疑면 以是因緣으로 得柔軟聲相이니라

若菩薩이 如法求財하야 以用布施면 以是因緣으로 缺骨充滿하고 師子上身에 臂肘傭纖이니라
若菩薩이 遠離兩舌·惡口·恚恨이면 以是因緣으로 得四十齒 白淨齊密이니라
若菩薩이 於諸衆生에 修大慈悲면 以是因緣으로 得二牙相이니라
若菩薩이 常作是願호되 有來求者에 隨意給與면 以是因緣으로 得師子頰이니라
若菩薩이 隨諸衆生所須之食하야 悉皆與之면 以是因緣으로 得味中上味니라
若菩薩이 自修十善하고 兼以化人이면 以是因緣으로 得廣長舌이니라
若菩薩이 不訟彼短하고 不謗正法이면 以是因緣으로 得梵音聲이니라
若菩薩이 見諸怨憎하고 生於慈心이면 以是因緣으로 得目睫紺色이니라
若菩薩이 不隱他德하야 稱揚其善이면 以是因緣으로 得白毫相이니라
善男子여 若菩薩이 修習如是三十二相業因緣時면 則得不退菩提之心이니라】

　　게송 가운데 제1 게송의 전 2구는 하나의 미묘한 모습의 인과를 말하였고, 다음 제3구는 나머지 모습도 이와 비례함을 말하였고, 제4구는 중생의 도움이 되는 바를 논변하였다.

　　제1구에서 '청정'이라 말한 것은 허물을 여의고 얽매인 반연이 없기 때문이며, "법문이 세계 티끌처럼 많은 수효"라는 것은 중생 근기의 적절함에 따라 이익과 즐거움을 주기 때문이다. 자비로 因을 삼아 미묘한 모습의 果를 얻고, 미묘한 모습으로 인을 삼아 중

생이 싫어함이 없는 과를 얻는다. 그러나 여래의 모습에는 순수함과 잡됨이 있다. 이는 순수한 법문으로 말한 것이지만, 잡된 법문으로 말한다면 하나의 모습과 하나의 모공에 따라 모두 여래의 법계행을 거두어 다하며, 또한 모든 모습마다 모두 그러하여 순수함과 잡됨에 걸림이 없고 인과가 서로 융합하니 하나로 원만하게 이뤄진 것이지, 부분으로 이뤄진 것은 아니다. 이 때문에 부처님의 하나의 모습과 하나의 모공이 곧 법계와 같아서 한량할 수 없다. 여기에서 이 주수신은 하나의 자비 법문으로부터 그지없는 모습에 들어간 것이다. 이는 十身의 모습으로 말한 것이지만, 【초_ "전 2구는 하나의 미묘한 모습의 인과를 말하였다." 등은 청량소의 문장에 2가지의 의미가 있다. 먼저 경문을 이해하여 십신의 모습을 논변하였고, 뒤에서는 경론을 인용하여 三身의 모습을 논변하였는데, 이 첫 부분에 "순수함과 잡됨에 걸림이 없고 인과가 서로 융합한다."고 말하였다.

그러나 여래상 또한 4구를 갖추고 있다.

① 하나의 因에 하나의 모습이 있고,

② 하나의 인에 일체의 모습이 있다. 이는 모두 순수한 법문이다.

③ 일체의 인에 하나의 모습이 있고,

④ 일체의 인에 일체의 모습이 있다. 이는 모두 잡된 법문이다.

바르고 순수함이 항상 뒤섞여서 뒤섞여 있으면서도 항상 순수한 것이다. 이 때문에 '걸림이 없다.'고 말한 것이다. 인의 장애가 없기에 과의 모습 또한 장애가 없다. 이 때문에 "하나로 원만하게 이뤄진 것이지, 부분으로 이뤄진 것은 아니다."고 말한 것이다. 이는 일체의 순수함과 잡됨에 걸림이 없는 행으로 하나의 상을 이루기 때문이다. 그러므로 이 하나의 모습이 곧 법계와 같은데, 하물며 인과가 서로 통함이야 오죽하겠는가. 인 가운데에 그지없는 과가 있고, 과 가운데에 생각하기 어려운 인이 있다.】만일 32相의 因으로 말한다면 다만 하나의 모습에 하나의 因을 말함이 지도론·유가론 등과 열반경·대집경 등에서 말한 바와 같다. 이는 여래십신상해품에서 인증할 것이다. 【초_ "만일 32相의 因으로 말한다면" 이하는 둘째 경문과 논을 인용하여 삼신의 모습을 말하였지만 오직 화신만을 말했을 뿐, 총괄적인 뜻은 그 나머지에 있다. 지도론은 32권에, 유가론은 49권에 해당되고, 열반경 29권에서 다음과 같이 말하였다.

"선남자여, 만약 보살마하살이 계율을 가지고서 흔들리지 않고 마음을 베풀되 변하지 아니하고 진실한 말에 안주하여 수미산과 같이 하면 이러한 인연으로 발바닥의 평발이 향 그릇의 밑바닥 모습과 똑같을 것이다.

만약 부모가 계신 곳과 스님·스승·어른이 계신 곳으로부터 축생에 이르기까지 如法한 재물로 그들을 공양하여 이바지하면 이러한 인연으로 발바닥 아래에 1천 개의 바큇살이 있는 바퀴의 모습을 얻게 된다.

만약 보살이 살생하지 않고 도적질하지 아니하며, 부모와 스승과 어른이 계신 곳에 항상 기뻐하는 마음을 내면 이러한 인연으로 3가지의 모습을 이루게 된다. 첫째는 손가락이 가늘면서도 길고, 둘째는 발가락이 길고, 셋째는 그 몸이 반듯하고 올곧다.

만약 보살이 四攝法을 닦아 중생을 모두 받아들이면 이러한 인연으로 얇은 비단결 같은 막이 있는, 하얀 거위와 같은 손가락 발가락을 얻게 된다.

만약 보살이 부모와 스승과 어른이 질병으로 괴로워할 적에 손으로 씻어주고 붙잡아주고 안마해주면 이러한 인연으로 부드러운 손발을 얻게 된다.

만약 보살이 계율을 가지고 법문을 듣고 은혜와 보시하기를 싫어하지 않으면 이러한 인연으로 관절과 복사뼈가 충만하고 신체의 털이 모두 위를 향해 자라게 된다.

만약 보살이 오롯한 마음으로 법문을 듣고 바른 가르침을 연설하면 이러한 인연으로 사슴의 다리를 닮은 장딴지를 얻게 된다.

만약 보살이 모든 중생에게 해치려는 마음을 내지 않고 음식에 만족할 줄 알고 항상 보시하는 것을 좋아하고 병자를 보고서 약을 주면 이러한 인연으로 그 몸이 원만하여 니구타의 나무와 같고, 손을 드리우면 무릎 아래까지 내려가고, 이마에는 육계가 있어 이마의 모습을 볼 수 없다.

만약 보살이 겁에 질리거나 두려워하는 자를 보았을 적에 그를 구호해주고, 헐벗은 자를 보았을 적에 옷을 보시하면 이러한 인연으로 남근이 말의 성기처럼 오므라들어 감추어져 있는 모습을 얻게 된다.

만일 보살이 지혜로운 자를 가까이하고 어리석은 이를 멀리하여 선으로 문답하기를 좋아하고, 사람 다니는 길을 청소하고 수선하면 이러한 인연으로 피부가 미세하고 매끄러우며 몸의 털은 오른쪽으로 말려 올라가게 된다.

만일 보살이 음식·의복·침구·의약·향화·등불을 사람들에게 보시하면 이러한 인연으로 몸에 황금색을 얻어 항상 찬란한 빛을 얻게 된다.

만일 보살이 보시를 행할 적에 보시하는 물건에 인색하지 아니하고 베풀며 복전과 복전이 아닌 것을 따지지 않으면 이러한 인연으로 일곱 곳[양손·양발·양어깨·정수리]에 원만한 상을 얻게 된다.

만일 보살이 보시할 때에 마음에 의심을 내지 않으면 이러한 인연으로 부드러운 음성의 모습을 얻게 된다.

만약 보살이 여법하게 재물을 구하여 이를 보시에 사용한다면 이러한 인연으로 모든 뼈에 흠이 없어 원만하고, 사자처럼 위엄 있는 몸에 팔과 팔뚝이 아름답고 섬세하게 된다.

만약 보살이 兩舌·惡口·恚恨을 멀리하면 이러한 인연으로 40개의 치아가 희고 깨끗하여 반듯하고 촘촘하게 된다.

만약 보살이 많은 중생에게 대자비를 베풀면 이런 인연으로 두 개의 치아가 가장 바르고 하얀 모습을 얻게 된다.

만약 보살이 항상 이런 서원을 하되 나를 찾아와 부탁하는 사람의 마음에 알맞게 베풀어주면 이러한 인연으로 사자의 뺨을 얻게 된다.

만약 보살이 모든 중생이 필요로 하는 음식에 따라 모두 주면 이러한 인연으로 음식 가운데 가장 훌륭한 음식을 얻을 수 있다.

만약 보살이 스스로 十善[5]을 닦고 겸하여 사람들을 교화하면 이러한 인연으로 광장설을 얻게 된다.

만약 보살이 남들의 단점을 말하지 않고 바른 법을 비방하지 않으면 이러한 인연으로 범음의 소리를 얻을 수 있다.

만약 보살이 원수와 미워하는 사람을 보고서도 자비의 마음을 내면 이러한 인연으로 감청색의 눈동자를 얻게 된다.

만약 보살이 남들의 덕을 감추지 않고 그의 선을 칭찬하면 이러한 인연으로 백호상을 얻게 된다.

선남자여, 만약 보살이 이와 같이 32상을 얻을 수 있는 업의 인연을 닦으면 다시는 물러서지 않는, 보리의 마음을 얻을 수 있다."】

제2 해조운음 주수신의 게송

世尊往昔修行時에   普詣一切如來所하사

----
5 十善 : 十善道 또는 十善戒라고도 한다. 몸[動作]·입[言語]·뜻[意念]으로 10악을 범치 않는 制戒. 不殺生·不偸盜·不邪婬·不妄語·不兩舌·不惡口·不綺語·不貪欲·不瞋恚·不邪見.

種種修治無懈倦하시니　　如是方便雲音入이로다

　　세존이 지난 옛적 수행하실 때
　　모든 여래 처소를 널리 찾아가
　　갖가지 법문 게으름 없이 닦으시니
　　운음신이 이런 방편법문 깨달았네

　　제3 묘색륜계 주수신의 게송

經

佛於一切十方中에　　寂然不動無來去하사대
應化衆生悉令見케하시니　　此是髻輪之所知로다

　　부처님이 일체 시방 계시면서
　　고요히 움직이지 않아 오고 감이 없으나
　　교화받을 중생에게 모두 보게 하시니
　　계륜신이 이런 경계 알았네

　　제4 선교선복 주수신의 게송

經

如來境界無邊量하사　　一切衆生不能了어늘
妙音演說徧十方하시니　　此善漩神所行處로다

　　여래의 경계 끝없는 불가사의여

일체중생이 알 수 없으련만
미묘한 법음, 시방에 두루 연설하시니
선선신이 수행한 해탈문이네

제5 이구향적 주수신의 게송

經

世尊光明無有盡하사　　　**充徧法界不思議**라
說法敎化度衆生하시니　　**此淨香神所觀見**이로다

세존의 광명 그지없어
법계에 가득한 불가사의여
설법과 교화로 중생 제도하시니
정향신이 이런 경계 증득하였네

疏

第五偈는 初言'無盡'은 以顯光常이오 次充法界는 以辨光徧이오 不思議者는 以顯光深이니 非色에 現色일세 非靑黃而靑黃故오 其第三句는 是顯光用이라 餘五는 可知라

　제5 이구향적 주수신. 게송의 제1구에서 '無盡'을 말한 것은 광명의 영원함을, 제2구의 '법계에 충변하다.' 함은 광명이 두루 함을, '不思議'란 광명의 심오함을 밝힌 것이다. 색이 아닌 것으로 색을 나타내는 터라, 청황색이 아니지만 청황색이기 때문이다. 제3

구는 광명의 妙用을 밝힌 것이다. 이하 나머지 5게송은 설명하지 않아도 알 수 있다.

제6 복교광음 주수신의 게송

經

如來淸淨等虛空하사 無相無形徧十方하사대
而令衆會靡不見케하시니 此福光神善觀察이로다

여래의 청정 법신, 허공 같아
시방에 두루 모양 없고 형체 없지만
보지 않은 대중이 없게 하시니
복광신이 이런 경계 보았네

제7 지족자재 주수신의 게송

經

佛昔修習大悲門하사대 其心廣徧等衆生일세
是故如雲現於世하시니 此解脫門知足了로다

부처님이 옛적에 큰 자비법문 닦으시어
그 마음 드넓어서 중생과 함께하셨네
그러기에 구름처럼 세상에 나타나시니
지족신이 이런 해탈문 깨달았네

제8 정희선음 주수신의 게송

經
十方所有諸國土에　　　　**悉見如來坐於座**하사
朗然開悟大菩提하니　　　**如是喜音之所入**이로다

　시방에 존재하는 모든 국토에서
　모두 보았네, 연화법좌 앉으신 부처님이
　대보리 훤히 깨닫도록 하심을
　희음신이 이런 경계 얻었네

제9 보현위광 주수신의 게송

經
如來所行無罣礙라　　　　**徧往十方一切刹**하사
處處示現大神通하시니　　**普現威光已能悟**로다

　여래의 행하심은 걸림이 없어
　시방 모든 국토 다 찾아가
　곳곳에서 큰 신통 보여주시니
　보현위광신이 이런 도리 깨달았네

제10 후성변해 주수신의 게송

經

修習無邊方便行하사　　等眾生界悉充滿이라
神通妙用靡暫停하시니　　吼聲徧海斯能入이로다

　　끝없는 방편행 닦으신 부처님
　　중생계와 똑같이 모든 곳 충만하여
　　신통과 묘용, 잠시도 멈추지 않으시니
　　후성변해신이 이런 법문 들어갔네

第八 主海神 十法

　　제8. 주해신
　　장항 10법

經

復次出現寶光主海神은 得以等心으로 施一切眾生福德海하며 眾寶莊嚴身解脫門하고
不可壞金剛幢主海神은 得巧方便으로 守護一切眾生善根解脫門하고
不雜塵垢主海神은 得能竭一切眾生煩惱海解脫門하고
恆住波浪主海神은 得令一切眾生으로 離惡道解脫門하고
吉祥寶月主海神은 得普滅大癡暗解脫門하고
妙華龍髻主海神은 得滅一切諸趣苦하야 與安樂解脫門하고

普持光味主海神은 得淨治一切衆生의 諸見愚癡性解脫門하고
寶燄華光主海神은 得出生一切寶種性菩提心解脫門하고
金剛妙髻主海神은 得不動心功德海解脫門하고
海潮雷音主海神은 得普入法界三昧門解脫門하시니라

　또한 출현보광(出現普光) 주해신은 평등한 마음으로 모든 중생에게 복덕의 바다를 보시하며 온갖 보배로 몸을 장엄하는 해탈문을 얻었고,

　불가괴금강당(不可壞金剛幢) 주해신은 뛰어난 방편으로 모든 중생의 선근을 지켜 보호하는 해탈문을 얻었고,

　부잡진구(不雜塵垢) 주해신은 모든 중생의 번뇌바다를 고갈시켜 주는 해탈문을 얻었고,

　항주파랑(恒住波浪) 주해신은 모든 중생에게 삼악도를 멀리 여의게 하는 해탈문을 얻었고,

　길상보월(吉祥寶月) 주해신은 큰 어리석음을 널리 없애주는 해탈문을 얻었고,

　묘화용계(妙華龍髻) 주해신은 일체 모든 갈래[四惡趣]의 고통을 없애주고 안락을 얻게 하는 해탈문을 얻었고,

　보지광미(普持光味) 주해신은 모든 중생의 여러 가지 소견[62見 등]과 어리석은 성품을 청정하게 다스리는 해탈문을 얻었고,

　보염화광(寶燄華光) 주해신은 온갖 보배 종자의 성품인 보리심을 내는 해탈문을 얻었고,

금강묘계(金剛妙髻) 주해신은 마음이 흔들리지 않는 공덕바다 해탈문을 얻었고,

해조뇌음(海潮雷音) 주해신은 법계의 삼매문에 널리 들어가는 해탈문을 얻었다.

● 疏 ●

頌脫第三이라

제3 부잡진구 주해신의 게송이 누락되었다.[6]

一은 爲物供佛이니 是等施福德이니 衆寶相으로 以莊嚴身이라

제1 출현보광 주해신. 중생을 위해 부처님께 공양하는 것이 평등한 마음으로 복덕을 보시함이니 여러 보배의 형상으로 몸을 장엄하였다.

二는 巧隨根欲하야 說法護善하야 使其長成이라

제2 불가괴금강당 주해신. 뛰어난 방편으로 중생의 근기와 그들의 원하는 바를 따라 설법하고 선근을 보호하여 그들이 잘 성취하도록 한 것이다.

三은 謂演深廣法하야 體煩惱空이라 梵本에 偈云 "一切世間衆導師여 法雲大雨不可測이라 消竭無窮諸苦海하니 此離垢塵入法門이라"하니 若準此文이면 乃竭苦海라

제3 부잡진구 주해신. 심오하고 광대한 법을 연설하여 번뇌가

....
6 게송이 누락되었다. : 이는 중국의 漢譯에 유실된 부분을 범본에 의해 보완했음을 밝힌 것이다.

공하다는 사실을 체득하였다. 범본의 게송에서 "모든 세간에 수많은 스승이시여! 법의 구름 큰 비 내려 헤아릴 수 없어라. 끝없는 모든 고해 없애주시니, 이런 경계는 이구진 주해신이 들어간 해탈문이었네."라고 하니, 위 문장에 준해 보면 이는 곧 '고해를 고갈시켰다.'는 뜻이다.

四는 若見佛境이면 則惑亡苦息이라 準現經文이면 三은 是煩惱오 四는 是於苦이늘 若依梵本이면 前苦後惑이라 旣譯人脫漏하야 致使文義參差라 故古德云 脫第四頌이라하나니 結名旣同일세 故知脫第三이라 恒住波浪者는 卽是普用이오 水爲宮殿이라

제4 항주파랑 주해신. 만일 부처님의 경계를 보았다면 의혹이 없어지고 괴로움이 사라진다. 현재의 경문에 준해 보면 제3 주해신은 번뇌를, 제4 주해신은 고해를 말한 것인데, 범본에 의하면 거꾸로 제3 주해신은 고해를, 제4 주해신은 미혹을 말하고 있다. 앞서 이를 번역하는 사람이 이 부분을 누락함으로써 결국 문맥의 의미가 어긋나게 되었다. 이 때문에 옛 스님들이 "제4 항주파랑 주해신의 게송이 누락되었다."고 말한 것이다. 이는 끝 구절이 이미 똑같기에 제3 부잡진구 주해신의 게송이 누락되었음을 알 수 있다.[7] '恒住波浪'이란 바다의 광대한 작용을 말하며, 물로 궁전을 삼은 것이다.

....
7 이는 끝 구절이 이미 똑같기에… 알 수 있다. : 이는 제3의 게송 마지막 구절 '此離垢塵入法門'과 제4의 게송 마지막 구절 '普水宮神入此門'이 거의 유사한 형태로 쓰였기에 이런 오해를 불러일으켰음을 말한 것이다.

五는 以智滅癡라

제5 길상보월 주해신. 지혜로 어리석음을 없애주는 것이다.

六은 爲行所遷일새 一切皆苦로되 菩提因起면 則生滅苦亡하야 便得涅槃寂滅安樂이니라

제6 묘화용계 주해신. 諸行은 無常이라 모두 변하기에 일체가 모두 고통이지만, 보리의 원인을 일으키면 생멸의 고통이 사라져 곧 열반의 적멸안락을 얻게 된다.

七은 將智滅癡면 未免於見이어니와 了癡見性이면 癡見自亡하나니 眞妄等觀이 是佛境也라

제7 보지광미 주해신. 지혜를 가지고 어리석음을 없애려고 한다면 어리석은 견해를 벗어나지 못하지만, 어리석음을 깨달아 본성을 철저하게 보면 어리석음의 견해가 저절로 사라지게 된다. 眞·妄을 평등하게 보는 것이 부처님의 경계이다.

八은 一切衆生 有佛種性이 圓明可貴며 具德稱寶라 佛眼普觀하고 佛智普示하야 正因令顯은 如出金藏이오 大心若起면 如種生芽라 故云 '出生'이라 緣了二因이 爲能悟之妙道니라 【鈔 正因令顯如出金藏은 卽涅槃經의 如貧女家中 寶藏之喩라】

제8 보염화광 주해신. 일체 모든 중생이 지니고 있는, 부처의 성품이 원만하고 밝아서 고귀하며 덕을 갖추고 있기에 보배라고 불린다. 부처님의 눈으로 널리 관찰하며, 부처님의 지혜로 널리 보아 바른 인행이 나타나게 하는 것은 황금을 창고에서 꺼내는 것과 같고, 큰마음을 일으키면 종자에서 새싹이 돋아나는 것과 같기에

'出生'이라 말한다. 본성에 본래 갖추고 있는 緣因과 了因[8] 2가지의 원인이 깨달음의 주체로서의 미묘한 도가 된다. 【초_ "바른 인행이 나타나게 하는 것은 황금을 창고에서 꺼내는 것"이란 열반경에서 말한 "가난한 여인의 집안에 보물을 간직하고서도 모른다."는 비유와 같다.】

九는 了如不取면 則心不搖動하야 湛如停海하야 萬德攸歸일새 故須彌可傾이어니 魔豈能嬈리오 一念降魔는 如本行集이라【鈔_ 了如不取則心絶動搖者는 金剛經에 云"不取於相하고 如如不動이라"하다 須彌可傾 魔豈能嬈者는 即高僧傳中에 慧嵬禪師之事니 "雲林에 修定할새 有一惡鬼而現其前이어늘 有身無首라 令禪師懼로되 公 安然不懼하고 而慰之言호되 喜汝無頭痛之患이로다 次現無腹之鬼어늘 復云喜汝無五藏之憂로다 如是隨來隨遣하야 竟不能惑이러니 魔 又化爲天女하야 云天帝 令我以備掃灑라한대 公曰 我心如地라 難可傾動이니 無以革囊見試어다 天女 乃騰雲而去에 讚曰 大海可竭이오 須彌可傾이어니와 彼上人者는 執志堅貞이라"하니 今用一句로되 義意全同하다】

제9 금강묘계 주해신. 진여를 깨달아도 집착하지 않으면 마음이 동요가 없어 고요한 바다처럼 담담하여 모든 덕이 쌓이게 된다. 이 때문에 수미산도 무너뜨릴 수 있는데 마군이 어찌 농락할 수 있

....

[8] 緣因과 了因 : 生因은 본래 고유한 법성의 진리로서 일체 善法을 발생하는 것인바, 곡식·보리 등의 종자가 싹을 발생하는 것과 같다. 了因은 나의 지혜로 법성의 진리를 관조하여 생성을 보조하는 보조의 인연 즉 資緣인바, 등불이 물건을 비춰주면 내가 분명하게 볼 수 있는 것과 같다. 이 2가지는 正因·緣因과 명칭은 다르지만 그 의미는 같다.

겠는가. 한 생각에 마를 항복받는다는 것은 본행집에서 말한 바와 같다. 【초_ "진여를 깨달아도 집착하지 않으면" 등은 금강경에 "相을 취하지 않고 여여히 동하지 않는다."고 하였다. "수미산도 무너뜨릴 수 있다." 등은 고승전의 慧嵬 선사에 관한 고사이다.

"혜외 선사가 운림에서 선정을 닦을 적에 한 악귀가 그의 앞에 나타났는데 몸만 있고 머리가 없었다. 그런 모습으로 선사에게 겁을 주려고 하였지만, 공은 편안한 마음으로 두려워하지 않고 오히려 악귀를 위로하면서 '너에게는 머리 아플 걱정이 없으니 좋겠구나.'라고 말하였다. 다음에 배가 없는 악귀의 모습으로 나타나자, 선사는 다시 말하기를, '너에게는 오장의 걱정거리가 없으니 좋겠구나.'라고 하였다. 이와 같이 악귀의 모습에 따라서 모두 보내버리고 끝까지 현혹되지 않자, 마군은 또 하늘의 선녀로 변신하여 말하기를, '하늘의 상제가 저에게 선사를 모시면서 깨끗이 청소하라 하였나이다.'라고 하니, 선사가 말하기를, '나의 마음은 대지와 같아서 흔들기 어렵다. 너의 몸뚱이로 나를 시험하지 마라.'고 하였다. 하늘의 선녀가 이에 구름을 타고 떠나가면서 찬탄하기를, '큰 바닷물을 고갈시킬 수 있고 수미산을 뒤집을 수 있겠지만, 스님의 의지는 곧고 곧구나.'라고 말하였다." 여기에서는 한 구절만을 적출하여 인용했지만 그 의미는 모두 똑같다.】

十은 入法界定이 如法界徧이라

제10 해조뇌음 주해신. 법계의 선정에 들어감이 법계와 같이 두루 하다.

經

爾時에 出現寶光主海神이 承佛威力하사 普觀一切主海神衆하고 而說頌言하사대

그때 출현보광 주해신이 부처님이 지닌, 헤아릴 수 없는 영묘하고도 불가사의한 힘을 받들어 모든 주해신 대중을 두루 살펴보고 게송으로 말씀드렸다.

● **疏** ●

偈文可知라

게송은 설명하지 않아도 알 수 있다.

제1 출현보광 주해신의 게송

經

不可思議大劫海에 供養一切諸如來하사
普以功德施群生일세 是故端嚴最無比로다

불가사의 한량없는 세월 동안
일체 모든 여래에게 공양하사
중생에게 널리 공덕을 베푸셨기에
단엄한 모습 가장 비길 데 없네

제2 불가괴금강당 주해신의 게송

經

一切世間皆出現하시니　　衆生根欲靡不知하사
普爲弘宣大法海하시니　　此是堅幢所欣悟로다

　여러 세간에 모두 출현하여
　중생의 근기와 욕망 모두 아시고
　널리 중생 위해 큰 법해 베푸시니
　견당신이 이런 법문 깨달았네

　제3 부잡진구 주해신의 게송

經

一切世間衆導師의　　法雲大雨不可測이라
消竭無窮諸苦海하시니　　此離垢塵入法門이로다

　모든 세간 수많은 부처님의
　법구름 큰 비를 내려 헤아릴 수 없어라
　끝없는 모든 고해 없애주시니
　이구진신이 이런 해탈문에 들어갔네

　제4 항주파랑 주해신의 게송

經

一切衆生煩惱覆하야　　流轉諸趣受衆苦어늘

爲其開示如來境하시니　　普水宮神入此門이로다

일체중생 번뇌에 뒤덮여서

육도 윤회하며 온갖 고통 다 받는데

그들 위해 여래 경계 보이시니

보수궁신이 이런 법문 들어갔네

제5 길상보월 주해신의 게송

經

佛於難思劫海中에　　修行諸行無有盡하사

永截衆生癡惑網하시니　　寶月於此能明入이로다

부처님이 헤아리기 어려운 겁 동안

수많은 행을 닦아 끝없는 법문으로

중생의 어리석은 그물 길이 끊어주시니

보월신이 이런 경계 밝게 알고 들어갔네

제6 묘화용계 주해신의 게송

經

佛見衆生常恐怖하야　　流轉生死大海中하시고

示彼如來無上道하시니　　龍髻悟解生欣悅이로다

부처님은 중생이 항상 공포 속에서

생사고해 윤회하는 것을 보고서

그들에게 최상의 여래 불법 보이시니

용계신이 이런 경계 깨달아 기뻐하였네

제7 보지광미 주해신의 게송

經

諸佛境界不思議여   法界虛空平等相으로
能淨衆生癡惑網하시니   如是持味能宣說이로다

모든 부처의 경계 불가사의여

법계와 허공계를 평등한 모양으로

중생의 어리석음 청정하게 하시니

지미신이 이런 경계 연설하였네

제8 보염화광 주해신의 게송

經

佛眼淸淨不思議여   一切境界悉該覽하사
普示衆生諸妙道하시니   此是華光心所悟로다

부처님의 청정하신 5안(五眼)9 불가사의여

....
9 5안(五眼) : 모든 법의 事·理를 관조하는 5종의 눈. 곧 肉眼·天眼·慧眼·法眼·佛眼.

모든 경계 모두 살펴

중생에게 미묘한 도 널리 보이시니

화광신이 이런 경계 깨달았네

제9 금강묘계 주해신의 게송

> **經**
> **魔軍廣大無央數**를　　**一刹那中悉摧滅**하사대
> **心無傾動難測量**이여　　**金剛妙髻之方便**이로다

마군이 워낙 많아 셀 수 없지만

한 찰나에 모두 꺾으면서도

부동(不動)의 선정 마음 헤아릴 수 없으니

금강묘계신이 얻은 방편 해탈문이네

제10 해조뇌음 주해신의 게송

> **經**
> **普於十方演妙音**하사　　**其音法界靡不周**하시니
> **此是如來三昧境**을　　**海潮音神所行處**로다

시방에 널리 미묘한 법음 연설하사

그 음성 법계에 가득하니

이는 여래의 삼매경계라

해조음신이 수행한 해탈문이네

第九 主河神 十法
제9. 주하신
장항 10법

經

復次普發迅流主河神은 得普雨無邊法雨解脫門하고
普潔泉澗主河神은 得普現一切衆生前하야 令永離煩惱解脫門하고
離塵淨眼主河神은 得以大悲方便으로 普滌一切衆生의 諸惑塵垢解脫門하고
十方徧吼主河神은 得恒出饒益衆生音解脫門하고
普救護衆生主河神은 得於一切含識中에 恒起無惱害慈解脫門하고
無熱淨光主河神은 得普示一切淸凉善根解脫門하고
普生歡喜主河神은 得修行具足施하야 令一切衆生으로 永離慳著解脫門하고
廣德勝幢主河神은 得作一切歡喜福田解脫門하고
光照普世主河神은 得能令一切衆生으로 雜染者 淸淨하며 瞋毒者 歡喜解脫門하고

海德光明主河神은 **得能令一切衆生**으로 **入解脫海**하야 **恆受具足樂解脫門**하시니라

또한 보발신류(普發迅流) 주하신은 그지없는 법비를 널리 내려주는 해탈문을 얻었고,

보결천간(普潔泉澗) 주하신은 모든 중생 앞에 두루 나타나 영원히 번뇌를 여의게 하는 해탈문을 얻었고,

이진정안(離塵淨眼) 주하신은 대자비의 방편으로 일체중생의 모든 번뇌의 때를 말끔히 씻어주는 해탈문을 얻었고,

시방변후(十方徧吼) 주하신은 항상 중생에게 도움이 되는, 법음을 들려주는 해탈문을 얻었고,

보구호중생(普救護衆生) 주하신은 모든 중생에게 항상 번뇌가 없게 하는 자비를 일으키는 해탈문을 얻었고,

무열정광(無熱淨光) 주하신은 온갖 반야 선근을 널리 보이는 해탈문을 얻었고,

보생환희(普生歡喜) 주하신은 구족한 보시를 닦아서 모든 중생의 간탐과 집착을 영원히 떠나게 하는 해탈문을 얻었고,

광덕승당(廣德勝幢) 주하신은 모두가 기뻐하는 복전을 짓는 해탈문을 얻었고,

광조보세(光照普世) 주하신은 모든 중생에게 더러움에 물든 이를 청정하게 하며 성내고 독한 이를 기쁘게 하는 해탈문을 얻었고,

해덕광명(海德光明) 주하신은 모든 중생에게 해탈의 바다에 들어가 항상 구족한 즐거움을 받게 하는 해탈문을 얻었다.

◉ 疏 ◉

一은 行成雨法이 若霈然洪霆요 滅惑生德이 若懸河迅流하야 無所滯礙라

　제1 보발신류 주하신. 행이 성취되어 법을 내려줌이 마치 세차게 쏟아지는 소낙비와 같고, 번뇌를 소멸하여 공덕을 내는 것이 쏟아지는 강하의 빠른 물줄기처럼 막힘이 없다.

二는 現身息惱 若泉澗洗心이라

　제2 보결천간 주하신. 부처님의 몸을 나타내어 중생 번뇌를 없애줌이 맑은 물에 마음을 씻는 것과 같다.

三은 眞實滌垢하야 慈智相資는 若碧沼澄潭에 空色交映이라 故名離塵淨眼이라

　제3 이진정안 주하신. 진실하게 때를 씻어내어 자비와 지혜가 서로 밑천이 되는 것은 푸른 늪과 맑은 연못에 허공의 빛이 서로 비추는 것과 같기에 '이진정안'이라 말한다.

四는 圓音徧益이 若崩浪發響이라

　제4 시방변후 주하신. 원만한 음성으로 두루 도움을 주는 것이 부서지는 파도 소리와 같다.

五는 拯救漂溺이라

　제5 보구호중생 주하신. 육도고해에 표류하고 빠진 중생을 구제하는 것이다.

六은 善根無惑을 可謂淸凉이니 若阿耨達池가 永無熱惱라

　제6 무열정광 주하신. 의혹이 없는 선근을 '청량'하다 말하니

아뇩달지[10]에 영원히 번뇌의 불이 없는 것과 같다.

七은 施門無量하야 令彼無慳이 若蘊藻菱蓮이 普令物喜니라

제7 보생환희 주하신. 보시 법문이 한량없어 중생의 간탐심을 없게 하는 것이 마치 연밥, 바다풀, 마름 등이 널리 중생을 기쁘게 하는 것과 같다.

八은 行福契實이라 故見無不欣이 若深湖廣陂니 是爲廣德이라

제8 광덕승당 주하신. 복을 지어 실상에 계합한 까닭에 보고서 기뻐하지 않은 자 없는 것이 깊은 호수와 넓은 제방을 구경하는 것과 같다. 이를 '광덕'이라 한다.

九는 方便慧力으로 雜染皆淨하고 慈彼怨害하야 瞋反成歡이 若萬頃波澄에 光映天下라

제9 광조보세 주하신. 지혜의 방편으로 잡된 오염이 모두 청정하고, 저 원수를 사랑하여 성내는 마음을 도리어 환희의 마음으로 바꿔놓은 것이 맑은 만경창파의 광명이 천하에 비치는 것과 같다.

十은 總收萬善하야 令會涅槃이 若彼百川 咸會大海라 由智海故로 名海德光明이라하다

제10 해덕광명 주하신. 수많은 선근을 모두 받아들여 열반으로 모이도록 하는 것이 마치 온갖 하천이 모두 큰 바다에 모이는 것과

....

10 아뇩달지 : 범어 Anavatapta의 음역. 阿那般答多·阿那婆達多·阿那波達多·阿那跋達多라 음역하기도 한다. 阿耨達·阿那達은 無熱惱·淸凉이라 번역. 閻浮洲의 4대하인 긍가·신도·박추·사다의 근원, 설산의 북, 향취산의 남에 있다. 혹은 히말라야산중의 恆河의 수원을 가리키기도 하며 서장의 모나사루완湖를 말한 것이라 하나 미상.

같다. 지혜의 바다로부터 나온 까닭에 '해덕광명'이라고 말한다.

經
爾時에 **普發迅流主河神**이 **承佛威力**하사 **普觀一切主河神衆**하고 **而說頌言**하사대

그때 보발신류 주하신이 부처님이 지닌, 헤아릴 수 없는 영묘하고도 불가사의한 힘을 받들어 모든 주하신 대중을 두루 살펴보고 게송으로 말씀드렸다.

● **疏** ●

偈亦可知라

게송 또한 설명하지 않아도 알 수 있다.

제1 보발신류 주하신의 게송

經
如來往昔爲衆生하사 　　**修治法海無邊行**하시니
譬如霈澤淸炎暑하야 　　**普滅衆生煩惱熱**이로다

　여래께서 지난날 중생을 위해
　법해의 끝없는 행 닦으시니
　무더위 식혀주는 소낙비처럼
　중생의 번뇌 열기 모두 없애주셨네

제2 보결천간 주하신의 게송

經
佛昔難宣無量劫에　　　　**以願光明淨世間**하사
諸根熟者令悟道케하시니　**此普潔神心所悟**로다

　　부처님이 옛적 말할 수 없는 오랜 겁에
　　서원의 광명으로 세간을 맑게 하사
　　선근이 성숙한 중생 깨닫게 하시니
　　보결신이 이런 경계 마음으로 깨달았네

제3 이진정안 주하신의 게송

經
大悲方便等衆生이어　　　**悉現其前常化誘**하사
普使淨治煩惱垢케하시니　**淨眼見此深歡悅**이로다

　　큰 자비 방편을 중생과 함께하여
　　그들 앞에 나타나 항상 교화하사
　　번뇌의 때 널리 맑게 닦아주시니
　　정안신이 이런 경계 보고 기뻐하였네

제4 시방변후 주하신의 게송

佛演妙音普使聞하사　　衆生愛樂心歡喜어늘
悉使滌除無量苦케하시니　此徧吼神之解脫이로다

　　부처님 미묘한 법음 널리 연설하여
　　중생이 사랑하고 마음이 기쁘거늘
　　한량없는 고통 모두 씻어주시니
　　이는 변후신의 해탈문이네

　　제5 보구호중생 주하신의 게송

佛昔修習菩提行하사　　爲利衆生無量劫이라
是故光明徧世間하시니　　護神憶念生歡喜로다

　　부처님이 옛적에 보리행 닦으시어
　　한량없는 세월, 중생 위해 도움 주셨네
　　이 때문에 광명이 세간에 두루 하니
　　구호신이 이 경계 기억하고 기뻐하였네

　　제6 무열정광 주하신의 게송

佛昔修行爲衆生하사　　種種方便令成熟하야

普淨福海除衆苦하시니　　無熱見此心欣慶이로다

　　부처님의 옛적 수행 중생을 위하사
　　갖가지 방편으로 중생 기연(機緣) 성숙케 하여
　　청정한 복전바다 온갖 고통 없애시니
　　무열신이 이를 보고 기뻐하였네

　　제7 보생환희 주하신의 게송

經

施門廣大無窮盡이여　　一切衆生咸利益하사
能令見者無慳著케하시니　　此普喜神之所悟로다

　　광대한 보시법문 끝이 없음이여
　　일체중생 모두 도움 주어
　　보는 이 누구나 탐욕 없애주시니
　　보희신이 이런 경계 깨달았네

　　제8 광덕승당 주하신의 게송

經

佛昔修行實方便하사　　成就無邊功德海하야
能令見者靡不欣케하시니　　此勝幢神心悟悅이로다

　　부처님이 옛적에 참된 방편 닦으시어

그지없는 공덕바다 성취하시고

보는 이마다 모두 기쁨 주시니

승당신이 이런 경계 깨닫고 기뻐하였네

제9 광조보세 주하신의 게송

經

衆生有垢咸淨治하시며　　一切怨害等生慈라
故得光照滿虛空하시니　　普世河神見歡喜로다

중생의 묵은 때 말끔히 다스려주며

모든 원수에게 평등한 사랑 베푸시네

이 때문에 지혜광명 허공에 가득하니

보세하신이 이 법문 보고 기뻐하였네

제10 해덕광명 주하신의 게송

經

佛是福田功德海라　　能令一切離諸惡하며
乃至成就大菩提케하시니　　此海光神之解脫이로다

부처님은 중생의 복전이요 공덕의 바다

일체중생 모든 악을 떨쳐주시고

크고 큰 보리 성취하여주시니

이는 해광신의 해탈법문이네

第十 主稼神 十法
　제10. 주가신
　장항 10법

經

復次柔軟勝味主稼神은 得與一切衆生法滋味하야 令成就佛身解脫門하고

時華淨光主稼神은 得能令一切衆生으로 受廣大喜樂解脫門하고

色力勇健主稼神은 得以一切圓滿法門으로 淨諸境界解脫門하고

增益精氣主稼神은 得見佛大悲無量神通變化力解脫門하고

普生根果主稼神은 得普現佛福田하야 令下種無失壞解脫門하고

妙嚴環髻主稼神은 得普發衆生의 淨信華解脫門하고

潤澤淨華主稼神은 得大慈愍으로 濟諸衆生하야 令增長福德海解脫門하고

成就妙香主稼神은 得廣開示一切行法解脫門하고

見者愛樂主稼神은 得能令法界一切衆生으로 捨離懈怠憂惱等하야 諸普淸淨解脫門하고
離垢光明主稼神은 得觀察一切衆生善根하야 隨應說法하야 令衆會歡喜滿足解脫門하시니라

또한 유연승미(柔軟勝味) 주가신은 모든 중생에게 법의 맛을 건네주어 부처의 몸을 성취케 하는 해탈문을 얻었고,

시화정광(時華淨光) 주가신은 일체중생에게 광대한 즐거움을 받게 하는 해탈문을 얻었고,

색력용건(色力勇健) 주가신은 일체 원만한 법문으로 모든 경계를 청정하게 하는 해탈문을 얻었고,

증익정기(增益精氣) 주가신은 부처님의 큰 자비의 한량없는 신통변화의 힘을 보게 하는 해탈문을 얻었고,

보생근과(普生根果) 주가신은 부처님의 복전을 널리 보여주고 그곳에 종자를 뿌려 손실이 없게 하는 해탈문을 얻었고,

묘엄환계(妙嚴環髻) 주가신은 널리 중생에게 청정한 신심의 꽃을 피게 하는 해탈문을 얻었고,

윤택정화(潤澤淨華) 주가신은 크게 사랑하고 불쌍히 여기는 마음으로 모든 중생을 제도하여 복덕의 바다를 더욱 키워나가는 해탈문을 얻었고,

성취묘향(成就妙香) 주가신은 일체 수행하는 법을 널리 열어 보이는 해탈문을 얻었고,

견자애락(見者愛樂) 주가신은 법계의 모든 중생에게 게으름·근

심·번뇌 등 모든 악을 버려서 널리 청정하게 하는 해탈문을 얻었고,
　이구광명(離垢光明) 주가신은 일체중생의 선근을 관찰하여 그 사람에 따라 설법하여 대중을 기쁘고 만족하게 하는 해탈문을 얻었다.

◉ 疏 ◉

一은 功德智慧 二種法味로 資成佛身이라
　제1 유연승미 주가신. 공덕과 지혜 2가지 법으로 부처님의 몸을 도와 이루게 한다.

二는 喜樂이 由於苦除라
　제2 시화정광 주가신. 기쁘고 즐거움이 고통을 없앤 데에서 비롯된 것이다.

三은 衆生 爲所淨之境이라
　제3 색력용건 주가신. 중생은 청정하게 해야 할 대상이다.

四는 悲深故로 通廣이라
　제4 증익정기 주가신. 자비심이 깊은 까닭에 신통이 광대하다.

五는 下種佛田하야 必至果無壞라
　제5 보생근과 주가신. 부처님의 복전에 씨앗을 뿌려 반드시 결실에 이르러 어긋남이 없다.

六은 智敷物信하니 獲果稱華라
　제6 묘엄환계 주가신. 지혜를 펼쳐 중생에게 신임을 얻으니, 얻은 열매가 피었던 꽃에 부합하는 것이다.

七은 慈眼視物이라 故福聚無量이오 慈則恬和怡悅이니 偈云勝道라

제7 윤택정화 주가신. 자비의 눈으로 중생을 보기에 복 무더기가 끝이 없고, 자비로우면 편안하고 조화로우며 기뻐하기에 게송에서 '수승한 도'라 말한다.

八은 以行成佛이라 故始成卽宣이라

제8 성취묘향 주가신. 수행으로 불과를 이룬 것이다. 이 때문에 처음 성불하면 곧 설법을 하는 것이다.

九는 懈於修習이면 憂惱是生이오 勤策諸根이면 衆惡淸淨이라

제9 견자애락 주가신. 수행을 게을리하면 근심과 번뇌가 발생하고, 부지런히 온갖 선근을 채찍질하면 모든 악이 청정해진다.

十은 隨根爲說하야 遂求故로 喜라

제10 이구광명 주가신. 선근을 따라 설법하여 추구한 바를 성취한 까닭에 기쁘다.

經

爾時에 柔軟勝味主稼神이 承佛威力하사 普觀一切主稼神衆하고 而說頌言하사대

그때 유연승미 주가신이 부처님이 지닌, 헤아릴 수 없는 영묘하고도 불가사의한 힘을 받들어 모든 주가신 대중을 두루 살펴보고 게송으로 말씀드렸다.

◉ 疏 ◉

偈文은 可知라

233

게송은 설명하지 않아도 알 수 있다.

제1 유연승미 주가신의 게송

> 經

如來無上功德海가　　　　普現明燈照世間하사
一切衆生咸救護하야　　　悉與安樂無遺者로다

　비할 길 없는 여래의 공덕바다여
　밝은 등불 밝혀 세간 널리 비추시어
　일체중생 모두 구제하사
　모두에게 빠뜨림 없이 안락 주었네

제2 시화정광 주가신의 게송

> 經

世尊功德無有邊하사　　　衆生聞者不唐捐이라
悉使離苦常歡喜케하시니　此是時華之所入이로다

　세존의 공덕 끝이 없어
　법문 들은 중생 헛됨 없이
　모두가 고통 여의고 항상 기뻐하나니
　시화신이 이런 경계 들어갔네

제3 색력용건 주가신의 게송

經
善逝諸力皆圓滿하사　　功德莊嚴現世間하야
一切衆生悉調伏하시니　　此法勇力能明證이로다

　　부처님[善逝]의 모든 힘 원만하사
　　공덕으로 장엄하고 세간에 출현하여
　　모든 중생 조복하시니
　　용력신이 이런 법문 증득하였네

제4 증익정기 주가신의 게송

經
佛昔修治大悲海하사　　其心念念等世間이라
是故神通無有邊하시니　　增益精氣能觀見이로다

　　부처님이 옛적에 대자비 닦으시어
　　그 마음 생각생각 중생과 함께하여
　　이 때문에 신통변화 그지없으니
　　증익정기신이 이런 경계 보았네

제5 보생근과 주가신의 게송

佛徧世間常現前하사　　一切方便無空過하야
悉淨衆生諸惑惱하시니　此普生神之解脫이로다

　　부처님이 세간에 두루 항상 나타나
　　온갖 방편 교화 헛됨 없어
　　중생의 번뇌 모두 씻어주시니
　　이는 보생신의 해탈법문이네

　　제6 묘엄환계 주가신의 게송

佛是世間大智海라　　　放淨光明無不徧하사
廣大信解悉從生하니　　如是嚴髻能明入이로다

　　부처님은 세간의 큰 지혜바다
　　청정한 지혜광명 일체 세계 가득하여
　　중생의 광대한 신해(信解) 여기에서 생겨나니
　　엄계신이 이런 경계 밝게 깨달았네

　　제7 윤택정화 주가신의 게송

經
如來觀世起慈心하사　　爲利衆生而出現하야

示彼恬怡最勝道하시니　　此淨華神之解脫이로다

　여래여, 세간 고통 보시고 자비심으로

　중생의 이익 위해 세간 나오시어

　화평하고 가장 훌륭한 길 보이시니

　이는 정화신의 해탈법문이네

　제8 성취묘향 주가신의 게송

經

善逝所修淸淨行을　　菩提樹下具宣說하사
如是敎化滿十方하시니　　此妙香神能聽受로다

　부처님이 닦으신 청정한 수행

　보리수 아래 모두 설법하시어

　이와 같은 가르침 시방에 충만하니

　묘향신이 이런 법문 들었다네

　제9 견자애락 주가신의 게송

經

佛於一切諸世間에　　悉使離憂生大喜하야
所有根欲皆治淨하시니　　可愛樂神斯悟入이로다

　부처님이 모든 세간중생에게

근심 여의고 큰 기쁨 얻게 하여

근심과 욕망 말끔히 다스려주시니

가애락신이 이런 경계 깨달았네

제10 이구광명 주가신의 게송

經

如來出現於世間하사　　**普觀衆生心所樂**하시고
種種方便而成熟하시니　　**此淨光神解脫門**이로다

여래께서 세간에 나오시어

중생이 좋아하는 마음 널리 살피시고

갖가지 방편으로 중생 근기 성숙케 하시니

이런 경계는 정광신의 해탈문이네

第十一 主藥神 十法

제11. 주약신

장항 10법

經

復次吉祥主藥神은 **得普觀一切衆生心**하야 **而勤攝取解脫門**하고

栴檀林主藥神은 得以光明으로 攝衆生하야 俾見者로 無空過解脫門하고
離塵光明主藥神은 得能以淨方便으로 滅一切衆生煩惱解脫門하고
名稱普聞主藥神은 得能以大名稱으로 增長無邊善根海解脫門하고
毛孔現光主藥神은 得大悲幢으로 速赴一切病境界解脫門하고
破暗淸淨主藥神은 得療治一切盲冥衆生하야 令智眼淸淨解脫門하고
普發吼聲主藥神은 得能演佛音하야 說諸法差別義解脫門하고
蔽日光幢主藥神은 得能作一切衆生의 善知識하야 令見者로 咸生善根解脫門하고
明見十方主藥神은 得淸淨大悲藏하야 能以方便으로 令生信解解脫門하고
普發威光主藥神은 得方便으로 令念佛하야 滅一切衆生病解脫門하시니라

또한 길상(吉祥) 주약신은 일체중생의 마음을 널리 관찰하여 부지런히 받아들이는 해탈문을 얻었고,

전단림(栴檀林) 주약신은 광명으로 중생을 받아들여 친견하는 이마다 헛되지 않게 하는 해탈문을 얻었고,

이진광명(離塵光明) 주약신은 청정한 방편으로 일체중생의 번뇌를 없애주는 해탈문을 얻었고,

명칭보문(名稱普聞) 주약신은 큰 이름으로 그지없는 선근의 바다를 더욱 키워주는 해탈문을 얻었고,

모공현광(毛孔現光) 주약신은 큰 자비의 깃대로써 온갖 질병의 경계에서 빨리 벗어나는 해탈문을 얻었고,

파암청정(破暗淸淨) 주약신은 모든 봉사의 중생을 치료하여 지혜의 눈으로 청정하게 하는 해탈문을 얻었고,

보발후성(普發吼聲) 주약신은 부처님의 음성으로 모든 법의 각기 다른 뜻을 말하는 해탈문을 얻었고,

폐일광당(蔽日光幢) 주약신은 모든 중생의 선지식이 되어 보는 이마다 모두 선근을 내는 해탈문을 얻었고,

명견시방(明見十方) 주약신은 청정하고 큰 자비의 창고로서 방편으로 믿음과 이해를 내게 하는 해탈문을 얻었고,

보발위광(普發威光) 주약신은 방편으로 염불하여 일체중생의 질병을 없애주는 해탈문을 얻었다.

● 疏 ●

一은 順情則易攝이오 逆意則難調라 故普觀之라

제1 길상 주약신. 중생의 마음을 따르면 그들을 받아들이기 쉽고, 그들의 생각을 거스르면 조복하기 어렵다. 이 때문에 '일체중생의 마음을 널리 관찰하는 것'이다.

二三은 可知라

제2 전단림 주약신, 제3 이진광명 주약신. 이는 설명하지 않아도 알 수 있다.

四는 始學者는 以名으로 爲實賓이로대 大士는 以名으로 爲佛事라

제4 명칭보문 주약신. 처음 배우는 자는 명칭으로 실상의 객을 삼지만, 보살은 명칭으로 부처님의 일을 삼는다.

五는 以慈善根力으로 放月愛等光에 身心兩病이 纔念便滅이니라【鈔 慈善根力者는 慈善根은 卽涅槃第十五經에 云"復次善男子여 菩薩 四無量心으로 能爲一切諸善根本이라"하고 下廣說慈心行施하야 發起 大願竟하고 云"善男子여 一切聲聞 緣覺 菩薩 諸佛如來의 所有善根 은 慈爲根本이니라 善男子여 菩薩摩訶薩이 修習慈心하야 能生如是無 量善根이라"하니 謂不淨觀等이 皆從此生이라 結云"如是等法은 慈爲 根本이니라 善男子여 以是義故로 慈是眞實이오 非虛妄也니라 若有人 이 問호대 誰是一切諸善根本고하면 當言慈是라하라 以是義故로 實非 虛妄이니라 善男子여 能爲善者는 名實思惟라하나니 實思惟者는 卽名 爲慈니 慈卽如來오 慈卽大乘이며 大乘卽慈오 慈卽如來니라 善男子여 慈卽菩提道오 菩提道 卽是如來며 如來卽慈니라" 次廣說慈德하사되 是一切善法이라하고 下廣說慈德하다 如提婆達多 欲害如來하야 令阿 闍世王으로 放護財醉象이어늘 我卽入慈定하야 擧手示之러니 卽於指 端에 出五師子한대 卽便怖畏하야 擧身投地하고 敬禮我足하다 善男子 여 我時手指에 實無師子오 乃是修慈善根力故로 令彼調伏이니라 廣 說緣起는 皆悉結歸하다 '慈善根力 放月愛等光'은 卽涅槃二十經이니

"爾時에 世尊이 在雙林間하사 見阿闍世王이 悶絶躃地하고 爾時에 世尊이 爲阿闍世王하사 入月愛三昧하고 入三昧已에 放大光明하니 其光淸凉하야 往照王身하니 身疾卽愈하야 鬱蒸除滅하다" 乃至云"問耆婆호대 何等名爲月愛三昧오 耆婆答言호대 有六義似하니 一은 譬如月光하야 能令一切優鉢羅華로 開敷鮮明하나니 月愛三昧도 亦復如是하야 能令衆生으로 善心開敷니라 是故로 名爲月愛三昧라하노라 二는 如月能令行路歡喜니 此三昧는 能令修習涅槃道者로 歡喜니라 三은 一日로 至十五日은 光色漸明이니 此能令善根으로 增長이니라 四는 十六으로 至三十日은 形色漸減이니 此能令漸滅煩惱니라 五는 能除鬱蒸이니 此能除貪惱熱이니라 六은 如月衆星中王이니 甘露一味는 人所愛樂이라 月愛三昧도 亦復如是니라 諸善中王이니 甘露一味는 一切衆生之所愛樂이라 是故로 復名月愛三昧라하노라"】

제5 모공현광 주약신. 자비의 선근력으로 月愛 등 광명을 쏟아내어 몸과 마음의 2가지 병이 한 생각에 곧장 사라졌다. 【초_ '慈善根力'이란 자비의 선근을 말한다. 열반경 제15권에 이르기를, "또한 선남자여! 보살이 四無量心[11]으로 일체 모든 선의 근본을 삼는다."고 하였고, 아래에서 자비의 마음으로 보시를 행하는 것을 자세히 설명하여 큰 서원을 일으키는 것으로 끝맺으면서 이르기를, "선남자여! 일체 성문 연각 보살 제불 여래께서 소유하신 선근

....
11 四無量心 : 중생에게 헤아릴 수 없는 복을 주는 4가지 利他의 마음. 곧 즐거움을 베풀고자 하는 慈無量心, 어려움을 덜어주려는 悲無量心, 중생이 행복을 얻는 것을 기뻐하는 喜無量心, 다른 사람에 대한 원한의 마음을 버리고 평등하게 대하는 捨無量心을 이르는 말이다.

은 자비가 근본이다. 선남자여! 보살마하살이 자비의 마음을 닦아 이와 같이 한량없는 선근을 내는 것이다."고 하니 不淨觀 등이 모두 여기에서 나왔다. 이를 끝맺어 말하였다. "이와 같은 등등의 법은 자비가 근본이다. 선남자여! 이러한 의미가 있기 때문에 자비는 진실한 것이요, 허망한 것이 아니다. 만약 어떤 사람이 '무엇이 일체 모든 선의 근본이 되는가?'라고 물으면 당연히 '자비가 바로 이것'이라고 말하라. '이러한 의미가 있기 때문에 진실하여 허망한 것이 아니다.'라고…. 선남자여! 선을 행하는 자는 '진실한 사유'라고 말하니 '진실한 사유'는 곧 자비라고 말한다. 자비는 여래요, 자비는 대승이며, 대승은 자비요, 자비는 여래이다. 선남자여! 자비는 깨달음의 도요, 깨달음의 도가 여래이며, 여래는 자비이다."

다음으로 자비의 덕을 자세히 말하기를, '이는 일체 선한 법'이라 하였고, 아래에서 자비의 덕에 대해 자세히 말하였다. 예를 들면 "제바달다가 여래를 해치고자 아사세왕에게 '재물을 지키는 술 취한 코끼리'를 풀어놓도록 하였는데, 내가 곧 자비의 선정에 들어 손을 들어 코끼리를 가리키니 손가락 끝에서 다섯 마리의 사자가 나오자, 취한 코끼리는 곧 두려움에 온몸을 땅에 바짝 엎드리고 나의 발에 공경히 절을 올렸다. 선남자여! 그 당시 나의 손가락 끝에 실제로 사자가 있었던 것이 아니다. 이는 자비의 선근력을 닦은 까닭에 저 코끼리를 조복시킨 것이다." 자세히 연기를 말한 것은 모두 자비의 선근력으로 귀결됨이었다.

"자비의 선근력으로 月愛 등 광명을 쏟아내다."는 열반경 제20

권에서 인용한 것이다. "그때에 세존이 쌍림 숲 사이에 계셨는데 아사세왕이 기절하여 땅에 주저앉아 있는 것을 보셨다. 그때에 세존이 아사세왕을 위하여 '月愛三昧'에 드시고 입정삼매를 마치자, 큰 광명이 쏟아져 나왔다. 그 광명이 맑고 시원하였는데 왕의 몸을 비추자, 그의 질병이 곧 치유되어 찌는 듯 견디기 어려운 답답한[鬱蒸] 증세가 사라졌다."고 하며, 내지 "노파에게 묻기를, '무엇을 월애삼매라 하는가?' 하자, 노파가 답하였다.

6가지 의의의 닮은 점이 있다.

① 비유하면 달빛과 같아서 일체 우발라화를 선명하게 피워주는 것과 같다. 월애삼매 또한 이와 같아서 중생에게 선한 마음을 열어주는 것이다. 이 때문에 그 이름을 '월애삼매'라 한다.

② 밝은 달빛이 밤길 걷는 이에게 기쁨을 주는 것처럼 이 삼매는 열반도를 닦는 자에게 기쁨을 주는 것이다.

③ 초하루부터 보름까지 달빛이 차츰차츰 밝아지는 것처럼 이 삼매는 선근을 키워주는 것이다.

④ 16일부터 그믐까지 모습과 빛이 차츰차츰 어두워지는 것처럼 이 삼매는 차츰차츰 번뇌를 없애주는 것이다.

⑤ 무더위를 없애주는 것처럼 이 삼매는 탐욕스러운 번뇌의 열을 없애주는 것이다.

⑥ 달빛은 수많은 별빛 가운데 왕이며 감로의 뛰어난 맛은 모든 사람이 즐기는 것처럼 월애삼매 역시 이와 같다. 모든 선 가운데 으뜸이며 감로의 맛이다. 모든 중생의 즐거움이 되기에 또한 그

이름을 '월애삼매'라고 한다."고 하였다. 】

六는 迷理迷報 二愚盲冥이면 起惑造業하야 備受衆苦로되 佛以正法金錍로 開其智眼하야 令明三諦라 故云淸淨이라【鈔_ 佛以正法金錍者는 卽涅槃第八이니 迦葉菩薩이 白佛言하사되 世尊이시여 佛性者는 云何甚深하야 難見難入고 佛言하사되 善男子여 如百盲人이 爲治目故로 造詣良醫러니 是時에 良醫卽以金錍로 抉其眼膜하고 以一指示호되 問言見不아 盲人答言호되 我猶未見이니다 復以二指三指로 示之호니 乃言少見이라하다 善男子여 是大涅槃은 微妙經典이라 如來 未說이 亦復如是니라 無量菩薩이 雖已具足諸波羅蜜하야 乃至十住로되 猶未能得見於佛性일새 如來 旣說에 卽便少見이라 是菩薩旣得見已에 咸作是言호되 甚奇라 世尊이시여 我等이 流轉無量生死하야 常爲無我之所惑亂이라하니 善男子여 如是라 菩薩이 位階十地라도 尚不了了知見佛性이온 何況聲聞緣覺之人能得見耶아하니 澤州 釋云"十地菩薩이 各修十度를 名爲百人이라하고 涅槃을 爲金錍라하고 經初一說을 名一指示라하고 中間重說을 名二指示라하고 經末復說을 名三指示라하고 下合中에 未見佛性은 普如盲人이라"하고 延公 云"金錍는 喩敎오 抉膜者는 敎能生解니 喩破無明이라"하니 卽今疏意라 故云正法金錍라하고 而言三指는 喩三僧祇오 乃至十地는 未了分明일새 故言少見이라 若準澤州면 則涅槃爲錍오 三說爲三指者는 若俱約敎인댄 則錍指不殊오 若以涅槃으로 爲所詮者댄 又不順喩니 寧取延公이라 然三僧祇爲三指者도 亦順前示오 及與後示도 亦順十住少見之言이로되 今不取者는 遂令佛說로 一時之中에 不具三指오 又以時喩指는 以未全同일세니

245

라 故疏에 自釋호되 以三諦로 爲三指하고 指로 爲旨趣하니 義甚分明이라 一時橫觀이면 皆觀三諦오 豎至十住이면 亦證三諦라 第一指者는 卽示俗諦니 言凡是有心이라아 定當作佛이니 皆有佛性일새오 二는 示眞諦로 爲第二指니 云佛性者는 名第一義空이오 三은 示中道로 爲三指니 經云 佛性은 卽是無上菩提中道種子故로 非有如虛空이오 非無如兔角이라 故知三諦는 喩於三指니라 】

제6 파암청정 주약신. 이치와 과보에 혼미하여 2가지의 어리석음으로 봉사가 되면 의혹을 일으키고 업을 지어서 수많은 고통을 모두 받게 된다. 부처님이 바른 법의 金錍[12]로 지혜의 눈을 열어 三諦(空諦·假諦·中諦)를 밝혀주는 것이다. 이 때문에 '파암청정'이라 말한다.【초_ "부처님이 바른 법의 금비"는 열반경 제8을 인용한 것이다. 가섭 보살이 부처님에게 여쭈었다.

"세존이시여! 불성은 어찌 그리 매우 심오하여 보기 어렵고 들어가기 어려운 것입니까?"

부처님께서 말씀하셨다.

"선남자여! 1백 명의 봉사들이 눈을 치료하기 위하여 훌륭한 의사를 찾았는데, 그때 훌륭한 의사가 곧 眼膜을 긁어내는 데 쓰는 금비를 가지고 그들의 눈에 끼인 흐린 막을 걷어낸 뒤에 하나의 손가락을 들어 그들에게, '보이는가?' 하고 물었더니, '저희는 아직 보이지 않습니다.' 하고 답하였다. 다시 두 개의 손가락, 세 개의 손

....
12 金錍 : 眼膜을 긁어내는 데 쓰이는 의료 기구.

가락을 들어 보여주니 봉사들은 그때야 조금 보인다고 말하였다. 선남자여! 이 대열반경은 미묘한 경전이다. 여래께서 말씀하지 않으신 부분 또한 이와 같다. 한량없는 보살이 이미 모든 바라밀을 넉넉히 갖추어 10住에 이르렀다 할지라도 오히려 불성을 볼 수 없기 때문이다. 여래께서 이처럼 말씀하시자, 곧 조금 보았다고 하는 것이다. 이는 보살이 이미 보고 나면 모두 다 이렇게 말한다. '매우 기이합니다. 세존이시여! 저희들이 한량없는 생사에 윤회하면서 항상 무아에 의해 현혹되었습니다.'고…. 선남자여! 이와 같다. 보살의 지위가 10地에 올랐을지라도 오히려 분명하게 불성을 보고 알 수 없는데, 하물며 성문·연각이 이를 볼 수 있겠는가."

택주 惠苑公은 이에 대해 다음과 같이 해석하였다.

"십지 보살이 각기 십바라밀을 닦는 것을 '百人'이라 하고, 열반을 '金錍'라 하고, 경의 처음 하나의 설법을 '하나의 손가락으로 보여준 것'이라 하고, 중간에 거듭 말한 것을 '두 개의 손가락으로 보여준 것'이라 하고, 경의 끝부분에 다시 말한 것을 '세 개의 손가락으로 보여준다.'고 하며, 아래의 종합한 말 가운데 아직 불성을 보지 못한 것을 모두 소경에 비유한다."

延公은 다음과 같이 말하였다.

"金錍는 가르침을 비유하고, 안막을 걷어내는 것은 가르침이 이해를 낳아줌이니 무명의 타파를 비유한 것이다."

이는 곧 청량소에서 말한 뜻이다. 이 때문에 '正法金錍'라 말하였고, '세 개의 손가락'은 三阿僧祇를 비유함이며, 내지 10지는 분명하게 깨닫지 못하였기에 '보는 이가 적다.'고 말한 것이다.

택주의 해석에 준하면, '열반이 금비이고 초·중·종 三說이 三指이다.'는 것은 만약 모두 가르침으로 말한다면 錍는 다르지 않음을 가리킨 것이며, 열반으로 말해야 대상을 삼는다면 이 또한 비유가 적절하지 못하다. 차라리 연공의 해석을 택해야 할 것이다. 그러나 '三僧祇로 三指를 삼는다.'는 것 또한 앞에서 말한 뜻과 어긋남이 없고, 뒤에서 말한 바 또한 十住少見의 말에 어긋남이 없다. 하지만 여기에서 취하지 않은 것은 마침내 부처님의 말씀이 一時의 가운데에 三指를 갖추지 못하고, 또한 시간으로 손가락을 비유함은 경문의 본지와는 모두 똑같지 않기 때문이다.

그러므로 청량소에서 스스로 해석하기를, 三諦로써 三指를 삼고 손가락으로 旨趣를 삼으니 그 뜻이 매우 분명하다. 일시의 시간으로 보면 모두 삼제를 관하고, 공간으로 十住에 이르면 또한 三諦를 증득할 수 있다.

① 첫 번째 들었던 손가락은 세속의 이치를 보여준 것이다. 모두 마음이 있어야만 바로 부처가 될 수 있다. 이는 모두에게 불성이 있기 때문이다.

② 미묘한 진리를 보여준 것으로 두 번째 들었던 손가락을 삼은 것이다. 불성이란 第一義空이라 말한다.

③ 中道로써 세 번째 들었던 손가락을 삼은 것이다. 경문에 이르기를, "불성은 곧 최상 보리의 중도 종자이기 때문에 그 非有는 허공과 같고 非無는 토끼 뿔과 같다."고 하였다. 이 때문에 三諦는

三指로 비유함을 알 수 있다.】

七八은 可知라

제7 보발후성 주약신, 제8 폐일광당 주약신. 이는 설명하지 않아도 알 수 있다.

九는 無愛見之大悲로 生物德故로 名藏이라

제9 명견시방 주약신. 애착이 없는 큰 자비로 중생의 덕을 낳아주는 까닭에 '창고'라고 말한다.

十은 世醫療治에 雖差還生하나니 永滅生德은 無先念佛이라 因病因光이 皆是方便이니 謂佛有無邊相이오 相有無邊好오 好放無邊光하고 光攝無邊衆이라 言隨念者는 佛德齊均하야 隨緣遺樂하야 趣稱一佛이면 三昧易成이오 敬一心濃이면 餘盡然矣은 況心凝覺路하야 暗蹈大方가

제10 보발위광 주약신. 세간의 의원이 질병을 치료하면 설령 차도가 있을지라도 다시 재발하게 된다. 영원히 재발하지 못하게 하는 덕은 염불보다 좋은 것이 없다. 병으로 인하고 광명으로 인하는 것이 모두 방편이다. 부처님은 그지없는 모습이 있고, 모습에는 끝없는 아름다움이 있고, 아름다움에는 끝없는 광명이 빛나고, 광명은 끝없는 대중을 받아들이는 것이다.

'隨念'이란 부처님의 공덕이 평등하여 인연을 따르고 즐거움을 따라 나아가는 길이 부처님에게 걸맞으면 삼매를 이루기 쉽다는 말이다. 한 번 공경하는 마음이 농후하면 나머지가 모두 그와 같은데, 하물며 마음을 모두 깨달음의 길에 응집하여 보이지 않게 온 세상에 뛰어오르려 함이야 오죽하겠는가.

經

爾時에 吉祥主藥神이 承佛威力하사 普觀一切主藥神衆하고 而說頌言하사대

 그때 길상 주약신이 부처님이 지닌, 헤아릴 수 없는 영묘하고도 불가사의한 힘을 받들어 널리 일체 주약신 대중을 두루 살펴보고 게송으로 말씀드렸다.

◉ 疏 ◉

頌可知라

 게송은 설명하지 않아도 알 수 있다.

제1 길상 주약신의 게송

經

如來智慧不思議여　　悉知一切衆生心하사
能以種種方便力으로　　滅彼群迷無量苦로다

 여래의 지혜 불가사의여
 일체중생 마음 모두 아시기에
 갖가지 방편의 힘으로
 중생의 한량없는 고통 없애주시네

제2 전단림 주약신의 게송

> 經

大雄善巧難測量이라　　凡有所作無空過하사
必使衆生諸苦滅케하시니　栴檀林神能悟此로다

　　부처님[大雄] 훌륭한 방편 헤아리기 어려워라
　　하시는 모든 일 헛되지 않아
　　반드시 중생의 모든 고통 없애주시니
　　전단림신이 이런 경계 깨달았네

　　제3 이진광명 주약신의 게송

> 經

汝觀諸佛法如是하라　　往昔勤修無量劫하사대
而於諸有無所著하시니　此離塵光所入門이로다

　　그대는 모든 부처님의 이와 같은 법을 보라
　　옛적 한량없는 세월 부지런히 수행하사
　　모든 것에 집착 없으시니
　　이진광신이 이런 해탈법문 깨달았네

　　제4 명칭보문 주약신의 게송

> 經

佛百千劫難可遇라　　若有得見及聞名이면

必令獲益無空過케하시니　　此普稱神之所了로다
　　백천 겁에 만나기 어려운 부처님
　　단 한 번 뵙거나 이름만 들어도
　　반드시 이익 얻고 헛됨 없게 하시니
　　보칭신이 이런 경계 깨달았네

　　제5 모공현광 주약신의 게송

經

如來一一毛孔中에　　悉放光明滅衆患하사
世間煩惱皆令盡하시니　　此現光神所入門이로다
　　여래의 낱낱 모공 가운데
　　모두 광명 놓아 온갖 근심 소멸하사
　　세간 번뇌 모두 없애주시니
　　현광신이 이런 해탈법문 깨달았네

　　제6 파암청정 주약신의 게송

經

一切衆生癡所盲으로　　惑業衆苦無量別이어든
佛悉蠲除開智照하시니　　如是破暗能觀見이로다
　　일체중생 어리석음 눈이 어두워

번뇌업장 온갖 고통 끝없는데

부처님 지혜로 비춰 모두 없애주시니

파암신이 이런 경계 보았네

제7 보발후성 주약신의 게송

經

如來一音無限量이여　　能開一切法門海하사

衆生聽者悉了知하니　　此是大音之解脫이로다

여래의 음성 한량없음이여

모든 법문바다 활짝 열어

법문 들은 중생 모두 깨달으니

이런 경계는 대음신의 해탈법문이네

제8 폐일광당 주약신의 게송

經

汝觀佛智難思議하라　　普現諸趣救群生하사

能令見者皆從化케하시니　　此蔽日幢深悟了로다

그대는 보라, 부처님 지혜 불가사의를

사악취(四惡趣)에 널리 출현하여 중생을 구제하사

보는 이 모두 가르침 따르게 하시니

253

폐일당신이 이런 경계 깊이 깨달았네

제9 명견시방 주약신의 게송

> 經

如來大悲方便海여　　**爲利世間而出現**하사
廣開正道示衆生하시니　**此見方神能了達**이로다

여래의 대자비 방편바다여
중생 이익 위해 세간 나오시어
중생에게 바른길 널리 열어 보이시니
견방신이 이런 경계 깨달았네

제10 보발위광 주약신의 게송

> 經

如來普放大光明하사　　**一切十方無不照**하야
令隨念佛生功德케하시니　**此發威光解脫門**이로다

여래가 큰 광명 쏟아내어
모든 시방 다 비추어
염불 따라 공덕 낳아주시니
이는 발위광신의 해탈법문이네

第十二. 主林神十法
　　제12. 주림신
　　장항 10법

經

復次布華如雲主林神은 得廣大無邊智海藏解脫門하고
攫幹舒光主林神은 得廣大修治하야 普淸淨解脫門하고
生芽發曜主林神은 得增長種種淨信芽解脫門하고
吉祥淨葉主林神은 得一切淸淨功德莊嚴聚解脫門하고
垂布燄藏主林神은 得普門淸淨慧로 恆周覽法界解脫門하고

妙莊嚴光主林神은 得普知一切衆生行海하야 而興布法雲解脫門하고

可意雷聲主林神은 得忍受一切不可意聲하야 演淸淨音解脫門하고

香光普徧主林神은 得十方普現昔所修治廣大行境界解脫門하고

妙光迴曜主林神은 得以一切功德法으로 饒益世間解脫門하고

華果光味主林神은 得能令一切로 見佛出興하고 常敬念不忘하야 莊嚴功德藏解脫門하시니라

또한 포화여운(布華如雲) 주림신은 광대무변한 지혜바다 창고의 해탈문을 얻었고,

탁간서광(擢幹舒光) 주림신은 넓고 크게 다스려서 널리 청정한 해탈문을 얻었고,

생아발요(生芽發曜) 주림신은 갖가지 청정한 신심의 싹을 키워주는 해탈문을 얻었고,

길상정엽(吉祥淨葉) 주림신은 일체 청정한 공덕의 장엄 무더기를 쌓아가는 해탈문을 얻었고,

수포염장(垂布焰藏) 주림신은 넓은 문 청정한 지혜로 항상 법계를 둘러보는 해탈문을 얻었고,

묘장엄광(妙莊嚴光) 주림신은 일체중생의 행의 바다를 널리 알고서 법구름을 일으키는 해탈문을 얻었고,

가의뢰성(可意雷聲) 주림신은 온갖 듣기 싫은 소리를 참고 받아들여 청정한 음성을 내는 해탈문을 얻었고,

향광보변(香光普徧) 주림신은 시방에 옛적 닦았던 광대한 수행 경계를 널리 나타내는 해탈문을 얻었고,

묘광형요(妙光迴曜) 주림신은 온갖 공덕의 법으로 세간에 이익을 주는 해탈문을 얻었고,

화과광미(華果光味) 주림신은 일체중생이 부처님의 출현을 보고서 항상 공경하여 잊지 않고 공덕 창고를 장엄하게 하는 해탈문을 얻었다.

● 疏 ●

一은 佛德無邊은 皆依智海하니 含德流光이라 所以로 名藏이라

　　제1 포화여운 주림신. 부처님 과덕이 끝이 없음은 모두 지혜의 바다를 의지함이니 안으로 과덕을 간직하여 밖으로 광명이 흐른 까닭에 '창고[藏]'라고 말한다.

二는 等衆生悲를 是爲廣大오 一一離障을 名普淸淨이라

　　제2 탁간서광 주림신. 중생과 함께하는 자비를 '광대'하다 말하고, 낱낱이 장애를 여읜 것을 '널리 청정하다.'고 한다.

三은 一切勝因이 皆爲佛道니 各各心淨이면 則種種芽生이라

　　제3 생아발요 주림신. 일체의 훌륭한 원인이 모두 부처님의 도이다. 각각 마음이 청정하면 곧 갖가지의 싹이 돋아난다.

四는 一切功德으로 莊嚴一毛하야 一一皆然이라 故佛爲德聚라 良以佛果攬因에 皆圓成이오 非分成이라 是故로 一因은 生一切果오 一果는 收一切因일새 皆圓融無礙耳니라

　　제4 길상정엽 주림신. 일체 공덕으로 하나의 터럭을 장엄하여 하나하나가 모두 그러하다. 이 때문에 부처님은 '덕 무더기'라고 말한다. 진실로 佛果로써 원인을 거둬들임에 모두 원만하게 성취될 뿐, 나뉘어 이루어지지 않는다. 이런 까닭에 하나의 인은 일체의 과를 내고, 하나의 과는 일체의 인을 거두어 모두가 원융하여 걸림이 없다.

五는 智通萬法이라 故曰普門이오 客塵不生이라 故曰淸淨이라 悟如日照하야 頓周法界오 功如拂鏡은 說智漸明이니 明은 是本明이오 漸은 爲

圓漸이라【鈔_ 悟如日照等者는 楞伽經에 有四漸四頓이로되 今唯用 一이라 四漸四頓은 多依地位니 古今에 同爲此釋이라 亦順經文로되 今 釋에 通於橫竪면 則位位之中에 皆有頓義라 然約橫論頓인댄 復有多 義라 一은 頓悟漸修니 如見九層之臺면 則可頓見이로되 要須躡階而 後에 得升이니 今亦如是라 頓了心性이 卽心卽佛이라 無法不具로되 而 須積功하야 徧修萬行이니 此約解悟라 二者는 頓修漸悟니 卽如磨鏡 이니 一時徧磨면 明淨有漸이니 萬行頓修라도 悟則漸勝이니 此約證悟 라 三은 頓修頓悟니 如利劍斬絲니 千莖齊斬에 一時齊斷이오 亦如染 絲에 一時齊染이면 一時成色이니 萬行齊修에 一時朗悟니라 四는 漸修 漸悟니 猶如斬竹하야 節節不同이라 此非今用이니 今言悟如日照는 卽 解悟證悟 皆悉頓也니 卽頓修頓悟니라 功如拂鏡도 亦非漸修라 是 頓修漸悟義니라 言明是本明 漸爲圓漸者는 此融上二니 恐人謂拂 鏡非頓이오 明鏡本來淨인댄 何用拂塵埃아 故爲會之니 此是六祖 直 顯本性하사 破其漸修로되 今爲順經하야 明其漸證이니 隨斬漸明이 皆 本明矣라 故云明是本明이니 卽無念體上에 自有眞知오 非別有知니 知心體也라 言漸爲圓漸者는 卽天台智者意니 彼有言호되 云漸漸은 非圓漸이오 圓圓은 非漸圓이라하니 謂漸家 亦有圓漸이오 圓家도 亦有 圓漸이라 漸家漸者는 如江出岷山에 始於濫觴이오 漸家圓者는 如大 江千里며 圓家漸者는 如初入海니 雖則漸深이나 一滴之水도 已過大 江은 況濫觴耶아 圓家圓者는 如窮海涯底라 故今云漸是圓家漸이니 尙過漸家之圓이온 況漸家之漸가】

제5 수포염장 주림신. 지혜는 만법을 통한다. 그러므로 '普門'

이라 말하고, 객진번뇌가 일어나지 않기에 '청정'이라고 말한다. 깨달음은 태양이 비치는 것과 같아서 단번에 법계에 두루 하다. 공부는 거울의 먼지를 털어내는 것과 같다는 것은 지혜가 점점 밝음을 말하니 밝음은 본래 밝음이고, 漸이란 圓敎의 漸이다. 【초_ "깨달음은 태양이 비치는 것과 같다." 등은 능가경에서 四漸과 四頓을 말했는데, 여기에서는 한 가지만을 인용하고 있다. 사점과 사돈은 대체로 지위에 의해 말한 것인바, 고금에 똑같이 이를 해석하고 있다. 또한 경문의 뜻을 따르고 있지만 이 해석에서 공간과 시간[橫豎]으로 통하여 보면 모든 지위에는 모두 頓의 뜻이 담겨 있다. 그러나 공간적 측면에서 '돈'의 의미를 논한다면 또한 많은 뜻을 가지고 있다.

첫째는 頓悟漸修이다. 마치 9층 누대를 바라보면 단번에 보이지만 반드시 한 계단씩 밟아 올라가야 만이 모두 올라갈 수 있다. 돈오점수 또한 이와 같다. 심성을 단번에 깨달으면 마음이 곧 부처이다. 모든 법이 갖춰져 있지만 반드시 공부를 쌓아 만행을 두루 닦아야 한다. 이는 解悟로 말한 것이다.

둘째는 頓修漸悟이다. 이는 곧 거울을 닦는 것과 같다. 일시에 모두 닦으면 맑고 깨끗하게 점차로 닦여 가는 것이다. 만행을 단번에 닦았을지라도 깨달음은 차츰차츰 나아가는 것이다. 이는 證悟로 말한 것이다.

셋째는 頓修頓悟이다. 이는 예리한 칼로 실타래를 자르는 것과 같다. 실오라기 천 줄기를 한꺼번에 자르면 일시에 한꺼번에 잘

라지고, 또한 실을 물들일 적에 일시에 물을 들이면 일시에 빛깔이 이뤄지는 것과 같다. 만행을 한꺼번에 닦음에 일시에 밝게 깨달음을 얻은 것이다.

넷째는 漸修漸悟이다. 마치 대나무를 자르는 것처럼 마디마디가 똑같지 않다.

이는 여기에서 인용한 것이 아니다. 여기에서 말한 "깨달음은 태양이 비치는 것과 같다."는 것은 곧 解悟와 證悟가 모두 頓이니 곧 돈수돈오이다. "공부는 거울의 먼지를 털어내는 것과 같다."는 것 또한 점수가 아니다. 이는 돈수점오의 뜻이다.

"밝음은 본래 밝음이고, 漸이란 圓敎의 漸이다."는 것은 이는 위의 2가지 말을 융합한 것이다. 어떤 사람이 "거울을 닦는 것은 頓의 경지가 아니다. 거울이 본래 깨끗하다면 무엇하려고 티끌과 먼지를 털어내는가."라고 말할까 두려운 까닭에 이를 융회관통한 것이다. 이는 육조 스님이 곧바로 본성을 밝혀 漸修를 타파하였다.

그러나 여기에서 말한 뜻은 경문을 따르기 위해 그 차츰차츰 증득해 나가는 것을 밝혔다. 차츰차츰 닦음을 따라 차츰차츰 밝아지는 것도 모두 본래 밝음이 있기 때문이다. 그래서 '밝음이란 본래 밝음'이라고 말한 것이다. 무념의 본체상에 본래 참다운 앎이 있는 것이지, 별도의 앎이 있는 것이 아니니 마음의 본체를 알 수 있다.

"漸이란 圓敎의 漸이다."는 것은 곧 천태지자의 뜻이다. 천태지자는 말하기를, "漸敎의 漸은 圓敎의 점이 아니며, 원교의 원은

점교의 원이 아니다."고 하였다. 이는 漸家에게 또한 원교의 점이 있고 圓家 또한 원교의 점이 있음을 말한다. '점가의 점'이란 양자강이 岷山에서 발원할 적에는 남상에서 시작하는 것과 같고, '점가의 원'이란 큰 강의 천리 물결과 같으며, '원가의 점'이란 처음 바다로 흘러드는 것과 같다. 비록 차츰차츰 깊어간 것이지만 바다의 물 한 방울도 이미 큰 강보다 더 깊은 것인데 하물며 濫觴에 비할 수 있겠는가. '원가의 원'이란 바다 끝까지 그리고 밑바닥까지 다한 것과 같다. 그러므로 여기에서 말한 바는 "점이란 '원가의 점'이니 오히려 '점가의 원'보다 더 훌륭한 것인데 하물며 '점가의 점'이야 오죽하겠는가."라는 뜻이다.】

六은 知徧趣行하야 如應布法이라

제6 묘장엄광 주림신. 중생이 널리 나아가는 행을 알아서 응함이 법을 펴는 것과 같다는 뜻이다.

七은 了音聲性이 皆同佛音이라 故無不可意니 能令世間으로 皆聞佛音이라야 方云淸淨이라

제7 가의뢰성 주림신. 음성의 본성이 모두 부처님의 음성과 같음을 깨달았기에 중생의 마음에 기쁘지 않음이 없다. 따라서 세간 중생으로 하여금 모두 다 부처님의 음성을 듣게 하여야 만이 비로소 '청정'이라고 말한다.

八은 昔行稱周法界는 是廣大境이라 神通으로 普令物見하야 倣而行之하나니 如下喜目이 卽其事也라

제8 향광보변 주림신. 옛적에 닦았던 수행이 법계에 두루 걸맞

았다는 것은 광대한 경계이다. 부처님의 신통을 중생이 널리 보고 본받아 행하도록 하니 아래 게송의 '喜目觀察衆生神'이 바로 그 같은 일이다.

九는 衆生諂佞하야 自不修德이면 寧有進賢之心이리오 今福智益他면 則物我兼利라 偈云諼詖는 卽諂佞也라【鈔_ 衆生諂佞 自不修德者는 詩에 云"內有進賢之志오 而無諼詖之心이라하고 蒼頡篇에 曰'詖는 謂諂佞也라】

제9 묘광형요 주림신. 중생이 아첨[諂佞]하여 스스로 덕을 닦지 않으면 어찌 성현의 경지로 나아가는 마음이 있겠는가. 이제 복과 지혜로 남들에게 도움을 준다면 남과 내가 모두 이익이 되는 것이다. 게송에서 말한 '諼詖'란 곧 여기에서 말한 '諂佞'이다.【초_ "중생이 아첨하여 스스로 덕을 닦지 않는다."는 것은 시에 이르기를, "안으로 훌륭한 사람을 추천하려는 마음을 지니고, 간사하고 사악한 마음이 없다."고 하였고, 창힐 편에서는 "詖란 諂佞을 말한다."고 하였다.】

十은 敬念則佛興이오 佛興則莊嚴德藏이라 障重者는 不念不見이니 於佛에 豈無常哉아 故應見常見也라

제10 화과광미 주림신. 공경히 염불하면 부처님이 나오시고, 부처님이 나오시면 장엄한 공덕의 창고이다. 장애가 무거운 자는 염불하지도 않고 친견하지도 못한다. 부처님이 어찌 무상하겠는가. 그러므로 응당 친견할 수 있도록 하면 항상 친견할 수 있다.

經

爾時에 布華如雲主林神이 承佛威力하사 普觀一切主林神衆하고 而說頌言하사대

그때 포화여운 주림신이 부처님이 지닌, 헤아릴 수 없는 영묘하고도 불가사의한 힘을 받들어 일체 주림신 대중을 두루 살펴보고 게송으로 말씀드렸다.

제1 포화여운 주림신의 게송

經

佛昔修習菩提行하사　　福德智慧悉成滿하시며
一切諸力皆具足하사　　放大光明出世間이로다

부처님이 옛적에 보리행을 닦으시어
복덕과 지혜 모두 원만하며
일체 모든 힘이 구족하사
대광명 놓으시며 세간에 나오셨네

제2 탁간서광 주림신의 게송

經

悲門無量等衆生을　　如來往昔普淨治라
是故於世能爲益하시니　　此擢幹神之所了로다

자비의 문 한량없어 중생과 함께함을
여래가 지난 옛적 널리 닦으셨네
그러므로 세상에 도움 주시니
탁간신이 이런 경계 깨달았네

제3 생아발요 주림신의 게송

> 經

若有衆生一見佛이면　　必使入於深信海하야
普示一切如來道하시니　　此妙芽神之解脫이로다

중생이 단 한 번 부처님 친견하면
반드시 깊은 신심의 바다에 들어가
일체 여래의 도를 널리 보이니
이는 묘아신의 해탈문이네

제4 길상정엽 주림신의 게송

> 經

一毛所集諸功德을　　劫海宣揚不可盡이니
諸佛方便難思議여　　淨葉能明此深義로다

한 터럭 끝에 모인 모든 공덕
오랜 겁 선양해도 다할 수 없으니

부처님 온갖 방편 불가사의여
정엽신이 이런 경계 깊은 뜻 밝혔네

제5 수포염장 주림신의 게송

經

我念如來於往昔에　　**供養刹塵無量佛**하사
一一佛所智漸明하시니　　**此欲藏神之所了**로다

내가 생각하니 여래가 지난 옛날
한량없는 부처님께 공양 올려
모든 부처님 처소에서 지혜 점점 밝으시니
염장신이 이런 경계 깨달았네

제6 묘장엄광 주림신의 게송

經

一切衆生諸行海를　　**世尊一念悉了知**하시니
如是廣大無礙智여　　**妙莊嚴神能悟入**이로다

일체중생 모든 수행 바다를
세존이 한 생각에 모두 아시니
이처럼 넓고 큰 걸림 없는 지혜여
묘장엄신이 이런 법문 깨달았네

제7 가의뢰성 주림신의 게송

> **經**
>
> **恆演如來寂妙音**하사 　　**普生無等大歡喜**하야
> **隨其解欲皆令悟**케하시니 　　**此是雷音所行法**이로다
>
> 　여래의 고요하고 미묘한 음성 항상 연설하사
> 　짝할 수 없는 큰 기쁨 널리 내시어
> 　이해와 욕망 따라 깨닫게 하시니
> 　이런 경계는 뇌음신이 행한 법문일세

제8 향광보변 주림신의 게송

> **經**
>
> **如來示現大神通**하사 　　**十方國土皆周徧**하야
> **佛昔修行悉令見**케하시니 　　**此普香光所入門**이로다
>
> 　여래가 큰 신통 내보여
> 　시방국토 두루두루
> 　부처님 옛 수행 모두 보여주시니
> 　보향광신이 들어간 해탈문이네

제9 묘광형요 주림신의 게송

經

衆生諂誑不修德하고 迷惑沉流生死中이어늘
爲彼闡明衆智道하시니 此妙光神之所見이로다

중생이 간악하여 덕을 닦지 않고
미혹하여 생사 중에 빠졌는데
그들 위해 갖가지 지혜 밝게 여시니
묘광신이 이런 경계 보았네

제10 화과광미 주림신의 게송

經

佛爲業障諸衆生하사 經於億劫時乃現하시며
其餘念念常令見케하시니 此味光神所觀察이로다

부처님이 업장 깊은 중생 위해
억겁 세월 지난 뒤에 나오시어
나머지 모든 생각 친견케 하시니
미광신이 이런 경계 보았네

第十三 主山神 十法十頌

제13. 주산신
장항 10법 게송 10송

復次寶峰開華主山神은 得入大寂定光明解脫門하고
華林妙髻主山神은 得修習慈善根하야 成熟不可思議數衆生解脫門하고
高幢普照主山神은 得觀察一切衆生心所樂하야 嚴淨諸根解脫門하고
離塵寶髻主山神은 得無邊劫海에 勤精進無厭怠解脫門하고
光照十方主山神은 得以無邊功德光으로 普覺悟解脫門하고
大力光明主山神은 得能自成熟하고 復令衆生으로 捨離愚迷行解脫門하고
威光普勝主山神은 得拔一切苦하야 使無有餘解脫門하고
微密光輪主山神은 得演敎法光明하야 顯示一切如來功德解脫門하고
普眼現見主山神은 得令一切衆生으로 乃至於夢中에 增長善根解脫門하고
金剛堅固眼主山神은 得出現無邊大義海解脫門하시니라

　또한 보봉개화(寶峰開華) 주산신은 대적정(大寂定)의 광명에 들어가는 해탈문을 얻었고,

　화림묘계(華林妙髻) 주산신은 자비의 선근을 닦아서 불가사의한 수많은 중생을 성숙하게 하는 해탈문을 얻었고,

고당보조(高幢普照) 주산신은 일체중생의 마음에 좋아하는 바를 관찰하여 육근을 단엄, 청정하게 하는 해탈문을 얻었고,

이진보계(離塵寶髻) 주산신은 끝없는 겁 동안 부지런히 정진하여 게으르지 않은 해탈문을 얻었고,

광조시방(光照十方) 주산신은 끝없는 공덕의 광명으로 중생을 널리 깨닫게 하는 해탈문을 얻었고,

대력광명(大力光明) 주산신은 스스로 성숙하고 다시 중생에게 어리석은 행을 떠나게 하는 해탈문을 얻었고,

위광보승(威光普勝) 주산신은 중생의 모든 고통 남김없이 뽑아주는 해탈문을 얻었고,

미밀광륜(微密光輪) 주산신은 교법의 광명을 연설하여 모든 여래의 공덕을 나타내는 해탈문을 얻었고,

보안현견(普眼現見) 주산신은 모든 중생에게 꿈속에서까지 선근을 키워주는 해탈문을 얻었고,

금강견고안(金剛堅固眼) 주산신은 그지없는 큰 이치의 바다를 나타내는 해탈문을 얻었다.

◉ 疏 ◉

一은 寂而常照라 故光無不闡이라

제1 보봉개화 주산신. 고요하면서도 항상 비추기에 광명을 밝히지 않음이 없다.

二는 相光熟機는 皆慈善根力이니 如涅槃廣明이라

제2 화림묘계 주산신. 서로의 광명으로 근기를 성숙시켜주는 것은 모두 자비 선근의 힘이다. 열반의 광대한 광명과 같다.

三은 修因嚴根은 本爲順物이라 故矚蓮目而欣樂이오 覩月面而歡心이오 或見諸根이 一一皆周法界이면 喜亦深矣라

제3 고당보조 주산신. 보살행을 닦고 근기를 장엄하는 것은 본래 중생을 따르기 위함이다. 이 때문에 부처님의 눈을 보고서 기뻐하고, 달과 같은 부처님 얼굴 뵈면서 마음에 환희하고, 혹은 부처님의 모든 선근이 낱낱이 모두 법계에 두루 함을 보면 즐거움이 또한 깊다.

四는 如空不染이라 故長劫無怠니라

제4 이진보계 주산신. 허공처럼 물들지 않기에 오랜 세월 동안 게으름이 없다.

五는 癡故로 長眠이니 唯福智之能覺이라

제5 광조시방 주산신. 어리석은 까닭에 오랫동안 깊은 잠을 자는 것이다. 오직 복과 지혜만이 깊은 잠에서 깨워줄 수 있다.

次三은 可知라

제6 대력광명 주산신, 제7 위광보승 주산신, 제8 미밀광륜 주산신. 이는 설명하지 않아도 알 수 있다.

九는 若睡若寤에 皆令聞法進行이면 斯爲佛業이라 如大瓔珞經說에 過去有佛이 凡欲說法이면 令大衆眠하고 夢中說法하야 令增善根하야 覺得道果라 涅槃에 亦云 其人夢中에 見羅刹像等이라하시니 亦表萬法皆夢이라 大夢之夜에 必有大覺之明이라【鈔_ 涅槃에 亦云"其人夢中

에 見羅刹像이라"하니 卽當第九如來性品에 "迦葉菩薩이 白佛言하되 世尊이시여 云何未發菩提心者 得菩提因잇가 佛告迦葉하사되 若有聞是大涅槃經하고 言我不用發菩提心이라하야 誹謗正法이면 是人은 卽於夢中에 見羅刹像하야 心中怖懼라 羅刹이 語言호되 '咄! 善男子여 汝今若不發菩提心이면 當斷汝命호리라 是人이 惶怖하야 寤已에 卽發菩提之心이라 是人 命終에 若在三趣와 及在人天에 續復憶念菩提之心하리라 當知하라 是人을 名大菩薩摩訶薩也라하노라"】

제9 보안현견 주산신. 잠들었거나 깨었거나 모두 법을 듣고서 닦아나가면 이것이 부처님이 될 수 있는 업이 된다. 대영락경에 이르기를, "과거에 부처님이 설법하고자 하면 대중들을 잠들게 하고서 꿈속에 설법하여 선근을 키워주어 잠에서 깨어날 적에 도과를 얻게 한다."고 하였고, 열반경에 또한 이르기를, "그 사람이 꿈속에서 나찰의 모습 등을 보았다."고 하니 이 또한 모든 법이 모두 꿈임을 나타낸 것이다. 깊은 꿈속 기나긴 밤에 반드시 大覺의 밝음이 있다. 【초_ "열반경에 또한 이르기를, 그 사람이 꿈속에서 나찰의 모습 등을 보았다."는 것은 열반경 제9 여래성품에 다음과 같이 말하였다.

가섭 보살이 부처님에게 아뢰었다.

"세존이시여! 어떻게 하면 보리심을 일으키지 않은 자가 보리의 인을 얻을 수 있습니까?"

부처님께서 가섭 보살에게 일러주셨다.

"만약 이 대열반경을 듣고서 나는 보리심을 일으킬 것이 없다고 말하며 바른 법을 비방하면 그 사람은 곧 꿈속에서 나찰의 모습을 보고 마음속에 두려움을 가지게 될 것이다. 나찰이 그에게 '쯧쯧 선남자여! 그대가 오늘 만약 보리심을 일으키지 않는다면 너의 목숨을 빼앗아 가리라.'고 말하면 그는 두려운 마음에 잠을 깨자마자 곧 보리의 마음을 일으키게 된다. 그 사람의 목숨이 다하여 三惡趣나 인간이나 천상 그 어디에 있든 줄곧 다시 보리심을 생각하게 될 것이다. 마땅히 알라. 그런 사람을 대보살마하살이라고 말하노라."】

十은 稱性法門으로 無邊大義를 一音能演이 是出現也라

제10 금강견고안 주산신. 자성에 걸맞은 법문으로 한량없는 큰 이치를 부처님의 음성으로 연설하는 것이 '출현'이다.

經

爾時에 開華帀地主山神이 承佛威力하사 普觀一切主山神衆하고 而說頌言하사대

그때 개화잡지 주산신이 부처님이 지닌, 헤아릴 수 없는 영묘하고도 불가사의한 힘을 받들어 일체 주산신 대중을 두루 살펴보고 게송으로 말씀드렸다.

제1 보봉개화 주산신의 게송

經

往修勝行無有邊일세 今獲神通亦無量이라
法門廣闢如塵數하사 悉使衆生深悟喜로다

    옛적에 닦은 훌륭한 행 그지없고
    지금 얻은 신통 또한 한량없네
    티끌의 수효만큼 법문 널리 열어
    일체중생 깊이 깨달음 주시네

    제2 화림묘계 주산신의 게송

經

衆相嚴身徧世間이여 毛孔光明悉淸淨하사
大慈方便示一切케하시니 華林妙髻悟此門이로다

    몸을 장엄한 온갖 모습 세간에 두루 함이여
    모공의 광명까지 모두 청정하여
    대자비 방편으로 일체중생 보이시니
    화림묘계신이 이런 해탈문 깨달았네

    제3 고당보조 주산신의 게송

佛身普現無有邊이여 十方世界皆充滿하사

諸根嚴淨見者喜하니　　　**此法高幢能悟入**이로다

　　부처님의 몸 그지없이 널리 나타나
　　시방세계 모두 충만하여
　　육근이 단엄 청정하여 보는 이들 기뻐하니
　　고당신이 이런 법문 깨달았네

　　제4 이진보계 주산신의 게송

經

歷劫勤修無懈倦이여　　　**不染世法如虛空**하사
種種方便化群生하시니　　**悟此法門名寶髻**로다

　　오랜 세월 게으름 없이 부지런히 닦으시어
　　세간 법에 물들지 않음 허공 같아
　　갖가지 방편으로 중생 교화하시니
　　이런 법문 깨달은 보계신일세

　　제5 광조시방 주산신의 게송

經

衆生盲暗入險道어늘　　　**佛哀愍彼舒光照**하사
普使世間從睡覺케하시니　**威光悟此心生喜**로다

　　중생이 눈 어두워 험한 길 접어드니

부처님 안쓰러워 광명을 비춰주어
세간중생 잠에서 깨워주시니
위광신이 이런 경계 깨닫고 기뻐하였네

제6 대력광명 주산신의 게송

經

昔在諸有廣修行하사대　　供養刹塵無數佛하사
令衆生見發大願게하시니　　此地大力能明入이로다

옛적 세상에서 널리 수행하실 때
무수한 부처님께 공양 올려
중생이 이를 보고 큰 서원 내게 하시니
대력신이 이런 경계 깨달았네

제7 위광보승 주산신의 게송

經

見諸衆生流轉苦와　　　　一切業障恆纏覆하시고
以智慧光悉滅除하시니　　此普勝神之解脫이로다

모든 중생 생사고해 윤회하고
온갖 업장 항상 뒤덮임을 보시고
지혜광명으로 모두 없애주시니

이런 경계는 보승신의 해탈문이네

　　　제8 미밀광륜 주산신의 게송

經

一一毛孔出妙音하사　　　隨衆生心讚諸佛하사대
悉徧十方無量劫하시니　　此是光輪所入門이로다

　　　낱낱 모공에 흘러나오는 미묘한 음성
　　　중생 마음 따라 부처님 찬탄하사
　　　시방 한량없는 겁에 두루 하시니
　　　이런 경계는 광륜신이 들어간 해탈문이네

　　　제9 보안현견 주산신의 게송

經

佛徧十方普現前하사　　　種種方便說妙法하야
廣益衆生諸行海하시니　　此現見神之所悟로다

　　　부처님이 시방에 두루 나타나
　　　갖가지 방편으로 미묘한 법 연설하사
　　　중생에게 이익 주는 만행의 공덕바다
　　　현견신이 이런 경계 깨달았네

제10 금강견고안 주산신의 게송

經
法門如海無邊量을　　　一音爲說悉令解하사대
一切劫中演不窮하시니　　入此方便金剛目이로다

바다처럼 한량없는 법문을
한마디로 연설하여 모두 알게 하되
일체 겁을 연설해도 다함없으시니
이런 방편 들어간 금강신이네

第十四 主地神 十法

제14. 주지신
장항 10법

經
復次普德淨華主地神은 得以慈悲心으로 念念普觀一切衆生解脫門하고
堅福莊嚴主地神은 得普現一切衆生福德力解脫門하고
妙華嚴樹主地神은 得普入諸法하야 出生一切佛刹莊嚴解脫門하고
普散衆寶主地神은 得修習種種諸三昧하야 令衆生除障垢

解脫門하고

淨目觀時主地神은 得令一切衆生으로 常遊戱快樂解脫門하고

金色妙眼主地神은 得示現一切淸淨身하야 調伏衆生解脫門하고

香毛發光主地神은 得了知一切佛功德海大威力解脫門하고
寂音悅意主地神은 得普攝持一切衆生言音海解脫門하고
妙華旋髻主地神은 得充滿佛刹離垢性解脫門하고
金剛普持主地神은 得一切佛法輪所攝持로 普出現解脫門하시니라

또한 보덕정화(普德淨華) 주지신은 자비심으로 모든 생각마다 일체중생을 널리 관찰하는 해탈문을 얻었고,

견복장엄(堅福莊嚴) 주지신은 일체중생의 복덕 힘을 널리 나타내는 해탈문을 얻었고,

묘화엄수(妙華嚴樹) 주지신은 모든 법에 널리 들어가서 일체 부처님 세계의 장엄을 만들어주는 해탈문을 얻었고,

보산중보(普散衆寶) 주지신은 갖가지 모든 삼매를 닦아 중생의 업장을 없애주는 해탈문을 얻었고,

정목관시(淨目觀時) 주지신은 모든 중생이 항상 유희하고 쾌락을 누리게 하는 해탈문을 얻었고,

금색묘안(金色妙眼) 주지신은 여러 가지 청정한 몸을 나타내어 중생을 조복하는 해탈문을 얻었고,

향모발광(香毛發光) 주지신은 일체 부처님 공덕바다의 큰 위력을 밝게 아는 해탈문을 얻었고,

적음열의(寂音悅意) 주지신은 온갖 중생의 음성바다를 널리 받아들이는 해탈문을 얻었고,

묘화선계(妙華旋髻) 주지신은 온 세계에 때를 여읜 자성[離垢性]이 충만하게 하는 해탈문을 얻었고,

금강보지(金剛普持) 주지신은 모든 부처님의 법륜이 지닌 바를 널리 나타내는 해탈문을 얻었다.

● 疏 ●

一은 念念無間하며 平等普觀하야 修慈護法이라 故得金剛之體니 金剛은 卽內照之實也라【修慈護法이라 故得金剛之體도 亦涅槃意니 彼第三問에 云호되 '云何得長壽 金剛不壞身잇가' 故以長壽品으로 答長壽問호되 '由不殺及施僧之食으로 爲因이니라 金剛身品에 答金剛不壞身問호되 '因於護法'이라 故經初에 明金剛身義하야 云 "爾時에 世尊이 復告迦葉하사되 善男子여 如來身者는 是常住身으로 不可壞身이라 金剛之身이오 非雜食身이니 卽是法身이니라" 下는 迦葉難이오 次는 如來廣答金剛身相이오 後에 迦葉徵因하야 云 '唯然이나 世尊이시여 如來法身은 金剛不壞어늘 而未能知하니 所因 云何오 佛告迦葉하사되 以能護持正法因緣이라 故得成就是金剛身이니라 迦葉이여 我於往昔에 護法因緣으로 今得成就是金剛身하야 常住不壞니라 善男子여 護持正法者는 不受五戒하고 不修威儀라도 應持刀劍弓箭矛矟하야 守護持戒

淸淨比丘니라" 此後에 廣說護法之相할새 便引"往昔에 此拘尸城에 有歡喜增益如來하니 末法之中에 覺德比丘 能師子吼로되 爲破戒比丘 刀杖所逼이니 時有國王이 名爲有德이라 與破戒比丘로 共戰이라가 時王被鏘하야 擧身周徧이어늘 覺德이 讚王한대 王聞法已에 卽便命終하야 生阿閦佛國하야 爲彼如來第一弟子하고 覺德比丘 卻後壽終에 亦生彼國하야 爲第二弟子러라" 故知能護는 功高所護니라 生公이 釋金剛身에 云"長壽之與金剛에 皆共談丈六이로되 但內外之異니 長壽는 與外應之迹이오 金剛은 與內照之實이니 實照體圓이라 故無方也라" 然則長壽金剛이 並義通內外하고 而金色示滅이라 故以實照爲常하나니 實則至妙之色이며 亦常不變矣라 然長壽는 對凡夫之夭促이오 金剛은 對凡身之危脆라 故無長無短이라야 方爲長壽오 非實非虛라야 始曰金剛이나 而推其因이면 由護法者니 護法은 令法久住오 護法身矣라 今疏文中에 言修慈護法者는 護法은 卽涅槃文이오 修慈는 卽今偈意라】

제1 보덕정화 주지신. 모든 생각에 끊어짐이 없으며 평등하게 널리 관찰하여 자비를 닦고 법을 보호하기에 금강의 몸을 얻은 것이다. 금강은 내면을 비춰주는 실법이다. 【초_ "자비를 닦고 법을 보호하기에 금강의 몸을 얻었다."는 것 또한 열반이라는 의미이다. 그 세 번째 물음에, "어떻게 하면 장수를 누려 금강처럼 부서지지 않는 몸을 얻을 수 있습니까?"라고 하였기에 장수품에서 장수의 물음에 다음과 같이 답하였다. "살생하지 않으며 스님에게 음식을 보시하는 것으로 선근의 인을 삼은 것이다." 금강신품에서 금강불괴신의 물음에 대해 "불법을 보호한 인연"이라 답하였다. 이 때문에 경의 첫 부분에 금강신의 뜻을 밝혀 다음과 같이 말하였다. "그때 세존이 다시 가섭에게 말씀하시기를, '선남자여! 여래의 몸은 항상 머무는 몸으로 부서지지 않는 몸이다. 금강의 몸이요, 잡식의 몸이 아니다. 곧 이것이 법신이다.'고 하였다."

아래는 가섭의 논란이며, 다음은 여래께서 금강신의 모습을 자세히 대답한 것이며, 훗날 가섭이 因에 대해 여쭈었던 것이다.

"그러하오나 세존이시여! 여래 법신은 금강으로 부서지지 않는 것인데 알 수 없으니, 원인이 되는 것은 어떠한 것입니까?"

부처님께서 가섭에게 말씀하셨다.

"바른 법을 보호하고 붙잡아준 인연으로 금강신이 성취된 것이다. 가섭이여! 나는 지난날 법을 보호한 인연으로 오늘날 이 금강신을 성취하여 상주하고 부서지지 않는다. 선남자여! 바른 법을 보호하고 지닌 자는 5계를 받지 않고 위의를 닦지 않았을지라도 칼, 활, 화살, 창 등을 가지고 계율을 지키는 청정비구를 수호하는 것이다."

그 뒤에 호법에 관한 모습을 자세히 말씀하실 적에 "지난날 구시성에 환희증익여래가 계셨다. 말법시대에 각덕비구가 사자후에 능했는데 파계비구의 칼과 몽둥이에 핍박을 당하였다. 당시 국왕은 덕이 있다는 명성이 있었다. 파계비구와 싸우다가 당시 왕이 온몸에 상처를 입자, 각덕비구가 왕을 찬양하였다. 왕은 그의 법문을 들으면서 숨을 거두자, 곧장 아축불국에 태어나 환희증익여래의 첫 번째 제자가 되었고, 각덕비구는 후일 수명이 다해 열반했을 적에 그 또한 그 나라에 태어나 환희증익여래의 두 번째 제자가 되었다."고 인용하였다. 이 때문에 불법을 보호하는 공덕은 보호를 받는 것보다 훌륭한 것임을 알 수 있다.

道生 스님이 금강신을 해석하여 말하기를, "長壽와 金剛에 대해 모두 장육신이라 말하지만 단 안과 밖의 차이가 있다. 장수는 밖으로 응하는 자취이며, 금강은 내면을 비추는 실상이다. 실상으로 비춰주고 본체가 원만하기에 일정한 곳이 없다."고 하였다. 그렇다면 장수와 금강이 아울러 그 뜻은 내외로 통하고, 금색의 몸도 열반을 보이는 것이다. 그러므로 실상의 비춤으로 떳떳함을 삼는다. 실상은 지극히 오묘한 색이며 또한 항상 변하지 않기 때문이다. 그러나 장수는 요절한 범부에 대해 말한 것이며, 금강은 위태롭고 연약한 범부의 대칭으로 말한 것이다. 그러므로 장수도 단명도 없어야 만이 비로소 장수라 하며, 실상도 공허한 것도 아니어야 비로소 금강이라 말할 수 있지만, 그 원인을 미루어보면 호법에 의한 것이다. 불법을 수호하는 것은 불법을 오래 머물도록 하고 법신을 보호하는 것이다. 여기 청량소에서 '修慈護法'이라 말한 '護法'은 열반경의 문장이며, '修慈'는 곧 이 게송에서 말한 뜻이다.】

二는 一毛福力에 頓現衆福이라

제2 견복장엄 주지신. 한 모공의 복력이 단번에 많은 복을 나타낸다.

三은 證入無生하야 不礙嚴剎이라

제3 묘화엄수 주지신. 無生의 도리를 증득하여 장엄 세계에 걸림이 없다.

四는 一向爲他라

　　제4 보산중보 주지신. 한결같이 남을 위한 것이다.

五는 觀機出現을 名爲游戲라

　　제5 정목관시 주지신. 중생의 근기를 보고서 몸을 나타냄을 '유희'라고 말한다.

六은 現淨惑身이라야 方調物惑이라

　　제6 금색묘안 주지신. 번뇌를 청정하게 하는 몸을 나타내어야 비로소 중생의 의혹을 조복할 수 있다.

七은 內具德海하야 現威力身이 如地含海潤하야 發生百穀이니 百穀苗稼는 皆地香毛故라

　　제7 향모발광 주지신. 안으로 덕의 바다를 구비하여 위신력의 몸을 드러내는 것은 대지가 수많은 물기를 머금고서 온갖 곡식을 낳아주는 것과 같다. 온갖 곡식의 싹은 모두 대지의 향기로운 털이기 때문이다.

八은 長行은 一言으로 盡攝無餘오 偈頌은 則一言으로 普徧無極이라

　　제8 적음열의 주지신. 장항에서는 한마디 말로 모두 받아들여 남음이 없음을 말하고, 게송에서는 한마디 말로 널리 두루 하여 다함이 없음을 말하였다.

九는 燄雲普徧하야 令物離垢로 爲性이니라

　　제9 묘화선계 주지신. 화염의 구름을 널리 펼쳐 중생으로 하여금 허물을 여의게 하는 것을 자성으로 삼는다.

十은 法能攝持心行은 如金剛之輪이오 佛則不動現世는 若須彌出海라

제10 금강보지 주지신. 법이 마음의 흐름을 거두어 지닌다는 것은 금강의 수레와 같고, 부처님이 움직이지 않고 세상에 드러나는 것은 수미산이 바다에서 나오는 것과 같다.

經

爾時에 普德淨華主地神이 承佛威力하사 普觀一切主地神衆하고 而說頌言하사대

그때 보덕정화 주지신이 부처님이 지닌, 헤아릴 수 없는 영묘하고도 불가사의한 힘을 받들어 모든 주지신 대중을 두루 살펴보고 게송으로 말씀드렸다.

◉ 疏 ◉

此下頌中에 亦有二句로 結法屬人이니 可以意得이라

이 아래의 게송에서 또한 2구로 법을 끝맺어 사람에게 부촉함이 있으니 그 뜻을 알 수 있다.

제1 보덕정화 주지신의 게송

經

如來往昔念念中에　　大慈悲門不可說이라
如是修行無有已실세　　故得堅牢不壞身이로다

여래의 지난 옛적 한 생각 한 생각이
대자비의 법문 이루 말할 수 없네
이러한 수행 끝이 없기에
견고하여 무너지지 않는 몸 얻으셨네

제2 견복장엄 주지신의 게송

經

三世衆生及菩薩의　　所有一切衆福聚를
悉現如來毛孔中하시니　福嚴見已生歡喜로다

　삼세의 중생과 보살들이
　지닌 모든 복 무더기를
　여래의 한 모공에 모두 나타내시니
　복엄신이 이런 경계 보고 기뻐하였네

제3 묘화엄수 주지신의 게송

經

廣大寂靜三摩地여　　不生不滅無來去호대
嚴淨國土示衆生하시니　此樹華神之解脫이로다

　넓고 크고 고요한 삼마지여
　나고 멸하고 오고 감이 없으나

엄정한 국토 중생에게 보이시니

이런 경계는 수화신의 해탈문이네

제4 보산중보 주지신의 게송

經
佛於往昔修諸行하사　爲令衆生消重障하시니
普散衆寶主地神이　見此解脫生歡喜로다

부처님이 지난 옛적 많은 행문 닦으시어

중생의 무거운 업장 없애주시니

보산중보 주지신이

이런 해탈문 보고 기뻐하였네

제5 정목관시 주지신의 게송

經
如來境界無邊際하사　念念普現於世間하시니
淨目觀時主地神이　見佛所行心慶悅이로다

여래의 경계 끝이 없어

생각마다 세간에 널리 나타나시니

정목관시 주지신이

부처님 만행(萬行) 보고 기뻐하였네

제6 금색묘안 주지신의 게송

經

妙音無限不思議라　　　普爲衆生滅煩惱하시니
金色眼神能了悟하야　　見佛無邊勝功德이로다

　　미묘한 음성 그지없는 불가사의여

　　중생 위해 번뇌 없애주시니

　　금색안신이 이런 법문 깨달아

　　그지없이 훌륭한 부처님 공덕 보았네

제7 향모발광 주지신의 게송

經

一切色形皆化現하사　　十方法界悉充滿하시니
香毛發光常見佛의　　　如是普化諸衆生이로다

　　여러 가지 빛과 모양으로 몸을 나타내어

　　시방의 온 법계 충만하시니

　　향모발광신이 부처님의

　　이러한 중생 교화 항상 보았네

제8 적음열의 주지신의 게송

經

妙音普徧於十方하사　　無量劫中爲衆說하시니
悅意地神心了達하야　　從佛得聞深敬喜로다

　　미묘한 음성 시방에 가득하여
　　한량없는 세월 중생 위해 설하시니
　　열의지신이 마음에 통달하여
　　부처님 법문 듣고 매우 기뻐하였네

　　제9 묘화선계 주지신의 게송

經

佛毛孔出香燄雲하사　　隨衆生心徧世間이라
一切見者皆成熟하니　　此是華旋所觀處로다

　　부처님의 모공에서 피어오른 향기구름
　　중생의 마음 따라 세간에 가득하여
　　보는 이 모두 성숙하나니
　　화선신이 이런 해탈문 보았네

　　제10 금강보지 주지신의 게송

經

堅固難壞如金剛이요　　不可傾動踰須彌라

佛身如是處世間하시니 　　**普持得見生歡喜**이로다
　　견고하여 부서지지 않는 금강이여
　　움직이지 않음이 수미산보다 더하네
　　이처럼 부처님 세간에 머무시니
　　보지신이 이런 경계 보고 기뻐하였네

一

第十五 主城神 十法
　　제15. 주성신
　　장항 10법

經

復次寶峰光曜主城神은 得方便利益衆生解脫門하고
妙嚴宮殿主城神은 得知衆生根하야 敎化成熟解脫門하고
淸淨喜寶主城神은 得常歡喜하야 令一切衆生으로 受諸福德解脫門하고
離憂淸淨主城神은 得救諸怖畏大悲藏解脫門하고
華燈燄眼主城神은 得普明了大智慧解脫門하고
燄幢明現主城神은 得普方便示現解脫門하고
盛福威光主城神은 得普觀察一切衆生하야 令修廣大福德海解脫門하고
淨光明身主城神은 得開悟一切愚暗衆生解脫門하고

香幢莊嚴髻主城神은 得破一切煩惱臭氣하고 出生一切智性香氣解脫門[13]하고
寶峰光目主城神은 得能以大光明으로 破一切衆生障礙山解脫門하시니라

또한 보봉광요(寶峰光曜) 주성신은 방편으로 중생에게 이익을 주는 해탈문을 얻었고,

묘엄궁전(妙嚴宮殿) 주성신은 중생의 근기를 알고서 교화하여 성숙하게 하는 해탈문을 얻었고,

청정희보(淸淨喜寶) 주성신은 항상 즐거워하면서 일체중생에게 여러 가지 복덕을 받게 하는 해탈문을 얻었고,

이우청정(離憂淸淨) 주성신은 온갖 두려움을 구제해주는 대자비의 창고인 해탈문을 얻었고,

화등염안(華燈焰眼) 주성신은 큰 지혜를 널리 밝게 하는 해탈문을 얻었고,

염당명현(焰幢明現) 주성신은 널리 방편으로 보여주는 해탈문을 얻었고,

성복위광(盛福威光) 주성신은 널리 일체중생을 살펴 넓고 큰 복덕의 바다를 닦게 하는 해탈문을 얻었고,

정광명신(淨光明身) 주성신은 일체 어리석은 중생을 깨닫게 하는

----

[13] 찬요의 原註에 의하면, 이 27자(香幢莊嚴髻… 香氣解脫門)는 원본에 없는 부분을 청량소에 의해 보완한 것이라고 한다.

해탈문을 얻었고,

향당장엄계(香幢莊嚴髻) 주성신은 일체 번뇌의 악취를 타파하고 일체 智性의 향기를 내어주는 해탈문을 얻었고,

보봉광목(寶峰光目) 주성신은 큰 광명으로 일체중생의 장애의 산을 깨뜨려주는 해탈문을 얻었다.

◉ 疏 ◉

有云脫第九法이라하나 十頌具足이라

어떤 이는 "제9 향당장엄 주성신의 법문이 빠졌다."고 하지만, 10편의 게송이 모두 갖춰져 있다.

一은 光等方便으로 成熟利益이라

제1 보봉광요 주성신. 광명과도 같은 방편으로 중생의 근기를 성숙시켜주고 이익을 주는 것이다.

二는 應病與藥하야 令得服行이라

제2 묘엄궁전 주성신. 병에 알맞게 약을 처방하여 이를 따라 행하게 한다.

三은 護法法存이면 則物受福德하나니 教理와 行果를 皆有護也라【鈔 教理行果皆有護也者는 有毀謗教면 不惜身命하고 折伏護持 爲護教也오 得旨契經이 便爲護理오 修行無缺이 即爲護行이니 此三若護하면 正覺果圓이니 即爲護果니라】

제3 청정희보 주성신. 법을 수호하여 법이 있으면 중생이 복덕을 받게 된다. 가르침과 이치와 수행과 불과를 모두 수호하는 것이

다.【초_ "가르침과 이치와 수행과 불과를 모두 수호한다."는 것은 부처님의 가르침을 헐뜯고 방해하는 자가 있으면 목숨을 아끼지 않고 굴복시켜 수호하여 지니는 것이 '부처님의 가르침을 수호'함이며, 종지를 얻어 경문과 하나가 되는 것이 '이치를 수호'함이며, 수행하는 데에 잘못이 없는 것이 '수행을 수호'함이다. 이 3가지를 수호하면 正覺의 과덕이 원만하게 된다. 이것이 곧 '불과를 수호'함이다.】

四는 悲救無盡을 名藏이라

제4 이우청정 주성신. 자비의 제도가 끝없는 것을 '창고'라고 말한다.

五는 了佛大智라

제5 화등염안 주성신. 부처님의 큰 지혜를 깨달음이다.

六은 方便現身이라

제6 염당명현 주성신. 방편으로 몸을 드러냄이다.

七은 同修佛德이라

제7 성복위광 주성신. 함께 부처님의 덕을 닦는 것이다.

八은 迷眞俗理라 故云愚暗이라 佛出開示하사 令其悟入하나니 本迷無始 猶若生盲이라 雖聞譬喻나 竟不識乳오 唯佛出世라야 方能曉之니라【鈔_ '本迷無始'等者는 卽涅槃經第十四와 南本十三이니 喻諸外道 不識常樂我淨일세 以四種喻로 謂貝·稻米末·雪·鶴이라 經云如生盲人이 不識乳色하야 便問他言호되 乳色 何似오 他人答言 色如白貝니라 盲人이 復問호되 是乳色者는 如貝聲耶아 答言 不也라 後問 貝

色이 爲何似耶오 答言 如稻米末이니라 盲人이 復問호되 乳色柔軟이 如稻米末耶아 稻米末者는 復何所似오 答言 如雪이라 盲人이 復問言호되 彼稻米末이 冷如雪耶아 雪復何似오 答言 猶如白鶴이니라 是生盲人이 雖聞如是四種譬喩나 竟不能得識乳眞色이라하니 釋曰 貝可喩常이오 末可喩樂이오 雪可喩淨이오 鶴可喩我라 然經中前三은 各誤領解로되 而鶴一種은 略無誤領이나 應言 如鶴動耶아 然其四喩는 皆是眼境이어늘 彼但身觸이어니 何能知耶오 非唯外道 不知四德이라 智眼未開면 空欲暗證이 如彼盲人이 觸四境也라 言唯佛出世方能曉之者는 示其出世常樂我淨하야 開其智眼하야 了見分明이라】

제8 정광명신 주성신. 진리와 세속 이치에 혼미한 까닭에 '어리석고 혼미하다.'고 말한다. 부처님이 세상에 나오시어 법문을 열어 중생으로 하여금 깨달음을 얻도록 하였다. 본래 애초부터 혼미함이 마치 타고난 장님과 같다. 아무리 비유의 법문을 들었을지라도 끝내 '우윳빛'을 알지 못하고, 오직 부처님이 세상에 나와야 비로소 깨닫게 된다. 【초_ "본래 애초부터 혼미하다." 등은 열반경 제14와 南本 13부분을 인용한 문장이다. 외도가 '常·樂·我·淨'을 알지 못하기에 4가지의 비유, 즉 조개·쌀가루·흰 눈·학을 들어 말해주었다. 열반경에서 다음과 같이 말하였다.

"어느 타고난 장님이 우윳빛을 알 수가 없어 다른 사람에게 물었다. '우윳빛은 어떠한가?' 하니, '우윳빛은 흰 조개와 같다.'고 답하였다.

장님이 '이 우윳빛은 조개와 같은가?' 하고 물으니, 다른 사람이 '아니다.'고 답하였다.

장님이 다시 물었다.

'조개 색깔은 어떠한가?' 하니, '쌀가루와 같다.'고 답하였다.

장님이 '조개 색깔의 부드러움이 쌀가루와 같은가? 쌀가루는 또 무엇과 같은가?' 하고 물으니, '하얀 눈과 같다.'고 답하였다.

장님이 다시 물었다.

'쌀가루의 차가움이 흰 눈과 같은가? 눈은 또 어떠한가?' 하니, '흰 학과 같다.'고 답하였다.

그 장님은 아무리 이처럼 4가지 종류의 비유를 들어 자세히 말해주었어도 끝내 우유의 진짜 색깔을 도저히 알아듣지 못하였다."

이에 대해 다음과 같이 해석하였다.

조개는 常에, 쌀가루는 樂에, 하얀 눈은 淨에, 학은 我에 비유한 것이다. 그러나 열반경에서 말한 비유 가운데 앞의 3가지는 장님이 모두 잘못 이해했지만, 학의 비유만큼은 조금도 잘못 이해하지 않았다. 이로 보면 이 문장은 마땅히 "학의 움직임과 같은가?"라고 바꾸어 말했어야 할 것이다. 그러나 그 4가지의 비유는 모두 眼根에 의한 視覺의 경계로 말하였다. 하지만 장님이란 볼 수 없기에 다만 몸의 감촉으로 인식하는 것인바, 어떻게 이를 알 수 있겠는가. 외도만 '상·락·아·정'의 덕을 알지 못할 뿐 아니라, 慧眼이 열리지 않으면 공연히 어리석음으로 증명하고자 함이 마치 저 장님이 4가지의 경계를 감촉하는 것과 같다.

"오직 부처님이 세상에 나와야 비로소 깨닫게 된다."는 것은,

부처님이 세상에 나오시어 '상·락·아·정'을 보여 그들의 혜안을 열어줌으로써 명료하게 볼 수 있기 때문이다.】

九는 準梵本컨대 云"香幢莊嚴髻主城神은 得破一切煩惱臭氣하고 出生一切智性香氣解脫門이라"하니 謂正使 爲臭物이오 殘習 爲臭氣오 智性 爲香體오 利物 爲香氣라 香氣는 若高山之出雲하야 稱智性而無盡이오 臭氣는 若香風之捲霧하야 等性空之無邊이라 煩惱는 則塵習雙亡이오 智慧는 則自他兼利라 有本亦具云"香髻莊嚴主城神은 得開發衆生淸淨妙智解脫門이라"하니 亦恐傳寫之脫漏耳니 義不異前이라 偈云現夢中者는 夢是神遊며 亦見聞之氣分也라 夢中尙調온 況於覺悟아 如迦旃延이 爲弟子現夢境界等이라【鈔_ 夢是神遊는 漢武故事라 昔에 漢武帝 欲試善圓夢者하야 乃詐爲夢하야 云朕夢에 見殿上兩瓦가 化鴛鴦飛去하니 是何徵耶아 圓夢者曰宮中에 必有暴死之者라 帝曰 戲之耳라 言未畢에 監司 奏云宮人相殺이니다 帝曰朕實不夢이어늘 而有徵者는 何耶오 對曰 夢은 是神遊니 陛下欲言이 卽是夢也라하다 亦見聞之氣分者는 卽智論五夢之中에 見聞多故로 爲夢也라하니 言五夢者는 一은 熱氣多故로 夢火오 二는 冷氣多에 夢水오 三은 風氣多에 飛空이오 四는 見聞多에 入夢이오 五는 天神與夢이니 如下夢忍이라 如迦旃延爲弟子現夢者는 莊嚴論說이니 迦旃延이 有弟子하니 爲希羅王이라 捨王位出家하야 於山林中에 修道러니 有一鄰國王하니 名阿盤地라 遊獵至山이라가 其王 安寢할세 宮人이 詣比丘所러니 比丘 爲其說法한대 王覺하야 謂誘我宮人이라하고 遂鞭撻比丘어늘 比丘 痛苦하야 心生怨恨하되 我不相犯이어늘 非理見辱이라하고 遂欲還

295

家爲王伐彼한대 師勸不止한대 便言且留一宿이오 明當任去하라 卽留一宿이러니 夜中에 迦旃延이 示之以夢호되 夢見還國에 國人迎之하야 欲立爲王이어늘 與大臣商議하야 徵兵伐怨이라가 而戰敗失道하야 遂被彼擒하야 將欲刑戮할새 忽遇本師라 本師 告言호되 前苦相勸이러니 何爲不從가 此王夢中에 號訴師言호되 大師救命하소서 失聲便覺하야 悲泣白師호대 不復還家라하니 是爲迦旃延之善巧라 覺化不得이나 夢化便遂라 】

제9 향당장엄 주성신. 범본에 준하면, "향당장엄계 주성신은 일체 번뇌의 악취를 타파하고, 일체 智性의 향기를 내어주는 해탈문을 얻었다."고 하였다. 번뇌의 주체[正使][14]는 악취가 나는 물건[臭物]이라 하고, 餘薰의 습기는 악취라 하고, 지혜 성품은 향기가 나는 본체라 하고, 남을 이롭게 하는 것은 향기라 한다. 향기는 높은 산에서 피어오르는 구름과 같아서 지혜 성품에 하나가 되어 다함이 없고, 악취는 향기 바람을 거둬 가는 안개와 같아서 實性이 空한 것처럼 그 또한 그지없다. 번뇌는 객진과 습기를 함께 버려야 하고, 지혜는 나와 남이 모두 이로운 것이다.

어느 책에서는 또한 구체적으로 이르기를, "향계장엄 주성신은 중생의 청정 미묘한 지혜를 열어주는 해탈문을 얻었다."고 한다. 이 또한 아마 서로 옮겨 베껴 쓰는 과정에서 빠뜨린 것 같다. 그 의

....

14 번뇌의 주체[正使] : 번뇌의 餘薰을 習氣라고 하는 것에 비해, 그 주체를 '正'이라 하고, 번뇌는 중생을 몰아서 삼계에 유전하게 하므로 '使'라 한다.

미는 앞과 다르지 않다. 게송에서 "꿈속에 보인다."는 것은, 꿈이란 정신이 노니는 것이며, 또한 見聞의 氣分이다. 꿈속에서도 오히려 조복하는 것인데 하물며 잠 깨어 있을 적에야 오죽하겠는가. 迦斿延이 제자를 위해 꿈속에 경계를 나타낸 것과 같다.【**초**_"꿈이란 정신이 노니는 것이다."는 한 무제의 고사이다. 옛적에 한 무제가 解夢 잘하는 이를 시험하고자, 거짓 꿈 이야기를 지어내어 말하였다.

"나의 꿈에 궁전 위 두 기왓장이 원앙새로 변신하여 날아가는 것을 보았다. 이것은 무슨 징조인가?"

"궁중에 반드시 갑자기 죽은 자가 있을 것입니다."

"농담을 한 것이다."

무제의 말이 채 끝나기도 전에 감사가 "궁인들이 서로 죽였다."고 아뢰었다.

"나는 실제 꿈을 꾸지도 않았는데 이런 사실이 나타난 것은 무슨 까닭인가?"

"꿈은 정신이 노니는 것입니다. 폐하의 말씀이 곧 꿈입니다."

"또한 見聞의 氣分이다."는 것은 대지도론 권6에서 말한 5가지의 꿈 가운데, "보고 들은 것이 많은 까닭에 꿈을 꾸는 것이다."고 하였다. 5가지의 꿈이란 첫째는 열기가 많은 까닭에 불의 꿈을 꾸고, 둘째는 냉기가 많은 까닭에 물의 꿈을 꾸고, 셋째는 風氣가 많은 까닭에 허공에 나는 꿈을 꾸고, 넷째는 보고 들은 것이 많아 꿈을 꾸고, 다섯째는 天神이 알려주는 꿈이니 또한 아래에서 말한 가전연의 현몽과 같다.

"가전연이 제자를 위해 현몽하였다."는 것은 대장엄론에서 말한 고사이다. 가전연에게 제자가 있었는데 '희라왕'이었다. 왕위를 버리고 출가하여 산림 속에서 수행하는 비구가 되었는데, 이웃 나라 아반지라는 국왕이 있었다. 사냥을 하려고 이 산을 찾아왔다. 때마침 피곤에 지친 왕이 잠시 눈을 붙였는데, 궁녀들이 비구 처소를 찾아가자 비구가 그들을 위해 설법을 하였다. 아반지왕이 잠을 깨어 이런 사실을 알고서 "나의 궁녀를 유인했다." 하고서 마침내 비구에게 채찍질을 하였다. 비구는 고통스러워하며 마음에 원한을 품고서, "내가 잘못한 게 없는데 억울하게 욕을 보았다." 하고 마침내 본국으로 돌아가 왕이 되어 아반지왕을 정벌하고자 하였다.

가전연 스님이 이를 만류했지만 희라왕은 그만두지 않았다. 스님은 어쩔 수 없이 말하기를, "하룻밤을 묵고 내일 가도록 하라."고 하였다. 희라왕은 스님의 말에 따라 하룻밤을 묵게 되었다. 밤중에 가전연이 그의 꿈속에 나타나 보여주었다.

희라왕의 꿈에 본국으로 돌아가니 나라 사람이 영접하여 왕으로 세웠다. 대신들과 상의하여 병사를 모아 원수를 정벌하다가 패전하여 길을 잃고 마침내 그들에게 생포되어 머지않아 처형을 당하게 되었을 적에 문득 가전연 스님을 만났다. 스님이 왕에게 말하였다. "지난번 그렇게 권했는데도 어찌하여 따르지 않았는가." 왕이 꿈속에서 스님에게 하소연하였다. "스님! 제 목숨을 구해주소서."

희라왕은 헛소리를 하면서 잠에서 깨어나 울면서 스님에게 말하고 다시는 환속하지 않았다.

이는 가전연의 좋은 방편으로 그를 교화한 것이다. 잠 깨어 있을 적에는 교화할 수 없었지만 꿈속에서의 교화로 마침내 가르침을 이룬 것이다.】

十은 二障五蓋 重疊如山이니 非智光明이면 莫之能破라

제10 보봉광목 주성신. 중생은 번뇌장·소지장, 그리고 탐욕·화냄·수면·들뜸·걱정 5가지 장애가 태산처럼 첩첩이 쌓여 있다. 지혜광명이 아니면 이를 파괴할 수 없다.

經

爾時에 寶峰光曜主城神이 承佛威力하사 普觀一切主城神衆하고 而說頌言하사대

그때 보봉광요 주성신이 부처님이 지닌, 헤아릴 수 없는 영묘하고도 불가사의한 힘을 받들어 모든 주성신 대중을 두루 살펴보고 게송으로 말씀드렸다.

제1 보봉광요 주성신의 게송

經

導師如是不思議라　　　光明徧照於十方하사
衆生現前悉見佛하니　　教化成熟無央數로다

　부처님 이처럼 불가사의여
　광명이 시방에 두루 비쳐

중생이 눈앞에서 부처님 뵈니
교화하여 성숙함이 한량없네

제2 묘엄궁전 주성신의 게송

經

諸衆生根各差別을　　佛悉了知無有餘하시니
妙嚴宮殿主城神이　　入此法門心慶悅이로다

중생의 근기 각기 달라도
부처님 남김없이 모두 아시니
묘엄궁전 주성신이
이런 법문 들어가 기뻐하였네

제3 청정희보 주성신의 게송

經

如來無量劫修行에　　護持往昔諸佛法하사
意常承奉生歡喜하시니　妙寶城神悟此門이로다

여래가 한량없는 세월 수행하여
과거 제불 법문 보호하고
항상 받들어 섬기며 기뻐하시니
묘보성신이 이런 법문 깨달았네

제4 이우청정 주성신의 게송

經

如來昔已能除遣   **一切衆生諸恐怖**하고
而恆於彼起慈悲하시니   **此離憂神心悟喜**로다

   여래가 예전에 일체중생의
   온갖 공포심을 없애주시고
   그들에게 항상 자비심 일으켜주시니
   이우신이 이런 경계 깨닫고 기뻐하였네

제5 화등염안 주성신의 게송

經

佛智廣大無有邊이라   **譬如虛空不可量**이어늘
華目城神斯悟悅하야   **能學如來之妙慧**로다

   부처님의 광대한 지혜 끝이 없어
   허공처럼 헤아릴 수 없는데
   화목성신이 이런 법문 깨달아
   여래의 미묘한 지혜 배웠네

제6 염당명현 주성신의 게송

經

如來色相等眾生하사 隨其樂欲皆令見케하시니
燄幢明現心能悟하야 習此方便生歡喜로다

    여래의 색상 중생에게 평등하사
    그들의 염원 따라 모두 보여주시니
    염당명신이 마음으로 깨달아
    이런 방편 익히며 기뻐하였네

    제7 성복위광 주성신의 게송

經

如來往修眾福海하사대 淸淨廣大無邊際하시니
福德幢光於此門에 觀察了悟心欣慶이로다

    여래가 지난 옛날 온갖 복전 닦으시어
    청정하고 광대함이 끝없으니
    복덕당광신이 이런 해탈문
    살펴보고 깨달아 마음 기뻐하였네

    제8 정광명신 주성신의 게송

經

眾生愚迷諸有中하야 如世生盲卒無覩어늘

佛爲利益興於世하시니　　**淸淨光神入此門**이로다

　중생이 어리석어 온갖 세상에

　세간의 장님처럼 볼 수 없는데

　부처님이 그들 위해 세간에 나오시니

　청정광신이 이런 해탈문 들어갔네

　제9 향당장엄 주성신의 게송

經

如來自在無有邊이여　　**如雲普徧於世間**하사
乃至現夢令調伏하시니　　**此是香幢所觀見**이로다

　여래의 그지없는 자재함이여

　구름처럼 세간 두루 하고

　꿈속까지 나타나 조복하시니

　향당신이 자재함 보았네

　제10 보봉광목 주성신의 게송

經

衆生癡暗如盲瞽하야　　**種種障蓋所纏覆**어늘
佛光照徹普令開하시니　　**如是寶峰之所入**이로다

　중생의 어리석음 장님 같아서

갖가지 장애 덮이었는데

부처님 광명 비춰 열어주시니

이런 해탈문 보봉신이 들어갔네

第十六道場神十一法

제16. 도량신

장항 11법

經

復次淨莊嚴幢道場神은 得出現供養佛廣大莊嚴具誓願力解脫門하고

須彌寶光道場神은 得現一切衆生前하야 成就廣大菩提行解脫門하고

雷音幢相道場神은 得隨一切衆生心所樂하야 令見佛於夢中하야 爲說法解脫門하고

雨華妙眼道場神은 得能雨一切難捨衆寶莊嚴具解脫門하고

淸淨燄形道場神은 得能現妙莊嚴道場하야 廣化衆生하야 令成熟解脫門하고

華纓垂髻道場神은 得隨根說法하야 令生正念解脫門하고

雨寶莊嚴道場神은 得能以辯才로 普雨無邊歡喜法解脫

門하고

勇猛香眼道場神은 得廣稱讚諸佛功德解脫門하고

金剛彩雲道場神은 得示現無邊色相樹로 莊嚴道場解脫門하고

蓮華光明道場神은 得菩提樹下에 寂然不動하고 而充徧十方解脫門하고

妙光照曜道場神은 得顯示如來種種力解脫門하시니라

또한 정장엄당(淨莊嚴幢) 도량신은 부처님께 공양하는 광대한 장엄구를 나타내는 서원의 힘인 해탈문을 얻었고,

수미보광(須彌寶光) 도량신은 모든 중생 앞에 나타나 넓고 큰 보리행을 성취하는 해탈문을 얻었고,

뇌음당상(雷音幢相) 도량신은 일체중생의 마음에 좋아하는 바를 따라 꿈속에서도 부처님을 친견하여 설법을 듣는 해탈문을 얻었고,

우화묘안(雨華妙眼) 도량신은 여러 가지 내놓기 어려운 온갖 보배와 장엄구를 비 내리듯 하는 해탈문을 얻었고,

청정염형(淸淨燄形) 도량신은 미묘하게 장엄된 도량을 나타내어 중생을 널리 교화하고 제도하여 성숙하게 하는 해탈문을 얻었고,

화영수계(華纓垂髻) 도량신은 중생의 근기 따라 설법하여 바른 생각을 내게 하는 해탈문을 얻었고,

우보장엄(雨寶莊嚴) 도량신은 변재로써 그지없이 환희의 법을 내려주는 해탈문을 얻었고,

용맹향안(勇猛香眼) 도량신은 널리 모든 부처님 공덕을 칭찬하는

해탈문을 얻었고,

　　금강채운(金剛彩雲) 도량신은 그지없는 색상의 나무로 도량의 장엄을 나타내는 해탈문을 얻었고,

　　연화광명(蓮華光明) 도량신은 보리수 아래에서 고요히 움직이지 않은 채, 시방에 두루 하는 해탈문을 얻었고,

　　묘광조요(妙光照曜) 도량신은 여래의 갖가지 힘을 나타내 보이는 해탈문을 얻었다.

◉ 疏 ◉

一은 出現字 兩用이니 謂有佛出現이니 卽出現莊嚴具而爲供養이라 佛昔如是오 神以大願으로 倣之라

　　제1 정장엄당 도량신. '출현'이라는 글자를 두 차례 사용하였다. 이는 부처님의 출현을 말한다. 곧 장엄구를 출현하여 공양한 것이다. 부처님이 옛적에 이와 같았고, 도량신이 큰 서원으로 이를 본받은 것이다.

二는 對物成行하야 令物倣之니 施爲行先이라 故偈에 偏擧라

　　제2 수미보광 도량신. 중생을 대하여 수행을 이루어 중생으로 하여금 본받게 함이니 보시는 만행의 급선무이기에 게송에서 그 하나만을 열거한 것이다.

三은 夢覺皆化면 則時處俱徧이라

　　제3 뇌음당상 도량신. 자나깨나 모두 교화를 하는 것은 때와 장소를 가리지 않고 모두 두루 한 것이다.

四는 外寶內眼을 重重難捨어늘 爲物捨行이라 故云能雨라

제4 우화묘안 도량신. 밖으로 귀중한 보배와 안으로 머리 눈 뇌 등을 거듭 버리기 어렵지만 중생을 위해 보시행을 베푼 것이기에 '비 내리듯 쏟아낸다.'고 말한다.

五는 淸淨焰形神은 前列中無라 謂色相道場을 俱妙莊嚴이 並爲熟物이라

제5 청정염형 도량신. 청정염형 도량신은 앞에서 열거한 명단에는 그 이름을 찾아볼 수 없다. 색상과 도량을 모두 미묘하게 장엄한 것이 아울러 중생의 근기를 성숙시키는 것이다.

六은 疑境界者는 以唯心으로 爲正念이오 疑法性者는 以無得으로 爲正念이나 實則無正無邪라 方稱曰正이오 無念不念이 是眞念矣니라 諸念不生이라야 正念方生耳라 故隨根雨法이라야 斷疑生智니라

제6 화영수계 도량신. 경계를 의심한 자는 오직 마음으로 바른 생각을 삼고, 법성을 의심한 자는 얻음이 없는 것으로 바른 생각을 삼지만, 實性에 있어서는 바름도 삿됨도 없어야 비로소 바르다 말할 수 있고, 생각도 생각하지 않음도 없어야 만이 이것이 참된 생각이다. 모든 생각이 일어나지 않아야 비로소 바른 생각이 일어나게 된다. 이 때문에 근기를 따라 법의 비를 내려야만 의심을 끊고 지혜가 생겨나게 하는 것이다.

七은 辨才雨法하야 稱根故로 喜라

제7 우보장엄 도량신. 변재로 법의 비를 내려 근기에 맞는 까닭에 중생이 기뻐하는 것이다.

八은 深廣讚佛이라 故名實雙美라

제8 용맹향안 도량신. 깊고 넓게 부처님을 찬탄하였다. 그러므로 명칭과 실법이 모두 아름답다.

九는 樹王眷屬은 並如經初라

제9 금강채운 도량신. 나무의 권속은 아울러 화엄경 첫 부분에서 말한 보리수와 같다.

十은 卽前身徧十方而無來往이오 智入諸相하야 了法空寂也라

제10 연화광명 도량신. 곧 앞에서 말한, 몸이 시방에 두루 하지만 오고 감이 없고, 지혜가 모든 모습에 들어가 법의 공적을 밝게 깨닫는다는 뜻이다.

十一은 種種力者는 佛有無量力故오 因行亦然이니 皆嚴具顯示라 旣是道場之神이라 故得道場事中解脫이라

제11 묘광조요 도량신. '갖가지 힘'이란 부처님은 무한한 힘이 있는 까닭에 因行 역시 그러하다. 모두 장엄구를 내보여준 것이다. 이미 도량신인 까닭에 도량의 일에서 해탈을 얻음이다.

經

爾時에 淨莊嚴幢道場神이 承佛威力하사 普觀一切道場神衆하고 而說頌言하사대

그때 정장엄당 도량신이 부처님이 지닌, 헤아릴 수 없는 영묘하고도 불가사의한 힘을 받들어 모든 도량신 대중을 두루 살펴보고 게송으로 말씀드렸다.

제1 정장엄당 도량신의 게송

經
我念如來往昔時에　　　於無量劫所修行호니
諸佛出興咸供養이라　　故獲如空大功德이로다

내가 생각해보니 여래께서 지난 옛적
한량없는 세월 동안 수행하신 일
모든 부처 출현하면 공양하셨기에
허공 같은 큰 공덕 얻으셨네

제2 수미보광 도량신의 게송

經
佛昔修行無盡施하사대　　無量刹土微塵等하시니
須彌光照菩提神이　　　 憶念善逝心欣慶이로다

부처님이 옛적 그지없이 닦으신 보시행
한량없는 세계 티끌 수와 같으니
수미광조보리 도량신이
부처님 기억하고 마음 기뻐하였네

제3 뇌음당상 도량신의 게송

如來色相無有窮하사 變化周流一切刹하시며
乃至夢中常示現하시니 雷幢見此生歡喜로다

    여래의 색상 다함이 없어

    신통변화 모든 세계에 두루 하며

    꿈속까지 항상 나타나시니

    뇌당신이 이런 경계 보고 기뻐하였네

    제4 우화묘안 도량신의 게송

昔行捨行無量劫에 能捨難捨眼如海하시니
如是捨行爲衆生이여 此妙眼神能悟悅이로다

    옛적 한량없는 세월 보시를 행하여

    보시하기 어려운 눈을 보시하신 바다 같은 공덕

    이런 보시행은 모두 중생을 위하는 일이네

    묘안신이 이런 경계 깨닫고 기뻐하였네

    제5 청정염형 도량신의 게송

經
無邊色相寶燄雲으로 現菩提場徧世間하시니

燄形淸淨道場神이　　　見佛自在生歡喜로다

　　그지없는 색상의 보배불꽃구름으로
　　보리도량 현신하여 세간에 두루 하니
　　염형청정 도량신이
　　부처님의 자재경계 보고 기뻐하였네

　　제6 화영수계 도량신의 게송

經

衆生行海無有邊이어늘　　佛普彌綸雨法雨하사대
隨其根解除疑惑하시니　　華纓悟此心歡喜로다

　　중생의 행의 바다 끝없는데
　　부처님이 법의 비 가득 내려주어
　　근기와 이해 따라 의혹을 없애시니
　　화영신이 이런 경계 깨닫고 기뻐하였네

　　제7 우보장엄 도량신의 게송

經

無量法門差別義에　　　辯才大海皆能入하시니
雨寶嚴具道場神이　　　於心念念恆如是로다

　　한량없는 법문에 각기 다른 이치

바다 같은 변재로 모두 들어가니

우보엄구 도량신이

마음에 모든 생각 항상 이와 같아라

제8 용맹향안 도량신의 게송

> 經

於不可說一切土에　　　**盡世言辭稱讚佛**이라
故獲名譽大功德하시니　**此勇眼神能憶念**이로다

말할 수 없는 수많은 세계

온갖 세상 말로 부처님 칭찬하니

이로 얻은 명예로운 큰 공덕이여

용안신이 이런 경계 기억하였네

제9 금강채운 도량신의 게송

> 經

種種色相無邊樹를　　　**普現菩提樹王下**하시니
金剛彩雲悟此門하야　　**恒觀道樹生歡喜**로다

갖가지 색상의 그지없는 나무를

보리수 아래에 널리 나타내시니

금강채운신이 이런 해탈문 깨달아

진리 나무 항상 보며 기뻐하였네

제10 연화광명 도량신의 게송

> 經

十方邊際不可得이어늘　　**佛坐道場智亦然**하시니
蓮華步光淨信心이　　　　**入此解脫深生喜**로다

　　시방세계 그 끝을 알 수 없는데
　　부처님 머무신 도량, 지혜 또한 그러하니
　　연화보광신이 청정한 신심으로
　　이런 해탈문 들어가 기뻐하였네

제11 묘광조요 도량신의 게송

> 經

道場一切出妙音하야　　**讚佛難思淸淨力**과
及以成就諸因行하시니　**此妙光神能聽受**로다

　　도량 곳곳에 미묘한 음성 울려
　　부처님의 불가사의 청정한 힘과
　　여러 가지 인행(因行) 성취 찬탄하니
　　묘광신이 이런 경계 듣고 받들었네

第十七 足行神 十法
    제17. 족행신
    장항 10법

經

復次寶印手足行神은 得普雨衆寶하야 生廣大歡喜解脫門하고

蓮華光足行神은 得示現佛身이 坐一切光色蓮華座하야 令見者歡喜解脫門하고

最勝華髻足行神은 得一一心念中에 建立一切如來의 衆會道場解脫門하고

攝諸善見足行神은 得擧足發步에 悉調伏無邊衆生解脫門하고

妙寶星幢足行神은 得念念中에 化現種種蓮華網光明하야 普雨衆寶하며 出妙音聲解脫門하고

樂吐妙音足行神은 得出生無邊歡喜海解脫門하고

栴檀樹光足行神은 得以香風으로 普覺一切道場衆會解脫門하고

蓮華光明足行神은 得一切毛孔에 放光明하야 演微妙法音解脫門하고

微妙光明足行神은 得其身이 徧出種種光明網하야 普照曜

解脫門하고
積集妙華足行神은 **得開悟一切衆生**하야 **令生善根海解脫門**하시니라

또한 보인수(寶印手) 족행신은 많은 보배를 널리 비 내리듯 하여 넓고 큰 환희를 내는 해탈문을 얻었고,

연화광(蓮華光) 족행신은 부처님의 몸이 온갖 빛깔의 연꽃으로 된 자리에 앉아 보는 이를 기쁘게 하는 해탈문을 얻었고,

최승화계(最勝華髻) 족행신은 낱낱 생각 중에 모든 여래 대중이 모이는 도량을 건립하는 해탈문을 얻었고,

섭제선견(攝諸善見) 족행신은 발을 들어 걸음을 걸을 때, 그지없는 중생을 모두 조복하는 해탈문을 얻었고,

묘보성당(妙寶星幢) 족행신은 모든 생각 가운데 갖가지 연꽃그물 광명을 나타내어 온갖 보배를 널리 내려주며 미묘한 음성을 내는 해탈문을 얻었고,

낙토묘음(樂吐妙音) 족행신은 그지없는 기쁨을 낳아주는 해탈문을 얻었고,

전단수광(栴檀樹光) 족행신은 향기로운 바람으로 널리 모든 도량 대중을 깨우치는 해탈문을 얻었고,

연화광명(蓮華光明) 족행신은 온갖 모공에서 광명을 놓아서 미묘한 법음을 연설하는 해탈문을 얻었고,

미묘광명(微妙光明) 족행신은 그 몸에서 갖가지 광명그물을 두루 내어 널리 비추는 해탈문을 얻었고,

적집묘화(積集妙華) 족행신은 모든 중생을 깨우쳐서 선근의 바다를 낳아주는 해탈문을 얻었다.

◉ 疏 ◉

初二는 可知라

　제1 보인수 족행신, 제2 연화광 족행신. 이는 설명하지 않아도 알 수 있다.

三은 內則念念 安於理事오 外則處處 建立道場이라

　제3 최승화계 족행신. 안으로는 생각마다 이치와 사변이 편안하고, 밖으로는 곳곳에 도량을 세우는 것이다.

四는 擧足下足에 海印發揮오 諸有威儀 無非佛事라

　제4 섭제선견 족행신. 발을 들고 발을 딛음에 모두 해인삼매를 드러내니 모든 위의가 있는 곳에 불사 아닌 게 없다.

五는 以華以光으로 雨寶雨法이라

　제5 묘보성당 족행신. 꽃과 광명으로 보배와 법을 내려주었다.

六은 衆生無邊은 是佛化境이니 見佛聞法이라 故生歡喜라

　제6 낙토묘음 족행신. 끝없는 중생은 부처님이 교화를 베푸는 경계이다. 그들이 부처님을 뵙고 법을 들었기에 환희심이 생겨나는 것이다.

七은 圓音警物이 等栴檀之香風이니 暫一熏修에 覺身心之調順이라

　제7 전단수광 족행신. 부처님의 원만한 음성으로 중생을 경계하여 깨우치는 것이 전단나무의 향기로운 바람과 같다. 잠시 한번

향기를 맡아도 몸과 마음이 조복되고 따르게 됨을 느끼게 한다.
餘三은 可知라

　　제8 연화광명 족행신, 제9 미묘광명 족행신, 제10 적집묘화 족행신. 이는 설명하지 않아도 알 수 있다.

經

爾時에 寶印手足行神이 承佛威力하사 普觀一切足行神衆하고 而說頌言하사대

　　그때 보인수 족행신이 부처님이 지닌, 헤아릴 수 없는 영묘하고도 불가사의한 힘을 받들어 모든 족행신 대중을 두루 살펴보고 게송으로 말씀드렸다.

　　제1 보인수 족행신의 게송

經

佛昔修行無量劫에　　　　供養一切諸如來하사대
心恆慶悅不疲厭하사　　　喜門深大猶如海로다

　　부처님이 옛적 오랜 세월 수행하여
　　모든 여래에게 공양하사
　　마음이 항상 기뻐 싫어하지 않으시니
　　기쁨의 해탈문 바다처럼 깊고 크네

317

제2 연화광 족행신의 게송

經

念念神通不可量이라　　化現蓮華種種香하사
佛坐其上普遊往하시니　　紅色光神皆覩見이로다

　생각생각 신통변화 셀 수 없고
　연꽃에 갖가지 향기 물씬대는데
　부처님 그 위 앉아 두루 노니시니
　홍색광신이 이런 경계 보았네

제3 최승화계 족행신의 게송

經

諸佛如來法如是하사　　廣大衆會徧十方하시니
普現神通不可議라　　最勝華神悉明矚이로다

　모든 부처 여래의 법 이러한데
　광대한 회중 시방에 두루 하니
　불가사의 신통변화 널리 나타냄이여
　최승화신이 이런 경계 밝게 보았네

제4 섭제선견 족행신의 게송

> 經

十方國土一切處에　　　　　於中擧足若下足에
悉能成就諸群生하시니　　　此善見神心悟喜로다

　　시방국토 모든 곳에서
　　발을 들거나 내리거나
　　모든 중생 교화 성취시키나니
　　선견신이 이런 경계 깨달았네

　　제5 묘보성당 족행신의 게송

> 經

如衆生數普現身이여　　　　此一一身充法界하사
悉放淨光雨衆寶하시니　　　如是解脫星幢入이로다

　　중생의 수처럼 널리 나타낸 몸이여
　　낱낱 몸으로 법계에 충만하여
　　깨끗한 광명 놓아 온갖 보배 쏟아내니
　　이러한 해탈문 성당신이 들어갔네

　　제6 낙토묘음 족행신의 게송

> 經

如來境界無邊際라　　　　　普雨法雨皆充滿하사

衆會覿佛生歡喜하니　　　此妙音聲之所見이로다

　여래의 경계 끝이 없어
　법의 비 두루 내려 모두 충만하여
　대중이 부처님 보고 기뻐하니
　묘음성신이 이런 경계 보았네

　제7 전단수광 족행신의 게송

經

佛音聲量等虛空하사　　　一切音聲悉在中이라
調伏衆生靡不偏하시니　　如是栴檀能聽受로다

　부처님 음성 허공과 같아
　온갖 음성 그 가운데 있네
　중생을 두루 조복하시니
　전단신이 이런 경계 들었다네

　제8 연화광명 족행신의 게송

經

一切毛孔出化音하사　　　闡揚三世諸佛名하시니
聞此音者皆歡喜라　　　　蓮華光神如是見이로다

　온갖 모공에 교화의 법음 울려

삼세 부처님 이름 드날리시니
이런 법음 듣고 모두 기쁜 마음이네
연화광신이 이런 해탈문 보았네

제9 미묘광명 족행신의 게송

經
佛身變現不思議여　　步步色相猶如海하사
隨衆生心悉令見케하시니　此妙光明之所得이로다
　부처님 몸 신통변화 불가사의여
　걸음걸음 그 색상 바다 같아
　중생의 마음 따라 친견케 하시니
　묘광명신이 이런 해탈문 얻었네

제10 적집묘화 족행신의 게송

經
十方普現大神通하사　　一切衆生悉開悟하시니
衆妙華神於此法에　　　見已心生大歡喜로다
　시방에 큰 신통 널리 나타내어
　모든 중생 다 깨우치시니
　중묘화신이 이런 법문 보고

마음에 크게 기뻐하였네

第十八 身衆神 十法
제18. 신중신
장항 10법

經
復次淨喜境界身衆神은 得憶佛往昔誓願海解脫門하고
光照十方身衆神은 得光明普照無邊世界解脫門하고
海音調伏身衆神은 得大音普覺一切衆生하야 令歡喜調伏解脫門하고
淨華嚴髻身衆神은 得身如虛空하야 周徧住解脫門하고
無量威儀身衆神은 得示一切衆生諸佛境界解脫門하고
最勝光嚴身衆神은 得令一切飢乏衆生으로 色力滿足解脫門하고
淨光香雲身衆神은 得除一切衆生의 煩惱垢解脫門하고
守護攝持身衆神은 得轉一切衆生의 愚癡魔業解脫門하고
普現攝化身衆神은 得普於一切世主宮殿中에 顯示莊嚴相解脫門하고
不動光明身衆神은 得普攝一切衆生하야 皆令生淸淨善根解脫門하시니라

또한 정희경계(淨喜境界) 신중신은 부처님의 지난날 옛적 서원의 바다를 기억하는 해탈문을 얻었고,

광조시방(光照十方) 신중신은 지혜광명으로 그지없는 시방세계 널리 비추는 해탈문을 얻었고,

해음조복(海音調伏) 신중신은 큰 법음으로 모든 중생 널리 깨우쳐 기쁘게 조복하는 해탈문을 얻었고,

정화엄계(淨華嚴髻) 신중신은 몸이 허공처럼 두루 머무는 해탈문을 얻었고,

무량위의(無量威儀) 신중신은 일체중생에게 모든 부처님의 경계를 보여주는 해탈문을 얻었고,

최승광엄(最勝光嚴) 신중신은 굶주린 모든 중생에게 기색과 역량이 만족하게 하는 해탈문을 얻었고,

정광향운(淨光香雲) 신중신은 모든 중생의 번뇌의 때를 제거하는 해탈문을 얻었고,

수호섭지(守護攝持) 신중신은 모든 중생의 어리석은 마(魔)의 업을 바꿔주는 해탈문을 얻었고,

보현섭화(普現攝化) 신중신은 온갖 세주의 궁전에 장엄한 모습을 나타내 보이는 해탈문을 얻었고,

부동광명(不動光明) 신중신은 모든 중생을 널리 거두어 청정한 선근을 내게 하는 해탈문을 얻었다.

◉ 疏 ◉

一은 淨喜境界神者는 初列處에 名華髻莊嚴이오 或是名廣일새 略舉其半이어나 或梵音相類하야 譯者之誤로되 未勘梵本이라

제1 정희경계 신중신. 이는 처음 나열한 곳에서 그 명호를 '화계장엄'이라 하였다. 혹은 그 명호가 장황하여 간단하게 그 절반만을 들어 말했거나 혹은 범음이 서로 엇비슷하여 번역자가 오류를 범한 것으로 생각되지만 범본을 대조, 교감하지 못하였다.

二三은 可知라

제2 광조시방 신중신, 제3 해음조복 신중신. 이는 설명하지 않아도 알 수 있다.

四는 相卽無相이라 故如空徧住라 空非獨虛오 亦徧於色이며 住非分住면 一塵亦周니 如芥子空에 卽不可盡이니 身與法性으로 不可分故니라【鈔_ 空非獨虛者는 意云非謂無物處是虛空이니 出現品에 云 譬如虛空이 徧至一切色非色處故라 하니라 住非分住 一塵亦周者는 如來在一塵中에 亦全法界之廣大身이 皆具在故라 擧芥子空證은 已如前引이라】

제4 정화엄계 신중신. 몸의 모양이 곧 모양이 없는 몸이기에 허공처럼 두루 머문 것이다. 허공이 오직 공허한 것이 아니라, 또한 色身에 두루 하며, 머물되 분산하여 머묾이 아니면 하나의 티끌에도 또한 두루 하니 겨자씨만 한 빈틈도 곧 다할 수 없는 것과 같다. 이는 몸과 법성을 구분할 수 없기 때문이다.【초_ "허공이 오직 공허한 것이 아니다."는 그 뜻이 물체의 존재가 없는 곳이 허공

임을 말한 게 아니다. 제37 여래출현품에 이르기를, "비유하면 허공이 물질과 물질 아닌 모든 곳에 두루 이른 때문이다."고 하였다. "머물되 분산하여 머묾이 아니면 하나의 티끌에도 또한 두루 하다."라고 말한 것은 여래는 하나의 티끌 속에도 또한 법계의 광대한 몸이 모두 온전히 갖추어져 있기 때문이다. '겨자씨만 한 빈틈'을 들어 증명한 것은 이미 앞에서 인용한 것과 같다.】

五는 威儀施化에 無心頓現이 斯卽佛境이니 難以言思라

제5 무량위의 신중신. 위의로 교화를 베풂에 무심으로 단번에 드러나는 것이 곧 부처의 경계이다. 말로 표현할 수 없고 생각하기 어렵다.

六은 佛爲良田이라 出世難遇니 一興微供이면 果獲五常이어늘 略言色力이나 亦有常命·安樂·辯才니 此五皆常이라야 方云滿足이오 受報無盡이라 故悉離貧窮이라【鈔 '果獲五常'者는 疏文具列이니 卽涅槃 第二 純陀施食處說이니 下廻向施食中에 當廣明之라 '受報無盡'者는 亦純陀事니 卽三十一經이니 師子吼菩薩이 白佛言하사되 世尊이시어 如佛이 先告純陀云汝今已得見於佛性하야 得大涅槃하나니 阿耨多羅三藐三菩提는 是義 云何오 世尊이시어 如佛所說이니다 施畜生者는 得百倍報하고 乃至云施不退菩薩과 及最後身諸大菩薩과 如來 世尊이면 所得福報는 無量無邊이오 不可稱計오 不可思議니라 純陀大士 若受如是無量報者는 是報無盡이니 何時에 當得阿耨多羅三藐三菩提잇가 此下는 廣說施相이오 下는 佛答意에 云"如向難言이라 純陀報無盡者는 謂世間報라 然業有多種하니 不必定受오 隨人所造하야 愚智等殊니라" 今純陀大智는 將此施業하야 唯爲菩提와 及利衆生

이오 云何令受人天之報오 不得菩提온 況所造業과 及受果報는 皆是垂跡이니 若善若惡은 非現生後에 受是業報라 下는 廣說業有定不定과 愚智輕重이라 一切聖人은 爲壞定業하고 得輕報故로 不定之業으로 無果報等이니 則報無盡者는 是約世間이라 今疏는 爲順悉離貧窮일세 故引世間受無盡報耳오 非取彼經師子吼菩薩之難意니라】

제6 최승광엄 신중신. 부처님은 좋은 복전이다. 그러나 세상에 나오신 부처님을 만나기는 어렵다. 한차례라도 작은 공양을 올리면 그 결과로 五常(色, 力, 命, 安, 辯)을 얻게 된다. 그 가운데 간단하게 色·力만을 말했지만 또한 그 나머지 常命·安樂·辯才가 있다. 이 5가지가 모두 영원하여야 만이 비로소 '만족'이라 말하고, 받는 업보가 무궁무진하기에 모두 가난과 곤궁함을 여읠 수 있다. 【초_ "그 결과로 五常을 얻게 된다."는 것은 청량소에 구체적으로 나열되어 있다. 이는 열반경 제2에서 말한 '純陀가 음식을 보시한 부분'이다. 아래 십회향품에서 이에 대해 자세히 밝힐 것이다.

"받는 업보가 무궁무진하다."는 것 또한 순타에 관한 고사이다. 이는 열반경 제31에서 인용한 부분이다.

사자후보살이 부처님에게 아뢰었다.

"세존이시여! 부처님께서 예전에 일찍이 순타에게 말씀하시기를, '네가 지금 이미 불성을 보아 대열반을 얻었으니 아뇩다라삼먁삼보리는 이 뜻이 어떠한 것인가?'라고 하셨습니다. 세존이시여! 부처님께서 말씀하신 바와 같습니다. 축생에게 보시한 자는 백배의 과보를 얻고, 나아가 불퇴보살과 최후신제대보살과 여래세존에게 보시하면 얻은 바의 과보는 한량없고 끝이 없으며 이루 헤아려 말할 수 없으며 불가사의한 것입니다. 순타 대사가 이와 같이 한량없는 과보를 받을 수 있다는 것은 무진한 과보입니다. 어느 때에나 아뇩다라삼먁삼보리를 얻을 수 있습니까?"

이 아래 문장은 보시의 양상에 대해 자세히 설명하고 있다. 아래의 문장은 부처님께서 대답한 뜻으로 다음과 같다.

"이는 그대에게 말하기 어렵다. 순타의 무진한 과보는 세간의 과보로 말한 것이다. 그러나 업에는 여러 가지가 있다. 꼭 그 무엇으로 결정되어 받는 것이 아니다. 사람이 하는 일에 따라서 어리석은 이와 지혜로운 이들의 등급이 다른 것이다."

여기에서 순타의 큰 지혜는 이 보시의 업을 가지고서 오직 보리와 중생에게 이로움을 주기 위함이니, '어떻게 하면 인천의 과보를 받을 수 있을까?'라고 말한 것이다. 보리를 얻을 수조차 없는데 하물며 지은 업과 받은 과보는 모두 남겨진 발자취이다. 선과 악은 현생 후에 이러한 업보를 받은 것이 아니다.

아래의 문장에서 업의 定과 不定, 그리고 어리석은 이와 지혜로운 이의 경중에 대해 자세히 설명할 것이다. 일체 성인은 일정한 업을 파괴하고 가벼운 과보를 받기 때문에 부정의 업으로 과보 등이 없는 것이다. 무진한 과보라 하는 것은 세간을 가지고 말한 것이다. 이 청량소에서 말한 것은 '모두 가난과 곤궁함을 여읨'을 따른 것이다. 이 때문에 세간의 무진한 과보를 받는 부분을 인용했을 뿐, 열반경의 사자후보살이 논란한 뜻을 취한 것은 아니다.】

327

七는 齒光除垢는 表所說淨故라

제7 정광향운 신중신. 치아 광명으로 번뇌를 없애는 것은 설한 법문이 청정함을 말한다.

八은 有染於五塵이오 無慈於六趣者는 愚癡魔業也니 體五欲性하야 虛己兼亡이면 彼業斯轉이어늘 而名云守護攝持者는 善守根門하고 攝散持德이면 則遠魔矣라 然魔事惑이 不出三毒及慢하고 魔惱衆生도 不出三事니 謂上妙五欲과 及諸苦具와 爲說邪法이라 則三毒是生이니 三毒內著이 卽爲魔業이나 今守護覺察하니 魔如之何오 卽偈中解脫道也라

제8 수호섭지 신중신. 五塵(色·聲·香·味·觸)에 물듦이 있고 六趣(六道)에 자비가 없는 것은 어리석음의 마업이다. 五欲의 자성을 체득하고 자신의 몸까지 비워 모두 잊으면 저 마업이 바뀌게 되는데, 그 명호를 '守護攝持'라 말한 것은 선근의 문을 잘 지켜 산란한 마음을 거둬들이고 덕을 지니면 마군이 멀어지게 된다. 그러나 마군의 의혹이 삼독과 태만에서 벗어나지 않고, 마군이 중생을 괴롭히는 것도 3가지 일에 벗어나지 않는다. 그것은 뛰어난 오욕, 모든 고통을 주는 도구, 삿된 법을 설한 것이다. 여기에서 삼독이 발생하게 된다. 삼독이 내면에 붙어 있는 것이 마군의 일이지만, 여기에서 수호하고 살펴서 깨달으니 마군이 어찌하겠는가. 그것은 게송에서 말한 '해탈의 길'이다.

九는 此有三意니 一은 身雖周於法界나 多示爲王은 攝御自在故오 二는 八相 處於王宮하야 俯姿物故오 三은 法界菩提樹下는 法王宮故라

제9 보현섭화 신중신. 여기에는 3가지 뜻이 있다.

⑴ 몸이 법계에 두루 하지만 대부분 왕이 됨을 보여주는 것은 섭수하여 다스림이 자재한 때문이다.

⑵ 8가지 모습으로 왕궁에 계신 것은 아래로 중생에게 다가서기 때문이다.

⑶ 법계 보리수의 아래는 법왕의 궁전이기 때문이다.

十은 迷於本空이라 故有妄苦어니와 無漏는 本有일새 是淨善根이라

제10 부동광명 신중신. 본래 공함을 알지 못한 까닭에 허망한 고통이 있지만 無漏는 본래 있기에 청정한 선근이다.

爾時에 淨喜境界身衆神이 承佛威力하사 普觀一切身衆神衆하고 而說頌言하사대

그때 정희경계 신중신이 부처님이 지닌, 헤아릴 수 없는 영묘하고도 불가사의한 힘을 받들어 모든 신중신 대중을 두루 살펴보고 게송으로 말씀드렸다.

제1 정희경계 신중신의 게송

我憶須彌塵劫前에　　　　有佛妙光出興世어시늘
世尊於彼如來所에　　　　發心供養一切佛이로다

내 기억하니 수미산 티끌처럼 오랜 겁 이전
묘광부처님이 세상에 출현할 때
세존이 그 여래 처소에서
발심하여 모든 부처께 공양 올렸네

제2 광조시방 신중신의 게송

經

如來身放大光明이여　　其光法界靡不充하사
衆生遇者心調伏하니　　此照方神之所見이로다

여래의 몸으로 큰 광명 놓아
그 광명 법계에 충만하여
만나는 중생마다 그 마음 조복하니
조방신이 이런 경계 보았네

제3 해음조복 신중신의 게송

經

如來聲震十方國이여　　一切言音悉圓滿하사
普覺群生無有餘하시니　　調伏聞此心歡慶이로다

여래의 크신 법음 시방국토 진동하여
온갖 말이 모두 원만하사

중생을 남김없이 깨쳐주시니

조복신이 이런 해탈문 듣고 기뻐하였네

제4 정화엄계 신중신의 게송

經

佛身淸淨恆寂滅이여　　普現衆色無諸相하사
如是徧住於世間하시니　　此淨華神之所入이로다

　부처님의 몸 청정하고 항상 적멸하여

　온갖 색 나타내도 형상이 없네

　이처럼 세간에 두루 머무시니

　정화신이 이런 경계 들어갔네

제5 무량위의 신중신의 게송

經

導師如是不思議여　　隨衆生心悉令見하사대
或坐或行或時住하시니　　無量威儀所悟門이로다

　부처님 이처럼 불가사의여

　중생의 마음 따라 모두 보여주어

　앉거나 걷거나 혹은 머무시니

　무량위의신이 깨달은 해탈문이네

제6 최승광엄 신중신의 게송

> **經**
> **佛百千劫難逢遇**라　　　**出興利益能自在**하사
> **令世悉離貧窮苦**케하시니　**最勝光嚴入斯處**로다
>> 백천 겁에 만나기 어려운 부처님
>> 중생 이익 위해 자재로이 출현하사
>> 세간의 가난 모두 여의게 하시니
>> 최승광엄신이 이런 경계 들어갔네

제7 정광향운 신중신의 게송

> **經**
> **如來一一齒相間**에　　　**普放香燈光燄雲**하사
> **滅除一切衆生惑**하시니　**離垢雲神如是見**이로다
>> 여래의 낱낱 치아 사이로
>> 향등불 광염구름 널리 놓아
>> 모든 중생 번뇌 없애주시니
>> 이구운신이 이런 경계 보았네

제8 수호섭지 신중신의 게송

經

衆生染惑爲重障하야　　　隨逐魔徑常流轉이어늘
如來開示解脫道하시니　　守護執持能悟入이로다

　　중생의 번뇌 무거운 장애 되어
　　마군의 길을 따라 헤매는데
　　여래여, 벗어나는 길 열어주시니
　　수호집지신이 이 해탈문 깨달았네

　　제9 보현섭화 신중신의 게송

經

我觀如來自在力컨대　　　光布法界悉充滿하사
處王宮殿化衆生하시니　　此普現神之境界로다

　　내가 살펴보니 여래의 자재하신 힘
　　그 광명 법계에 가득하사
　　왕궁에 계시며 중생 교화하시니
　　이런 해탈문은 보현신의 경계여라

　　제10 부동광명 신중신의 게송

經

衆生迷妄具衆苦어늘　　　佛在其中常救護하사

333

皆令滅惑生喜心케하시니　　不動光神所觀見이로다
　　미망으로 온갖 고통 받는 중생
　　부처님 그 속에서 항상 구호하사
　　번뇌 없애주고 기쁜 마음 내주시니
　　부동광신이 이런 경계 보았네

第十九 執金剛神 十法
　　제19. 집금강신
　　장항 10법

經

復次妙色那羅延執金剛神은 得見如來의 示現無邊色相身解脫門하고
日輪速疾幢執金剛神은 得佛身一一毛가 如日輪하야 現種種光明雲解脫門하고
須彌華光執金剛神은 得化現無量身大神變解脫門하고
淸淨雲音執金剛神은 得無邊隨類音解脫門하고
妙臂天主執金剛神은 得現爲一切世間主하야 開悟衆生解脫門하고
可愛樂光明執金剛神은 得普開示一切佛法差別門하야 咸盡無遺解脫門하고

大樹雷音執金剛神은 **得以可愛樂莊嚴具**로 **攝一切樹神解脫門**하고

師子王光明執金剛神은 **得如來廣大福莊嚴聚**가 **皆具足明了解脫門**하고

密燄吉祥目執金剛神은 **得普觀察險惡衆生心**하야 **爲現威嚴身解脫門**하고

蓮華摩尼髻執金剛神은 **得普雨一切菩薩**의 **莊嚴具摩尼髻解脫門**하시니

또한 묘색나라연(妙色那羅延) 집금강신은 여래의 끝없는 색상의 몸을 나타내 보이는 해탈문을 얻었고,

일륜속질당(日輪速疾幢) 집금강신은 부처님 몸의 하나하나 터럭이 태양과 같아 갖가지 광명구름을 나타내는 해탈문을 얻었고,

수미화광(須彌華光) 집금강신은 한량없는 몸을 나타내는 큰 신통변화의 해탈문을 얻었고,

청정운음(淸淨雲音) 집금강신은 그지없는 종류의 소리를 내는 해탈문을 얻었고,

묘비천주(妙臂天主) 집금강신은 모든 세간의 주인으로 나타나 중생을 깨우치는 해탈문을 얻었고,

가애락광명(可愛樂光明) 집금강신은 모든 부처님 법의 차별 법문을 열어 보여 남김없이 모두 다하는 해탈문을 얻었고,

대수뢰음(大樹雷音) 집금강신은 사랑스러운 장엄구로 온갖 나무의 신을 거두는 해탈문을 얻었고,

사자왕광명(師子王光明) 집금강신은 여래의 넓고 큰 복으로 장엄 무더기가 구족하고 밝게 아는 해탈문을 얻었고,

밀염길상목(密焰吉祥目) 집금강신은 험악한 중생의 마음을 널리 관찰하여 위엄 있는 몸을 나타내는 해탈문을 얻었고,

연화마니계(蓮華摩尼髻) 집금강신은 널리 모든 보살의 장엄구인 마니상투를 비 내리듯 하는 해탈문을 얻었다.

● 疏 ●

一은 見如來身普現이 非別이니 豈唯凡現之處가 卽無邊相이리오 亦隨一一色相하야 皆無有邊라

제1 묘색나라연 집금강신. 여래의 몸이 널리 나타남은 별난 일이 아님을 볼 수 있다. 어찌 여래께서 출현한 곳만 곧 그지없는 모습을 지녔겠는가. 또한 하나하나의 색과 모습을 따라서도 모두 끝이 없다.

二三四는 可知라

제2 일륜속질당 집금강신, 제3 수미화광 집금강신, 제4 청정운음 집금강신. 이는 설명하지 않아도 알 수 있다.

第五神은 初卷中에 名諸根美妙어늘 今但云妙臂라하야 文義俱闕이로되 又加天主는 以現爲世主故라

제5 묘비천주 집금강신. 첫째 권에서 그 명호를 '諸根美妙'라 하였는데, 여기에서는 단 '妙臂' 두 글자로 말하여 문장과 의미가 모두 누락되었다. 그러나 또한 여기에 '天主' 두 글자를 더한 것은

화현으로 세주가 되기 때문이다.

六은 法海深奧와 槃節差別을 巧說令現하야 無有遺餘라

제6 가애락광명 집금강신. 법해의 심오함과 盤根錯節[15]의 차별을 잘 말하여 그 뜻을 모두 드러내줌으로써 더 이상 남겨진 게 없다.

七은 約神인댄 且說寶飾爲嚴하야 巧攝己衆이오 約佛方便에 相好爲嚴하야 無不攝也라

제7 대수뢰음 집금강신. 신으로 말하면 또 보배로 꾸며 장엄하여 자기 대중을 잘 받아들이도록 설하였고, 부처님의 방편으로 말하면 상호로 장엄하여 받아들이지 않음이 없다.

八은 因深故로 大福爲能嚴이오 果勝故로 德相皆明足이라

제8 사자왕광명 집금강신. 인행이 깊은 까닭에 큰 복으로 장엄하고, 과보가 훌륭한 까닭에 덕상이 모두 분명하고 구족함이다.

九는 惡은 謂十惡이오 險者는 惡之因也니 能陷自他하야 及險道故라

제9 밀염길상목 집금강신. 악은 10악[16]을 말한다. 險은 악의 원인이다. 나와 남을 빠뜨려 험한 길에 이르게 하기 때문이다.

十은 若以現文인댄 則摩尼髻는 是所雨어니와 若以義取면 此神은 名摩尼髻오 亦得髻是能雨며 一切菩薩嚴具는 是所雨니 表菩薩智光圓滿故라

···········

15 盤根錯節: 뒤얽힌 뿌리와 엉클어진 마디라는 뜻으로, 일이 얼크러져 처리하기가 몹시 힘든 것, 또는 쉽지 않은 이치를 비유한다.

16 10악: 신·구·의의 3업으로 짓는 죄를 말하며 10不善業이라고도 한다. 殺生·偸盜·邪淫·妄語·綺語·惡口·兩舌·貪慾·瞋恚·邪見 등을 말한다.

제10 연화마니계 집금강신. 만일 드러난 문장으로 보면 마니계는 비를 내려주는 대상이지만, 만일 뜻으로 취하여 말하면 이 집금강신의 이름은 '마니계'이다. 또한 상투[髻]는 비를 내려주는 주체이며, 일체 보살의 장엄구는 비를 내려주는 대상이다. 이는 보살의 지혜광명이 원만함을 나타내기 때문이다.

經

爾時에 **妙色那羅延執金剛神**이 **承佛威力**하사 **普觀一切執金剛神衆**하고 **而說頌言**하사대

그때 묘색나라연 집금강신이 부처님이 지닌, 헤아릴 수 없는 영묘하고도 불가사의한 힘을 받들어 널리 모든 집금강신 대중을 두루 살펴보고 게송으로 말씀드렸다.

제1 묘색나라연 집금강신의 게송

經

汝應觀法王하라　　　**法王法如是**시니
色相無有邊하야　　　**普現於世間**이로다

　그대는 법왕을 보라
　법왕의 법 이와 같으니
　색상이 그지없어
　세간에 널리 나타나셨네

제2 일륜속질당 집금강신의 게송

經
佛身一一一毛에 光網不思議라
譬如淨日輪이 普照十方國이로다

　부처님의 몸, 털 하나하나에
　광명의 그물 불가사의여
　마치 밝은 태양이
　시방국토 널리 비추듯 하네

제3 수미화광 집금강신의 게송

經
如來神通力이여 法界悉周徧하사
一切衆生前에 示現無盡身이로다

　여래의 신통력
　법계에 두루 하사
　모든 중생 앞에
　그지없는 몸 보여주시네

제4 청정운음 집금강신의 게송

經

如來說法音을 十方莫不聞이라
隨諸衆生類하야 悉令心滿足이로다

여래의 설법 음성
시방에 두루 들리네
중생의 무리 따라
마음에 모두 만족 주시네

제5 묘비천주 집금강신의 게송

經

衆見牟尼尊이 處世宮殿中하사
普爲諸群生하야 闡揚於大法이로다

대중은 보았네, 석가모니께서
세간 궁전에 계시면서
널리 중생을 위하여
큰 법 열어주셨네

제6 가애락광명 집금강신의 게송

經

法海漩澓處에 一切差別義를

種種方便門으로　　　　　**演說無窮盡**이로다

법의 바다 소용돌이치는 곳
여러 가지 차별의 뜻을
갖가지 방편법문으로
끝없이 연설하셨네

● 疏 ●

偈中第六에 云漩澓者는 水之漩流洄澓之處니 一 甚深故오 二 廻轉故오 三 難渡故라 法海旋澓도 亦然이라 一 唯佛能究故오 二 眞妄相循하야 難窮初後故오 三 聞空謂空이면 則沉於旋澓이오 聞有謂有 等이 皆類此知라 故云一切差別義也라하니라【鈔_ 眞妄相循 難窮初後故者는 若言先妄後眞인댄 眞則有始오 若謂先眞後妄인댄 妄由何生고 若妄依眞起인댄 眞亦非眞이라 若妄體卽眞인댄 妄亦無始라 爲破始起하야 立無始言이니 始旣不存인댄 終從何立가 無終無始인댄 豈有中間이리오 故中論에 云 "大聖之所說은 本際不可得일세 生死無有始며 亦復無有終라 若無有始終이면 中當云何有리오 是故로 於此中에 先後 共亦無라하니 眞妄 兩亡이라야 方說眞妄이니 眞妄交徹이라 何定始終이리오 聞空謂空 則沉於旋澓者는 大分深義는 所謂空也라 以空爲空이면 雖深이나 而沉矣니 餘三句도 亦然이어니와 不取空相이면 則無所沉이라 何以故오 空相不可得故니라 若復見有空이면 諸佛所不化라 故空卽有故니 有等도 亦然이라】

게송의 6번째에서 말한 漩澓이란 강물이 소용돌이치며 휘감아

도는 곳을 가리킨다.

⑴ 매우 깊기 때문이며,

⑵ 휘돌기 때문이며,

⑶ 건너기 어렵기 때문이다.

법의 바다에 소용돌이 또한 마찬가지이다.

⑴ 오직 부처님만이 궁구할 수 있기 때문이며,

⑵ 眞妄이 서로 순환하여 처음과 뒤를 궁구하기 어렵기 때문이며,

⑶ 공을 듣고서 공이라 말하면 소용돌이에 빠지고, 유를 듣고서 유라 말하는 등도 모두 이런 무리임을 미루어 알 수 있다. 이 때문에 일체 차별의 뜻이라 말한 것이다. 【초_ "眞妄이 서로 순환하여 처음과 뒤를 궁구하기 어렵기 때문"이란, 만일 앞을 妄이라 하고 뒤를 眞이라 말하면 眞이 곧 시초이고, 만일 앞을 眞이라 하고 뒤를 妄이라 말하면 망은 어디에서 발생하는가. 만일 망이 진에 의해 일어난다면 진 역시 진이 아니고, 만일 妄의 본체가 곧 진이라면 망 또한 시초가 없다. 처음 시작이라는 말을 없애기 위해 無始를 말한 것이다. 시작이 이미 존재하지 않다면 끝은 그 어디에서 세워졌으며, 끝도 없고 시작도 없다면 어찌 중간이 있겠는가.

그러므로 중론에 이르기를, "부처님이 설한 바는 근본자리[本際]를 얻을 수 없기에 생사에 시작도 없고 또한 끝도 없다. 만일 시작과 끝이 없다면 중간인들 어찌 있겠는가. 이런 까닭에 이 가운데 선후가 한가지로 또한 없다."고 하니 眞과 妄이 모두 없어야 만이

비로소 진과 망을 말할 수 있다. 진과 망이 서로 통하는데 어찌 시작과 끝이 정해져 있겠는가.

"공을 들고서 공이라 말하면 소용돌이에 빠진다."는 것은 크게 구분하면 심오한 의미는 이른바 공이다. 공을 공이라 하면 아무리 심오하더라도 법집에 빠진 것이다. 나머지 3구 또한 그러하다. 하지만 空의 相을 취하지 않으면 빠질 것도 없다. 무엇 때문인가. 空의 相이란 얻을 수 없기 때문이다. 만일 다시 공이 있는 줄 알면 모든 부처님이 교화 제도하지 못할 것이다. 그러므로 공이 곧 유이기 때문이니 有 또한 마찬가지이다.】

제7 대수뢰음 집금강신의 게송

無邊大方便으로　　　　普應十方國하시니
遇佛淨光明하면　　　　悉見如來身이로다

그지없는 큰 방편으로

시방국토 널리 응하시니

부처님의 청정한 광명을 만나면

여래의 몸 모두 볼 수 있네

제8 사자왕광명 집금강신의 게송

供養於諸佛을 　　　**億刹微塵數**하시니
功德如虛空하야 　　　**一切所瞻仰**이로다

여러 부처께 공양 올리는 일
억만 세계 티끌 수처럼
그 공덕 허공과 같아
일체중생 우러러보네

제9 밀염길상목 집금강신의 게송

神通力平等하사 　　　**一切刹皆現**이라
安坐妙道場하야 　　　**普現衆生前**이로다

신통의 힘 평등하사
모든 세계 다 나타나네
미묘한 도량에 편히 앉아
중생 앞에 널리 보여주셨네

제10 연화마니계 집금강신의 게송

經

燄雲普照明하사 　　　**種種光圓滿**하시니

法界無不及하야　　　　**示佛所行處**로다

　　화염구름 널리 밝게 비춰

　　갖가지 광명 원만하니

　　법계에 다 미치어

　　부처님 수행하신 곳 보여주셨네

◉ 疏 ◉

餘並 可知라(上來는 異生衆 竟하다)

　　나머지는 모두 설명하지 않아도 알 수 있다.(이상 이생중에 관한 부분을 끝마치다.)

세주묘엄품 제1-8 世主妙嚴品 第一之八

화엄경소론찬요 제9권 華嚴經疏論纂要 卷第九

화엄경소론찬요 제10권
華嚴經疏論纂要 卷第十

◉

세주묘엄품 제1-9
世主妙嚴品 第一之九

自下第二는 同生衆이니 文分爲三이라 初는 明普賢菩薩 得一切法門이오 次는 十普菩薩이 各得一門이오 後는 十異名菩薩이 各一法門이라 此三 各有長行及頌이라 就初普賢長行中에 二니 初는 總標所入이오 二는 別顯十門이라 今은 初라

이하로부터 제2는 함께 태어난[同生] 중생이다. 경문은 3단락으로 구분된다.

⑴ 보현보살이 일체 법문을 얻음에 대해 밝혔고,

⑵ 十普 보살이 각기 하나의 법문을 얻음에 대해 밝혔고,

⑶ 보현과 다른 이름을 지닌 10명의 보살이 각기 하나의 법문을 얻음에 대해 밝혔다.

이 3단락은 각각 장항과 게송이 있다.

"⑴ 보현보살이 일체 법문을 얻음"에 대한 장항에는 2부분이 있다.

① 법문에 들어간 바를 총괄하여 나타냈고,

② 10문을 별도로 밝힌 것이다.

이는 법문의 총괄을 밝힌 첫 부분이다.

經

復次普賢菩薩摩訶薩은 入不思議解脫門方便海하며 入如來功德海하시니

또한 보현 보살마하살은 부사의한 해탈문의 방편바다에 들어

여래의 공덕바다에 들어갔다.

◉ 疏 ◉

初二句는 先指陳法體니 言不思議者는 謂數過圖度하야 理絕言思故오 言方便海者는 謂不動眞而成事니 巧以因門契果라 故云方便이라【鈔_ 謂不動眞而成事者는 卽理事無礙로 爲方便이니 如涉有호되 不迷於空이오 巧以因契果者는 卽事事無礙之方便으로 因果交徹故라】

처음 2구는 먼저 법의 본체를 가리켜 말한 것이다. '不思議'라 말한 것은 숫자로 헤아릴 수 있는 정도를 넘어서 그 이치가 말로써 표현할 수 없고 생각조차 할 수 없기 때문이다. '方便海'라 말한 것은 眞體가 동요하지 않고 일을 성취함을 말하니, 인행의 문으로 과덕에 잘 계합하였기에 '방편'이라고 말한다. 【초_ "眞體가 동요하지 않고 일을 성취함"이란 이법계와 사법계에 걸림이 없는 것으로 방편을 삼으니 有에 관계하되 空을 혼미하지 않음과 같고, "인행의 문으로 과덕에 잘 계합하였다."는 것은 모든 일에 걸림이 없는 것으로 방편을 삼으니 인과가 서로 통한 때문이다.】

後入如來下는 辨法功能이니 謂證入因圓하야 趣入果海故라 然前後는 但明以別入總이라 故各得一解脫門이니 猶如百川 一一入海라 今은 明以總入總이니 如海入海라 故得難思解脫門이오 復稱能入爲方便海는 以普賢 是同異二衆之上首故라

뒤의 '入如來' 이하 문장은 법의 功能에 대해 논변한 것이다. 인

행이 원만한 데 들어가 불과의 바다에 다다른 때문이다. 그러나 앞뒤에는 다만 별개를 통하여 총체에 들어감을 밝힌 까닭에 각각 하나의 해탈문을 얻었다. 마치 수많은 시냇물이 낱낱이 모두 바다에 들어간 것과 같다. 하지만 여기에서는 총체로 총체에 들어감을 밝힌 것이니, 바다가 바다에 들어간 것과 같다. 이 때문에 생각하기 어려운 해탈문을 얻은 것이다. 또한 방편바다에 들어간다고 말한 것은 보현이 同生衆과 異生衆의 우두머리이기 때문이다.

二는 別顯十門하야 以彰無盡이라

둘째는 10문을 별도로 밝혀 끝이 없음을 나타냄이다.

經

所謂有解脫門하니 名嚴淨一切佛國土하야 調伏衆生하야 令究竟出離며
有解脫門하니 名普詣一切如來所하야 修具足功德境界며
有解脫門하니 名安立一切菩薩地諸大願海며
有解脫門하니 名普現法界微塵數無量身이며
有解脫門하니 名演說徧一切國土한 不可思議數差別名이며
有解脫門하니 名一切微塵中에 悉現無邊諸菩薩神通境界며
有解脫門하니 名一念中에 現三世劫成壞事며

有解脫門하니 名示現一切菩薩諸根海가 各入自境界며
有解脫門하니 名能以神通力으로 化現種種身하야 徧無邊法界며
有解脫門하니 名顯示一切菩薩의 修行法次第門으로 入一切智廣大方便이니라

이른바 해탈문이 있으니 일체 부처님의 국토를 깨끗이 장엄하고 중생을 조복하여 끝까지 생사고해에서 벗어나게 함이라 이름하며,

해탈문이 있으니 일체 여래의 처소에 널리 나아가 구족한 공덕 경계를 닦음이라 이름하며,

해탈문이 있으니 일체 보살의 지위와 모든 큰 서원의 바다를 세움이라 이름하며,

해탈문이 있으니 법계의 먼지 수와도 같은 한량없는 몸을 널리 나타냄이라 이름하며,

해탈문이 있으니 모든 국토에 두루 하는 불가사의한 수의 차별된 이름을 연설함이라 이름하며,

해탈문이 있으니 모든 티끌 속에 그지없는 모든 보살의 신통경계를 모두 나타냄이라 이름하며,

해탈문이 있으니 한 생각 속에 삼세 겁 동안 이뤄지고 파괴되는 일을 나타냄이라 이름하며,

또한 해탈문이 일체 보살의 모든 근(根)의 바다가 각각 자신의 경계에 들어감을 나타내 보임이라 이름하며,

해탈문이 있으니 신통의 힘으로 갖가지 몸을 나타내어 그지없는 법계에 두루 함이라 이름하며,

해탈문이 있으니 모든 보살의 수행하는 법과 차례의 문을 보여주어 온갖 지혜의 넓고 큰 방편에 들어감이라 부른다.

◉ 疏 ◉

一은 嚴土調生이니 謂隨所化衆生取佛土故라 一切佛土者는 豎通四土오 橫該法界니 橫豎相融이라 故一塵一刹이 皆廣大嚴淨일새 故云一切오 演最妙法일새 故令所調究竟出離니라 【鈔 豎通四土等者는 並如世界成就品이라 略言豎者댄 卽於一塵에 有四土故니 以法性之土로 爲三土體라 故本徧常이라 自受用土는 量周法界니 一如法性이오 他受用土와 及變化土는 不離上二니 猶如物影이 不離空及日光이나 而他受用과 及變化土는 隨心異見하야 亦如兩影 互相涉入이라 故一塵中에 則有四土라 橫徧法界는 卽十方一切差別國土오 橫豎相融者는 以豎融橫이면 則一塵之中에 有十方國이어니와 以橫融豎이면 則一塵四土 常徧十方이니 結成可知라】

제1, 불국토를 장엄하여 중생을 조복함이다. 교화해야 할 중생을 따라 그들에게 알맞은 불국토를 장엄함을 말한 것이기 때문이다. '일체 부처님의 국토'는 시간으로 4가지 국토(법성토, 자수용토, 타수용토, 변화토)를 통하고, 공간으로 법계를 갖추고 있다. 시간과 공간이 서로 융통하기에 하나의 티끌과 하나의 찰나까지 모두 광대하게 장엄하고 청정하다. 이 때문에 '일체'라 말하며, 최고로 미묘

한 법을 연설한 까닭에 교화해야 할 중생을 끝내 생사고해에서 벗어나게 해주는 것이다. 【초_ "시간으로 4가지 국토를 통하다."라는 것은 모두 제4 세계성취품에서 말한 바와 같다. 간략히 수직(시간)으로 말하면 하나의 티끌에 4개의 국토가 있기 때문이다. 법성토는 나머지 3국토의 본체이기에 본래 두루 떳떳한 것이다. 自受用土는 수량이 법계에 두루 하니 하나같이 법성과 같고, 他受用土와 變化土는 위의 2가지에서 떠날 수 없다. 이는 마치 물건의 그림자가 허공과 태양의 광명에서 떠날 수 없음과 같다. 하지만 타수용토와 변화토는 마음에 따라 견해를 달리하므로 또한 두 그림자가 서로 하나 되는 것과 같다. 이 때문에 하나의 티끌 속에 4가지의 국토가 있다.

"공간으로 법계를 갖추고 있다."라는 것은 곧 시방 일체 차별 국토이며, "시간과 공간이 서로 융통하다."라는 것은 시간으로 공간에 융합하면 하나의 티끌 속에 시방의 나라가 있거니와, 공간으로 시간에 융합하면 하나의 티끌 가운데 4개의 국토가 항상 시방에 두루 하다는 것이니 끝맺은 문장임을 알 수 있다.】

二는 佛徧塵道하야 詣彼修德이라야 乃了彼境이라

제2, 부처님이 미진찰토의 도에 두루 하여 저 덕을 닦는 데 이르러야 비로소 그 경계를 알 수 있다.

三은 通辨安立菩薩六種功德이니 一位 二願이오 餘四는 在偈라

제3, 보살의 6종 공덕을 세운 것에 대해 통틀어 분변함이니 (1) 지위, (2) 서원이며, 나머지 넷(十勝行, 十方便, 十眞如, 薩婆若智:一切智)은

게송에 있다.

四는 身普應機하야 演所證法이라

제4, 몸이 널리 중생의 근기에 응하여 증명해야 할 바의 법을 연설하는 것이다.

五는 國土不同하야 所敬各異라 故隨宜立稱하야 成益不空이 如名號品이라

제5, 국토가 저마다 똑같지 않아 존경하는 바가 각각 다르기에 편의에 따라 명칭을 붙여 성취하는 이익이 헛되지 않다. 이는 제7 여래명호품에서 말한 바와 같다.

六은 塵中現身하야 說菩薩行境하나

제6, 하나의 미진 속에 몸을 나타내어 보살행의 경계를 설하였다.

七은 以時隨法融하야 令三世劫과 及劫中成壞로 一念中現하야 無所障礙라 然事通能所하니 能成壞事는 謂火水及風이오 所成壞事는 天地萬象이니라

제7, 시간이 법을 따라 융합하기에 삼세의 세월과 세월 속의 수많은 생성과 괴멸들을 한 생각에 보여주는 데 걸린 바가 없다. 그러나 일은 能(주관)과 所(객관)에 통하니 생성과 괴멸의 일들을 주관하는 것은 불·물·바람이며, 생성과 괴멸의 객관 대상은 천지와 삼라만상이다.

八은 菩薩根海 雖繁廣多類로되 但能入自所知境界니 豈能測量佛無邊法이리오 則顯前來衆海는 未測佛德이어늘 普賢이 能知此理라

제8, 보살의 선근이 비록 많고 넓어 종류가 많다 하더라도 다만 자신이 아는 경계에 따라 들어갈 뿐이다. 부처님의 한량없는 법을 어떻게 헤아릴 수 있겠는가. 앞에서 말한 수많은 대중은 부처님의 덕을 헤아릴 수 없지만, 보현보살만은 이런 이치를 알고 있음을 밝힌 것이다.

九는 明如來身은 體同虛空이오 用周法界라

제9, 여래의 몸이 본체는 허공과 같고 묘용은 법계에 두루 함을 밝힌 것이다.

第十은 攝因成果라 故云一切菩薩行이 入一切智也라 妙音宣此일새 故云顯示라하니 此亦別釋標中第二句라

제10, 원인을 받아들여 결과를 이루었기에 "일체 보살행이 일체지에 들어간다."고 말한 것이다. 미묘한 음성으로 이런 도리를 말하였기에 '顯示'라고 말하니 이는 또한 總標所入(법문에 들어간 바를 총괄하여 나타냄) 제2구를 별도로 해석한 것이다.

經

爾時에 普賢菩薩摩訶薩이 以自功德으로 復承如來威神之力하사 普觀一切衆會海已하고 卽說頌言하사대

그때 보현 보살마하살이 자신의 공덕으로 다시 부처님이 지닌, 헤아릴 수 없는 영묘하고도 불가사의한 힘을 받들어 모든 대중을 두루 살펴보고 게송으로 말씀드렸다.

● 疏 ●

頌中次第는 如前十門이라

게송 가운데 차례는 앞의 10문과 같다.

제1 究竟出離 해탈문

經

佛所莊嚴廣大刹이　　　等於一切微塵數어늘
淸淨佛子悉滿中하야　　雨不思議最妙法이로다

부처님이 장엄하신 넓고 큰 세계
허공 법계 가득한 미진수와도 같은데
청정한 불자 불국토에 가득하니
불가사의 미묘한 법 내려주시네

제2 具足功德 해탈문

經

如於此會見佛坐하야　　一切塵中悉如是하니
佛身無去亦無來호대　　所有國土皆明現이로다

이 법회에 계신 부처님을 보듯이
허공 법계 세계에서 모두 볼 수 있네
부처님 법신이야 오고 가심 없지만

모든 국토에 분명히 나타나셨네

제3 安立大願 해탈문

經

顯示菩薩所修行인 **無量趣地諸方便**하시며
及說難思眞實理하사 **令諸佛子入法界**로다

　분명히 보여주신 보살의 수행법문
　지위 따라 닦아야 할 한량없는 방편이여
　생각하기 어려운 진실한 이치 연설하사
　모든 불자 법계에 들게 하셨네

제4 普現無量 해탈문

經

出生化佛如塵數하사 **普應群生心所欲**하시며
入深法界方便門하사 **廣大無邊悉開演**이로다

　미진수만큼 출현하신 화신불
　중생 마음 원하는 바 널리 감응하사
　깊은 법계 들게 하는 방편의 법문
　넓고 크고 그지없이 모두 연설하시네

제5 演說差別 해탈문

經

如來名號等世間하사　　十方國土悉充徧이라
一切方便無空過하사　　調伏衆生皆離垢로다

　　여래의 명호, 한량없는 세간처럼
　　시방국토에 두루 가득하네
　　모든 방편법문 헛됨이 없어
　　중생 조복하여 번뇌 여의어 주시네

제6 悉現神通 해탈문

經

佛於一切微塵中에　　示現無邊大神力하사
悉坐道場能演說하사대　　如佛往昔菩提行이로다

　　부처님이 일체 미진수 세계 속에
　　그지없는 큰 신통력 내보여
　　도량마다 모두 앉아 미묘 법문 연설하시네
　　예전에 닦으셨던 부처님 보리행일세

제7 一念悉現 해탈문

三世所有廣大劫을　　　佛念念中皆示現하사
彼諸成壞一切事를　　　不思議智無不了로다

　삼세 길고 긴 세월 일어났던 일들을
　부처님 한 생각에 모두 내보여
　이뤄지고 무너졌던 그 모든 삼세 일을
　불가사의 지혜로 모두 아셨네

　제8 示現各入 해탈문

佛子衆會廣無限이여　　欲共測量諸佛地호대
諸佛法門無有邊하야　　能悉了知甚爲難이로다

　불자의 대중법회 끝없는 중생
　부처님 경계 아무리 헤아리려 한들
　제불의 법문 그지없어
　이를 모두 안다는 건 매우 어렵네

　제9 化現無邊 해탈문

經

佛如虛空無分別하시며　　等眞法界無所依하사대

化現周行靡不至하사　　**悉坐道場成正覺**이로다

　부처님 허공 같아 분별없으시며

　일진(一眞) 법계 의지한 바 없지만

　모든 국토 화현하사 안 계신 곳 없이

　도량마다 모두 앉아 정각 이루시네

　제10 入一切智 해탈문

經

佛以妙音廣宣暢하사대　　**一切諸地皆明了**하야
普現一一衆生前하사　　**盡與如來平等法**이로다

　부처님 미묘 법음 널리 선양하사

　일체 모든 지위 다 아시고

　하나하나 중생 앞에 모두 나타나

　여래의 평등한 법 모두 내려주시네

⊙ 疏 ⊙

第一偈는 前半은 嚴淨佛國이오 後半은 調伏衆生이며 兼顯人法爲嚴之義라 佛子 有三하니 一者는 外子니 謂諸凡夫이 未能紹繼佛家事故오 二者는 庶子니 謂諸二乘이 不從如來大法生故라 三者는 眞子니 謂大菩薩이 從大法喜正所生故라 此言淸淨은 意顯第三이라 最妙法者는 揀非權·小이니 昔以妙法으로 淨所化心일세 故所感土에 亦有淸

淨佛子하야 來生其國하야 還雨妙法이라

제1 게송에서 제1, 2구는 불국토를 장엄하여 청정하게 함이며, 제3, 4구는 중생을 조복함과 아울러 사람과 법으로 장엄한 의의를 밝혀주었다.

佛子에는 3가지가 있다.

⑴ 外子이다. 모든 범부가 佛家의 일을 계승하지 못한 때문이다.

⑵ 庶子이다. 모든 이승이 여래의 큰 법에서 태어나지 않은 때문이다.

⑶ 眞子이다. 대보살이 큰 법의 희열로 바르게 태어난 때문이다.

여기에서 말한 청정이란 '⑶ 眞子'임을 밝힌 것이다.

最妙法이란 權敎와 소승이 아님을 구별함이니 옛적에 미묘한 법으로 교화받을 이의 마음을 청정하게 하였기에, 감응한 바 국토에도 또한 청정한 불자가 있어 그 나라에 태어나서 다시 미묘한 법을 내려주는 것이다.

二中에 前半은 明總徧別中이오 後半은 明體用無礙니 亦是總徧總中이라【鈔 前半 明總徧別中者는 然能徧·所徧은 不離依正이라 依正各二니 一은 總이오 二는 別이라 全佛 身은 爲正之總이오 一毛孔等은 爲正之別이며 一佛國土는 爲依之總이오 一微塵等은 爲依之別이라 今以前半은 佛徧塵中할새 故云總徧別中이라하다 言體用無礙者는 上句 是體니 無去來故오 下句 是用이니 現諸土故라 亦是總徧總者는 身徧國故라】

제2 게송 가운데 제1, 2구는 총체가 별개 가운데 두루 함을 밝힌 것이며, 제3, 4구는 본체와 작용에 걸림이 없음을 밝혔는바, 이 또한 총체로 총체 가운데 두루 함이다.【초_ "제1, 2구는 총체가 별개 가운데 두루 함을 밝혔다."는 것은 그러나 能徧과 所徧은 依報와 正報를 여의지 않는다. 의보와 정보가 각각 둘이 있다. 첫째는 총체이며, 둘째는 별개이다. '온전한 부처님 몸'은 정보의 총체이고, '하나의 털구멍' 등은 정보의 별개이며, '하나의 불국토'는 의보의 총체이고, '하나의 미진' 등은 의보의 별개이다. 여기에서 제1, 2구는 부처님이 미진세계 가운데 두루 나타나기에 총체가 별개 가운데 두루 하다고 말한 것이다. "본체와 작용에 걸림이 없다."는 것은 제1구는 본체이니 오고 감이 없기 때문이며, 제2구는 작용이니 모든 국토에 나타난 때문이다. "이 또한 총체로 총체 가운데 두루 하다."는 것은 부처님의 몸이 국토에 두루 한 때문이다.】

三中에 四句는 卽前四義니 一은 修十勝行이오 二는 起十方便이오 三은 所證十如오 四는 正證法界하야 成薩婆若니 地位 爲總이오 餘五 爲別이라

제3 게송 가운데 4구는 앞에서 말한 4가지 의의이다.

(1) 열 가지 수승한 행을 닦음이며,

(2) 열 가지 방편을 일으킴이며,

(3) 증득한 바의 十如이며,

(4) 바로 법계를 증득하여 살바야(sarvajña: 一切智)를 이룸이다.

지위는 총체이고 나머지 5가지는 별개이다.

四中에 前半은 普現身이오 後半은 演所證이라

제4 게송 가운데 제1, 2구는 널리 몸을 드러냄이며, 제3, 4구는 증득한 바를 연설함이다.

次四偈는 可知라

다음 제5, 6, 7, 8번의 4게송은 설명하지 않아도 알 수 있다.

九中에 初句는 智身이오 次句는 智身이 等法身이오 後二句는 化用等法身之周徧이니 略擧正覺나 實通一切라 故上云種種이라하다

제9 게송 가운데 제1구는 지혜의 몸을, 제2구는 지혜의 몸이 법신과 대등함을 말하였고, 제3, 4구는 화신의 작용이 법신의 두루함과 대등함을 말하였다. 간단하게 정각을 들어 말했지만 실제로는 일체와 통하기에, 위의 장항에서 '種種(化現種種身)'이라 말하였다.

十中에 三句는 攝因이오 後句는 成果라

제10 게송 가운데 제3구까지는 인행을 받아들임이며, 제4구는 과덕을 성취함이다.

第二. 十普菩薩 各得一門

제2. 十普 보살
각기 하나의 법문을 얻다

經

復次淨德妙光菩薩摩訶薩은 得徧往十方菩薩衆會하야 莊嚴道場解脫門하고

普德最勝燈光照菩薩摩訶薩은 得一念中에 現無盡成正覺門하야 敎化成熟不思議衆生界解脫門하고
普光師子幢菩薩摩訶薩은 得修習菩薩福德하야 莊嚴出生一切佛國土解脫門하고
普寶焰妙光菩薩摩訶薩은 得觀察佛神通境界하야 無迷惑解脫門하고
普音功德海幢菩薩摩訶薩은 得於一衆會道場中에 示現一切佛土莊嚴解脫門하고
普智光照如來境菩薩摩訶薩은 得隨逐如來하야 觀察甚深廣大法界藏解脫門하고
普覺悅意聲菩薩摩訶薩은 得親近承事一切諸佛供養藏解脫門하고
普淸淨無盡福威光菩薩摩訶薩은 得出生一切神變하야 廣大加持解脫門하고
普寶髻華幢菩薩摩訶薩은 得普入一切世間行하야 出生菩薩無邊行門解脫門하고
普相最勝光菩薩摩訶薩은 得能於無相法界中에 出現一切諸佛境界解脫門하시니라

또한 정덕묘광(淨德妙光) 보살마하살은 두루 시방의 보살 법회에 가서 도량을 장엄하는 해탈문을 얻었고,

보덕최승등광조(普德最勝燈光照) 보살마하살은 한 생각에 그지없는 정각을 이루는 법문을 나타내어 불가사의의 중생세계를 교화하

고 성숙시켜주는 해탈문을 얻었고,

　　보광사자당(普光師子幢) 보살마하살은 보살의 복덕을 닦아 모든 불국토를 장엄하게 나타내는 해탈문을 얻었고,

　　보보염묘광(普寶燄妙光) 보살마하살은 부처님의 신통경계를 관찰하여 미혹을 없애는 해탈문을 얻었고,

　　보음공덕해당(普音功德海幢) 보살마하살은 모든 회중의 도량에서 모든 부처님 세계의 장엄을 나타내 보이는 해탈문을 얻었고,

　　보지광조여래경(普智光照如來境) 보살마하살은 여래를 따라서 매우 깊고 광대한 법계 창고를 관찰하는 해탈문을 얻었고,

　　보각열의성(普覺悅意聲) 보살마하살은 모든 부처님을 친근히 하고 받들어 섬기며 공양드리는 창고의 해탈문을 얻었고,

　　보청정무진복위광(普淸淨無盡福威光) 보살마하살은 모든 신통변화를 나타내어 넓고 크게 중생을 가호하는 해탈문을 얻었고,

　　보보계화당(普寶髻華幢) 보살마하살은 널리 일체 세간의 행에 들어가 보살의 그지없는 행문을 낳아주는 해탈문을 얻었고,

　　보상최승광(普相最勝光) 보살마하살은 형상 없는 법계 속에서 모든 부처님의 경계에 출현하는 해탈문을 얻었다.

● 疏 ●

第一菩薩은 前列名中에 無요 以前與普賢으로 共爲十普어늘 今普賢別說이라 故加爲十하야 以表圓足이라

　　제1 보살은 앞에서 나열한 명호 가운데 그 이름이 없고, 앞에

보현보살과 함께 10普가 되지만, 여기에서는 보현보살을 별도로 말하고 있기에 빠져 있다. 이 때문에 이 보살을 더하여 10普의 수를 채워 원만함을 나타낸 것이다.

十中 第一은 嚴處說法을 皆名爲嚴이라

10보살 가운데 제1 정덕묘광 보살마하살은 도량 장엄과 설법을 모두 장엄이라 명명하였다.

二는 塵塵 皆成正覺하야 已爲無盡이라야 方是正覺一門이라 有如是等 無量成正覺門은 如出現品辨이라 隨所成正覺門하야 調生도 亦爾라 故云成熟不思議衆生界라하니라

제2 보덕최승등광조 보살마하살. 티끌마다 모두 정각을 이루어 이미 끝이 없어야 비로소 이는 하나의 정각 법문이라고 한다. 이와 같이 한량없는 정각을 이룬 법문은 제37 여래출현품에서 논변한 바와 같다. 정각을 이룬 법문에 따라 중생 조복 또한 마찬가지이기에 "불가사의의 중생계를 성숙시킨다."고 말한 것이다.

三은 修行福海하야 嚴出刹海라

제3 보광사자당 보살마하살. 복덕의 바다를 닦아 세계바다를 장엄하게 만들어주는 것이다.

四는 以深妙智로 觀難思境이라 故多處不迷하고 多劫不厭이라

제4 보보염묘광 보살마하살. 깊고 미묘한 지혜로 생각하기 어려운 경계를 관찰하였다. 그러므로 많은 곳에서 혼미하지 않고 오랜 세월 싫어하지 않는다.

五는 如一逝多林會에 頓現一切淨土하야 會會皆爾오 念念現殊라

제5 보음공덕해당 보살마하살. 한 서다림 법회에서 갑자기 일체 청정한 국토를 나타낸 것처럼 모든 법회마다 모두 그러하며 생각마다 다름을 나타내었다.

六은 法界含攝無盡이라 故名爲藏이라 觀佛法界之身컨대 一毛라도 卽無分限이라

제6 보지광조여래경 보살마하살. 법계는 그지없이 품어주고 받아들이기에 '창고'라 말한다. 부처님 법계의 몸을 살펴보면 하나의 터럭에도 分限이 없다.

七은 佛 昔行因에 無佛不供이러니 今成佛果에 無衆不歸니 猶如百川馳流趣海라

제7 보각열의성 보살마하살. 부처님이 옛적 인행을 행할 적에 모든 부처에게 공양 올리지 않음이 없었는데, 오늘날 불과를 이룸에 귀의하지 않는 중생이 없다. 온갖 시냇물이 다투어 바다에 흘러드는 것과 같다.

八은 徧刹充塵하야 劫窮來際는 皆佛加持之力이라

제8 보청정무진복위광 보살마하살. 국토에 두루 하고 미진수 세계에 가득하여 미래 겁까지 다한 것은 모두 부처님이 중생을 가호, 부지하신 힘이다.

九는 若無大悲하야 不入生死면 則不能出菩薩行門이라 如不入海면 安能得寶리오 此는 卽化他成己라【鈔_ 如不入海安能得寶는 卽淨名佛道品이니 譬如不下巨海면 則不能得無價寶珠라 如是不入生死大海면 則不能得一切智寶故라】

제9 보보계화당 보살마하살. 만일 큰 자비심이 없어 생사에 들어가지 않으면 보살행문을 내어줄 수 없다. 만일 바닷속에 들어가지 않으면 어떻게 보배를 얻을 수 있겠는가. 이는 곧 남을 교화하면서 자기를 완성하는 것이다.【초_ "만일 바닷속에 들어가지 않으면 어떻게 보배를 얻을 수 있겠는가."라는 것은 유마경 불도품에서 인용한 구절이다. 비유하면 큰 바다에 들어가지 않으면 값을 매길 수 없는 보배 구슬을 얻을 수 없듯이 만일 생사의 큰 바다에 들어가지 않으면 일체 지혜 보배를 얻을 수 없기 때문이다.】

十은 卽依體起用이라

제10 보상최승광 보살마하살. 곧 본체를 의존하여 작용을 일으킴이다.

經

爾時에 淨德妙光菩薩摩訶薩이 承佛威力하사 普觀一切菩薩解脫門海已하고 卽說頌言하사대

그때 정덕묘광 보살마하살이 부처님이 지닌, 헤아릴 수 없는 영묘하고도 불가사의한 힘을 받들어 모든 보살들의 해탈문 바다를 두루 살펴보고 게송으로 말씀드렸다.

제1 정덕묘광 보살마하살의 게송

十方所有諸國土를　　　　一刹那間悉嚴淨하고
以妙音聲轉法輪하사　　　普徧世間無與等이로다

　　시방의 모든 국토를
　　한 찰나 사이 모두 장엄 청정케 하고
　　미묘한 음성으로 법륜 굴리시어
　　세간에 두루 하여 이 같은 분 없네

　　제2 보덕최승등광조 보살마하살의 게송

如來境界無邊際라　　　　一念法界悉充滿하사
一一塵中建道場하야　　　悉證菩提起神變이로다

　　여래의 경계 끝없으나
　　일념 사이 법계에 충만하사
　　낱낱 티끌 속에 도량 건립하여
　　모두 보리 증득하여 신통변화 일으키네

　　제3 보광사자당 보살마하살의 게송

經

世尊往昔修諸行에　　　　經於百千無量劫토록

一切佛刹皆莊嚴하사　　　　出現無礙如虛空이로다
　　세존이 지난 옛적 수행하실 때
　　한량없는 백천 겁 지나도록
　　모든 세계 다 장엄하시고
　　걸림 없이 출현함이 허공 같아라

　　제4 보보염묘광 보살마하살의 게송

經

佛神通力無限量이여　　　　充滿無邊一切劫하시니
假使經於無量劫이라도　　　念念觀察無疲厭이로다
　　부처님 신통력 한량이 없어
　　그지없는 모든 겁에 충만하시니
　　가령 한량없는 겁 지날지라도
　　생각생각 관찰하여 싫어하지 않으리

　　제5 보음공덕해당 보살마하살의 게송

經

汝應觀佛神通境하라　　　　十方國土皆嚴淨하사
一切於此悉現前호대　　　　念念不同無量種이로다
　　그대는 보라, 부처님 신통경계

371

시방국토 모두 청정 장엄하사

모든 것을 여기에 다 나타내되

생각생각 같지 않아 그 종류 한량없네

제6 보지광조여래경 보살마하살의 게송

經
觀佛百千無量劫이라도　　**不得一毛之分限**이라
如來無礙方便門이여　　**此光普照難思刹**이로다

한량없는 백천 겁 동안 부처님 볼지라도

털끝만 한 분량도 얻지 못하네

여래의 걸림 없는 방편법문

그 광명 불가사의 세계 널리 비추네

제7 보각열의성 보살마하살의 게송

經
如來往劫在世間하사　　**承事無邊諸佛海**실새
是故一切如川鶩하야　　**咸來供養世所尊**이로다

여래가 지난 겁 동안 세간에서

그지없는 부처님 받들어 섬겼네

이 때문에 일체중생 시냇물처럼

모두 모여들어 세존 공양하였네

제8 보청정무진복위광 보살마하살의 게송

經

如來出現徧十方의　　　**一一塵中無量土**하시니
其中境界皆無量하야　　**悉住無邊無盡劫**이로다

　여래의 출현 시방국토 두루 하여

　낱낱 티끌 속에 한량없는 국토까지

　그 경계 또한 한량없어서

　그지없고 다함없는 세월 머무셨네

제9 보보계화당 보살마하살의 게송

經

佛於曩劫爲衆生하사　　**修習無邊大悲海**라
隨諸衆生入生死하사　　**普化衆會令淸淨**이로다

　부처님 지난 겁 중생을 위해

　끝없이 큰 자비바다 닦으시어

　모든 중생 따라 생사고해 들어가

　회중 널리 교화하여 청정하게 하셨네

제10 보상최승광 보살마하살의 게송

經

佛住眞如法界藏하사 **無相無形離諸垢**하사대
衆生觀見種種身하고 **一切苦難皆消滅**이로다

진여법계장에 머무신 부처님
모양 없고 형상 없고 때도 없으니
중생이 갖가지 몸을 보고서
모든 고난 모두 소멸하였네

● 疏 ●

頌文은 前已配釋이라 欲表菩薩法門互入일세 故不結法屬人이니 後段亦然이라

게송은 앞에 이미 배열하여 해석하였다. 보살과 법문이 서로 하나가 됨을 나타내고자 한 까닭에 법을 결론지어 보살에게 귀속시키지 않은 것이다. 뒤의 단락 또한 마찬가지이다.

第三 十異名菩薩 亦各一法

제3. 10명의 다른 이름의 보살
또한 각기 하나의 법문이다

復次海月光大明菩薩摩訶薩은 得出生菩薩의 諸地諸波羅蜜하야 敎化衆生하며 及嚴淨一切佛國土方便解脫門하고
雲音海光離垢藏菩薩摩訶薩은 得念念中에 普入法界種種差別處解脫門하고
智生寶髻菩薩摩訶薩은 得不可思議劫에 於一切衆生前에 現淸淨大功德解脫門하고
功德自在王淨光菩薩摩訶薩은 得普見十方一切菩薩의 初詣道場時에 種種莊嚴解脫門하고
善勇猛蓮華髻菩薩摩訶薩은 得隨諸衆生根解海하야 普爲顯示一切佛法解脫門하고
普智雲日幢菩薩摩訶薩은 得成就如來智하야 永住無量劫解脫門하고
大精進金剛臍菩薩摩訶薩은 得普入一切無邊法印力解脫門하고
香燄光幢菩薩摩訶薩은 得顯示現在一切佛의 始修菩薩行과 乃至成就智慧聚解脫門하고
大明德深美音菩薩摩訶薩은 得安住毗盧遮那의 一切大願海解脫門하고
大福光智生菩薩摩訶薩은 得顯示如來의 徧法界甚深境界解脫門하시니라

또한 해월광대명(海月光大明) 보살마하살은 보살의 모든 지위와

모든 바라밀을 내어서 중생을 교화하고 모든 부처님의 국토를 장엄 청정하게 하는 방편 해탈문을 얻었고,

운음해광이구장(雲音海光離垢藏) 보살마하살은 한 생각에 널리 법계의 갖가지 다른 법회에 들어가는 해탈문을 얻었고,

지생보계(智生寶髻) 보살마하살은 불가사의 겁 동안 모든 중생 앞에 청정 광대한 공덕을 나타내는 해탈문을 얻었고,

공덕자재왕정광(功德自在王淨光) 보살마하살은 시방 모든 보살이 처음 도량에 나아갈 때 갖가지 장엄을 널리 보여주는 해탈문을 얻었고,

선용맹연화계(善勇猛蓮華髻) 보살마하살은 중생의 근기와 이해를 따라서 모든 불법을 널리 나타내 보이는 해탈문을 얻었고,

보지운일당(普智雲日幢) 보살마하살은 여래의 지혜를 성취하여 한량없는 겁 동안 길이 머무는 해탈문을 얻었고,

대정진금강제(大精進金剛臍) 보살마하살은 일체 끝없는 법인에 널리 들어가는 힘의 해탈문을 얻었고,

향염광당(香燄光幢) 보살마하살은 현재의 모든 부처님이 처음 보살행을 닦는 일부터 지혜의 무더기를 성취하는 일까지 나타내 보이는 해탈문을 얻었고,

대명덕심미음(大明德深美音) 보살마하살은 비로자나의 모든 큰 서원의 바다에 안주하는 해탈문을 얻었고,

대복광지생(大福光智生) 보살마하살은 여래의 법계에 두루 한 매우 깊은 경계를 나타내 보이는 해탈문을 얻었다.

◉ 疏 ◉

長行中에 一得成菩薩四種方便이니 一 地位오 二 度行이오 三 調生이니 卽行位所作이오 四 嚴刹이니 通二利因果也라 或一地一度滿이오 或地地諸度滿이니 此一爲總이오 下九 皆別이라 然不出上四니 多顯調生이라

장항 가운데 제1 해월광대명 보살마하살은 4종 방편을 성취하였다.

(1) 지위,

(2) 바라밀행,

(3) 중생 조복이니 곧 지위에 따라 할 수 있는 일을 행하는 것이며,

(4) 국토를 장엄함이다.

자리이타의 인과를 통틀어 말한 것이다.

혹은 하나의 지위에 따라 하나의 바라밀이 원만하며, 혹은 모든 지위마다 모든 바라밀이 원만하니 첫째 법문은 총체이고, 아래의 아홉 법문은 모두 별개이다. 그러나 위의 4가지 법문에서 벗어나지 않는다. 대부분 중생의 조복에 대해 밝힌 것이다.

二는 謂徧轉法輪이오

제2 운음해광이구장 보살마하살. 법륜을 두루 굴림을 말한다.

三은 普示滅惑이오

제3 지생보계 보살마하살. 널리 번뇌의 소멸을 보여줌이다.

四는 普嚴場會오

제4 공덕자재왕정광 보살마하살. 널리 도량과 법회를 장엄함이다.

五는 以法隨機오

제5 선용맹연화계 보살마하살. 법으로 중생의 근기를 따름이다.

六은 爲物永存이오

제6 보지운일당 보살마하살. 중생을 위해 영원히 계심이다.

七은 法印悟物이오

제7 대정진금강제 보살마하살. 법의 도장으로 중생을 깨닫게 함이다.

八은 頓顯始終이오

제8 향염광당 보살마하살. 단번에 처음과 끝을 드러냄이다.

九는 同佛往修라

제9 대명덕심미음 보살마하살. 부처님의 지난날 수행과 같다.

十은 光顯如來難思之境이라 以偈對釋이면 文並可知라

제10 대복광지생 보살마하살. 빛으로 여래의 헤아리기 어려운 경지를 드러냄이니 게송과 대조하여 해석하면 문장 또한 설명하지 않아도 알 수 있다.

經

爾時에 海月光大明菩薩摩訶薩이 承佛威力하사 普觀一切菩薩衆莊嚴海已하고 卽說頌言하사대

그때 해월광대명 보살마하살이 부처님이 지닌, 헤아릴 수 없는

영묘하고도 불가사의한 힘을 받들어 모든 보살대중의 장엄바다를 두루 살펴보고 게송으로 말씀드렸다.

제1 해월광대명 보살마하살의 게송

經

諸波羅蜜及諸地가　　　廣大難思悉圓滿하사
無量衆生盡調伏하시며　一切佛土皆嚴淨이로다

　모든 바라밀과 모든 지위가
　광대한 불가사의 모두 원만하여
　한량없는 중생 모두 조복하시며
　모든 불국토 장엄 청정하였네

제2 운음해광이구장 보살마하살의 게송

經

如佛敎化衆生界하사대　十方國土皆充滿하야
一念心中轉法輪하사　　普應群情無不徧이로다

　부처님이 중생계 교화하듯이
　시방의 모든 국토 충만하고
　한 생각에 법륜 굴리시어
　중생에게 널리 맞춰 두루 하였네

제3 지생보계 보살마하살의 게송

> **經**
> 佛於無量廣大劫에　　普現一切衆生前하사
> 如其往昔廣修治하야　　示彼所行淸淨處로다

　　부처님이여, 한량없는 장구한 세월
　　모든 중생 앞에 널리 나타나
　　지난 옛적 수행하신 것처럼
　　그들에게 청정한 수행 보여주셨네

제4 공덕자재왕정광 보살마하살의 게송

> **經**
> 我觀十方無有餘하며　　亦見諸佛現神通하사
> 悉坐道場成正覺하시니　　衆會聞法共圍繞로다

　　나는 보았네, 시방에 남김 없음을
　　또한 제불이 신통력을 나타내시고
　　도량에 앉아 두루 정각 이루시니
　　대중이 법문 듣고자 둘러앉음을 보았네

제5 선용맹연화계 보살마하살의 게송

> **經**
>
> 廣大光明佛法身이여 　　能以方便現世間하사
> 普隨衆生心所樂하야 　　悉稱其根而雨法이로다

　　광대 광명 부처님 법신이여
　　방편으로 세간에 나타나
　　중생이 좋아하는 바 널리 따라
　　근기에 맞추어 법을 내리시네

　　제6 보지운일당 보살마하살의 게송

> **經**
>
> 眞如平等無相身이요 　　離垢光明淨法身이라
> 智慧寂靜身無量하사 　　普應十方而演法이로다

　　진여는 평등하고 형상 없는 몸
　　때 없는 광명 청정한 법신이네
　　지혜는 고요하나 몸은 한량없어
　　시방에 널리 응하여 법문 연설하시네

　　제7 대정진금강제 보살마하살의 게송

> **經**
>
> 法王諸力皆淸淨하사 　　智慧如空無有邊이라

悉爲開示無遺隱하사　　普使衆生同悟入이로다

　　법왕의 모든 힘 청정하사
　　지혜는 허공처럼 끝없어라
　　조금도 숨김없이 모두 보여주어
　　널리 중생에게 깨달음 주었네

　　제8 향염광당 보살마하살의 게송

經

如佛往昔所修治와　　乃至成於一切智하야
今放光明徧法界하야　　於中顯現悉明了로다

　　부처님이 지난날 수행하신 것처럼
　　일체지를 성취하여
　　오늘날 법계에 지혜광명 가득하여
　　그 가운데 모두 분명하게 나타나네

　　제9 대명덕심미음 보살마하살의 게송

經

佛以本願現神通하사　　一切十方無不照하시니
如佛往昔修治行하야　　光明網中皆演說이로다

　　부처님 본래 서원 신통 나타내어

모든 시방에 지혜광명 비추시니
부처님 지난날 수행하셨듯이
광명그물 속에 모두 연설하시네

제10 대복광지생 보살마하살의 게송

經

十方境界無有盡하야　　　**無等無邊各差別**이어늘
佛無礙力發大光하사　　　**一切國土光明顯**이로다

　시방 경계 다함없듯 신통변화 끝없으니
　부처 같은 이 없고 끝없으되 각각 다른 것을
　걸림 없는 부처님 힘, 큰 광명 쏟아내어
　모든 국토 광명으로 밝혀주었네

● **疏** ●

唯第六偈는 略須開示니 初句는 所證性淨法身이라 言無相者는 示眞如相이오 身은 卽體義니 在纏不染이오 出障非淨이라 凡聖 必同일새 故云 平等이라 次句는 出纏法身也라 眞如는 出煩惱障이라 故云 離垢오 出所知障이라 故云 光明이오 又塵習雙亡이라 故云 離垢오 眞智圓滿이라 故曰 光明이라 淨法身者는 揀於在纏이라 後半은 體用無礙身이니 由出纏故로 應用無方이니 約理댄 卽是體用無礙오 約用인댄 則止觀雙運이라 故得果면 則寂照爲身이라 卽用之體故로 寂이오 卽體之用故

383

로 智니 體用이 旣無不在댄 佛身이 何有量耶가 故能普應十方이라 此句는 正顯化用이라 故經에 云 水銀和眞金은 能塗諸色像이오 智慧與法身은 處處應現往이라하니 卽斯義也라【鈔 經云水銀和眞金能塗諸色像者는 金은 如法身이오 水銀은 如般若니 以般若照機에 眞身隨感이라 故天台智者 亦用此義하야 以釋法華壽量應用이라】

오직 제6 게송에 대해서만 간략히 설명하고자 한다.

제1구는 증득한 성품이 청정한 법신이다. 無相이라 말한 것은 진여의 모양을 말한다. 몸은 곧 본체의 뜻이니 번뇌 속에 있지만 오염되지 않고, 장애를 벗어나도 청정하지 않다. 범부와 성인이 반드시 똑같기에 '평등'하다고 말한다.

제2구는 번뇌를 벗어난 법신이다. 진여는 번뇌장을 벗어났기에 '때를 여의었다.' 말하고, 所知障에서 벗어났기에 '광명'이라 말하고, 또한 번뇌와 습기가 모두 없어졌기에 '때를 여의었다.' 말하고, 眞智가 원만하기에 '광명'이라 말한다. '淨法身'이란 번뇌의 중생과 구별한 것이다.

제3, 4구는 본체와 작용에 걸림이 없는 몸이다. 번뇌를 벗어난 까닭에 감응의 작용이 두루 하여 일정한 곳이 없다. 이치로 말하면 본체와 작용에 걸림이 없고, 작용으로 말하면 止(사마타)와 觀(위빠사나)을 함께 운용한다. 그러므로 과를 얻으면 고요함과 비춤이 일체가 되는 것이다. 작용에 하나가 된 본체인 까닭에 고요하고, 본체에 하나가 된 작용인 까닭에 지혜롭다. 본체와 작용이 이미 있지 않음이 없는데, 부처님의 몸이 어찌 한량이 있겠는가. 이 때문에 시방에 널리 응하는 것이다. 이 구절은 바로 화신의 작용을 나타낸 것이기에 경문에서 이르기를, "수은과 황금은 모든 색상에 바를 수 있는 것처럼 지혜와 법신은 곳곳에 감응하여 나타난다."고 하니 바로 그런 뜻이다. 【초_ "경문에 이르기를, 수은과 황금은 모든 색상에 바를 수 있는 것처럼"이란 금은 법신과 같고, 수은은 반야와 같다는 것이다. 반야로 모든 일을 비춰보면 진신이 사물에 따라 감응하게 된다. 이 때문에 천태지자 또한 이런 뜻을 인용하여 법화경 여래수량품을 응용하여 해석하였다.】

◉ 論 ◉

普賢菩薩一人獨入十法者는 普賢衆은 明一位普周衆行也오 海月光衆은 但歎佛德이니 與自所入之法으로 相似라 以此頌中에 更不別歎自德이니 如普賢衆中에 加淨德妙光菩薩은 是文殊師利別號라 文殊師利는 此云妙德이오 又法華經內에 往昔號妙光이니 又妙德與光은 其意相似라 以德爲光은 以能破暗發明故라 今在普賢衆內에 表法은 明因果理智萬行圓融故라 普賢獨獲十種益者는 明一卽一切故오 明一多自在와 延促自由故니 是總攝義也라(同生衆 竟하다 已上은 第七稱揚讚德 竟하다)

"보현보살 한 사람이 홀로 10법에 들어갔다."란 보현대중이 하나의 지위가 수많은 행에 두루 함을 밝힌 것이다. 해월광중은 부처님의 덕을 찬탄했을 뿐이니 스스로 들어가는 법과 서로 유사하다. 이 게송에 별도로 자신의 덕을 찬탄하지 않았다. 예를 들면 보현의 대중 가운데 가정덕묘광보살은 문수사리의 별호이다. 문수사리는 중국에서는 묘덕이라 하고, 또한 법화경에서는 지난날 '묘광'이라 불렀다. 또한 '妙德'과 '妙光'의 뜻은 서로 비슷하다. '덕'을 '광'이라 말한 것은 어둠을 타파하고 밝음을 열어주기 때문이다.

　　여기에서 보현대중 안에 법을 표한 것은 因果理智와 萬行圓融을 밝히기 위함이다. "보현이 홀로 열 가지의 이익을 얻었다."는 것은 하나가 곧 일체임을 밝혔기 때문이며, 하나와 많은 것이 자재함과 延促(遲速)이 자유로움을 밝혔기 때문이다. 이는 총괄적으로 지닌 뜻이다.**(함께 태어난 중생에 대한 부분을 끝마치다. 이상은 제7 부처님을 찬양하고 덕을 찬탄한 부분을 끝마치다.)**

自下로 第八은 明座內衆流分이라 於中에 長分十段이니 一은 明出處요 二는 顯衆類요 三은 列衆名이오 四는 結衆數요 五는 興雲供이오 六은 供衆海오 七은 敬遶佛이오 八은 坐本方이오 九는 歎德能이오 十은 申偈讚이라 今은 初라

　　아래로부터 제8은 사자좌 내의 대중을 밝힌 부분이다. 그 가운데 크게 10단락으로 구분된다.

　　⑴ 출처를 밝힘이며,
　　⑵ 대중의 무리를 밝힘이며,
　　⑶ 대중의 명칭을 나열함이며,
　　⑷ 대중의 수효를 끝맺음이며,

⑸ 공양구름을 일으킴이며,

⑹ 대중바다에 공양함이며,

⑺ 공경히 부처님을 에워쌈이며,

⑻ 본인의 자리에 앉음이며,

⑼ 덕의 능력을 찬탄함이며,

⑽ 게송으로 찬탄을 펼침이다.

이는 제1. 출처를 밝힘이다.

經

爾時에 如來師子之座의 衆寶妙華와 輪臺基陛와 及諸戶牖의 如是一切莊嚴具中에

그때 여래의 사자좌에 있는 온갖 보배로 꾸며진 미묘한 꽃·좌대·기단·섬돌 및 모든 창문 등 이러한 온갖 장엄구 가운데에서

● **疏** ●

座는 卽是總이오 寶等은 爲別이라 如是已下는 結廣從略이니 非獨輪等이라 故云一切라 所以此能出者는 良以座該法界하야 依正混融일세 一一纖塵이 無不廣容普徧하야 座所徧刹이 恆在座中이라 故從中出이니 非是化也라 若約法空之因과 及法空之座면 則萬行爲嚴일세 能生菩薩이니라

사자좌는 곧 총체이며, 보배 등은 별개이다. '如是' 이하는 광대함을 끝맺어 간략함을 따랐다. 輪臺 하나만이 아니기에 '일체'라 하

였다. 이러한 것이 나올 수 있는 까닭은 진실로 사자좌로 법계를 총괄하여 의보와 정보를 혼융하였기에 하나하나 미세한 티끌까지 널리 포용하고 두루 하지 않음이 없어서, 사자좌에 두루 한 국토가 항상 사자좌 가운데 있기 때문이다. 그러므로 그 가운데서 나오는 것이지, 변화하여 나타난 것이 아니다. 만일 法空의 因과 법공의 자리로 말하면 萬行으로 장엄하였기에 보살이 나온 것이다.

二 顯衆類
제2. 대중의 무리를 밝히다

經
一一各出佛刹微塵數菩薩摩訶薩하니

낱낱이 각각 부처님 세계의 미진수와 같은 보살마하살들이 나왔으니,

● 疏 ●
顯衆類니 皆菩薩故라

대중의 무리를 밝힘이니 모두 보살이기 때문이다.

三 列衆名

제3. 대중의 명칭을 나열하다

經

其名曰海慧自在神通王菩薩摩訶薩과
雷音普震菩薩摩訶薩과
衆寶光明髻菩薩摩訶薩과
大智日勇猛慧菩薩摩訶薩과
不思議功德寶智印菩薩摩訶薩과
百目蓮華髻菩薩摩訶薩과
金燄圓滿光菩薩摩訶薩과
法界普音菩薩摩訶薩과
雲音淨月菩薩摩訶薩과
善勇猛光明幢菩薩摩訶薩이라

그들의 이름은 해혜자재신통왕(海慧自在神通王) 보살마하살,

뇌음보진(雷音普震) 보살마하살,

중보광명계(衆寶光明髻) 보살마하살,

대지일용맹혜(大智日勇猛慧) 보살마하살,

부사의공덕보지인(不思議功德寶智印) 보살마하살,

백목연화계(百目蓮華髻) 보살마하살,

금염원만광(金燄圓滿光) 보살마하살,

법계보음(法界普音) 보살마하살,

운음정월(雲音淨月) 보살마하살,

선용맹광명당(善勇猛光明幢) 보살마하살이다.

◉ 疏 ◉

出處旣多하고 名亦多種이어늘 略擧上首十名耳니 卽如次十方이라

출처가 이미 많고 이름 또한 종류가 많은데, 간단하게 상수 10명을 열거했을 뿐이니 곧 다음 시방과 같다.

四 結衆數

제4. 대중의 수효를 끝맺다

經

如是等이 而爲上首하사 有衆多佛刹微塵數가 同時出現하시니라

이러한 이들이 상수가 되어 수많은 부처님 세계 미진수와 같은 대중이 동시에 출현하였다.

◉ 疏 ◉

嚴具非一이라 故有衆多刹塵이라

장엄구가 하나가 아닌 까닭에 많은 국토가 있다.

五 興雲供

제5. 공양구름을 일으키다

經

此諸菩薩이 各興種種供養雲하시니
所謂一切摩尼寶華雲과
一切蓮華妙香雲과
一切寶圓滿光雲과
無邊境界香焰雲과
日藏摩尼輪光明雲과
一切悅意樂音雲과
無邊色相一切寶燈光焰雲과
衆寶樹枝華果雲과
無盡寶淸淨光明摩尼王雲과
一切莊嚴具摩尼王雲이라
如是等諸供養雲이 有佛世界微塵數어든

　　이 모든 보살들이 제각기 갖가지로 공양드리는 구름을 일으켰다.

　　이른바 온갖 마니보배로 된 꽃구름,

　　온갖 연꽃의 묘한 향기구름,

　　온갖 보배가 원만한 광명구름,

　　끝없는 경계의 향기로운 불꽃구름,

일장마니(日藏摩尼)로 된 바퀴 같은 광명구름,

온갖 마음을 기쁘게 하는 음악소리구름,

그지없는 색상의 온갖 보배로 된 등불광명불꽃구름,

온갖 보배로 꾸민 나뭇가지의 꽃열매구름,

다함없는 보배의 청정한 광명마니왕구름,

모든 장엄구의 마니왕구름이다.

이와 같은 모든 공양드리는 구름이 부처님 세계의 미진수와 같았는데,

六 供衆海

제6. 대중바다에 공양하다

經

彼諸菩薩이 **一一皆興如是供養雲**하사 **雨於一切道場衆海**하야 **相續不絶**하시니라

저 모든 보살들이 낱낱이 이와 같은 공양드리는 구름을 일으켜서 모든 도량의 대중들에게 쏟아져 내림이 서로 이어져 끊어지지 않았다.

● 疏 ●

衆多菩薩이 各興刹塵供雲도 已重疊難思온 況相續不絶가 而諸供

具에 皆稱雲者는 乃有多義니 謂色相顯然이나 智攬無性일세 從法性空으로 無生法起하나니 能現·所現이 逈無所依라 應用而來일세 故來無所從이오 用謝而去일세 故去無所至이로되 而能含慈潤하야 霪法雨하야 益萬物이 重重無礙 有雲象焉이라 上下諸文에 雲義 皆爾라

수많은 보살이 각기 불국토의 미진수와 같은 공양구름을 일으킴도 이미 거듭되어 헤아리기 어려운데 하물며 서로 이어져 끊어지지 않음이야. 모든 공양구에 모두 구름이라는 명칭을 붙인 것은 여기에 여러 가지의 의미가 있다. 색상은 뚜렷하지만 지혜는 자성이 없기에 법성의 공으로부터 무생법이 일어나는 것이다. 이처럼 나타나게 되는 주체[能現]와 나타나는 대상[所現]이 전혀 의지한 바가 없다. 작용에 감응하여 오는 것이기에 와도 온 곳이 없으며, 작용이 다하면 떠나가기에 가도 갈 곳이 없지만, 자비의 윤택함을 간직하고서 法雨를 내려주어 만물에 도움을 줌이 거듭거듭 걸림이 없는 것이 구름의 형상과 같다. 위아래 여러 문장에서 말한 구름의 의미는 모두 그러하다.

七 明敬遶佛

제7. 공경히 부처님을 에워싸다

經

現是雲已에 右遶世尊하사 經無量百千帀하시며

이러한 공양구름이 피어오르고서 세존의 오른쪽으로 한량없이 백천 번 감싸 돌았다.

◉ 疏 ◉

順向殷重하야 瞻望不足으로 乃至百千이라

따르고 존중하는 마음이 워낙 커서 우러러 바라보는 것만으론 부족하여 이에 백천 번 감싸 도는 데에 이른 것이다.

八 坐本方

제8. 본인의 자리에 앉다

經

隨其方面하야 去佛不遠에 化作無量種種寶蓮華師子之座하고 各於其上에 結跏趺坐하시니라

그들이 찾아왔던 방향대로 부처님과 거리가 멀지 않은 곳에 한량없는 갖가지 보배로 연꽃 사자좌를 만들고, 제각기 그 위에 가부좌를 하고 앉았다.

◉ 疏 ◉

各坐本方하야 參而不雜也라 如師子子도 亦師子故로 菩薩座도 亦名師子라 自化自坐者는 自心智現하야 還自安處故라 諸佛菩薩 坐多

跏趺者는 爲物軌故니 智論에 引偈云 若結跏趺坐면 身安入三昧 等이라하다【鈔_ 若結跏趺坐 等者는 等取餘偈云 威德人敬仰을 如日照天下라 除睡懶覆心이면 身輕不疲倚라 覺悟亦輕便이오 安坐如龍蟠이라 見畵跏趺坐라도 魔王亦驚怖은 何況入道人이 安坐不傾動가라하니 卽第八論이라】

　　제각기 본인의 자리에 앉아 함께 뒤섞여 있으면서도 혼잡하지 않다. 사자의 새끼 역시 사자인 것처럼 보살의 자리 또한 사자좌라 말한다. '자신이 만든 연꽃 사자좌에 스스로 앉는다[自化自坐].'는 것은 자기의 마음에 지혜가 드러나 다시 스스로 편안하게 거처하기 때문이다. 제불보살이 앉을 적에 흔히 가부좌를 하는 것은 중생의 모범이 되어야 하기 때문이다. 지도론에 게송을 인용하여 이르기를, "만일 가부좌를 틀고 앉으면 몸이 편안하여 삼매에 든다." 등이라고 말하였다.【초_ "만일 가부좌를 틀고 앉으면" 등은 그 나머지 게송을 들어 말하면, "위덕 갖춘 이를 공경하고 우러러보기를, 태양이 천하를 비추는 것과 같이 한다. 졸음·게으름·전도된 마음을 없애면, 몸이 가벼워 피곤하거나 기대지 않는다. 깨달음 또한 쉽게 찾아오고, 똬리를 튼 용처럼 편안하게 좌선할 수 있다. 가부좌한 그림만 보아도, 마왕은 또한 놀라고 두려워하는데, 하물며 도에 든 사람이 편안히 앉아 꼼짝하지 않음이랴."라고 하니 제8의 논지이다.】

九 歎德能

제9. 덕의 능력을 찬탄하다

經

是諸菩薩의 所行이 淸淨하야 廣大如海하며

得智慧光하야 照普門法하며

隨順諸佛의 所行無礙하며

能入一切辯才法海하며

得不思議解脫法門하며

住於如來普門之地하며

已得一切陀羅尼門하야 悉能容受一切法海하며

善住三世平等智地하며

已得深信廣大喜樂하며

無邊福聚를 極善淸淨하며

虛空法界를 靡不觀察하며

十方世界一切國土의 所有佛興을 咸勤供養하시니라

　이 모든 보살이 수행한 법문이 청정하여 바다처럼 넓고 크며,

　지혜광명을 얻어서 보문의 법을 비추며,

　모든 부처님이 수행하였던 걸림 없는 법문을 따르며,

　온갖 변재의 법바다에 들어가며,

　불가사의의 해탈법문을 얻었으며,

여래의 보문 지위에 머물며,

이미 모든 다라니문[總持法門]을 얻어 일체 법의 바다를 모두 수용하며,

삼세에 평등한 지혜의 지위에 잘 머물며,

깊은 믿음과 넓고 큰 즐거움을 이미 얻었으며,

끝없는 복 무더기를 지극한 선으로 청정케 하며,

허공 법계를 관찰하지 않음이 없으며,

시방세계의 모든 국토에 출현하시는 부처님을 모두 부지런히 공양하였다.

◉ 疏 ◉

歎其德能에 有十二句하니 初는 總이오 餘는 別이라

그 덕의 능력을 찬탄함에 12구가 있다. 첫 구절은 총체이며, 나머지는 별개이다.

別顯一一各是一種淸淨廣大라 略束爲三이니 初三은 明三業淸淨廣大니 一은 智證普法이오 二는 身隨佛行이오 三은 語入辯海라 中一義求면 亦通三業이라

별개로 하나하나가 각기 하나의 청정광대함을 밝힌 것이다. 이를 간략히 3가지로 묶는다. 처음 3구는 삼업의 청정광대함을 밝힌 것이다.

(1) 지혜가 보문의 법을 증명함이며,

(2) 몸으로 부처님의 수행을 따름이며,

⑶ 말이 변재의 바다에 들어감이다.

그중 하나의 뜻을 추구하면 또한 삼업에 통한다.

次三은 明得法淸淨廣大니 一은 獲自分解脫이오 二는 住勝進果位오 三은 徧具諸持라 普門地言은 卽同經初에 已踐如來普光明地라

다음 3구는 법문의 청정광대함을 얻음을 밝힌 것이다.

⑴ 自分해탈을 얻음이며,

⑵ 승진의 과위에 머무름이며,

⑶ 두루 모든 총지를 갖춤이다.

'普門의 지위'라는 말은 경전의 첫 '重海雲集' 부분에 "이미 여래의 넓은 光明의 경지를 밟았다."는 뜻과 같다.

後五는 福智淸淨廣大니 初二는 正明이오 後三은 重顯이라 今初中에 一은 智安理事라 故云善住오 二는 福無不修라 故生信喜라 然三世平等은 經初已明이어니와 今更略示니 謂依生及佛인댄 善住平等이어니와 且依佛說인댄 佛佛平等이니 法身·智身이 無增減故오 若依衆生인댄 生生平等이니 煩惱業苦와 有支皆等이오 若生佛相望者인댄 凡夫現在는 等佛過去며 進修得果는 等佛現在며 成佛究竟은 等佛常住니라【鈔 然三世平等下는 重釋善住三世平等智地니 文三이라 初는 指前標擧오 二는 別明義相이오 三은 結釋善住智地之言이라 初는 唯約佛이니 如問明品에 '十方諸如來 同一法身'等이오 二는 唯約生이니 六道雖差나 皆三雜染이라】

뒤의 5구는 복과 지혜의 청정광대함이다. 이의 제1, 2구는 복과 지혜의 청정을 바로 밝힌 것이며, 뒤의 제3, 4, 5구는 이 뜻을

거듭 밝힌 것이다.

처음 바로 밝힌 가운데 제1구는 지혜가 理事法界에 편안하기에 '잘 머문다[善住]' 말하고, 제2구는 복을 닦지 않음이 없기에 믿음과 기쁜 마음을 내는 것이다. 그러나 '삼세평등'이란 본경의 첫 부분에서 이미 그 뜻을 밝혔지만 여기에서 다시 간단하게 말하니, 중생과 부처에 준하여 말한다면 평등하게 잘 머문다는 뜻이고, 또한 부처에 준하여 말한다면 부처와 부처가 평등하다는 것이다. 이는 법신과 智身이 더하거나 줄어듦이 없기 때문이다. 만일 중생에 준하여 말한다면 중생과 중생이 평등하다. 이는 번뇌·업·고통·12有支[17]가 모두 평등하기 때문이다. 만일 중생과 부처가 서로 바라보는 것으로 말한다면 범부의 현재는 부처의 과거와 같으며, 닦아나가 불과를 얻음은 부처의 현재와 같으며, 성불의 끝은 부처의 常住와 같다. 【초_ "그러나 삼세평등이란" 이하의 문장은 "삼세에 평등한 지혜의 지위에 잘 머물다."의 뜻을 거듭 해석한 것이다. 이 문장에는 3가지의 뜻이 있다. ① 앞에 표방하여 거론한 부분을 지적함이며, ② 별개로 의의와 양상을 밝힘이며, ③ 평등 지혜에 잘 머문다는 말을 결론지어 해석한 것이다. ①은 오직 부처님만을 들어 말한 것이니 보살문명품에 "시방의 모든 여래가 하나의 법신으로 똑같다."는 등의 뜻이며, ②는 오직 중생만을 들어 말한 것이

----

17 12有支 : bhava의 의역, 12인연. 有는 존재라는 말. 受·取의 둘에 의하여 미래에 果가 있게 된다는 것.

니 六道가 비록 각기 다르지만 모두가 3가지 雜染[惱·業·生雜染]이란 말이다.】

此約三世互望인댄 煩惱는 佛則本有今無어니와 衆生은 則本無今有며 菩提는 則衆生本有今無어니와 諸佛은 則本無今有니라 約迷悟異댄 則說本今이어니와 涅槃之性은 非三世攝이라 故知 三世有法은 無有是處니라【鈔 此約三世下는 別示義相이니 便引涅槃四出偈하야 釋이라 今先敍彼經하고 後方釋疏라 言四出偈者는 四處出故로 亦名四住니 一은 卽第十經中出이오 二는 卽十七經이오 三은 卽二十七經이오 四는 卽二十八經이라 謂煩惱業苦는 是生得일새 名本有어니와 解脫聖性은 是修得일새 是今無니라 煩惱佛則本有今無者는 以佛昔爲凡夫댄 則有煩惱어니와 今成正覺일새 故無煩惱니라 衆生 則本無今有者는 約性淨故로 本無煩惱오 約客塵故로 今有煩惱라 菩提則衆生本有今無者는 亦約性淨인댄 菩提本有어니와 今爲客塵之所覆故로 迷眞起妄하야 無有證得圓淨菩提이실새 故云今無耳니라 諸佛則本無今有者는 約圓淨菩提를 昔未修成이라 故云本無오 今已修得일새 故云今有니라】

이에 삼세를 서로 바라보는 것으로 말한다면 번뇌는 부처에게 본래 있었지만 이제는 없는 것이나, 중생에게는 본래 없었지만 이제는 있으며, 보리는 중생에게 본래 있었지만 이제는 없는 것이나, 제불에게는 본래 없었지만 이제는 있는 것이다.

혼미와 깨달음의 차이점으로 말하면 본래와 지금으로 구분 지어 말할 수 있지만, 열반의 본성은 삼세를 받아들일 수 없기에 삼세에 존재하는 법은 있을 수 없다.【초_ "이에 삼세를 … 말한다면" 이하는 별도로 의미와 양상을 보여줌이니 열반경의 4곳에 나온 게송을 인용하여 해석한 것이다. 여기에서는 먼저 열반경을 서술하고 뒤에 비로소 청량소를 해석하였다. '4곳에 나온 게송'이라는 것은 4부분에서 나온 것이기에 또한 '四住'라 말하기도 한다. 첫 번째는 열반경 권10에서, 두 번째는 권17에서, 세 번째는 권27에서, 네 번째는 권28에서 나온 말들이다.

'번뇌·업·고통' 이것은 태어나면서 얻은 것이기에 '본래 있는 것'이라 말하지만, 해탈의 성스러운 성품은 닦아서 얻은 것이기에 지금은 없다고 말한 것이다.

"번뇌는 부처에게 본래 있었지만 이제는 없다."는 것은 부처가 옛날 범부로 있을 적으로 말하면 번뇌가 있었지만, 이제는 정각을 이루었기에 번뇌가 없다. "중생에게는 본래 없었지만 이제는 있다."는 것은 본성의 청정으로 말한 까닭에 본래 번뇌가 없다 하고, 객진으로 말한 까닭에 이제 번뇌가 있다 말한 것이다.

"보리는 중생에게 본래 있었지만 이제는 없다."는 것은 또한 본성의 청정으로 말하면 보리는 본래 있지만 이제 객진에 덮여 있기 때문에 眞性이 혼미하게 되고 허망한 생각을 일으켜 원만하고 청정한 보리를 증득할 수 없다. 이 때문에 '이제는 없다.'고 말한다. "제불에게는 본래 없었지만 이제는 있다."는 것은 원만하고 청정한 보리를 옛적에 닦지 못한 것으로 말하기에 '본래 없다.'고 말하고, 이제는 이미 닦아 얻은 까닭에 '이제는 있다.'고 말한다.】

若以性淨而說인댄 則佛與衆生이 現今平等하나니 而不妨迷悟之殊라 是故로 三乘도 亦有差別이오 亦無差別이니 衆生寂滅은 卽是法身이오 法身隨緣은 卽是衆生이라 故寂滅非無之衆生이 恆不異眞而成立이오 隨緣非有之法身이 恆不異事而顯現이라 是故로 染淨三世와 一切諸法이 無不平等이온 況稱性互收아【鈔_ 稱性互收者는 上에 但事理無礙니 已是難思로되 餘經容有어니와 此는 則事事無礙니 唯華嚴意니라】如是解者를 名爲善住一切智地니 如地能生하야 終歸於地라 萬法이 依於佛智하야 究竟에 還至一切智也라

만일 본성의 청정으로 말하면 부처와 중생이 현재 평등하다. 혼미와 깨달음의 차이가 아무런 상관이 없다. 이런 까닭에 삼승도 또한 차별이 있기도 하고 또한 차별이 없기도 하다. 중생의 적멸이 곧 법신이고, 법신의 인연을 따르면 곧 중생인 까닭에 적멸이 없지 않은 중생이 항상 진리와 다르지 않게 성립하며, 인연을 따르지 않은 법신이 항상 사변과 다르지 않게 나타나기에 오염되고 청정한 삼세와 일체 모든 법이 평등하지 않음이 없는데, 하물며 본성에 걸맞게 서로 거둬들임이야 오죽하겠는가.【초_ "본성에 걸맞게 서로 거둬들인다."는 것은 위에서 말한 理事無礙법계이니 이미 헤아리기 어렵지만 나머지 경전에서 받아들이고 있다. 그러나 이는 事事無礙법계이니 오직 화엄경의 뜻이다.】이같이 이해하는 자를 "일체지 지위에 잘 머문다."고 말하니 마치 땅에서 태어나 결국 땅으로 돌아가는 것처럼 만법이 부처의 지혜에 의존해 나오고 결국은 다시 일체지에 이르는 것이다.

後三重顯中에 一은 淨前福障이라 故令諸福으로 無邊淸淨이오 二는 成上智慧니 由觀法界虛空이오 三은 近勝緣이라 故成前二니라

뒤의 제3, 4, 5구에서 복과 지혜의 청정을 거듭 밝힌 가운데 첫째(제3구: 無邊福聚 極善淸淨)는 앞에서 말한 복의 장애를 청정케 함이기에 모든 복을 끝없이 청정케 함이며, 둘째(제4구: 虛空法界 靡不觀察)는 위에서 말한 지혜를 성취함이니 법계가 허공임을 관하였기 때문이며, 셋째(제3구: 十方世界… 咸勤供養)는 수승한 인연을 가까이함이기에 앞에서 말한 2가지(제3, 4구)를 성취한 것이다.

● 論 ●

如來座內衆은 經에 云如來師子之座의 衆寶妙華와 輪臺基陛와 及諸戶牖의 如是一切莊嚴具中에 一一各出佛刹微塵數菩薩摩訶薩이라하시니 於此段中에 義分爲二호리니 一은 述衆來意요 二는 長科經文이라

'여래 사자좌 내의 대중'이란 본 화엄경에 이르기를, "여래의 사자좌에 있는 온갖 보배로 꾸며진 미묘한 꽃·좌대·기단·섬돌 및 모든 창문 등 이러한 온갖 장엄구 가운데에서 낱낱이 각각 부처님세계 미진수와 같은 보살마하살들이 나왔다." 하니 이 단락의 뜻은 2가지로 나뉜다.

⑴ 대중이 찾아온 뜻을 서술함이며,

⑵ 경문을 크게 과목으로 나눈 것이다.

一은 述衆來意者는 是中에 其意有三하니 一은 明諸菩薩이 是古佛舊

行이요 二는 明今佛契同이요 三은 明古今不二爲門이니 所坐之座가 合古所行菩薩行이며 如下頌中에 諸佛所悟我已知라하니 常以法身으로 爲座體하고 以普賢萬行으로 爲莊嚴하고 以無作大悲之智로 爲座上佛이니 前佛後佛이 皆同此也라 明今佛이 契同古蹟하야 定衆生狐疑일새 是故로 須來니 是名爲如來自行이 與古同이라 因衆이 爲座體니 體是法界며 所行行도 亦是法界니 以此無礙自在故니라 座身은 是正報며 座上莊嚴은 是行所招依報니 今還從行報得之果內로 還出本自行因菩薩衆也라 亦明因果不二體故니 如法界品에 如來師子之座이 普徧法界하야 爲座體故라

'(1) 대중이 찾아온 뜻을 서술함'이란 여기에는 3가지의 의미가 있다.

① 모든 보살이 옛 부처님의 오랜 수행임을 밝힘이며,

② 지금 부처님이 옛 부처와 함께함을 밝힘이며,

③ 예나 지금이 둘이 아닌 것을 법문으로 삼음을 밝힌 것이다.

앉은 자리가 옛적에 수행한 보살행과 부합하는 것이다.

아래 게송 가운데 "모든 부처님이 깨달은 바를 내 이미 알았다."고 하니 항상 법신으로 자리의 본체를 삼고, 보현보살의 모든 행으로 장엄을 삼고, 작위가 없는 대비의 지혜로써 법좌 위의 부처를 삼으니 예전의 부처와 뒤의 부처가 모두 이와 같다. 지금의 부처님이 옛 자취에 계합함을 밝혀 중생의 의심을 안정시켰다. 이런 까닭에 중생 보살이 모두 찾아온 것이다. 이를 이름하여 "여래의 스스로 행하신 바가 옛 부처와 같다."고 말한다.

因衆[18]은 법좌의 주체이다. 주체는 법계이며, 행한 바의 행위 또한 법계이다. 이는 걸림 없이 자재한 때문이다. 사자좌에 앉은 몸이 정보이며, 사자좌의 장엄은 수행으로 초래한 의보이다. 여기에는 本行으로 얻은 佛果의 경지에서 거꾸로 본래 스스로 因行을 닦아가는 보살대중을 말하고 있다. 이 또한 因果가 다르지 않은 본체임을 밝힌 때문이다. 입법계품에 "여래의 사자좌가 법계에 두루하여 법좌의 본체가 되기" 때문이라고 하였다.

二는 長科經文者는 從爾時如來師子座已下에 有二十九行經(四百九十言)은 於中에 其義有七하니 一은 明座上莊嚴出衆이오 二는 列所出衆名이오 三은 來衆興供이오 四는 其衆이 遶佛致敬이오 五는 致敬已에 升座而坐오 六은 歎來衆之德이오 七은 乘威說頌이라 從此已下는 有十菩薩이 各說二十行頌하사 歎如來成道福智依正과 及往昔所修之因이니 任其後哲의 隨文隨義稱歎이오 不煩更釋이로라

'(2) 경문을 크게 과목으로 나눈다.'는 것은 '爾時如來師子座' 이하의 29줄(490자) 경문 그 가운데에 7가지의 의미가 있다.

① 사자좌 위에 장엄한 대중의 출현을 밝힘이며,

② 출현한 대중의 명칭을 열거함이며,

③ 모인 대중이 공양을 일으킴이며,

④ 그 대중이 부처님을 둘러싸 공경의 마음을 일으킴이며,

....
18 因衆 : 이 대중은 옛 부처님이 교화를 베풀었던 대중이다. 지금의 부처님 또한 이 대중을 의지하여 교화를 행하는 까닭에 이를 因衆이라고 말한다.

⑤ 지극히 공경하고서 자신의 자리에 올라가 앉음이며,
⑥ 모인 대중의 덕을 찬탄함이며,
⑦ 부처님의 위신력을 받들어 게송을 설함이다.

'從此' 이하는 10명의 보살이 각각 20항 게송을 말씀드려 여래의 성도한 복과 지혜, 의보와 정보 및 지난날 닦았던 因行을 찬탄함이다. 後哲의 문장을 따르고 뜻을 따라 칭탄하는 데에 맡겨둘 뿐, 다시 번거롭게 해석하지 않겠다.

此一段은 明今佛이 合古行하고 古行이 合今佛이니 明座外普賢之衆은 是佛利他之行이요 座內之人은 是佛自行所契普賢之衆이라 此之大衆은 古今一切諸佛이 同道하야 更無二路일새 衆生이 乘之면 卽名乘不思議乘·如來乘·最勝乘·無上乘하야 至於道場이니 此以一切法으로 皆爲道場也라 以法界로 爲場地요 諸波羅密로 爲人功이니 治一切垢하야 本自淨故며 治無明하야 成根本智故라 敎文이 弘廣하야 略申體意하노니 隨文讚歎은 任在後賢이로라

이 한 단락은 금세의 부처님이 옛 부처의 행에 부합하고 옛 부처의 행이 금세 부처님에 부합함을 밝힘이니 사자좌 밖의 보현대중은 부처님의 利他行이고, 사자좌 내의 공양대중은 부처님의 자행과 같은 보현대중임을 밝힌 것이다. 이 대중은 고금 일체 부처님의 도가 한 가지이기에 다시는 두 길이 없다. 중생이 이런 도를 신고 행하면 곧 不思議乘·如來乘·最勝乘·無上乘을 타고 여래의 도량에 이를 수 있다고 말한다. 이는 일체 법으로 모두 도량을 삼으니 법계로 도량의 터전을 삼고, 모든 바라밀로 사람의 공부를 삼는

다. 일체 허물을 다스려 본래 청정한 때문이며, 무명을 다스려 근본지를 성취한 때문이다. 가르침의 문장이 크고 광대하여 간단하게 본체의 뜻을 말한 것이니 문장을 따라 찬탄함은 훗날의 현자에게 맡겨둔다.

十 說偈讚佛
十菩薩은 卽爲十段이라 初는 海慧菩薩歎身座라

제10. 게송으로 부처님을 찬탄하다

10명의 보살은 곧 10단락을 이루고 있다.

제1. 해혜보살이 부처님의 몸과 법좌를 찬탄하다

經
爾時에 海慧自在神通王菩薩摩訶薩이 承佛威力하사 普觀一切道場衆海하고 卽說頌言하사대

그때 해혜자재신통왕 보살마하살이 부처님이 지닌, 헤아릴 수 없는 영묘하고도 불가사의한 힘을 받들어 모든 도량의 대중바다를 두루 살펴보고 게송으로 말씀드렸다.

● 疏 ●
初五는 歎佛身具德이라

처음 5게송은 부처님의 몸에 갖추어진 덕을 찬탄함이다.

제1 해혜자재신통왕 보살마하살의 게송

經

諸佛所悟悉已知호니　　**如空無礙皆明照**하사
光徧十方無量土하야　　**處於衆會普嚴潔**이로다

　　제불이 깨달은바 이미 모두 아셨기에
　　허공처럼 걸림 없이 밝게 비추어
　　한량없는 시방국토 부처님 광명 가득하여
　　대중법회를 널리 장엄 청정케 하네

제2 뇌음보진 보살마하살의 게송

經

如來功德不可量이라　　**十方法界悉充滿**하사
普坐一切樹王下하시니　**諸大自在共雲集**이로다

　　헤아릴 수 없는 여래의 공덕
　　시방 법계 널리 충만하여
　　보리수 아래 두루 앉으시니
　　대자재보살들 구름처럼 모여드네

제3 중보광명계 보살마하살의 게송

佛有如是神通力하사　　一念現於無盡相하시니
如來境界無有邊이어든　　各隨解脫能觀見이로다

　　불가사의 부처님 신통력이여
　　한 생각에 끝없는 세계 나타내시니
　　여래의 경계 끝이 없어
　　각기 근기 따라 해탈 보여주셨네

　　제4 대지일용맹혜 보살마하살의 게송

如來往昔經劫海에　　在於諸有勤修行하사
種種方便化衆生하야　　令彼受行諸佛法이로다

　　여래가 지난 옛적 오랫동안
　　제유(諸有)[19] 세계에서 부지런히 수행하여
　　갖가지 방편으로 중생 교화하사
　　불법을 받들어 행하게 하셨네

　　제5 부사의공덕보지인 보살마하살의 게송

----

19 諸有 : 중생의 과보로 나타나는 미혹한 경계를 통틀어 이르는 말. 三有·四有·七有·九有·二十五有 등의 총칭으로 諸有라 한다.

經

毗盧遮那具嚴好하사 坐蓮華藏師子座하시니
一切衆會皆淸淨하야 寂然而住同瞻仰이로다

  훌륭하신 상호 비로자나불
  연화장 사자좌 앉으시니
  모든 대중 청정하여
  고요히 앉아 부처님 우러러보네

◉ **疏** ◉

一은 讚智慧오 二는 讚功德이오 三은 讚神通이오 四는 讚因深이오 五는 讚果勝이라

  (1) 지혜의 찬탄이며,
  (2) 공덕의 찬탄이며,
  (3) 신통의 찬탄이며,
  (4) 깊은 인행의 찬탄이며,
  (5) 과보의 수승을 찬탄함이다.

  제6 백목연화계 보살마하살의 게송

經

摩尼寶藏放光明하야 普發無邊香燄雲하며
無量華纓共垂布어든 如是座上如來坐로다

마니보배 창고에 광명을 놓아
끝없는 향염구름 널리 피어올라
한량없는 꽃다발 드리웠는데
이러한 자리에 여래 앉으셨네

제7 금염원만광 보살마하살의 게송

經

種種嚴飾吉祥門에　　**恆放燈光寶燄雲**하야
廣大熾然無不照어든　　**牟尼處上增嚴好**로다

　갖가지 장엄 길상문에
　등불광명 화염구름 길이 밝아
　광대한 불빛 두루 비추니
　부처님 그 위에 더욱 장엄하네

제8 법계보음 보살마하살의 게송

經

種種摩尼綺麗窓과　　**妙寶蓮華所垂飾**에
恆出妙音聞者悅이어든　　**佛坐其上特明顯**이로다

　갖가지 마니보배 화려한 창문
　미묘한 보배 연꽃 드리웠고

길이 울려오는 미묘한 음성, 듣는 이 기뻐하는데
그 위에 앉으신 부처님 거룩하여라

제9 운음정월 보살마하살의 게송

經

寶輪承座半月形이요 　　**金剛爲臺色燄明**이라
持髻菩薩常圍遶어든 　　**佛在其中最光曜**이로다

　사자좌 받든 보륜, 반달 같고
　금강 좌대에 불꽃처럼 빛난 광명
　육계 보살이 항상 둘러 있는데
　그 가운데 부처님 가장 빛나네

제10 선용맹광명당 보살마하살의 게송

經

種種變化滿十方하야 　　**演說如來廣大願**일세
一切影像於中現이어든 　　**如是座上佛安坐**로다

　갖가지 변화 시방에 가득하고
　여래의 광대한 서원 연설하실 때
　모든 영상 그 속에 나타나는데
　이러한 법좌 위에 부처님 앉으셨네

◉ 疏 ◉

後五는 歎所坐嚴麗이니 此衆이 旣從座現일세 故多歎座이니 文並可知라

뒤의 5게송은 앉으신 사자좌의 장엄과 화려함을 찬탄한 것이다. 이 대중이 이미 자리에서 출현하였으므로 사자좌를 찬탄한 바 많다. 문장은 아울러 설명하지 않아도 알 수 있다.

第二 雷音菩薩
十頌歎座及地

제2. 뇌음보살
10게송은 법좌와 도량을 찬탄하다

經

爾時에 雷音普震菩薩摩訶薩이 承佛威力하사 普觀一切道場衆海하고 卽說頌言하사대

그때 뇌음보진 보살마하살이 부처님이 지닌, 헤아릴 수 없는 영묘하고도 불가사의한 힘을 받들어 모든 도량의 대중바다를 두루 살펴보고 게송으로 말씀드렸다.

제1 법좌에 나타난 시방제불

世尊往集菩提行에　　　供養十方無量佛하시니
善逝威力所加持로　　　如來座中無不覩로다

　　세존이 옛적 보리행 쌓으실 때
　　시방의 한량없는 부처님 공양하시니
　　부처님 위신력의 가피로
　　법좌 위 여래를 모두 뵈었네

　　제2 법좌의 온갖 장엄

香燄摩尼如意王으로　　　塡飾妙華師子座하니
種種莊嚴皆影現하야　　　一切衆會悉明矚이로다

　　향기불꽃 마니의 여의주로
　　미묘한 연꽃 사자좌 꾸미니
　　갖가지 장엄이 영상처럼 나타나
　　모든 대중 밝게 보았네

　　제3 중생 근기 따라 보이는 장엄상

佛座普現莊嚴相하야　　　念念色類各差別하니

隨諸衆生解不同하야　　各見佛坐於其上이로다

　　부처님의 자리에 나타난 장엄 모습

　　생각마다 색깔 종류 모두 다르니

　　각기 다른 중생의 이해 따라

　　그 위에 앉으신 부처님 모두 보았네

　　제4 연꽃 속에 나타난 보살들

經

寶枝垂布蓮華網이어든　　華開踊現諸菩薩하야
各出微妙悅意聲하야　　稱讚如來坐於座로다

　　보배로 된 가지마다 연꽃그물 드리웠는데

　　피어난 꽃송이 위에 보살이 솟아올라

　　각각 미묘하고 즐거운 음성 내어

　　법좌에 앉으신 여래 찬탄하네

⊙ 疏 ⊙

文分三別이니 初四直歎座를 可知라

　　게송은 3부분으로 나뉜다. 제1 게송에서 제4 게송까지는 다만 법좌의 찬탄임을 설명하지 않아도 알 수 있다.

　　제5 전생 공덕으로 장엄한 도량

佛功德量如虛空이여　　一切莊嚴從此生이라
一一地中嚴飾事를　　一切衆生不能了로다

　부처님의 공덕 허공 같아서
　모든 장엄 여기에서 나오며
　낱낱 도량 꾸미고 장엄하는 일을
　일체중생이 알지 못하네

　제6 금강도량의 마니 그물

金剛爲地無能壞라　　廣博淸淨極夷坦이어든
摩尼爲網垂布空하야　　菩提樹下皆周徧이로다

　무너뜨릴 수 없는 금강도량
　넓고 청정하며 지극히 평탄한데
　마니주 그물 공중에 펼쳐져
　보리수 아래 두루 드리웠네

　제7 사자좌의 광명

經
其地無邊色相殊하니　　眞金爲末布其中이라

普散名華及衆寶하야　　**悉以光瑩如來座**로다

　　그 도량에 끝없는 훌륭한 색상
　　진금 가루 두루두루 도량 덮었네
　　아름다운 꽃, 온갖 보배 널리 흩뿌려
　　여래의 법좌 모두 빛나네

● 疏 ●

次三은 歎於場地니 卽轉顯座嚴이라 於中에 初一은 總顯因深德廣이라
故嚴事難思오 金剛下는 別顯이오 末後一句는 結瑩寶座라

　　다음 3게송(제5~7)은 도량을 찬탄함이니 곧 사좌자의 장엄을 우회적으로 밝힌 것이다. 그 가운데 첫째(제5 게송)는 인행이 깊어 덕이 광대함을 총체적으로 밝힌 것이기에 장엄을 헤아리기 어렵다. 金剛 이하(제6 게송)는 별개로 밝힌 것이며, 마지막 구절(제7 게송)은 보배 사자좌가 빛남을 끝맺은 것이다.

제8 토지신의 첨앙

地神歡喜而踊躍하야　　**刹那示現無有盡**이라
普興一切莊嚴雲하야　　**恆在佛前瞻仰住**로다

　　토지신이 기쁨에 날뛰어
　　찰나에 끝없이 나타나

온갖 장엄 구름 일으켜
항상 부처님 앞에서 우러러 모시네

제9 토지신의 공양

> 經

寶燈廣大極熾然하야 　　**香燄流光無斷絕**이라
隨時示現各差別하니 　　**地神以此爲供養**이로다

　보배 등불 광대하고 매우 밝아
　향염불꽃 끊임없이 피어나네
　수시로 각각 달리 나타나니
　토지신이 이처럼 공양 올리네

제10 부처님 위신력 장엄

> 經

十方一切刹土中에 　　**彼地所有諸莊嚴**을
今此道場無不現하시니 　　**以佛威神故能爾**로다

　시방의 일체 세계
　그 땅에 있는 모든 장엄을
　지금 이 도량에 모두 나타내시니
　부처님의 위신력 이와 같아라

◉ 疏 ◉

後三偈는 歎地上之嚴이니 於中 前二는 地神興供嚴이오 後一은 佛力展轉嚴이라

뒤의 3게송(제8~10)은 지상의 장엄을 찬탄함이다. 그 가운데 앞의 2게송(제8~9)은 토지신이 공양을 일으켜 장엄함이며, 뒤의 게송(제10)은 부처님의 힘으로 더욱 장엄한 것이다.

第三 衆寶光明髻菩薩
十頌獨讚場地殊異德

제3. 중보광명계보살
10게송이니 홀로 도량의 남다른 덕을 찬탄하다

經

爾時에 衆寶光明髻菩薩摩訶薩이 承佛威力하사 普觀一切道場衆海하고 卽說頌言하사대

그때 중보광명계 보살마하살이 부처님이 지닌, 헤아릴 수 없는 영묘하고도 불가사의한 힘을 받들어 모든 도량의 대중바다를 두루 살펴보고 게송으로 말씀드렸다.

제1 도량의 원만불토

世尊往昔修行時에　　　　見諸佛土皆圓滿하시니
如是所見地無盡을　　　　此道場中皆顯現이로다

　세존이 지난 옛적 수행하실 때
　모든 불국토 원만함을 보셨네
　이처럼 보신 불국토 끝이 없는데
　이 도량에 모두 나타내셨네

제2 도량의 신통장엄

世尊廣大神通力이여　　　　舒光普雨摩尼寶하사
如是寶藏散道場하시니　　　其地周廻悉嚴麗로다

　광대하신 세존의 신통력이여
　광명 놓아 마니보배 내려주어
　이러한 보배 도량에 흩뿌리니
　그 땅이 온통 화려하여라

제3 도량의 광명 법문

經

如來福德神通力이여　　　　摩尼妙寶普莊嚴하시니

其地及以菩提樹가　　　　**遞發光音而演說**이로다

　여래의 복덕과 신통력이여
　마니의 미묘한 보배 널리 장엄하시니
　그 땅에 그 보리수
　광명과 음성 내어 연설하네

　제4 도량신의 미묘 법문

經

寶燈無量從空雨하며　　　**寶王間錯爲嚴飾**하야
悉吐微妙演法音하니　　　**如是地神之所現**이로다

　보배 등불 한량없이 허공에서 비 오듯이
　큰 보배로 사이사이 장엄하여
　미묘한 법음 보배마다 울려나니
　토지신이 이처럼 보여주었네

　제5 도량의 광명구름

經

寶地普現妙光雲하야　　　**寶炬燄明如電發**이어든
寶網遐張覆其上하며　　　**寶枝雜布爲嚴好**로다

　보배 땅에 미묘한 광명구름 널리 나타나

421

보배 횃불 번개처럼 밝게 빛나는데
보배 그물 아득히 그 위 뒤덮고
보배 가지 이리저리 장엄하였네

● 疏 ●

十頌 分二니 前五는 德用圓備라

10송은 2부분으로 구분된다. 앞의 5게송(제1~5)은 공덕과 작용을 원만하게 갖추었다.

제6 도량의 法化 유통

經

汝等普觀於此地에　　種種妙寶所莊嚴하라
顯示衆生諸業海하야　　令彼了知眞法性이로다

그대는 보라, 이 땅에 펼쳐진
갖가지 보배 장엄을
중생의 모든 업 내보여주어
그들에게 참 법성 알려주셨네

제7 도량의 청정 법문

經
普徧十方一切佛의　　所有圓滿菩提樹가
莫不皆現道場中하야　演說如來清淨法이로다

　　시방에 가득한 모든 부처님
　　소유하신 원만한 보리수여
　　도량마다 모두 나타나
　　여래의 청정한 법 연설하여라

　　제8 도량의 應機 법문

經
隨諸衆生心所樂하야　其地普出妙音聲호대
如佛座上所應演하야　一一法門咸具說이로다

　　중생이 좋아하는 마음 따라
　　그 땅에 널리 미묘한 음성으로
　　부처님 법좌 앉아 연설하듯이
　　온갖 법문 모두 말해주네

　　제9 도량의 香光 법문

經
其地恆出妙香光하야　　光中普演清淨音하니

若有衆生堪受法이면　　　　悉使得聞煩惱滅이로다
　　그 땅에 항상 보인 미묘한 향기광명
　　광명 속에서 청정한 법음 연설하니
　　법문 들을 만한 중생 근기이면
　　모두 법음 듣고 번뇌 사라지네

　　제10 도량의 장엄 청정

經

一一莊嚴悉圓滿하니　　　　假使億劫無能說이라
如來神力靡不周일세　　　　是故其地皆嚴淨이로다
　　낱낱 장엄 모두 원만하여
　　억겁에도 모두 말할 수 없네
　　여래의 신통력 두루 하기에
　　온 누리 장엄하고 청정하여라

● 疏 ●

後五는 法化流通이라 言如佛座上所應演者는 九會五周之文과 一化隨宜之說이 已具演於場地之中이라【鈔 九會五周之文等者는 指此上一經이라 一化隨宜는 卽始從鹿苑으로 終至雙林히 一乘三乘을 場地頓演이온 何況如來言說耶아】

　　뒤 다섯 게송(제6~10)은 法化의 유통이다. 제8 "부처님 법좌 앞아 연설하듯이"를 보면 9會와 5周의 문장과 한결같이 편의에 따라 교화한다는 말은 도량 장엄에 이미 구체적으로 말하였다.【초_ "9會와 5周의 문장" 등은 이 위의 경문을 가리키며, "한결같이 편의에 따라 교화한다는 말"은 처음 녹야원으로부터 마지막 사라쌍수의 열반까지 일승과 삼승의 도량에서 한꺼번에 연설했는데, 하물며 여래의 말씀이야.】

第四 大智日菩薩頌
歎佛所處宮殿이라

제4. 대지일용맹혜보살의 게송
부처님이 머무신 궁전을 찬탄하다

經

爾時에 大智日勇猛慧菩薩摩訶薩이 承佛威力하사 普觀一切道場衆海하고 卽說頌言하사대

그때 대지일용맹혜 보살마하살이 부처님이 지닌, 헤아릴 수 없는 영묘하고도 불가사의한 힘을 받들어 모든 도량의 대중바다를 두루 살펴보고 게송으로 말씀드렸다.

제1 궁전 찬탄의 총체

世尊凝眸處法堂하사 　　**炳然照曜宮殿中**하사대
隨諸衆生心所樂하사 　　**其身普現十方土**로다

　세존께서 맑고 빛나는 눈으로 법당에 앉아
　환하게 궁전 비춰주시며
　중생이 좋아하는 마음을 따라
　시방국토 널리 그 몸 보여주셨네

十頌 分二니 初一은 總明이오 次段은 讚處彰人이라 故此偈는 標人顯處라 凝者는 嚴整之貌오 眸者는 視也니 謂肅然而視라

　10게송은 2부분으로 나뉜다. 첫 게송은 도량의 찬탄을 총체로 밝힘이며, 그 나머지 게송은 부처님 계신 도량을 찬탄하면서 중생을 밝혀주었다. 이 때문에 이 게송에서는 중생을 내세워 도량을 밝힌 것이다. 凝은 엄정한 모양이며, 眸는 본다는 뜻이니 엄숙히 봄을 말한다.

　제2 궁전 장엄의 주체인 부처님

經

如來宮殿不思議라 　　**摩尼寶藏爲嚴飾**하니
諸莊嚴具咸光曜어늘 　**佛坐其中特明顯**이로다

여래의 궁전 불가사의여
마니보배로 장엄하였고
모든 장엄구 모두 빛나는데
그곳에 앉으신 부처님 유독 돋보이네

제3 궁전의 7처 장엄 가운데 4가지

經

摩尼爲柱種種色이요　　眞金鈴鐸如雲布라
寶階四面列成行이요　　門闥隨方咸洞啓로다

　마니의 궁정 기둥 갖가지 색인데
　금방울은 구름처럼 펼쳐져 있고
　보배 계단은 사면에 줄지어 있으며
　문이란 문은 방위 따라 활짝 열렸네

제4 궁전의 7처 장엄 가운데 3가지

經

妙華繒綺莊嚴帳과　　寶樹枝條共嚴飾하며
摩尼瓔珞四面垂어든　　智海於中湛然坐로다

　미묘한 꽃비단으로 장엄한 휘장
　보배 나무 가지로 함께 꾸몄고

마니 달개는 사면에 드리워졌는데
지혜바다 가운데 고요히 앉았네

제5 궁전 장엄 속에 부처님

經

摩尼爲網妙香幢이요　　**光燄燈明若雲布**며
覆以種種莊嚴具어든　　**超世正知於此坐**로다

마니의 그물에 미묘한 향기 깃대
불꽃광명 밝은 등불, 구름처럼 펼쳐져 있고
갖가지 장엄구로 뒤덮였는데
초세간의 바른 지혜 여기에 앉았네

● 疏 ●

後九는 別明이라 於中에 二니 前四는 明宮殿體攝衆德이니 卽廣其前半이오 後五는 明妙用自在니 卽廣其後半이라 今初에 初一은 宮殿雖曜나 佛坐增明이니 卽廣前炳然照曜宮殿中也라 次二頌은 略辨七嚴하야 結以智海니 廣上凝晬處法堂也라 謂內持寶柱와 簷垂金鈴과 外列門階과 上羅華帳과 寶樹交映과 寶瓔周垂로 爲七嚴也라 闈은 小門也오 洞은 達也라 如雲布者는 重重無量하고 次次相承也라 上云凝晬는 則目視不瞬이니 特由內無識浪이라 故云 智海湛然이다 次一頌은 羅以寶網하며 列以香幢하며 布以燄明하며 覆以嚴具하고 結云超世라

하니 卽廣上世尊處法堂也라 '光如雲布者는 若彩雲向日하야 上下齊明也라

뒤의 아홉 게송(제2~10)은 도량의 찬탄과 그곳에 계신 부처님을 별개로 밝혔다. 그 가운데에 2가지의 뜻이 있다. 앞의 4게송(제2~5)은 궁전 자체가 수많은 덕을 지니고 있음을 밝힘이니 그 앞부분(도량의 찬탄)을 확대 해석한 것이며, 뒤의 5게송(제6~10)은 궁전의 자재한 妙用을 밝힘이니 그 뒷부분(그곳에 계신 부처님)의 의미를 확대한 것이다.

여기에서 말한 뒤의 첫 번째 게송(제2)은 궁전이 아무리 빛나더라도 부처님이 앉아 계심으로써 더욱 빛났다는 뜻이다. 이는 곧 앞의 제1 게송에서 말한 "환하게 궁전 비춰주신다."의 의미를 확대한 것이다. 다음 2게송(제3~4)은 7가지 장엄을 간략하게 논변하여 '지혜바다'로 끝맺었다. 이는 곧 앞의 제1 게송에서 말한 "세존께서 맑고 빛나는 눈으로 법당에 앉아 있다."의 의미를 확대한 것이다. 안으로 (1) 보배 기둥이 세워져 있고, (2) 처마에 금방울을 드리웠고, 밖으로 (3) 대문과 (4) 계단이 줄지어 있고, 위로는 (5) 꽃 휘장이 펼쳐져 있고, (6) 보배 나무가 서로 비추고, (7) 보배 구슬이 두루 드리워져 있다는 것은 7가지의 장엄을 말한다.

제3 게송에서 말한 門闥의 闥은 작은 문이며, 咸洞啓의 洞은 활짝 열려 있다는 뜻이다. 제5 게송에서 말한 "구름처럼 펼쳐져 있다."는 것은 거듭거듭 한량없이 차례차례 줄지어 이어감이다.

제1 게송에서 말한 "맑고 빛나는 눈"이란 눈을 깜박거리지 않

음이니 이는 특별히 마음에 의식의 물결[識浪]이 없는 데에서 연유한 것이다. 이 때문에 제4 게송에서 "지혜바다 고요하다."라고 말한 것이다.

다음 제5 게송에서는 마니보배 그물이 펼쳐져 있고 향기 깃대가 줄지어 서 있으며, 불꽃광명이 밝게 빛나고 장엄구로 뒤덮여 있다고 하고서 "초세간의 바른 지혜"로 끝맺었다. 이는 제1 게송에서 말한 "세존이 법당에 계신다."의 의미를 확대한 것이다. "광명이 구름처럼 펼쳐져 있다."는 것은 채색의 구름이 태양을 향하여 위아래가 일제히 빛남을 말한다.

제6 궁전의 자재변화

經

十方普現變化雲이여   其雲演說徧世間하야
一切衆生悉調伏하니   如是皆從佛宮現이로다

시방에 널리 나타난 변화의 구름
구름의 연설이 세간에 가득하여
모든 중생 모조리 조복시키니
이런 법음이 부처님 궁전에 온통 들려오네

◉ **疏** ◉

後五中에 一은 羅身雲以調生이니 正顯前文現十方土라

뒤 다섯 게송 가운데 첫째(제6)는 변화의 구름을 나열하여 중생을 조복함이니 바로 앞의 제1 게송에서 말한 "시방국토 널리 그 몸 보여주셨다."의 뜻을 밝힌 것이다.

제7 궁전의 삼세장엄 시현

經

摩尼爲樹發妙華어 　　　十方所有無能匹이라
三世國土莊嚴事가 　　　莫不於中現其影이로다

　마니 나무에 피어난 미묘한 꽃이여
　시방에 그 어떤 것으로도 견줄 수 없네
　삼세 국토 온갖 장엄이
　미묘한 꽃 속에 그 모습 보여주네

● 疏 ●

二는 寶樹에 現三世之嚴이라

뒤의 게송에서 둘째(제7 게송)는 보배 나무에 삼세의 장엄이 나타남을 말한다.

제8 궁전의 수많은 장엄

處處皆有摩尼聚여　　　光焰熾然無量種이라
門牖隨方相間開하니　　棟宇莊嚴極殊麗로다

곳곳에 있는 마니보배 무더기
한량없는 종류로 눈부신 그 광명
크고 작은 문들이 방위 따라 사이사이 열렸는데
기둥과 들보 장엄 지극히 화려하네

三은 略舉多嚴이라

뒤의 게송에서 셋째(제8 게송)는 수많은 장엄을 간략히 열거하였다.

제9 궁전의 거듭된 장엄

經
如來宮殿不思議라　　　清淨光明具衆相이어든
一切宮殿於中現하니　　一一皆有如來座로다

여래의 궁전 불가사의여
청정한 광명 온갖 모습 갖추었고
모든 궁전 그 가운데 나타나
궁전마다 모두 여래 앉으셨네

◉ 疏 ◉

四는 卽上諸嚴을 卷攝多嚴하야 重重佛坐라

뒤의 게송에서 넷째(제9 게송)는 위에서 말한 모든 장엄을 수많은 장엄 속에 거둬들여 거듭거듭 부처님이 앉아 계심을 말한다.

제10 궁전 장엄의 결속

經

如來宮殿無有邊이여 自然覺者處其中하시니
十方一切諸衆會가 莫不向佛而來集이로다

여래의 궁전 그지없어
깨달은 이는 절로 그곳에 계시니
시방의 일체 대중이
부처님 향하여 모여들었네

◉ 疏 ◉

五는 結歎無盡主伴雲會라

뒤의 게송에서 다섯째(제10 게송)는 끝없는 부처님과 대중들이 구름처럼 모임을 찬탄하여 끝맺고 있다.

第五 不思議菩薩

通讚場樹自在德

제5. 부사의보살
이는 통틀어 도량에 있는 나무의 자재한 덕을 찬탄하다

經

爾時에 不思議功德寶智印菩薩摩訶薩이 承佛威力하사 普觀一切道場衆海하고 卽說頌言하사대

그때 부사의공덕보지인 보살마하살이 부처님이 지닌, 헤아릴 수 없는 영묘하고도 불가사의한 힘을 받들어 모든 도량의 대중바다를 두루 살펴보고 게송으로 말씀드렸다.

제1 도량 보리수의 총체

經

佛昔修治衆福海가　　一切刹土微塵數라
神通願力所出生으로　　道場嚴淨無諸垢로다

부처님이 옛적에 닦으신 복전바다
모든 세계 미진수만큼 많네
신통과 원력에서 나온 터라
도량이 청정하여 때가 없네

◉ 疏 ◉

十頌을 分二니 初一은 總顯이니 謂宿因願力이 深廣難思일새 神通現緣이며 生果嚴淨이라

10게송은 2부분으로 나뉜다. 첫 게송은 도량의 보리수를 총체로 밝혔다. 숙세 인행시절 원력이 깊고 광대하여 헤아리기 어렵기에 신통으로 인연을 나타냈으며, 과보로 장엄 청정함을 얻은 데 대해 말하고 있다.

제2 보리수의 몸통

經

如意珠王作樹根하고　　金剛摩尼以爲身이여
寶網遐施覆其上하니　　妙香氛氳共旋遶로다

　여의주로 보리수 뿌리 삼고
　금강 마니로 된 몸통이여
　보배 그물 널리 그 위 뒤덮으니
　묘한 향기 자욱이 감싸네

제3 보리수의 줄기

樹枝嚴飾備衆寶하고　　摩尼爲幹爭聳擢이여

枝條密布如重雲이어든　　佛於其下坐道場이로다

　　나뭇가지 온갖 보배로 장엄하고
　　마니 줄기 우뚝 솟았네
　　촘촘한 가지, 구름처럼 펼쳐졌는데
　　그 도량에 부처님 앉으셨네

　　제4 보리수의 잎

經

道場廣大不思議어늘　　其樹周廻盡彌覆호대
密葉繁華相庇映하야　　華中悉結摩尼果로다

　　불가사의 광대한 도량
　　보리수 두루두루 뒤덮여 있고
　　잎과 꽃은 무성하여 서로 비추니
　　꽃마다 마니열매 맺혀 있어라

　　제5 보리수의 가지

經

一切枝間發妙光호대　　其光徧照道場中하야
淸淨熾然無有盡하니　　以佛願力如斯現이로다

　　모든 가지마다 미묘한 광명

그 광명이 두루 도량을 비춰

청정하고 눈부시어 끝이 없으니

부처님 원력으로 이처럼 나타났네

제6 보리수의 꽃

經

摩尼寶藏以爲華하니 **布影騰輝若綺雲**이라
币樹垂芳無不徧하야 **於道場中普嚴飾**이로다

마니보배 꽃이 되어

빛나는 그림자, 비단구름 펼친 듯이

나무마다 꽃봉오리 가득도 하여

온 도량 널리 장엄하였네

● **疏** ●

後九는 別顯이라 分三이니 初五는 歎樹具德嚴場이니 於中에 初二는 身幹森聳이오 次二는 枝葉陰映이오 後一은 華果芬輝라

뒤의 9게송(제2~10)은 보리수의 자재를 별개로 밝혔다. 이는 3부분으로 나뉜다. 그중 첫 부분의 5게송(제2~6)은 덕을 갖추어 도량을 장엄한 보리수를 찬탄함이니 이 가운데 처음과 둘째 게송(제2~3)은 보리수의 몸통과 줄기가 빽빽이 솟은 것을, 다음 2게송(제4~5)은 가지와 잎이 그늘을 드리움을, 뒤의 1게송(제6)은 꽃과 열매

가 빛남을 말하고 있다.

제7 도량의 연꽃그물

經
汝觀善逝道場中에　　　　蓮華寶網俱淸淨하라
光焰成輪從此現이요　　　鈴音鐸響雲間發이로다

　그대는 보라, 부처님의 도량에
　연꽃 보배 그물 모두 청정하네
　불꽃 바퀴 그곳에 나타나
　구름 속에 목탁 소리 울려오네

◉ 疏 ◉

二에 有一偈는 歎場地蓮網이니 謂蓮華布地면 則下轉光輪하고 寶網羅空이면 則雲間響發이라

　보리수 자재의 둘째 부분에 1게송(제7)은 도량의 연꽃그물을 찬탄하였다. 연꽃이 땅에 펼쳐지면 아래에 광명의 바퀴가 굴러가고, 보배 그물이 허공을 뒤덮으면 구름 속에 목탁 소리가 울려온다.

제8 보리수의 자재한 수렴

十方一切國土中에　　　所有妙色莊嚴樹가
菩提樹中無不現이어든　佛於其下離衆垢로다

시방의 모든 국토에

미묘한 색으로 장엄한 보리수

보리수 가운데 삼라만상 나타나니

보리수 아래 부처님 모든 번뇌 여의셨네

제9 보리수의 자재한 보배 출현

道場廣大福所成이라　　樹枝雨寶恆無盡하고
寶中出現諸菩薩하야　　悉往十方供事佛이로다

광대한 도량은 광대한 복전으로 성취한 것

보리수 가지가지 쏟아지는 보배 끝이 없고

보배마다 많은 보살 출현하여

시방국토 찾아가 부처님 공양하네

제10 보리수의 자재한 음악 출현

經
諸佛境界不思議라　　普令其樹出樂音호대

如昔所集菩提道를　　　**衆會聞音咸得見**이로다

　　모든 부처님 경계 불가사의여

　　나무마다 음악 소리 울려 나와

　　옛적 닦으신 부처님 보리도를

　　대중이 음악 듣고 모두 보았네

● 疏 ●

三에 有三偈는 歎樹自在니 初一은 收入이오 後二는 出生이라

　　보리수 자재의 셋째 부분에 있는 3게송(제8~10)은 보리수의 자재를 찬탄하였다. 그중 첫 게송(제8)은 자재하게 거둬들임이며, 뒤의 2게송(제9~10)은 자재하게 낳아줌이다.

第六 百目菩薩

頌中에 雙歎場·樹의 備德自在와 法化宣流라

　　제6. 백목보살

　　게송 가운데 도량과 보리수에 덕이 갖춰져 있어 자재함과 법화를 베풂을 모두 찬탄하다

經

爾時에 **百目蓮華髻菩薩摩訶薩**이 **承佛威力**하사 **普觀一切道場衆海**하고 **即說頌言**하사대

그때 백목연화계 보살마하살이 부처님이 지닌, 헤아릴 수 없는 영묘하고도 불가사의한 힘을 받들어 모든 도량의 대중바다를 두루 살펴보고 게송으로 말씀드렸다.

제1 보리수의 佛號 찬탄

一切摩尼出妙音하야　　稱揚三世諸佛名이어든
彼佛無量神通事를　　　此道場中皆現覩로다

　모든 마니주 미묘한 음악 울려
　삼세 모든 부처님 명호 칭송하며
　부처님의 한량없는 신통력을
　이 도량에 모두 보여주셨네

제2 보리수의 꽃 공양

衆華競發如瓔布하며　　光雲流演徧十方이어늘
菩提樹神持向佛하야　　一心瞻仰爲供養이로다

　수많은 꽃 활짝 피어 영락구슬 드리운 듯하며
　찬란한 구름 흘러나와 시방국토 가득한데
　보리수 신이 부처님 전 꽃을 들어

일심으로 우러러 공양 올리네

제3 보리수의 향기

> **經**
> **摩尼光焰悉成幢**하야　　**幢中熾然發妙香**이어든
> **其香普薰一切衆**일세　　**是故其處皆嚴潔**이로다

　　마니주의 빛나는 불꽃 깃대가 되어
　　눈부신 깃대 속에 미묘한 향기 나는데
　　중생에게 그 향기 널리 전하니
　　그 도량 장엄하고 모두 청정하네

제4 보리수의 소리

> **經**
> **蓮華垂布金色光**하니　　**其光演佛妙聲雲**하야
> **普蔭十方諸刹土**하야　　**永息衆生煩惱熱**이로다

　　연꽃에 펼쳐진 금빛 광명
　　광명마다 부처님의 미묘한 음성 구름 되어
　　시방세계 널리 뒤덮으니
　　중생의 번뇌 열기 길이 씻어주네

제5 보리수의 광명

經

菩提樹王自在力이여　　常放光明極淸淨하니
十方衆會無有邊하야　　莫不影現道場中이로다

　보리수의 자재한 힘이여
　항상 광명 놓아 지극히 청정하니
　시방국토 수없는 대중법회
　보리수 도량에 그림자처럼 나타나네

제6 보리수의 연설

經

寶枝光燄若明燈하야　　其光演音宣大願호대
如佛往昔於諸有에　　本所修行皆具說이로다

　보배 가지 불꽃이 밝은 등불 같아
　보리수 광명, 소리 내어 큰 서원 말하는데
　부처님 지난 옛적 모든 세간에
　본래 수행하신 대로 모두 말하네

제7 보리수의 법문 선양

樹下諸神刹塵數가   **悉共依於此道場**하야
各各如來道樹前에   **念念宣揚解脫門**이로다

   보리수 아래 미진수만큼 많은 나무 신이
   부처님 도량에 모두 귀의, 수호하면서
   모든 여래 보리수 아래 성불하실 때면
   부처님 교화 도와 해탈법문 선양하려 생각하네

   제8 마니보주에 나타난 부처님 수행

世尊往昔修諸行에   **供養一切諸如來**와
本所修行及名聞이   **摩尼寶中皆悉現**이로다

   세존이 지난 옛적 육도만행 닦으실 때
   모든 여래께 올린 공양
   본래의 수행, 크나큰 명성들이
   마니보배에 모두 나타나네

   제9 도량의 미묘 법음

經

道場一切出妙音하니   **其音廣大徧十方**이라

若有衆生堪受法이면　　　莫不調伏令淸淨이로다

　　도량에서 온통 미묘한 법음 울려나니
　　그 음성 광대하여 시방국토 가득하네
　　법을 받을 수 있는 중생 근기라면
　　모두 조복하여 청정케 하였네

◉ 疏 ◉

前九偈는 各一門이라

　　앞의 9게송은 각기 하나의 법문이다.

　　제10 도량과 보리수의 총결

經

如來往昔普修治　　　一切無量莊嚴事일세
十方一切菩提樹에　　　一一莊嚴無量種이로다

　　여래께서 지난 옛적 널리 닦으신
　　온갖 장엄 한량없고
　　시방국토 모든 보리수
　　하나하나 장엄하여 한량이 없네

◉ 疏 ◉

後一은 結嚴周徧이니 並顯可知라

뒤의 제10 게송은 두루 장엄함을 끝맺음이다. 모두 그 의미가 뚜렷하여 설명하지 않아도 알 수 있다.

세주묘엄품 제1-9 世主妙嚴品 第一之九
화엄경소론찬요 제10권 華嚴經疏論纂要 卷第十

화엄경소론찬요 제11권
華嚴經疏論纂要 卷第十一

◉

세주묘엄품 제1-10
世主妙嚴品 第一之十

第七 金燄菩薩頌

歎佛十力公德이라

    제7. 금염보살의 게송

    부처님의 열 가지 공덕을 찬탄하다

一頌一力은 下諸經文에 屢明十力하니 是佛不共之德이오 佛佛等有오 菩薩緣此發心이라 梵行品에 云"復應修習하여 一一力中에 有無量義일새 悉應諮問이라" 故不可不知니라 然大般若五十三과 顯揚第四와 對法第十四는 廣辨이어늘 今略以七門으로 分別하니 一立意오 二釋名이오 三自性이오 四作業이오 五次第오 六差別이오 七釋文이라

    하나의 게송, 하나의 힘은 아래의 여러 경문에서 누차 十力을 밝혔다. 이는 부처님께서 다른 대중과 함께할 수 없는 공덕이고, 부처와 부처만이 평등하게 지니는 능력이며, 보살이 이를 인연으로 발심한 것이다. 범행품에 이르기를, "다시 닦고 익혀서 하나하나의 힘 가운데 한량없는 뜻이 있기에 모두 물어야 한다."고 하였다. 이 때문에 이러한 점을 반드시 알아야 한다. 그러나 대반야경 53권, 현양성교론 제4권, 대법론 제14권에서 이에 대해 자세히 논변하고 있는데, 여기에서는 7주제로 간략하게 구분하였다. ⑴ 의미를 세운 것이며, ⑵ 이름을 해석함이며, ⑶ 자성이며, ⑷ 작업이며, ⑸ 차례이며, ⑹ 차별이며, ⑺ 경문의 해석이다.

今初立意者는 智論에 意云"顯佛大人有眞實力은 令外道心伏이오

二乘希向이오 菩薩倣之하야 能成辦大事하야 終獲其果라 故須辨之니라 如來는 唯一諸法實相智力이니 此力에 有十種用이라 故說爲十이라 謂於十境에 皆委悉正知라 故由時品類相續으로 分別하야 有無量力으로 度人因緣이라 故但說十이면 足辨其事라 謂以初力으로 知可度不可度오 次業力으로 知有障無障이오 以定力으로 知味著不味著이오 以根力으로 知智多少오 以欲力으로 知所樂이오 以性力으로 知深心所趣오 以至處力으로 籌量衆生解脫門이오 以宿命力으로 分別先所從來오 以生死力으로 分別生處好醜오 以漏盡力으로 知衆生得涅槃이라 佛以此十으로 度生審諦일새 故但說十이라

이 '⑴ 의미를 세운다.'는 것은 지도론에서 다음과 같은 뜻으로 말하였다.

"부처님에게 진실한 힘이 있음을 밝힌 것은 외도의 마음을 굴복시키고 이승으로 이를 향하게 하고 보살로 하여금 이를 본받아 大事를 성취하여 마침내 불과를 얻게 하기 위함이다."

이 때문에 반드시 이를 논변해야 한다. 여래는 모든 법의 실상을 관찰한 지혜의 힘을 가지고 있는데, 이 힘에는 열 가지의 작용이 있기에 여기에서 열 가지를 말하였다. 열 가지의 경계를 모두 자세하고 바르게 알기 때문이다. 따라서 시간과 종류와 상속으로 분별하여 무량한 힘으로 사람을 제도하는 인연을 삼기에 단 열 가지만 말하여도 넉넉히 그 일을 모두 이룰 수 있다.

① 능력[處非處智力]으로 제도할 수 있을지 못할지를 알고,

② 업력[三世業報智力]으로 장애가 있는지 없는지를 알고,

③ 선정력[禪定解脫三昧智力]으로 맛에 탐착하는지 않는지를 알고,

④ 선근력[諸根勝劣智力]으로 지혜의 많고 적음을 알고,

⑤ 욕구력[種種解智力]으로 즐기는 바를 알고,

⑥ 본성력[種種界智力]으로 깊이 마음의 나아가는 바를 알고,

⑦ 일체처[一切至處道智力]에 이르는 힘으로 중생의 해탈문을 헤아리고,

⑧ 숙명력[天眼無礙智力]으로 전생에서 온 곳을 분별하고,

⑨ 생사력[宿命無漏智力]으로 태어날 곳의 좋고 나쁨을 분별하고,

⑩ 누진력[永斷習氣智力]으로 중생이 열반을 얻을 것을 안다.

부처님은 이 열 가지로써 중생을 제도하고 진리를 살피기 때문에 단 열 가지만을 말하였다.

第二 '釋名'이니 初總 後別이라 今初總名力者는 能摧怨敵義며 不可屈伏義라 故說名力이라 瑜伽에 云"與一切種으로 饒益一切有情功能이 具相應故며 畢竟에 勝伏一切魔怨大威力故로 說名爲力이라"하고 對法云"善除衆魔하야 善記問論일새 故十名力"이라하니 十者는 是數니 帶數釋也라 別名은 至文當釋이라

'(2) 이름을 해석함'이니 처음은 총체요, 뒤는 별개이다. 이 첫 부분에 총괄하여 力이라 말한 것은 원수나 적을 꺾는다는 뜻이며, 굴복하지 않는다는 뜻이다. 이 때문에 힘[力]이라고 말한다. 유가론에 이르기를, "일체 종류로 일체중생을 넉넉하게 하는 능력이 상응함을 갖췄기 때문이며, 마침내 일체 마귀와 원수의 큰 위력을 이기

451

고 굴복시킬 수 있기 때문에 '힘'이라고 말한다."고 하였고, 대법론에 이르기를, "수많은 마군을 잘 없애어 질문하고 논의한 것을 잘 기억하기에 열 가지 힘이라 말한다."고 하니 10이란 숫자이며, 숫자를 가지고 해석한 것이다. 별개의 이름은 해당 문장에서 해석하겠다.

三 '自性'者는 統其文義컨대 應具六種이니 一은 最勝體니 故決擇分中에 慧根爲性이오 二는 引生體니 對法兼定이오 三은 尅實體니 菩薩地에 云 五根爲性은 由慧勝故라 且說十力은 慧爲自性이라 所以로 但言處非處等智力이오 不言信進等力이라하고 四는 相應體니 對法에 兼取相應心法四蘊으로 爲性이오 五는 眷屬體니 五蘊爲體오 定共·道共·無漏色等으로 助爲體故로 此雖無文이나 理必應是니 遮犯戒垢하야 助推寃故니라 六은 依此經컨대 融一切法하야 以爲其性이라 無礙法界 理應爾故니라

'(3) 자성'이란 문장의 뜻을 총괄해보면 6가지를 갖추고 있다.

① 가장 훌륭한 몸이다. 이 때문에 결택분 가운데 지혜의 근으로 자성을 삼았다.

② 태어남을 이끄는 몸이다. 대법론에서는 선정을 겸하였다.

③ 실법에 능한 몸이다. 보살지경에 이르기를, "5가지 감각으로 자성을 삼은 것은 지혜의 수승함에 의한 때문이다. 또한 십력이라 말한 것은 지혜가 자성이 되기에 단 '處非處等智力'만 말하고, 믿음과 정진 등의 힘은 말하지 않았다."고 하였다.

④ 상응하는 몸이다. 대법론에서는 심법에 상응하는 四蘊을 겸

하여 취하는 것으로 자성을 삼았다.

⑤ 권속의 몸이다. 오온으로 몸을 삼고 定共戒[20]와 道共戒[21]와 無漏色戒 등으로 보조의 몸을 삼기 때문이다. 이에 대한 구체적인 문장은 없으나 이치는 반드시 그러하다. 遮戒[22]와 犯戒[23]로 원수를 꺾는 데 도움이 되기 때문이다.

⑥ 이 경전에 의하면 일체 법을 융화하여 그 자성을 삼는다. 무애법계의 이치가 그러한 때문이다.

四 作業者는 卽是辨相이니 至文當顯이라

'(4) 작업'이란 곧 모양을 분별함이니 해당 문장에서 이를 밝히겠다.

五 次第者는 諸文에 或有前卻이나 各有所由라 此文所列次第는 與十住로 全同이라 淨行品은 則界在解前이오 梵行品은 禪定解脫이 當其第三하고 宿命은 居天眼之後오 餘同此次라

....

20 定共戒 : 3종 계의 하나. 靜慮律儀·禪律儀라고도 한다. 色界有漏定에 들어가는 동시에 防備止惡의 戒體를 얻어 몸가짐과 말하는 것 등이 저절로 율의에 계합하는 것을 말한다.

21 道共戒 : 3종 계의 하나. 無漏律儀·道生律儀라고도 한다. 불교의 성자가 見道하고 수행하는 자리에서 無漏道를 일으키면 저절로 몸과 말의 허물을 여의게 된다. 이 무루도와 함께 防非止惡하는 戒體를 발하여 저절로 율의에 계합하는 것을 말한다.

22 遮戒 : 不飮酒戒. 48경계 등을 말한다. 술을 마시는 것이 그 성질은 죄악이 아니나, 술을 마심으로써 여러 가지 죄악을 저지르게 되므로 부처님께서 막은 것이다. 이와 같이 부처님이 막음으로 인하여 계가 된 것을 차계라 한다.

23 犯戒 : 破戒. 부처님께서 제정한 계율을 범하여 파한 것. 파계한 이에게는 5가지 허물이 있다. ⑴ 자신을 해치고, ⑵ 지혜 있는 이에게 꾸중을 듣고, ⑶ 나쁜 소문이 멀리 퍼지고, ⑷ 죽을 때에 후회가 생기고, ⑸ 죽어서 악도에 떨어진다.

'(5) 차례'라는 것은 여러 문장에 간혹 다소의 차이[前卻]가 있지만 각기 유래한 바가 있다. 이 문장에 열거한 차례는 모두 십주경과 같다. 정행품에서는 界(6. 본성력 : 種種界智力)가 解(5. 욕구력 : 種種解智力)의 앞에 있고, 범행품에서는 선정해탈(3. 선정력 : 禪定解脫三昧智力)이 그 셋째에 해당하고 숙명(9. 생사력 : 宿命無漏智力)은 천안(8. 숙명력 : 天眼無礙智力)의 뒤에 있으며, 나머지는 이 차례와 같다.

六 差別者는 爲此十力이 展轉相望이나 亦有差別이오 亦無差別이니 至文當明이라

'(6) 차별'이라 하는 것은 이 십력이 전전하여 서로 바라보지만 또한 차별이 있기도 하고 또한 차별이 없기도 한 것이다. 해당 문장에 이르러 이를 밝힐 것이다.

七 釋文이라 然此經宗 異義를 皆融攝故로 一一力中에 具攝十力이오 乃至包盡法界라 是以宿命일세 乃云智包三世라하니 天眼은 則見盡法界니 非唯見盡이라 佛眼如空하야 卽是法界니 非唯智包라 亦能毛孔頓現하야 業力이 卽觀法性이어니 豈惟但是有爲리오 約門有殊라 故他宗不壞니라

'(7) 경문의 해석'이다. 그러나 이 경의 종지에 그 밖의 다른 뜻까지 모든 것을 융합한 까닭에 하나하나의 힘 가운데 모두 십력을 갖추고 있으며, 나아가 법계를 모두 포괄하는 것이다. 이러한 숙명 때문에 "지혜는 삼세를 포괄한다."고 말한다. 천안은 그 견해가 법계를 다함이니 그 견해가 법계를 다할 뿐 아니라, 부처의 눈은 허공과 같아서 곧 법계이다. 단순히 지혜로 삼세를 포괄하는 데 그치

지 않는다. 또한 털구멍에도 일시에 나타나 업력이 곧 본성임을 볼 수 있는데, 어찌 유위에만 그치겠는가. 주제에 따라 차이가 있기에 다른 종지가 이를 타파할 수 없다.

經

爾時에 **金燄圓滿光菩薩摩訶薩**이 **承佛威力**하사 **普觀一切道場衆海**하고 **卽說頌言**하사대

그때 금염원만광 보살마하살이 부처님이 지닌, 헤아릴 수 없는 영묘하고도 불가사의한 힘을 받들어 모든 도량의 대중바다를 두루 살펴보고 게송으로 말씀드렸다.

제1 *處非處智力*의 게송

經

佛昔修習菩提行하사　　**於諸境界解明了**일세
處與非處淨無疑하시니　　**此是如來初智力**이로다

　　부처님이 옛적에 보리행을 닦으시어
　　모든 경계에 밝게 이해하여
　　옳은 곳 옳지 않은 곳 모두 의심 없으니
　　이것이 여래의 첫째 지혜의 힘이네

● 疏 ●

第一偈는 卽處非處智力이니 謂善因의 樂果는 斯有是處오 善因의 苦果는 無有是處니 '惡因苦果'等도 例上可知라 處者는 建立義며 依義며 起義니 能建立果하며 與果爲依며 能起果法일새 故立處名이오 於此正知일새 故名智力이라【鈔_ 第一偈下는 一은 釋名이니 卽因果相當을 名之爲處라하고 若不相當이면 名爲非處라】其作業者는 卽如實知因之與果와 及能降伏無因·惡因種種諍論이니 旣徧知已에 可度者는 度오 不可度者는 爲作因緣이라 文中에 上半은 往因이오 下半은 顯智力이니 於諸境界에 正解明了는 卽辨此力의 通知一切法也라

　제1 게송은 '處非處智力'이다. 善因의 좋은 결과는 옳은 곳[是處]이며, 선인의 고통스러운 결과는 잘못된 곳[非處]이다. 악인의 고통스러운 결과는 옳은 곳[是處]… 등 또한 위의 예에 준하여 살펴보면 이를 알 수 있다. 處란 '건립하다'의 뜻이며 '의지하다'의 뜻이며 '일으키다'의 뜻인바, '결과를 세우다', '결과로 더불어 의지하다', '결과의 법을 일으키다'라는 뜻으로 '處'라는 이름을 붙인 것이다. 이를 바르게 알았기에 '지혜의 힘'이라 말한다.【초_ 제1 게송 이하의 문장은 '제1의 이름을 해석함'이다. 인과가 서로 적절한 것을 '處'라 하고, 인과가 서로 적절하지 않은 것을 '非處'라고 말한다.】

　'⑷ 작업'이라 하는 것은 곧 '원인에 의한 결과'와 원인이 없느니, 악한 원인이니 따위의 갖가지 논쟁을 어떻게 해야 항복받을 수 있을지를 여실하게 아는 것이다. 이처럼 이미 두루 알고서 제도할 수 있는 자는 제도하고, 제도하지 못할 자는 인연을 만들어주기 위함이다.

게송 가운데 제1, 2구는 과거의 인연이고, 제3, 4구는 지혜의 힘을 밝힌 것이다. 모든 경계에서 바르게 이해하고 분명하게 아는 것은 곧 이 힘으로 일체 법을 통틀어 안 것임을 말한다.

제2 三世業報智力의 게송

經

如昔等觀諸法性하사 　　**一切業海皆明徹**일세
如是今於光網中에 　　**普徧十方能具演**이로다

　옛적에 모든 법성 평등하게 관찰하고
　일체 업바다 밝게 아셨기에
　지금도 그와 같이 광명그물 속에서
　시방 보리수에 널리 나타나네

◉ **疏** ◉

第二偈는 卽過·未·現在業報智力이라 瑜伽엔 名自業智力이어늘 今言 一切業者는 謂於三世中에 善等三業과 及順現等을 皆名自業이니 於自所作受用果業에 如實知故라 與初何別고 若正了知所造善等業에 感愛等果는 此由初力이오 若了能造善惡等業으로 感愛等果은 是自業力이라 文中에 上半은 往因이오 下半은 現果라【鈔_ 與初何別下는 次辨差別也라 初力은 約所造오 自業은 約能造어니와 此猶未了라 云何能所오 謂以人望業이면 已殺等竟에 此殺等業이 必招於果을 名爲

所造오 此人이 若行於殺이면 必墮地獄을 此名能造니 卽上自業이 各隨善惡而感果일세 故卽是作業이라 】

제2 게송은 과거·미래·현재의 업보를 아는 지혜의 힘이다. 유가론에서는 "스스로 지은 업을 아는 지혜의 힘[自業智力]"이라고 말했는데, 본 게송에서 '일체 업'이라 말한 것은 과거·미래·현재의 선악 등 삼업과 현재를 따르는 것 등등을 모두 '自業'이라 말한다. 스스로 지은 것과 이에 따라 받게 되는 과보의 업에 대해 여실히 알기 때문이다.

이는 제1 處非處智力과 그 무엇이 다른가. 과거에 지은 선악 등의 업으로 좋고 나쁜 과보를 얻게 되는 객관 대상을 밝게 아는 것은 제1의 처비처지력에 의한 것이며, 선악 등의 업을 짓는 그 주체에 의해 좋고 나쁜 과보를 얻게 됨을 깨달은 것은 자신이 지은 업 때문이다. 게송의 제1, 2구는 과거의 원인이며, 제3, 4구는 현재의 과보이다.【초_ "제1 處非處智力과 그 무엇이 다른가." 이하의 문장은 '제2와의 다른 점'을 논변한 것이다. 제1 처비처지력은 지은 업을 대상으로 말한 것이며, 여기 청량소에서 말한 '자신이 지은 업[自業]'은 업을 짓는 주체(사람)로 말한 것이다. 하지만 이를 오히려 잘 알 수 없다. 무엇이 주체[能]이고 무엇이 대상[所]인가. 남들의 업을 바라보면 살생 등의 업을 지을 경우, 살생 등의 업은 반드시 그에 상응하는 과보를 받는 것을 '업을 지은 대상[所造]'이라 말하고, 그 사람이 살생 등을 행하면 반드시 지옥에 떨어지는 것을 '업을 짓는 주체[能造]'라고 말한다. 이는 위에서 말한 '自業'이 각각

자신의 선악에 따라 과보를 받기에 곧 이것이 作業이다.】

제3 根勝劣智力의 게송

經
往劫修治大方便하사　　隨衆生根而化誘하야
普使衆會心淸淨일세　　故佛能成根智力이로다

　　지난 겁에 큰 방편 닦으시어
　　중생의 근기 따라 교화하여
　　대중의 마음 널리 청정케 하였기에
　　부처님께서 근기 아는 지혜의 힘 이루셨네

◉ 疏 ◉

第三偈는 卽根勝劣智力이니 謂信等五根의 此軟中上을 名爲勝劣이니 於此正知하며 及能於彼에 如應如宜로 爲說正法이 卽是作業이라 偈中 三句는 往因이오 一句는 今果라

　제3 게송은 곧 根勝劣智力이다. 믿음 등 5근(信·進·念·定·慧)이 연약함, 중간 단계, 뛰어남을 '훌륭함과 우열함'이라 말한다. 이를 바르게 아는 것과 중생에게 알맞게 대응하여 바른 법을 말해주는 것이 곧 '作業'이다.

　게송의 앞 3구절은 과거의 원인이며, 마지막 구절은 지금의 과보이다.

제4 種種解智力의 게송

經

如諸衆生解不同하야　　**欲樂諸行各差別**이어늘
隨其所應爲說法하시니　　**佛以智力能如是**로다

　중생의 이해 똑같지 않아서
　좋아하는 모든 일이 각기 다르거늘
　중생의 편의 따라 설법하시니
　부처님 지혜의 힘 이와 같아라

● 疏 ●

四는 卽種種解智力이며 亦名勝解니 謂若從他起信으로 以爲其先이며 或觀諸法으로 以爲其先하야 成軟中上愛樂을 名種種勝解며 亦名爲 欲이라 欲은 爲信喜好樂이니 如或貪財利하고 或好名聞하고 好定好慧 의 種種不同을 如來 正知하사 令捨不淨하고 增長於淨이니라 此與前根 으로 何異오 根은 約宿成이라 智有多少하고 解는 約現起라 好樂不同이니 論에 云 若照諸根爲先하야 彼彼法中에 種種意樂은 是根智力이오 若 正分別意樂差別은 是解智力이라하니 在文可見이라【鈔_ 此與前根 下는 三에 辨差別이라 此有二解니 一은 約宿現起別故니 智論에 云 以 二種欲으로 作上下根因緣이라 故 十地論中에 別歎根·欲이니 如有根 無欲이면 能解不樂이오 有欲無根이면 雖聞不解라 二 論云下는 卽瑜 伽揀이니 依根起樂이 卽是根力이오 正分別欲樂을 卽名解力이니라】

제4 게송은 곧 種種解智力이며, 또한 勝解라 말하기도 한다. 그들의 신심을 일으키는 것으로 우선을 삼으며, 혹은 모든 법을 관하는 것으로 우선을 삼아 軟根·中根·上根이 좋아하는 것들을 성취시켜주기에 이를 '種種勝解'라 하고, 또한 '욕구'라고도 말한다. 욕구는 믿음과 기쁨, 좋아함과 즐거움이다. 혹은 재물과 이익을 탐닉하고 혹은 명예를 좋아하고 선정을 좋아하고 지혜를 좋아하는, 갖가지 다른 면모를 여래가 바르게 알고서 중생으로 하여금 청정하지 못한 것을 버리고 청정함을 키워나가도록 하는 것이다.

이는 제3 根勝劣智力과 그 무엇이 다른가. 根은 전생에 이룬 것으로 말한다. 따라서 지혜에는 많고 적음이 있다. 견해는 현생에 일으킨 것으로 말한다. 따라서 좋아함과 즐거움이 똑같지 않다. 논에 이르기를, "많은 근으로 우선을 삼아 저 법 가운데 갖가지 좋아하는 마음을 비춰보는 것을 '제3, 근기의 훌륭함과 우열함을 아는 지혜의 힘'이라 하고, 좋아하는 마음이 각기 다름을 바르게 분별하는 것을 '제4, 갖가지 다른 면모를 바르게 아는 지혜의 힘'이라 한다."고 하니 이 문장에서 찾아볼 수 있다. 【초_ "이는 제3 根勝劣智力과 그 무엇이 다른가." 이하의 문장은 '제3의 지혜와 다른 점'을 논변한 것이다. 여기에는 2가지 해석이 있다. 첫째, 숙세와 현세로 말하면 다르게 일어나기 때문이다. 지도론에 이르기를, "2가지의 욕구로 상근과 하근의 인연을 짓는다."고 하였다. 그러므로 십지론에서 별도로 근기와 욕구를 찬탄하였다. 만일 근기만 있고 욕구가 없다면 이해할지라도 즐겁지 않고, 욕구만 있고 근기가 없다면 아무리 들을지라도 알지 못한다. 둘째, "논에 이르기를, 많은 근으로" 이하의 문장은 유가론에서 논변한 말이다. 근을 의존하여 즐거운 마음을 일으키는 것이 곧 根力이고, 욕구와 즐거움을 바르게 분별하는 것을 곧 '勝解智力'이라 말한다.】

제5 種種界智力의 게송

普盡十方諸刹海의　　　　　所有一切衆生界를
佛智平等如虛空하사　　　　悉能顯現毛孔中이로다

　시방 모든 세계의 끝까지
　존재하는 일체중생의 세계
　부처님 지혜 허공처럼 평등하여
　모공 속에 모두 나타나네

◉ 疏 ◉

五는 卽種種界智力이니 界는 卽性也라 謂或一·二·三·四·五乘性等과 或貪嗔癡等과 分行等과 乃至八萬四千行을 名種種性이라 性은 卽種子오 解는 卽現行이라 偈云 悉能顯現毛孔中 者는 謂非唯佛智如空하야 包納衆生之性이라 毛孔內空도 亦現衆生之界耳라【鈔_ 謂非唯佛智 者는 此有二種超勝之相하니 尋常界力은 但以佛智能知로되 能所不同이어늘 今云 佛智平等如虛空이라하니 則衆生之界는 皆是如

來智中之物이니 此爲一勝이라 二者는 智能包納은 猶是智類어늘 今毛孔頓現은 則細色能收라 良以色性智性으로 融無礙故로 以性融相이 爲華嚴宗之界力也라】

제5 게송은 種種界智力이다. 界는 곧 自性이다. 혹 1승·2승·3승·4승·5乘의 자성 등, 혹은 탐진치 등, 분행 등과 내지 8만4천 행을 '種種性'이라 말한다. 자성은 종자이며, 견해는 일체 만상을 열어주는 現行이다.

게송에서 "모공 속에 모두 나타나다."라는 것은 "부처님 지혜 허공처럼 평등하여" 중생의 자성을 용납할 뿐 아니라, 털구멍 속의 허공 또한 중생세계를 나타냄을 말한다. 【초_ "부처님 지혜 허공처럼… 용납할 뿐 아니라."는 것은 여기에 2가지의 가장 훌륭한 모습을 가지고 있다.

보통의 界力은 단 부처의 지혜로 알 수 있지만 주체와 대상[能·所]은 똑같지 않다. 그러나 이 게송에서 "부처님 지혜 허공처럼 평등하다."고 하니 중생계는 모두 여래 지혜 속에 담겨 있는 존재일 뿐이다. 이것이 첫 번째 훌륭함이다.

두 번째는 지혜로 포용하여 받아들이는 것은 오히려 지혜의 종류인데, 이 게송에서 "모공 속에 한꺼번에 나타나다."는 것은 미세한 색까지도 거둬들인 것이다. 참으로 色性·智性이 원융하여 걸림이 없기 때문이다. 내면의 본성으로 외적 형상과 하나로 융합함이 화엄종의 경계에 관한 힘이다.】

제6 一切至處道智力의 게송

經

一切處行佛盡知하사대　　一念三世畢無餘하사
十方刹劫衆生時를　　　　悉能開示令現了로다

　　일체 육도(六道) 윤회의 길 모두 아신 부처님
　　한 생각에 삼세를 남김없이 아시며
　　시방세계의 겁과 중생의 시간을
　　모두 보여 알려주시네

● 疏 ●

六은 即一切至處道智力이니 論名徧趣行智力이라하니 徧은 即一切오 趣는 即至也오 行은 即道也니 謂諸衆生 種種所行이 若出離行과 不出離行이 各能至果라 如行有漏行이면 生五道中이오 行無漏行이면 至涅槃果를 名徧趣行이라

初力은 處對非處어니와 此中에는 但明至處라 又初力는 指因爲得果之處어니와 此는 約果是酬因之處일새 故不同也니라 經中 初句는 總標오 '次一念'은 即能知迅速이오 下十二字는 所知時處오 後一句는 委悉開示라

　　제6 게송은 곧 一切至處道智力이다. 논에서는 '일체 이르는 도[六道]를 아는 지혜의 힘[徧趣行智力]'이라고 말하였다. 徧은 '일체'이며, 趣는 '가다'의 뜻이며, 行은 곧 '六道 윤회의 길'이다. 모든 중생

의 가지가지 행한 바, 고통에서 벗어난 행과 벗어나지 못한 행들이 각각 그에 따른 과보를 받게 된다. 예컨대 유루행을 닦으면 다섯 길(지옥·아귀·축생·천도·인도)에 태어나게 되고, 무루행을 닦으면 열반의 과보에 이르기에 두루 나가는 수행이라 말한다.

제1의 智力은 과보의 옳은 곳[是處]으로 잘못된 과보[非處]에 상대하여 말한 것이지만, 이 게송에서는 단 육도에 이르는 곳[至處]만을 밝혔다. 또한 제1의 處非處智力에서는 인행이란 과보를 얻게 되는 근본처임을 가리켜 말하였지만, 이 게송에서는 과보란 인행에 의해 얻어지는 결과처임을 말한 것이기에 똑같지 않다.

게송의 제1구는 총체로 내세운 것이며, 제2구의 '一念'은 곧 앎이 신속함이며, 아래의 12자[三世畢無餘 十方刹劫衆生時]는 아는 바의 시간과 공간이며, 제4구는 자세히 보여줌을 말한다.

제7 禪定解脫三昧智力의 게송

經

禪定解脫力無邊이요　　三昧方便亦復然이어늘
佛爲示現令歡喜하사　　普使滌除煩惱暗이로다

　선정 해탈 지혜의 힘 끝이 없고
　삼매방편 또한 마찬가지인데
　부처님이 보여주어 중생을 기쁘게 하여
　번뇌의 혼미를 널리 씻어주었네

⦁ 疏 ⦁

七은 卽禪定解脫三昧智力이라 淨行品中에 加於染淨은 通漏無漏故라 佛皆善知며 及知依此 所得諸果일새 故名智力이라 偈中에 上半은 所知요 下半은 善用이라 言佛爲示現者는 示其諸定하고 現三神變하야 令有情喜하야 使滌煩惱하야 卽令去染而得淸淨이라

제7 게송은 禪定解脫三昧智力이다. 정행품에서 染과 淨을 더한 것은 유루와 무루에 통하기 때문이다. 부처님은 이를 모두 잘 아시며, 이에 의해 얻은 모든 과보를 알기에 '지혜의 힘'이라 말한 것이다.

게송의 제1, 2구는 알아야 할 대상을 말하고, 제3, 4구는 지혜의 힘을 잘 응용하였음을 말한다. "부처님이 보여주어…"는 선정을 보여주고 3가지 신통변화를 드러내어 중생을 기쁘게 하여 번뇌를 씻어줌으로써 곧 물듦을 제거하여 청정함을 얻게 한 것이다.

제8 宿住隨念智力의 게송

經

佛智無礙包三世라　　刹那悉現毛孔中하시니
佛法國土及衆生의　　所現皆由隨念力이로다

　　부처님 지혜 걸림 없어 삼세 포괄하여
　　찰나 사이 모공에 모두 나타나니
　　불법과 국토, 그리고 중생이
　　생각을 따른 지혜에서 모두 나타난 것이네

● 疏 ●

八은 卽宿住隨念智力이라 謂過去境의 本生·本事가 住宿世故로 名爲宿住라하니 於此宿住而起隨念하야 念俱行智를 名宿住智力이라하다 瑜伽에 云"若知前際 隨念一切趣因이면 是徧趣力이오 若知前際 名姓苦樂等事면 名宿住力이라"하니라【鈔_ 八宿住力中에 初釋名하고 兼顯作業이오 瑜伽云下는 辨差別이니 謂有問言호대 宿住智中에 知彼修因이면 則與徧趣로 何異오 答中에 有三하니 初는 依瑜伽正答이라 謂唯知因은 是徧趣行이오 兼能知果는 卽宿住攝이니 名姓苦樂者는 瑜伽에 知過去所有自體 有八言說句니 一은 如是名이오 二는 生類오 三은 種姓이오 四는 飮食이오 五는 受苦樂이오 六은 長時오 七은 久住오 八은 壽量邊際어늘 今但列三이로되 等取餘五라】

文中에 初句는 標能念이니 智包三世者는 三世 全在佛智之中이온 況於隨念에 不知三世아 從門別故로 但云宿住라 刹那悉現은 卽包現之時 極促이오 現毛孔中은 卽能現之處 至微라 第三句는 卽所現所念之事 廣이오 第四句는 結歸智力이니 非唯能念이라 亦能現也라

제8 게송은 宿住隨念智力이다. 과거 경계의 本生과 本事가 宿世에 머물기 때문에 이를 '宿住'라 말한다. 이 숙주에 의해 따르는 생각을 일으켜 그 생각과 함께 행하는 지혜를 '宿住智力'이라고 말한다. 유가론에 이르기를, "만일 과거의 생각을 따라 일체 惡趣[惡道]의 원인을 안다면 이는 '일체 이르는 악도를 아는 지혜의 힘[徧趣行智力]'이며, 과거의 생에 가졌던 이름과 성씨, 그리고 겪었던 고락 등의 일을 알면 이는 宿住隨念智力이다."고 하였다.【초_ '제8 게

송 宿住隨念智力' 가운데 첫 부분은 명호에 대해 해석하였고, 겸하여 바른 법을 알고 이를 중생에게 말해주는 '作業'을 밝혔으며, "유가론에 이르기를," 이하는 '다른 점'을 논변한 것이다. 어떤 사람의 "宿住智力 가운데 수행의 원인을 알면 偏趣行智力과 무엇이 다른가."라는 물음에 대해 3가지로 답할 수 있다. 첫째는 유가론에 의해 바로 대답하는 것이다. 유가론에서는 오직 그 원인만을 아는 것은 '변취행지력'이며, 여기에 겸하여 과보까지 아는 것은 곧 '숙주수념지력'이라 한다. 과거의 성명과 과거의 고락이란 유가론에서 "나의 과거에 지닌 그 자체를 아는 것"에 대해 8구로 말하였다. ① 과거(전생)의 이름, ② 과거의 생의 무리, ③ 과거의 종족과 성명, ④ 과거의 음식, ⑤ 과거에 받은 고락, ⑥ 과거의 오랜 시간, ⑦ 과거에 오래 머문 곳, ⑧ 과거의 수명이다. 여기에서는 3가지만 열거했지만 나머지 5가지의 뜻도 똑같이 취한 것이다.】

 게송의 제1구는 과거에 대한 기억을 내세워 말하였다. "삼세를 포괄하는 지혜"는 삼세의 모든 일이 온통 부처님의 지혜 속에 담겨 있는데, 하물며 과거 기억에 따른 삼세의 일을 모를 턱이 있겠는가. 과거 생에 살았던 부분이 각기 다른 까닭에 단 그 사람이 과거에 머문 자리, 즉 '宿住'라고 말한다.

 제2구의 "찰나에 모두 나타나다."라는 것은 삼세를 모두 포괄하여 나타내는 시간이 지극히 짧음을 말하고, "모공에 나타나다."라는 것은 삼세를 모두 포괄하여 나타내는 공간이 지극히 작음을 말한다.

제3구는 나타내야 할 대상과 생각해야 할 대상의 일이 광대함이다.

제4구는 지혜의 힘으로 귀결 지었다. 오직 과거를 기억할 수 있을 뿐 아니라, 또한 기억에 따라 삼세의 일을 나타냄을 말한다.

제9 天眼無礙智力의 게송

經

佛眼廣大如虛空하사 普見法界盡無餘하시니
無礙地中無等用이여 彼眼無量佛能演이로다

　부처님의 눈 허공처럼 광대하여
　법계를 남김없이 널리 보시니
　걸림 없는 지위에 짝할 수 없는 작용이여
　한량없는 그 눈을 부처님이 연설하시네

● 疏 ●

九는 天眼智力이니 獨此從所依하야 以立名也라 若從境者댄 瑜伽에 名生死智力이니 謂死此生彼와 墮善惡趣와 大小好醜를 皆能正知라 知前際生死를 名爲宿住요 要知後際일세 得此力名이라 今文에 乃云 佛眼者는 若約五眼인댄 餘眼在佛이니 皆佛眼故니라 此非經宗이오 今依十眼은 佛眼能見如來十力故니라 故此一力이 卽攝十力이니 擧一爲例면 餘九 皆然이라【鈔_ 五眼十眼은 如離世間品이라】

文中에 初句는 體大오 次句는 用廣이오 次句는 用勝이니 以無等故오 後句는 結其甚深이니 故唯佛이라야 能演이라 旣言普見法界댄 非局未來로되 約宗別故로 於未來門에 普見法界也라

제9 게송은 天眼智力이다. 유독 이는 지혜의 의지처, 허공과 같은 부처님 눈의 입장에서 붙인 이름이다. 만일 현상의 경계로 말한다면 유가론에서는 '생사를 아는 지혜의 힘[生死智力]'이라 명명하였다. 어느 곳에서 죽었다가 어느 곳으로 태어남, 六趣 가운데 善趣와 惡趣에 떨어지는 곳, 전생에 신체가 크고 작음, 얼굴이 아름답고 추함을 모두 바르게 아는 것을 말한다. 과거의 생사에 대해 아는 것을 '宿住'라 하고, 내생을 알고자 하는 까닭에 '천안지력'이라 이름 붙인 것이다.

이 게송 제1구에서 '佛眼'이라 말한 것은 五眼으로 말하면 나머지 눈은 부처님에게 있다. 모두 부처님의 눈이기 때문이다. 이는 본경에서 말하려는 종지가 아니지만, 여기에서 10안을 들어 말한 것은 부처님의 눈이란 여래의 十力을 볼 수 있기 때문이다. 그중 하나의 힘이 곧 십력을 모두 포괄하는 것인바, 하나만을 예로 들면 그 나머지 9가지의 힘 또한 모두 마찬가지이다.【초_ 5안·10안은 제38 이세간품에서 말한 바와 같다.】

게송의 제1구는 본체의 큼을, 제2구는 작용의 넓음을, 제3구는 작용의 훌륭함으로 그 어떤 것도 이 3가지와 똑같을 수 없기 때문이다. 제4구는 '매우 깊다'는 뜻으로 끝을 맺었다. 오직 부처님만이 천안의 한량없는 경계를 증득하여 이를 연설할 수 있기 때문이다.

앞서 제2구에서 "법계를 널리 보았다."고 말하였는바, 미래에 국한 지어 말한 것은 아니지만, 또 다른 종지를 들어 말한 까닭에 미래문에서 법계를 널리 보는 것이다.

제10 宿命無漏智力의 게송

經

一切衆生具諸結하며　　　所有隨眠與習氣를
如來出現徧世間하사　　　悉以方便令除滅이로다

일체중생이 지닌 모든 현행 번뇌와
수면(隨眠) 번뇌와 습기들을
여래께서 세간에 두루 나타내어
방편으로 모두 없애주시네

◉ 疏 ◉

十은 漏盡智力이라 於自解脫에 無惑無疑오 亦知衆生漏盡涅槃이나 於此正知를 名爲智力이라 文中에 初二句는 所斷이라 諸結은 卽現行이오 隨眠은 卽種子오 習氣는 卽餘習이라 二乘은 不能盡習이오 亦不能盡他漏라 故不名力이라 後半은 顯佛能滅이라【鈔. 文中에 下는 一釋文이라 以漏盡無濫일새 故不辨差別이라 餘習은 有四니 謂貪·嗔·癡·慢이라 貪習如迦留陀夷와 嗔習如身子와 癡習如周利槃特과 慢習如畢陵伽婆蹉라 曾無教說見疑習이니 疑見有習이면 不見理라 故通說或

有耳라】然上十力에 智는 卽是體요 力은 卽是用이라 然智卽力이니 更無別性이라 然此十力을 望於自事면 各於自事中大 如水能淨하며 如火能燒하야 各有自力이어니와 若約總攝이면 初力爲大요 若約辦得인댄 涅槃漏盡 爲大요 若以無礙解脫로 而爲根本이면 則平等平等이라

제10 게송은 漏盡智力이다. 자신의 해탈에 미혹과 의심이 없고, 또한 중생의 누진열반을 알지만 이에 대해 바르게 아는 것을 '지혜의 힘'이라고 말한다.

게송의 제1, 2구는 끊어야 할 대상으로 3가지를 말한다. 諸結은 일상에 부딪쳐 일어나는, 즉 현행 번뇌이며, 隨眠은 잠재되어 있는 종자 번뇌이며, 습기는 남아 있는 습기이다. 이승의 경지에서는 습기를 모두 없애지 못하고, 또한 번뇌를 모두 소멸하지 못하였기에 '지혜의 힘'이라고 말할 수 없다. 제3, 4구는 부처님만이 없애줄 수 있음을 밝혔다. 【초_ 게송의 아랫부분은 하나의 문장 해석이다. 번뇌가 다하여 남상조차 없기에 차별을 분별하지 않는다. 남은 습기에는 4가지가 있다. 탐냄·성냄·어리석음·거만함이다. 탐냄의 습기는 가류타이[24], 성냄의 습기는 사리불, 어리석음의 습기는 주리반특[25], 거만

----

24 迦留陀夷 : 범명 Kālodāya;in. 또는 迦樓陀夷, 迦盧陁夷, 迦路娜, 迦盧, 黑優陀夷이다. 이를 의역하면 麤(粗)黑, 黑曜, 時起, 黑上 등으로 불제자 가운데 악행이 많았던 비구로 六群比丘의 한 사람이다.

25 周利槃特 : 범명 Cūda panthaka. 鈍根제일의 제자. 16나한 가운데 제16존. 또는 周利槃陀伽, 周稚般他伽, 注茶半託迦, 崑努鉢陀那, 咒利般陀伽, 朱利槃特, 知利滿臺, 周羅般陀이며, 약칭으로는 般陀, 半託伽이다. 이를 의역하면 小路, 路邊生이다.

함의 습기는 필릉가바차[26]와 같은 경우이다. 일찍이 가르침이 없을 때의 견해는 의심의 습기이다. 의심의 견해를 익히면 이치를 볼 수 없다. 이 때문에 통틀어 '혹 있을 수 있다.'고 말한 것이다.】

그러나 위의 십력에 지혜는 본체이고, 힘은 작용이다. 그러나 지혜가 곧 힘이다. 다시 별도의 자성이 있지 않다. 그러나 이 십력을 자신의 일에 대조해볼 때, 각각 자신의 일 가운데 가장 큰 것이라면 물과 같이 청정케 해주며 불처럼 태워주어 각기 자신의 힘이 있지만, 만일 총체의 섭수로 말한다면 '제1 처비처지력'이 가장 크고, 얻은 것으로 말하면 '제10 열반루진지력'이 가장 크며, 무애해탈로 근본을 삼으면 평등하고 평등하다.

第八 法界頌中에 歎佛往修十度行滿하사 今得果圓이라

제8. 법계보음보살의 게송

여기에서는 부처님이 지난 옛적 수행한 십바라밀이 원만하여 이제 과덕이 원만함을 찬탄하였다.

經

爾時에 法界普音菩薩摩訶薩이 承佛威力하사 普觀一切道

---

[26] 畢陵伽婆蹉 : 범명 pilinda-vatsa. 畢蘭陀筏蹉라고도 음역. 餘習이라 번역. 거만한 습성이 남아 있어 이처럼 불렀다.

場衆會海已하고 **卽說頌言**하사대

그때 법계보음 보살마하살이 부처님이 지닌, 헤아릴 수 없는 영묘하고도 불가사의한 힘을 받들어 모든 도량의 대중바다를 두루 살펴보고 게송으로 말씀드렸다.

佛威神力 總相의 게송

佛威神力徧十方하사 **廣大示現無分別**하시며
大菩提行波羅蜜의 **昔所滿足皆令見**이로다

　부처님 위신력 시방에 가득하여
　차별 없이 광대하게 나타내며
　커다란 보리행 바라밀
　옛적에 만족한 수행 모두 보여주시네

● 疏 ●

十一頌을 分二니 初一은 總이오 餘十은 別이다

11게송을 2부분으로 나누니 첫 게송은 총체이고 나머지 10게송은 별개이다.

今은 初也라 佛威神力은 略有三類니 一者는 俱生力이니 謂風不動衣等이오 二者는 聖威力이니 謂通明等種種功德이오 三者는 法威力이니 謂波羅密圓滿法力이라【鈔　佛威神力者는 卽當瑜伽三十七中에

彼有二類하니 初列三種이니 云"一 聖威力이오 二 法威力이오 三 俱生威力이오" 次又云"復有五種하니 一 神通威力이오 二 法威力이오 三 俱生威力이오 四 共二乘威力이오 五 不共二乘威力이라"하니 彼는 廣釋相이오 今疏는 引三이니 不依彼次로되 及至釋文하야 二處參用이라 '風不動衣'等은 卽五中俱生이오 俱生有多니 謂佛菩薩이 常右脇臥하시니 如師子王이 雖現安處草葉等蓐이나 一脇而臥면 曾無動亂일새 一切如來 應正等覺은 雖現睡眠이나 而無轉側하야 大風卒起라도 不動身衣하고 行如牛王이오 步如師子等이로되 今但云風不動衣等이나 等取餘事니라】令五根中에 無諸非淨이며 四支百節에 有無量力일새 故名堅固不可壞法身이며 常身이며 無邊之身이니 言'徧十方'者는 卽無邊身이오 '廣大示現'은 謂變化身이오 '無分別'者는 平等智身이오 '大菩提行'者는 波羅密身이오 '昔所滿足'者는 衆行先成이오 '皆令見'者는 大果今出이라【鈔】'令五根'下는 辨其果相이라 彼法威力中에 諸度 各有四相하니 一은 斷所對治오 二는 資糧成就오 三은 饒益自他오 第四는 辨果니 果各不同이라 施得大財寶하야 朋黨眷屬하고 戒生人天이오 忍은 臨終之時에 心無憂悔하야 生於天界하고 進은 得愛樂殊勝하며 士夫功業이오 定은 得神通하야 生淨慮天이오 慧는 果能離煩惱·所知二種重障이라 上瑜伽中에 多是近果는 又是別明이어니와 今是究竟之果오 又是總明이라 無諸非淨은 卽離繫果오 百節有力은 是施等果오 堅固不壞는 是戒度果라 故普眼長者는 以十度因으로 成十身果라 '徧十方'下는 疏以經文으로 會上果義라】

제1 게송, 부처님의 위신력에는 대략 3가지 종류가 있다.

⑴ 태어나면서 갖춘 위신력이다. 바람이 불어도 옷자락이 펄럭이지 않는다는 등이다.

⑵ 성인의 위신력이다. 신통과 숙명 등 갖가지 공덕을 말한다.

⑶ 법의 위신력이다. 바라밀의 원만한 법력을 말한다. 【초_ '부처님의 위신력'은 유가론 37권 가운데에 2가지 종류가 있는데, 처음에 3가지 종류를 나열하고 있다. "① 성인의 위신력, ② 법위신력, ③ 태어나면서 갖춰진 위신력이다." 그다음에 이어 말하기를, "또다시 5종류가 있다. ① 신통위신력, ② 법위신력, ③ 구생위신력, ④ 이승과 함께한 위신력, ⑤ 이승과 함께하지 않는 위신력이다."고 한다. 유가론에서는 형상을 자세히 해석함이며, 이 청량소에서는 3가지만을 인용하고 있다. 유가론에서 말한 차례를 따르지 않았지만 문장의 해석 부분에 대해서는 2부분을 모두 참고하였다.

"바람이 불어도 옷자락이 펄럭이지 않는다." 등은 5가지 가운데 모두 함께 발생한 것이며, 함께 발생하는 것이 많다. 불보살이 항상 오른쪽 옆구리로 누우시니 이는 마치 사자가 비록 풀잎 등을 이부자리로 삼아 편안히 거처하나 한 번 옆구리로 누우면 꼼짝도 하지 않는 것과 같다. 일체 여래의 응정등각은 비록 잠자면서도 옆으로 구르거나 기울임이 없음으로 아무리 큰 바람이 불지라도 몸에 걸친 옷자락이 펄럭거리지 않고, 걷는 모습은 소와 같고 걸음걸이는 사자와 같다. 여기에서는 바람이 불어도 옷자락이 펄럭이지 않는다 등만을 말했으나 나머지 일도 똑같이 보아야 한다.】

5근을 모두 청정하게 하지 않음이 없으며, 사지와 모든 관절에 한량없는 힘이 있기에 '견고하여 무너뜨릴 수 없는 법신'이며 '영원한 몸'이며 '끝이 없는 몸'이라고 말한다. 제1구에서 말한 '徧十方'은 곧 '끝이 없는 몸'이며, 제2구의 '廣大示現'은 변화신이며, '無分別'은 평등 지혜의 몸이며, 제3구의 '大菩提行'은 바라밀의 몸이며, 제4구의 '昔所滿足'은 숱한 만행을 먼저 성취함이며, '皆令見'은 큰 과보가 지금 나타난 것이다. 【초_ "5근을 모두 청정…" 이하의 문장은 그 佛果의 양상을 논변한 것이다. 그 법의 위신력 가운데 모든 바라밀에는 각기 4가지의 상이 있다. ① 다스려야 할 바를 끊음이며, ② 살림살이를 성취함이며, ③ 나와 남에게 도움을 주는 것이며, ④ 과보를 논변함이니 과보가 각기 똑같지 않다. 큰 재물과 보배를 보시하여 친구와 권속을 얻고, 계행은 인천에 태어나고, 인욕은 임종할 때에 마음에 걱정과 후회가 없어 천계에 태어나고, 정진은 즐거움이 수승하며 사대부의 공업을 성취하고, 선정은 신통을 얻어 淨慮天에 태어나고, 지혜는 과보로 번뇌장과 소지장 2가지를 벗어날 수 있다.

위의 유가론 가운데 대부분 과덕에 가까운 부분은 또한 별도로 밝히겠지만, 여기에서 말한 바는 究竟의 과보이고 또한 총체로 밝힌 것이다. "5근이 모두 청정하지 않음이 없다."는 것은 곧 구속을 떠난 과보이며, "모든 관절에 힘이 있다."는 것은 보시 등의 과보이며, "견고하여 무너뜨릴 수 없는 법신"은 지계바라밀의 과보이다. 그러므로 보안 장자는 십바라밀의 인으로 십신의 과보를 성취한 것이다. '변시방' 이하의 문장은 청량소에서 경문으로 위의 과보

의 뜻을 이해하였다.】

二 有十頌은 別顯이다 一頌이 一度니 皆上半은 往修因이오 下半은 今得果라 十度之義는 十行·十地와 一經始末에 亦多辨之어니와 須粗識其相일새 略啓十門이니 一은 釋名이오 二는 出體오 三은 辨相이오 四는 建立이오 五는 次第오 六은 相攝이오 七은 修證이오 八은 約教오 九는 觀心이오 十은 釋文이라

今初에 又二니 先은 通名이오 後는 別稱이라 今初通稱波羅密多者는 唯識云 要七最勝之所攝受라야 方可建立波羅密多니 一은 安住最勝이니 謂要安住菩薩種性이오 二는 依止最勝이니 謂要依止大菩提心이오 三은 意樂最勝이니 謂要慈愍一切有情이오 四는 事業最勝이니 謂要具行一切事業이오 五는 巧便最勝이니 謂要無相智之所攝受오 六은 迴向最勝이니 謂要迴向無上菩提오 七은 淸淨最勝이니 謂要不爲二障間雜이니 卽三時無悔니라 若七隨闕이면 非到彼岸이라 故此十度는 應各四句分別이라하니라

其別稱及出體와 三辨相은 至文當釋이라【鈔 三時無悔者는 此乃大乘法師釋論意也라 悔는 卽煩惱라 由不了故로 卽是所知오 又卽此悔心이 障於眞智도 亦所知也라 四句分別者는 一은 是施非度니 不與七勝相應施故오 二는 是度非施니 隨喜他施 具七勝故오 三은 亦施亦度니 具七勝故오 四는 非施非度니 隨喜他施 不與七勝共相應故라】

제2, 열 가지 게송은 별개로 밝힌 것이다. 하나의 게송이 하나의 바라밀을 밝혔는바, 10게송 모두 제1, 2구는 예전에 닦은 인행

이고, 제3, 4구는 지금 얻은 과보이다. 십바라밀의 뜻은 십행품·제26 십지품과 한 경전의 시작과 끝부분에 또한 많이 변론했지만 다소나마 그 양상을 알아야 하기에 간단하게 열 가지의 주제로 밝혀 주었다. ⑴ 이름을 해석함이며, ⑵ 본체를 내보임이며, ⑶ 모양을 분별함이며, ⑷ 건립이며, ⑸ 차례이며, ⑹ 서로 섭수함이며, ⑺ 닦아 증득함이며, ⑻ 교설에 의함이며, ⑼ 마음을 관함이며, ⑽ 경문의 해석이다.

여기의 첫 부분 또한 2가지이다. 앞은 통칭이며, 뒤는 별칭이다. 여기 처음에 바라밀다로 통칭한 것은 성유식론에 이르기를, "7가지 가장 훌륭한 것을 섭수하여야만 비로소 바라밀다를 세울 수 있다.

⑴ 안주가 가장 훌륭함이니 보살종성에 안주함을 요하며,

⑵ 의지처가 가장 훌륭함이니 반드시 대보리심에 의지함을 요하며,

⑶ 마음에 즐거움이 가장 훌륭함이니 일체중생을 연민히 여겨야 함을 요하며,

⑷ 사업이 가장 훌륭함이니 일체 사업을 갖추고 행함을 요하며,

⑸ 방편이 가장 훌륭함이니 반드시 차별상이 없는 지혜로 섭수할 바를 요하며,

⑹ 회향이 가장 훌륭함이니 무상보리에 회향함을 요하며,

⑺ 청정이 가장 훌륭함이니 반드시 번뇌장·소지장에 뒤섞이지 않음을 요하며 삼시에 후회가 없다. 이처럼 7가지의 훌륭함이 없

으면 피안에 이를 수 없다. 이 때문에 십바라밀은 각각 4구로 분별해야 한다."고 하였다.

그 별칭과 체성을 드러낸다는 것과 '(3) 모양을 분별함'은 해당 문장에서 해석하겠다. 【초_ "삼시에 후회가 없다."는 것은 대승 법사가 釋論한 뜻이다. 悔는 번뇌이다. 깨닫지 못한 까닭에 그것은 알아야 할 대상이며, 또한 이 후회의 마음이 眞智를 장애한 것 또한 알아야 할 대상이다. '4구 분별'은 ① 이는 보시이지 바라밀이 아니다. 七最勝에 상응하는 보시가 아니기 때문이다. ② 이는 바라밀이지 보시가 아니다. 그 보시에 칠최승을 갖춤에 따라 기뻐한 때문이다. ③ 또한 보시이며 또한 바라밀이다. 칠최승을 갖춘 때문이다. ④ 보시도 아니고 바라밀도 아니다. 그 보시가 칠최승과 함께 상응하지 못함에 따라 기뻐한 때문이다.】

四建立者는 爲十地中에 對治十障하야 證十眞如일세 故但有十이라 爲對六蔽하야 漸修佛法하며 漸熟有情일세 故但說六이니 六中에 前三은 增上生道니 感大財體와 及眷屬故오 後三은 決定勝道니 能伏煩惱하며 成熟有情과 及佛法故니라 又前三은 饒益有情이니 施財不惱하며 忍彼惱故오 後三은 對治煩惱니 勤修加行하야 永伏永滅故니라 又由前三故로 不住涅槃하고 由後三故로 不住生死하야 能爲無住涅槃資糧이라 後唯四者는 助六令滿이니 方便은 助前三하고 願은 助精進하고 力은 助靜慮하고 智는 助般若니 如深密說이라

'(4) 건립'이란, 제26 십지품 중에 열 가지 장애를 다스려 열 가지 진여를 증명한 까닭에 단 십지만을 말했을 뿐이다. 6가지 폐단

(탐욕·파계·분노·태만·산란·우치)을 다스리기 위해 차츰차츰 불법을 닦으면서 차츰차츰 중생을 성숙시켜주는 까닭에 육바라밀만을 말했을 뿐이다. 육바라밀 가운데 앞의 3바라밀(보시·지계·인욕)은 가장 훌륭함을 내주는 도이니 큰 재물과 체성과 권속을 얻을 수 있기 때문이며, 뒤의 3바라밀(정진·선정·지혜)은 결정코 훌륭한 도이니 번뇌를 조복하고 중생과 불법을 성숙시켜주기 때문이다.

또 앞의 3바라밀은 중생에게 이익이 된다. 재물을 보시하고 괴롭히지 않으며 그 괴롭히는 일을 참기 때문이다. 뒤의 3바라밀은 번뇌를 다스림이니 가행도를 부지런히 닦아 번뇌를 길이 조복하고 길이 없애주기 때문이다. 또한 앞의 3바라밀을 연유한 까닭에 열반에 머물지 않으며, 뒤의 3바라밀을 연유한 까닭에 생사에 머물지 않고 집착이 없는 열반의 살림살이가 된다.

십바라밀 가운데 뒤의 4바라밀(방편·원·역·지)은 앞의 육바라밀을 도와 원만하게 성취시켜준다. 방편바라밀은 앞의 3바라밀을 돕고, 원바라밀은 정진바라밀을 돕고, 역바라밀은 정려바라밀을 돕고, 지바라밀은 반야를 돕는다. 해심밀경의 설명과 같다.

五次第者는 謂由前前하야 引發後後하고 及由後後하야 持淨前前하며 又前前麤하고 後後細니 易難修習의 次第如是라 【鈔_ 五次第門이니 此曲에 有四라 謂由前前下는 卽初는 引發門이니 謂由行施로 引發持戒하고 由持戒故로 引發忍等이오 二는 攝持門이니 布施는 本欲益他오 持戒는 不惱於彼니 彌令施淨等일세 故云 及由後後로 持淨前前이오 三은 粗細門이니 布施則粗오 持戒則細오 戒望於忍이오 戒則爲粗오

忍則爲細等이라 故云前前粗 後後細라하니 前九는 並爲前前이오 從戒至智는 並名後後라 一一相望일새 故致重言이라 初一은 唯前이오 後一은 唯後오 中間八度는 遞爲前後오 四는 難易門이니 亦結通上三也라 上之四門은 並如瑜伽對法所辨하라 】

'(5) 차례'란 앞과 앞을 연유하여 뒤와 뒤를 이끌어내고, 뒤와 뒤를 연유하여 앞과 앞을 청정하게 하며, 또 앞의 앞은 거칠고 뒤의 뒤는 갈수록 미세하다. 쉽고 어려운 수행의 차례가 이와 같다.
【초_ (5)는 차제문이다. 이 부분에는 4가지가 있다. "앞과 앞을 연유" 이하의 문장은 다음과 같다.

① 引發門이니 보시를 행함으로 말미암아 지계를 일으키게 되고, 지계로 말미암아 인욕 등을 일으키게 된다.

② 攝持門이니 보시는 본래 남들에게 도움을 주고자 함이며, 지계는 남들을 괴롭히지 않는다. 더욱 보시 등을 청정하게 닦은 까닭에 뒤로 갈수록 말미암아 앞의 앞보다 청정함을 가지게 된다.

③ 粗細門이니 보시는 거칠고 지계는 미세하며, 지계와 인욕을 대조하면 지계는 거칠고 인욕은 미세하다는 등등이다. 그러므로 "앞의 앞은 거칠고 뒤의 뒤는 미세하다."고 하니 앞의 9바라밀은 모두 앞의 앞이 되고, 지계바라밀로부터 지바라밀에 이르기까지 모두 뒤의 뒤라고 말한다. 하나하나가 서로 대조가 되기에 거듭이라고 말한다. 처음 하나의 바라밀은 오직 앞이고, 뒤의 한 바라밀은 오직 뒤이며, 중간의 8바라밀은 서로 번갈아가면서 전후가 된다.

④ 難易門이니 또한 위의 3가지를 전체적으로 끝맺은 것이다. 위의 4문은 모두 유가론과 대법론에서 논변하는 바와 같다.】

六相攝者는 此十이 一一皆攝一切波羅密多니 互相順故니라 般若論에 云 檀義 攝於六하야 資生無畏法等이라하니라【鈔_ 資生無畏法等者는 等取下半이니 云此中一二三은 名爲修行住라 謂施有三種하니 一財오 二無畏오 三法施라 財는 卽資生이니 正是檀度라 故云此中一也라하고 無畏는 攝二니 謂尸不惱彼와 忍受彼惱니 皆無畏相일새 故云二也니라 法施는 攝三이니 謂進·定及慧니 決定勝道와 漸熟佛法이 是法施相이라 故云三也니 卽十八住中에 修行住也라 今此經文은 乃會釋今意니 是圓敎故오 非唯要約相順相類라 以理融故니 法爾一攝一切行也니라】

'⑥ 서로 섭수함'이란 이 열 가지가 낱낱이 모두 일체 바라밀다를 지니고 있음이니, 서로서로 거스름이 없기 때문이다. 반야론에 이르기를, "보시바라밀의 뜻이 육바라밀을 지니고서 資生과 無畏施와 法布施 등이다."고 하였다.【초_ "자생과 무외시와 법보시 등이다."는 것은 똑같이 아래의 절반을 취한 것이다. 이 가운데 보시·지계·인욕은 수행주라고 말한다. 보시에는 3가지가 있다. ① 재물보시, ② 무외보시, ③ 법보시이다. 재물보시는 곧 살림살이이다. 바로 이는 보시바라밀이다. 이 때문에 '이 가운데 하나'라고 말한다. 無畏에는 2가지가 있다. 지계로 저 사람을 괴롭히지 않는 것과 인욕으로 저 사람의 괴롭힘을 받아들이는 것이 모두 무외상이기에 '이 가운데 둘째'라고 말한다. 법보시에는 3가지가 있다. 정진·선정·지혜이다. 결정코 수승한 도와 점차 불법을 성숙시켜가는 것이 법보시의 양상이다. 이 때문에 '이 가운데 셋째'라 말한다. 이는 18住 가운데 수행주이다. 이 경문은 여기에서 말한 뜻으로 모두 해석한 것이다. 이는 圓敎이기 때문이다. 서로 따르는 것과 서로 같은 무리를 요약할 뿐 아니라, 이치로 융합한 까닭이니 법이란 하나가 일체의 행을 받아들이고 있기 때문이다.】

七 修證者는 五位通修하야 佛方究竟이라 十約因位댄 總有三名이니 謂初無數劫에 施等勢力이 尚微하야 被煩惱伏일새 但名波羅密多이오 第二劫去에 勢力漸增하야 能伏煩惱일새 名近波羅密多오 第三僧祇엔 勢力轉增하야 能畢竟伏一切煩惱일새 名大波羅密多니 故上下文中에 屢言廣大波羅密也라

'(7) 닦아 증득함'이란 5위(十信·十住·十行·十廻向·十地)를 통틀어 닦아 부처님의 妙覺에 이르러야 만이 비로소 究竟位가 됨이다. 십바라밀을 인행의 지위로 말한다면 모두 3가지의 이름이 있다.

① 아승지겁 동안에는 보시 등의 힘이 아직은 미약하여 번뇌에 의해 굴복당하기에 단 '바라밀다'라고 말한다.

② 아승지겁에서는 보시 등의 힘이 점차 증가하여 번뇌를 굴복시킬 수 있기에 이를 '가까운 바라밀다[近波羅密多]'라고 말한다.

③ 아승지겁에서는 보시 등의 힘이 더욱 증가하여 필경에는 온갖 번뇌를 굴복시키기에 '큰 바라밀다[大波羅密多]'라고 말한다. 이 때문에 위아래 문장에서 누차 '광대바라밀'을 말한 것이다.

八 約敎者는 諸敎可思이니와 此敎는 要須一一融攝하야 徹果該因이라

【鈔_ 八約教者는 謂小乘不成波羅密多니 無七最勝故오 始教는 要是菩薩種性人이라야 方有故며 又各有體性이며 或說俱空이오 終教는 一一皆從眞如性功德起오 頓教는 一一皆不可說이니 謂不施不慳하며 不戒不犯하며 不忍不恚하며 不進不怠하며 不定不亂하며 不智不愚 等이라 一切皆絕하야 若十若六에 皆悉亡言이오 圓教如文이라】

'(8) 교설에 의함'이란 모든 교설을 생각할 수 있지만 이 교설은 요컨대 하나하나 원융하여 과덕을 통하고 인행을 포함한 것이다.

【초_ '(8) 교설에 의함'이란 소승은 바라밀다를 성취하지 못함을 말하니 7가지 가장 훌륭함이 없기 때문이다. 대승시교는 요컨대 보살종성을 지닌 사람만이 비로소 이를 지닐 수 있기 때문이며, 또 각각 체성이 있으며, 혹은 모두 공하다 말한다. 대승종교는 하나하나 모두가 진여성의 공덕에서 일어난 것이며, 대승돈교는 하나하나 모두 말할 수 없다. 보시하지도 않지만 인색하지도 않으며, 지계하지도 않지만 범하지도 않으며, 인색하지도 않지만 성내지도 않으며, 정진하지도 않지만 게으르지도 않으며, 정진하지도 않지만 어지럽지도 않으며, 지혜롭지도 않지만 어리석지도 않은 등이다. 일체가 모두 끊어져 십바라밀이나 육바라밀에 모두 말을 잊음이며, 원교는 경문에서 말한 바와 같다.】

九觀心者는 可以意得이라【鈔_ 九觀心者는 謂一念相應心捨면 則具十度이니 捨而不取謂施오 不爲過非所汙 卽戒오 忍可非有 爲忍이오 離身心相 爲進이오 寂然不動 爲定이오 決了無生 爲慧오 雖空이나 不礙知相 爲方便이오 希齊佛果 是願이오 思擇不動 爲力이오 決斷

分明 爲智니 一念方等에 十度頓圓하야 縱七最勝이라도 亦在一念이니 可以思準이라 欲令行者로 卽之於心일세 是故로 結云可以意得이라하니라 】

'(9) 마음을 관함'이란 뜻으로 얻을 수 있다.【초_ '(9) 마음을 관함'이란 일념으로 상응하는 마음을 버리면 십바라밀을 갖춘다는 것이다. 버리고 취하지 않음을 보시바라밀이라 말하고, 과오에 물들지 않음을 지계바라밀이라 말하고, 有의 존재가 아님을 忍可(認知)하는 것을 인욕바라밀이라 말하고, 마음과 몸의 색상을 여의는 것을 정진바라밀이라 말하고, 고요하여 동요가 없는 것을 선정바라밀이라 말하고, 무생의 도리를 깨달음을 지혜바라밀이라 말하고, 비록 공하지만 지혜의 모양에 걸리지 않음을 방편바라밀이라 말하고, 稀有의 불과와 같기를 바라는 것을 서원바라밀이라 말하고, 생각하여 결택함에 동요하지 않음을 역바라밀이라 말하고, 분명한 결단을 지혜바라밀이라 말한다. 일념이 평등할 때 비로소 십바라밀이 원만하여, 비록 7바라밀이 가장 뛰어나더라도 또한 일념에 있다. 이처럼 준하여 생각할 수 있다. 수행자로 하여금 마음과 하나가 되게 하기 위한 까닭에 결론지어 "뜻으로 얻을 수 있다."고 말한 것이다.】

제1 보시바라밀의 게송

昔於衆生起大悲하사 修行布施波羅蜜이실세
以是其身最殊妙하사 能令見者生歡喜로다

　　옛적에 중생에게 큰 자비심 일으켜
　　보시바라밀을 닦으시어
　　그 몸이 가장 훌륭하고 아름다워
　　보는 이 모두 기뻐하여라

● 疏 ●

十 釋文中에 第一偈는 明施度니 輟己惠人을 名之爲施니 卽以無貪과 及所起三業으로 而爲其性이라 此有三種하니 謂財·法·無畏라【鈔 十釋文中에 一一偈疏는 多皆有四니 一釋名이오 二出體오 三辨相이오 四釋文이라 唯識은 幷在一處라 出體는 謂施니 以無貪과 及所起三業으로 爲性하고 戒는 以受學菩薩戒時三業으로 爲性하고 忍은 以無嗔精進審慧와 及彼所起三業으로 爲性하고 精進은 以勤及所起三業으로 爲性하고 靜慮는 但以等持으로 爲性하고 後五는 皆以擇法으로 爲性하니 謂是根本·後得智故라 辨相도 亦幷居一處하니 今隨文配屬이니 以相映易了耳라 卽以下는 出體며 無貪은 卽善十一中一法이니 要由無貪相應思라야 於自身財에 方能惠捨니라 然三施體는 大意多同이라】上半은 因中에 大悲行施니 已該此三이오 此悲는 亦是七最勝中에 前三最勝이라 下半은 果中에 財能資身하고 無畏益心하고 法資法身일세 故得果身에 身最殊妙라 三皆悅物일세 故見者必喜오 亦由具七最

勝일세 故身殊妙也라

'(10) 경문의 해석' 가운데 제1 게송은 보시바라밀을 밝힌 것이다. 자신의 것을 버리고 남에게 은혜를 베푸는 것을 보시라 말한다. 탐심이 없음과 그에 의해 일으킨 삼업으로 그 자성을 삼는다. 여기에는 3가지가 있다. 재보시·법보시·무외시이다. 【초_ '(10) 경문의 해석' 가운데 하나하나 게송의 주석에는 대부분 모두 4가지의 의미가 있다.

① 이름을 해석함이며,
② 체성을 드러냄이며,
③ 양상의 분별이며,
④ 문장의 해석이다.

유식론에서는 이를 모두 한군데로 모아두고 있다. '체성을 드러냄'이란, 보시는 탐욕이 없는 마음과 삼업을 일으키는 것으로 체성을 삼고, 지계는 보살계를 받아 배울 때의 삼업으로 체성을 삼고, 인욕은 성냄이 없고 정진과 살피는 지혜와 거기에서 일어나는 삼업으로 체성을 삼고, 정진은 근면과 거기에서 일어나는 삼업으로 체성을 삼고, 정려는 단지 평등하게 유지함으로 체성을 삼고, 뒤의 5바라밀은 모두 법을 선택하는 것으로 체성을 삼는다. 이는 근본지와 후득지이기 때문이다. '양상의 분별' 또한 모두 한곳에 있다. 여기에서는 문장에 따라 배속한 것이니 서로 비춰보면 쉽게 이해할 수 있다.

'卽以' 이하의 문장은 '체성을 드러냄'이다.

'탐욕이 없는 마음'은 11가지의 선 가운데 하나의 법이다. 탐심이 없는 데에 상응하는 생각을 따라야 만이 자신의 재물을 비로소 베풀 수 있다. 그러나 3가지 보시의 체성은 큰 뜻이 대부분 같다.】

제1, 2구는 인행 가운데 대비로 보시를 행함이니 이미 이 3가지를 갖추었고, 이 대비는 또한 7가지 최승 가운데 앞의 3가지 최승(安住最勝·依止最勝·意樂最勝)이다. 아랫부분은 과보 가운데 재보시는 몸을 돕고, 무외시는 마음에 이익을 주고, 법보시는 법신에 도움을 준다. 이 때문에 과덕의 몸을 얻음에 몸이 가장 남다르고 미묘하다. 위의 3가지가 모두 중생을 기쁘게 하기에 보는 이가 모두 반기게 된다. 또한 7가지 최승을 갖추었기에 몸이 남다르고 미묘하다.

제2 지계바라밀의 게송

昔在無邊大劫海하사 修治淨戒波羅蜜이실세
故獲淨身徧十方하사 普滅世間諸重苦로다

　옛적 끝없는 대겁 동안
　청정한 계바라밀을 닦으시어
　청정한 몸을 얻어 시방에 두루 하사
　세간의 모든 고통 널리 없애주시네

● 疏 ●

二는 戒度니 防非止惡을 名之爲戒니 卽受學菩薩戒時에 三業으로 爲性이라 戒有三種하니 律儀와 攝善은 得淨身果요 攝衆生戒는 能除物苦라 徧十方者는 無作戒身이 等衆生故라【鈔_ 二戒中에 初名은 防其未非하고 止已起惡故라 卽受學下는 次出體라 大論에 律儀는 以七衆으로 別解脫戒하고 在家出家戒로 爲體니 卽唯二業이니 謂表無表이니 不說語故라 若攝善法戒者는 謂諸菩薩受律儀後에 一切所作을 爲大菩提하나니 由身語意로 積集諸善하야 以爲其體라 今疏는 通三聚와 及與受隨일새 故云三業이라 攝衆生戒는 居然通三이라 戒有三種下는 三釋文이니 卽當辨相이라 律者는 法律이오 儀者는 儀式이니 於不善法而能遠離와 及防護故라 故攝論에 名爲依持戒라하니 依는 是能有니 集諸佛法하야 無罪益生故라】

　제2 게송은 지계바라밀이다. 잘못을 막고 악을 금지하는 것을 이름 지어 '계'라 한다. 곧 보살계를 배울 때 3가지 업으로 체성을 삼는다. 계에는 3종류가 있다. 攝律儀戒와 攝善法戒는 청정한 몸의 과보를 얻고, 攝衆生戒는 중생의 고통을 없애주는 것이다. 제3구의 '시방에 두루 함'이란 계율을 지키지 않은 몸이 중생과 똑같기 때문이다. 【초_ 제2 게송에서 말한 '계' 가운데에 처음 섭율의계는 아직 일어나지 않은 잘못을 막고 이미 일으킨 악을 저지하기 때문이다. '卽受學' 이하의 문장은 '둘째, 체성을 드러냄'이다. 대지도론에 율의는 七衆[27]

----
27 七衆 : 불제자의 7종류, 즉 비구·비구니·식차마나·사미·사미니·우바새·우바이의 총칭.

으로써 개별의 해탈계를 삼고, 재가계와 출가계로써 본체를 삼는다. 이는 곧 오직 2가지 업, 表業과 無表業을 말하니 말을 할 수 없기 때문이다.

'攝善法戒'는 모든 보살이 율의계를 받은 후에 일체 하는 일마다 대보리가 된다는 것이니, 신업·어업·의업으로 많은 선을 쌓아가는 것으로 그 본체를 삼는다. 여기 청량소에서는 三聚정계 및 주고받음 따름을 통틀어 말하기에 '三業'이라 한다.

'攝衆生戒'는 여전히 3가지를 통틀어 말한다.

'戒有三種' 아래 문장은 '셋째, 경문의 해석'이니 곧 '양상의 분별'에 해당한다.

律이란 법률이며, 儀는 의식이다. 선하지 못한 법을 멀리 여의고 방지하여 보호하기 때문이다. 그러므로 섭론에서 '依持戒'라 하였다. 依는 능히 소유함이니 모든 불법을 모아 아무런 죄가 없이 중생에게 도움이 되기 때문이다.】

제3 인욕바라밀의 게송

往昔修行忍淸淨하사   信解眞實無分別이실세
是故色相皆圓滿하사   普放光明照十方이로다

　지난 옛적 청정한 인욕 닦으시어

　신해(信解) 진실하여 분별심이 없으며

신색(身色)과 상호 모두 원만하여

널리 광명 놓아 시방세계 비추네

◉ 疏 ◉

三忍者는 堪受諸法하야 未能忘懷를 名之爲忍이니 此約生忍이며 又 忍卽忍可니 忍卽是慧라 雙忍事理니 卽以無瞋·精進·審慧와 及彼 所起三業으로 爲性이라 忍亦有三하니 謂耐怨害忍과 安受苦忍과 諦察 法忍이니라【鈔_ 卽以下는 出體니 無瞋精進은 卽善十一中에 二오 審 慧는 卽別境五中慧니 所以有此三者는 大論에 云 自無憤勃하고 不報 他怨하며 亦不隨眠 流注相續을 是名菩薩耐怨害忍이라하니 卽以無 瞋과 及三業으로 爲性이라 若 安受苦忍은 卽精進三業으로 爲性이오 若 諦察法忍은 卽審慧三業으로 爲性이라 故此三業은 通於三忍이오 餘 三은 各配其一일세 故有三耳라】

偈云 信解眞實은 卽諦察法也오 色相圓滿은 前二忍果오 放淨光明 은 第三忍果니라

　　제3 인욕바라밀은 모든 법을 감내하고 받아들여 마음에 잊지 않음을 인욕이라 말한다. 이는 중생의 인욕을 말하며, 또 인욕은 곧 忍可(認知의 뜻)이다. 忍(忍可)은 곧 지혜이다. 이치와 사변을 모두 認知함이다. 곧 성냄이 없음과 정진과 법을 살피는 지혜 및 그에 의해 일어나는 삼업으로 체성을 삼는다. 인욕 또한 3가지가 있다. 원한과 해로움을 견디는 인욕, 편안히 고통을 받아들이는 인욕, 자세히 법을 살피는 인욕이다.【초_ '卽以' 아래 문장은 체성을 밝힌

것이다. '성냄이 없음과 정진'은 곧 선의 11가지 가운데 2가지이며, '법을 살피는 지혜'는 곧 별다른 경계 5가지 가운데 지혜이다. 이 3가지를 말한 이유는 대지도론에 이르기를, "자신에게 분하거나 성냄이 없고 원수를 갚지 않으며, 또한 隨眠 번뇌가 끊임없이 흘러서 서로 이어지지 않게 하는 것을 '원한과 해로움을 견디는 보살의 인욕'이라고 말한다."고 하였다. 이는 곧 성냄이 없는 것과 삼업으로 체성을 삼은 것이다. "편안히 고통을 받아들이는 인욕"이라는 것은 곧 삼업을 정진함으로 체성을 삼으며, "자세히 법을 살피는 인욕"은 삼업을 살피는 지혜로 체성을 삼은 것이다. 그러므로 이 삼업은 3가지 인욕에 통하고, 나머지 3가지는 각기 그 하나에 짝하기에 3가지를 가지고 있다.】

　　게송 제2구의 '信解眞實'은 곧 법을 자세히 살피는 것이고, 제3구의 '색상이 원만함'은 앞의 2가지 인욕의 결과이며, 제4구 '청정한 광명을 놓음'은 셋째, 인욕의 과보이다.

　　제4 정진바라밀의 게송

往昔勤修多劫海하사　　**能轉衆生深重障**이실새
故能分身徧十方하사　　**悉現菩提樹王下**로다

　　지난 옛적 오랜 세월 부지런히 수행하여
　　중생의 깊고 무거운 업장 바꿔주었네

이 때문에 시방세계 두루 몸을 나타내어
보리수 아래 모두 보여주셨네

● 疏 ●

四는 精進이니 練心於法을 名之爲精이오 精心務達을 目之爲進이니 以勤及所起三業으로 爲性이라 亦有三種하니 一은 被甲이오 二는 攝善이오 三은 利樂이라【鈔_ 被甲은 卽大誓願이오 攝善은 卽方便進趣오 利樂은 卽勤化衆生이라】
初句는 通前二니 以被甲精進이라 瑜伽에 釋云 設千大劫으로 爲一日夜하야 處於地獄이라도 爲脫一衆生故라하다 次句는 卽第三이오 下半은 通三果也니 因旣離身心相일새 故果能身徧十方이라

제4 게송은 정진바라밀이다. 마음을 법으로 단련함을 '精'이라 하고, 단련한 마음으로 통달에 힘쓰는 것을 가리켜 '進'이라 하며, 부지런함과 거기에서 일으킨 삼업으로 체성을 삼는다. 또한 3종류가 있다.

⑴ 갑옷을 입음[誓願정진]이며,

⑵ 선한 법으로 받아들임[方便정진]이며,

⑶ 중생에게 이로움과 안락을 주는 것[勤化정진]이다.【초_ 갑옷을 입음은 큰 서원이며, 선한 법으로 받아들임은 방편으로 나아감이며, 중생에게 이로움과 안락을 주는 것은 부지런히 중생을 교화함이다.】

제1구는 앞의 2가지(지계와 인욕)에 통하니 被甲精進이기 때문이

다. 유가론에서 해석하기를, "설령 천대겁으로 하루 밤낮을 삼아 지옥에 살더라도 한 중생을 해탈시키기 위함이다."고 하였다. 제2구는 셋째, 利樂정진이다. 제3, 4구는 3가지 과보에 모두 통한다. 이미 몸과 마음의 相을 떠난 까닭에 과보로 시방세계에 몸이 두루 함이다.

제5 선나바라밀의 게송

經

佛久修行無量劫하사　　禪定大海普淸淨이실세
故令見者心歡喜하야　　煩惱障垢悉除滅이로다

　부처님이 오래도록 한량없는 세월 수행하사
　선정의 큰 바다 널리 청정하기에
　보는 이마다 그 마음 기뻐
　번뇌의 때 모두 사라졌네

◉ 疏 ◉

五는 禪那니 梵云禪那오 此云靜慮니 卽以等持로 爲性이라 亦有三種하니 謂安住·引發·辨事니라【鈔_ 五禪中에 初釋名이니 靜揀散心하고 慮揀無慧니 止觀均故니라 卽以下는 二出體니 卽三摩地雖是別境心所之一이나 今約定說이라 不通散心일세 故不說三業이라 對法論에 云"起三業自在用時에 所有一切種常安住"는 卽通三業이니 以約用

故니라 亦有三種下는 三辨相이니 言安住者는 安住現法樂住故니 無性에 云離見慢等하야 得淸淨故라하다 言引發者는 引神通故오 言辨事者는 辦利有情事故니라】
旣引起神通하야 辦利生事일세 故見者深喜오 現法樂住하야 諸惑不行하며 又資慧斷惑일세 故見者惑滅이니라

제5 게송은 선나바라밀이다. 범어로는 선나이며 중국에서는 靜慮라 한다. 곧 等持로 체성을 삼는다. 이 또한 3종류가 있다. 편안히 머무는 것, 6가지 신통을 이끌어내는 것, 이로운 일을 갖춰주는 것을 말한다.【초_ 제5 선나바라밀 가운데 첫째는 이름을 해석함이다. 靜은 산란심과 구별되고, 慮는 지혜 없음과 구별되니 止(사마타)와 觀(위빠사나)이 균등한 때문이다.

'卽以' 이하는 둘째, 체성을 드러냄이다. 곧 삼마지가 비록 別境心所의 하나이지만 여기에서는 선정을 들어 말한 것이다. 산란한 마음에 통하지 않기에 삼업을 말하지 않았다. 대법론에 이르기를, "삼업이 자재한 작용을 일으킬 때, 一切種에 항상 안주한 바 있다."는 것은 곧 삼업에 통함이니 작용으로 말한 때문이다.

'亦有三種' 이하는 셋째, 양상을 분별함이다. 安住라 말한 것은 현재 법락에 머물러 안주한 때문이다. 무성론에 이르기를, "見과 慢 등을 여의어 청정을 얻기 때문이다."고 하였다. '引發'이라 말한 것은 6신통을 이끌어 일으키기 때문이며, '辦事'라 말한 것은 중생에게 이로운 일을 이뤄주기 때문이다.】

이미 신통을 이끌어 일으키며 중생에게 이익 되는 일을 이뤄주

었기에 보는 이마다 몹시 기뻐하고, 현재 법락에 안주하여 모든 번뇌가 일어나지 않으며, 또 지혜를 힘입어 번뇌를 끊어주기에 보는 자마다 번뇌가 사라지는 것이다.

제6 반야바라밀의 게송

經
如來往修諸行海에　　　　**具足般若波羅蜜**이실세
是故舒光普照明하사　　　**克殄一切愚癡暗**이로다
여래께서 옛적에 닦으신 제행의 바다
반야바라밀 구족하여
이 때문에 광명 널리 비추어
모든 어리석음 없애주었네

● **疏** ●
六般若者는 般若는 梵言오 此翻爲慧라 推求諦理를 名之慧也라 此 及後四는 皆擇法爲體라 亦有三種하니 一은 生空無分別이오 二는 法空無分別이오 三은 俱空無分別이라 攝論에 以加行·正體·後得으로 爲三은 約六度說이오 瓔珞에 以照有·照無와 及照中道로 而爲三者는 惟約法空三觀之義니 至下當明이라【鈔_ 此及下는 二出體니 以後五體同故일세니라 故唯識에 云後五는 皆以擇法으로 爲體니 說是根本後得智故라하니 意云以根本智로 爲第六體오 後之四體는 皆後得故니

此依勝說이라】

　제6 반야바라밀의 반야는 범어이며, 중국에서는 지혜로 번역한다. 진리를 추구함을 지혜라 말한다. 반야바라밀과 뒤의 4바라밀은 모두 법을 선택함으로 체성을 삼는다. 이 또한 3종류가 있다.

　⑴ 중생이 공적하여 분별이 없음이며,

　⑵ 법이 공적하여 분별이 없음이며,

　⑶ 중생과 법이 모두 공적하여 분별이 없음이다.

　섭론에서 加行智・正體智・後得智로 3가지를 삼은 것은 육바라밀로 설한 것이며, 영락경에서 유・무・중도를 비춤으로써 3가지를 삼은 것은 오직 법이 공적한 三觀의 뜻으로 말한 것이다. 아래의 해당 부분에서 다시 밝힐 것이다. 【초_ '此及後四' 이하는 둘째, 체성을 드러냄이다. 뒤의 5바라밀의 체성이 똑같기 때문이다. 그러므로 유식론에 이르기를, "뒤의 5바라밀은 모두 법을 선택하는 것으로 체성을 삼는다. 이는 근본지와 후득지를 말한 때문이다."고 하였다. 그 뜻은 근본지로써 제6 반야바라밀의 체성을 삼고, 뒤의 4바라밀의 체성은 모두 후득지이기 때문이라는 것이다. 이는 훌륭한 설을 따른 것이다.】

慧導萬行일세 故云修諸行海라하다 言具足者는 具上三也라 因如有目일세 故果獲身智二光하야 能滅諸暗이라【鈔_ 慧導萬行下는 四釋文이라 謂萬行이 不得般若면 照體空寂하야 不成彼岸故일세니라 因如有目者는 智度論에 云 五度는 如盲人이오 般若는 如有眼이라 故見夷途하야 開導萬行하고 御心中道하야 至一切智城이라하니 卽其義也라】

지혜가 만행을 인도한 까닭에 '修諸行海'라 말한다. 제2구에서 '구족'이라 말한 것은 위의 3가지가 구족함이다. 인행시에도 안목이 있는 것과 같기에 과덕에 몸의 광명과 지혜의 광명 2가지를 얻어 많은 어둠을 없애주는 것이다.【초_ '慧導萬行' 아래 문장은 '넷째, 경문의 해석'이다. 만행이 반야를 얻지 못하면 照의 본체가 공적하여 피안을 이룰 수 없기 때문이다. '因如有目'이란 지도론에 이르기를, "5바라밀은 장님과 같고 반야바라밀은 밝은 눈을 지닌 사람과 같다. 이 때문에 평탄한 길을 보고서 만행을 인도하고 중도로 마음을 다스려 일체 지혜의 성에 이를 수 있다."고 하니 바로 이러한 뜻이다.】

제7 방편바라밀의 게송

經

種種方便化衆生하사 　　**令所修治悉成就**실세
一切十方皆徧往하며 　　**無邊際劫不休息**이로다

　갖가지 방편으로 중생 교화하여
　닦는 것마다 모두 성취시켜주고
　모든 시방세계 두루 다니며
　끝없는 세월 동안 쉬지 않네

● 疏 ●

七方便者는 卽善巧也니 方은 謂方法이오 便은 謂便宜라 下四는 但各二種이니 今初는 謂迴向方便과 拔濟方便이니라【鈔_ '今初'下는 別明此度니 謂由大智故로 迴前六度向大菩提오 由大悲故로 迴前六度拔濟有情이라 故無性에 云"不捨生死而求菩提"라하다】
文云種種化生은 則拔濟善巧오 所修成就는 兼於迴向菩提니 所化無邊일새 果得十方而橫徧이오 爲物取果인새 豎窮來際而不休니라

제7 방편바라밀이란 곧 善巧방편이다. 方은 방법을, 便은 편의를 말한다. 아래의 4바라밀은 단 각각 2가지일 뿐이다. 이 첫째는 회향하는 방편과 고뇌에서 뽑아 구제해주는 방편을 말한다.【초_ '今初' 이하는 별도로 방편바라밀을 밝힌 것이다. 큰 지혜로 인한 까닭에 앞의 육바라밀을 대보리에 회향하게 하고, 큰 자비로 인한 까닭에 앞의 육바라밀을 돌려 중생을 구제해주는 것이다. 이 때문에 無性釋論에 이르기를, "생사를 버리지 않으면서 보리를 구한다."고 하였다.】

제1구 게송에서 말한 "갖가지 방편으로 중생을 교화"함이란 중생을 고해에서 구제하는 훌륭한 방편이며, 제2구에서 "중생이 닦는 바를 성취"함은 겸하여 보리에 회향함이다. 중생의 교화가 끝이 없기에 이 과보로 공간으로는 시방세계에 가득함을 얻고, 중생이 불과를 얻게 하기 위하여 시간으로는 끝없는 미래가 다하도록 멈추지 않는다.

제8 원바라밀의 게송

經
佛昔修行大劫海하사　　淨治諸願波羅蜜이실세
是故出現徧世間하사　　盡未來際救衆生이로다

　부처님이 옛적 대겁 동안 수행하사
　모든 원바라밀을 깨끗이 닦으시어
　온 세간에 출현하여
　끝없는 미래 다하도록 중생을 구제하시네

● **疏** ●
八願者는 卽希求要誓니 有義하니 以欲·勝解와 及信으로 爲性이라 亦有二種하니 謂求菩提願과 利樂他願이니라【鈔_ 有義下는 次出體니 前雖總出이나 此一은 有異라 故復別用此三으로 爲性이라 三法은 正是願之性故니 謂願者는 希求오 希求는 卽欲이라 要於前境에 正信印持하야 方希求故오 其後得智는 但是所依니 依此起願耳라】
由初願故로 出現世間이오 由後願故로 救生不息이니라

　제8 원바라밀의 願이란 곧 희망과 추구하는 마음으로 서원을 세운 것이다. 이 의의는 욕구와 뛰어난 견해와 믿음으로 체성을 삼는다. 이 또한 2가지가 있다. 이는 자신의 보리를 추구하려는 서원, 중생을 이롭게 하려는 서원을 말한다.【초_ '有義' 이하는 '다음 체성을 드러냄'이다. 앞에서 총체로 말했으나 여기에서 말한 원바라밀과는 차이가 있다. 이 때문에 다시 별도로 이 3가지 의의로 체성을 삼은 것이다. 3가지의 법은 바로 서원의 체성이기 때문이다. 서원이란 희망과 추구이며, 희망과 추구는 곧 욕망이다. 요컨대 앞의 경계에서 바른 신심의 도장을 가지고서 바야흐로 희망하고 추구한 때문이다. 그 후득지는 단 의지해야 할 대상이다. 이에 의해 서원을 일으키는 것이다.】

처음 서원을 따른 까닭에 세간에 나오고, 뒤에 서원을 따른 까닭에 중생 구제를 위해 쉬지 않는다.

제9 역바라밀의 게송

經

佛無量劫廣修治　　　一切法力波羅蜜이실세
由是能成自然力하사　普現十方諸國土로다

　부처님이 한량없는 겁 동안 널리 수행하사
　모든 법 역바라밀 닦으시어
　자연스러운 힘 성취하시고
　시방국토 널리 보여주시네

◉ 疏 ◉

九力者는 不可屈伏故니 隨思隨修하야 任運成就라 亦有二種하니 謂思擇·修習이라 今言法力은 卽思擇諸法而修習故니 攝論에 由此二

力으로 令前六度로 無間現前이라 經에 云'成自然力'은 卽無師而成이오 不習而無不利니 何能壞哉아

제9 역바라밀의 力이란 굴복하지 않기 때문이다. 생각을 따라 수행하여 마음대로 성취함이다. 이 또한 2가지가 있다. 생각으로 결택함과 닦아 익힘을 말한다.

이 게송 제2구에서 '법력'이라 말한 것은 모든 법을 생각으로 결택하여 닦아 익힌 때문이다. 섭론에서 "이 2가지의 힘에 의해 앞의 육바라밀을 끊임없이 앞에 나타나게 한다."고 하였다. 제3구에서 "자연스러운 힘 성취"라는 것은 곧 스승이 없이 자신이 성취함이며, 닦지 않아도 이롭지 않음이 없음이니 어떻게 이를 무너뜨릴 수 있겠는가.

제10 지바라밀의 게송

經

佛昔修治普門智하사   一切智性如虛空이실세
是故得成無礙力하사   舒光普照十方刹이로다

    부처님이 옛적에 보문의 지혜 닦으시어
    모든 지혜 성품 허공 같기에
    걸림 없는 힘 성취하여
    시방세계 널리 광명 비추네

⊙ 疏 ⊙

十은 智度니 決斷을 名智니 謂如實覺了라 亦有二種하니 謂受用法樂智와 成熟有情智니 無性論에 云 由施等六하야 成此智하고 復由此智하야 成立六種을 名受法樂이오 由此妙智하야 能正了知此施戒等이 饒益有情이라하다【鈔_ 亦有下는 次辨相이니 此相 難見이라 故引論釋이라 但引釋論이면 本論에 但云謂由前六으로 成立妙智하야 受用法樂하고 成熟有情이라 若天親 云 由般若波羅密無分別智故로 成立後得智오 復由此智로 成立前六波羅密多라 由此自爲오 與同法者로 受用法樂하야 成熟有情이라하니 大意 亦同也라】

經云普門智는 總含二智니 別配면 卽初句는 成熟有情이오 次句는 卽受用法樂이니 此二無二일세 故成無礙力하야 舒光普照라

　　제10 지혜바라밀이다. 결단을 지혜라 하니 여실한 깨달음을 말한다. 이 또한 2종류가 있다. 法樂을 수용하는 지혜, 중생을 성숙시켜주는 지혜를 말한다. 무성석론에 이르기를, "보시 등의 육바라밀에 의하여 이 지혜를 이루고, 다시 이 지혜로 말미암아 육바라밀을 성취함을 法樂을 수용하는 지혜라 말하고, 이 미묘한 지혜로 인하여 보시·지계 등을 바르게 아는 것이 중생에게 이익을 주는 지혜라고 한다."고 하였다.【초_ '亦有二種 아래는 '다음 양상을 분별함'이다. 이 양상은 보기 어렵기에 논을 인용하여 해석한 것이다. 단 논을 인용하여 해석하면, 본론에서는 다만 "앞의 육바라밀에 의해 미묘한 지혜를 성립하여 법락을 수용하고 중생을 성숙시켜준다."고 말했을 뿐이다. 천친보살이 말하기를, "반야바라밀의

분별이 없는 지혜로 말미암은 까닭에 후득지를 성립하고, 다시 이러한 후득지로 말미암아 앞의 육바라밀다를 성립한 것이다. 이로 말미암아 스스로 행하고, 법을 함께하는 자와 더불어 법락을 수용하여 중생을 성숙시킨다."고 하니 대의 또한 같다.】

　　게송 제1구에서 말한 '普門智'에는 2가지의 지혜를 모두 포괄하고 있다. 별도로 배열하면 제1구는 중생을 성숙시켜줌이며, 제2구는 법락을 수용함이다. 이 2가지는 둘이지만 둘이 아닌 까닭에 걸림이 없는 힘을 성취하여 광명을 널리 비추는 것이다.

第九 雲音頌
述菩提樹摩尼果中에 歎佛 往修十地行果라

　　제9. 운음정월보살 게송
　　보리수와 마니주 열매 가운데 부처님의 예전 닦으신 십지 수행 과덕을 찬탄하여 서술한 것이다.

經
爾時에 雲音淨月菩薩摩訶薩이 承佛威力하사 普觀一切道場衆海하고 卽說頌言하사대

　　그때 운음정월 보살마하살이 부처님이 지닌, 헤아릴 수 없는 영묘하고도 불가사의한 힘을 받들어 모든 도량의 대중바다를 두루 살펴보고 게송으로 말씀드렸다.

十地 總相의 게송

經
神通境界等虛空하사   十方衆生靡不見하니
如昔修行所成地를   摩尼果中咸具說이로다

신통경계 허공과 같아서
시방중생 모두 보았네
옛적에 수행하여 이룬 지위를
마니주 가운데 모두 연설하시네

疏
十一頌은 分二니 初一은 總擧니 謂佛果大用이 由昔地行이며 及結說處요 餘十은 次第로 各述一地니 地義는 當品廣明일새 今皆略述而已라

11송은 2부분으로 나뉜다. 첫 게송은 총상으로 거론하였다. 불과의 큰 작용이 예전 십지 수행에 의한 것임과 연설하신 곳을 끝맺음이며, 나머지 10게송은 차례로 각각 한 지위를 서술한 것이다. 지위의 의미는 제26 십지품에서 자세히 밝힐 것이기에 여기에서는 모두 간단하게 서술할 뿐이다.

제1 환희지의 게송

清淨勤修無量劫하사 　　**入於初地極歡喜**일세
出生法界廣大智하사 　　**普見十方無量佛**이로다

　　한량없는 세월 청정하게 부지런히 닦으시어
　　초지(初地)의 지극한 환희에 들어가셨기에
　　법계의 드넓고 큰 지혜를 내어
　　시방 한량없는 부처님 널리 보셨네

● 疏 ●

初地는 略述四義니 一은 加行多劫이니 諸論에 皆說地前爲一僧祇라 하니 已爲無量이라 更有異說이나 恐厭繁文이라 二는 標入地名이오 三은 出生廣智니 謂生如來家하야 見法實性하야 得妙觀察과 平等性智故오 四는 普見佛海니 同下願智果中이라【鈔_ 恐厭繁文者는 謂仁王下 卷奉持品說이니 伏忍 下中上이니 下忍은 初賢一僧祇오 中忍은 次賢 兩僧祇오 上忍은 亞聖三僧祇오 初地四僧祇로 乃至七地有十이오 八地 千이오 九地 萬이오 十地 百萬僧祇라 故地前에 已經三阿僧祇라 經中에 多說三阿僧祇成佛者는 以下中忍位는 菩薩相隱이오 上賢之位는 菩薩相顯이라 所以로 特言經三僧祇라하고 地前菩薩과 二乘聖者와 見初入地를 皆謂究竟이라 故說三祇成等正覺오 亦佛隨宜일세 故寶雲經에 云"實經無量阿僧祇劫"이라하고 華藏品初에 當更會釋이라 得妙觀察者는 由破分別我執하야 第七不與四惑으로 相應하야 成平等性하고 已證眞如라 於多百門에 已得自在하야 成妙觀察이로되 未捨異

熟識體하고 不得大圓鏡智일세 異熟旣存에 眼等五根이 是異熟生이라 故亦未得成所作智니 此二는 直至佛果라야 方得이라】

初地는 간단하게 4가지 뜻으로 서술한다.

⑴ 오랜 세월 더욱 힘써 수행함이다. 여러 논에서 모두 "십지 이전 1아승지겁이다."고 말하니 이미 한량없는 세월이다. 이 밖에 또 다른 말들이 있지만, 번거로운 문장을 싫어할까 염려하는 마음에 생략한다.

⑵ 십지에 들어간 명제를 내세움이다.

⑶ 광대한 지혜를 내어줌이다. 여래의 집안에 태어나 법의 실성을 보고서 묘관찰지와 평등성지를 얻은 때문이다.

⑷ 널리 부처의 바다를 봄이니 아래 願智의 결과와 같다. 【초_ "번거로운 문장을 싫어할까 염려하는 마음에 생략한다."는 것은 인왕반야경 하권 奉持品에서 나온 부분을 말한다. 이는 伏忍位[28] 상중하에 대한 부분이다. 下忍은 三賢 가운데 初賢의 1아승지며, 中忍은 次賢의 2아승지며, 上忍은 亞聖의 3아승지며, 초지 4아승지로부터 나아가 7지에 십 아승지, 8지에 천 아승지, 9지에 만 아승지, 십지에 백만 아승지가 있다. 이 때문에 십지 이전에 이미 3아승지를 지낸 것이다.

경전에서 3아승지의 성불을 자주 말한 것은 下忍과 中忍位는

----
28 伏忍位 : 五忍의 첫째 단계. 번뇌를 완전히 끊지 못하고 일단 억누름으로써 그것이 일어나지 못하게 하는 수행 단계이다.

보살이 서로 숨겨져 보이지 않고, 上賢의 지위는 보살이 서로 나타나기 때문이다. 이 때문에 특별히 3아승지겁을 지났다고 말한다. 십지 이전 보살, 이승의 성자, 처음 초지에 들어감을 본 것을 모두 '究竟'이라고 말한다. 그러므로 3아승지겁에 정등각을 이뤘다고 말한다. 또한 부처님은 적절함을 따르기에 보운경에 이르기를, "실로 한량없는 아승지겁을 지냈다."고 말하니 화장세계품의 첫 부분에서 다시 이를 해석하겠다.

'得妙觀察'이란 분별심과 아집을 타파함에 의하여 제7지가 四惑과 상응하지 않고서 평등성지를 이루고 이미 진여를 증득한 것이다. 수많은 百門에 이미 자재함을 얻어 미묘한 관찰을 이루었지만 異熟識의 체성을 버리지 못하고 대원경지를 얻지 못하였다. 따라서 異熟識이 이미 존재하기에 眼耳鼻舌身 五根이 이숙식에서 나온 것이다. 이 때문에 또한 하는 일마다 성취하는 지혜를 얻을 수 없다. 이 2가지는 불과에 이르러야 만이 비로소 얻을 수 있다.】

제2 이구지의 게송

一切法中離垢地에　　　等衆生數持淨戒하시니
已於多劫廣修行하사　　供養無邊諸佛海로다

온갖 법 가운데 이구지(離垢地)에서
중생 수와 같은 청정 계율 지니고

이미 오랜 겁 널리 수행하여

그지없는 부처님께 공양하였네

● 疏 ●

二地에 四義니 一은 擧法標名이오 二는 別地行相이오 三은 修行時分이오 四는 供佛多少라

제2 離垢地에 4가지 뜻이 있다.

(1) 법을 들어 이름을 내세움이며,

(2) 지위에 따라 행하는 양상을 분별함이며,

(3) 수행하는 기간이며,

(4) 부처님께 공양한, 많고 적은 수효이다.

제3 발광지의 게송

經

積集福德發光地에　　　　奢摩他藏堅固忍이라
法雲廣大悉已聞하시니　　摩尼果中如是說이로다

복덕을 쌓은 발광지(發光地)에서

사마타의 법장, 견고한 인욕

광대한 법의 구름 이미 모두 들으니

마니주 열매 속에 이와 같이 말하네

◉ 疏 ◉

三地에 四義니 一은 擧法標名이니 世間中極일세 云積福德이오 二는 修諸禪定이오 三은 忍度偏多오 四는 聞持廣博이라【鈔_ 世間中極者는 前三地는 寄同世間故라】

제3 發光地에 4가지 뜻이 있다.

⑴ 법을 들어 이름을 내세움이니 세간 중에 다하기에 '복덕을 쌓는다.'고 말하였으며,

⑵ 모든 선정을 닦음이며,

⑶ 인욕바라밀이 유독 많음이며,

⑷ 듣고 기억함이 넓고 많음이다.【초_ '世間中極'이란 앞의 3지위는 세간에 함께 의탁하고 있기 때문이다.】

제4 염혜지의 게송

經

燄海慧明無等地에　　　善了境界起慈悲하시고
一切國土平等身을　　　如佛所治皆演暢이로다

불꽃처럼 밝은 지혜, 짝할 수 없는 지위
일체 경계 잘 알아 자비심 일으키고
일체 국토에 평등한 몸으로
부처님 닦은 법문 모두 연설하네

◉ 疏 ◉

四地四義 一은 歎慧標名이니 世無等故오 二는 了道品境이니 異凡夫故오 三은 起慈悲니 異小乘故오 四는 淨身土니 離身見故라【鈔_ 離身見者는 寄出世初니 同須陀洹故오 又初地에 斷分別身見하고 四地에 斷俱生身見故니라】

제4 燄慧地에 4가지 뜻이 있다.

⑴ 지혜를 찬탄하여 이름을 내세움이니 세간에는 짝할 것이 없기 때문이며,

⑵ 道品의 경지를 요달함이니 범부와 다른 때문이며,

⑶ 자비를 일으킴이니 소승과 다른 때문이며,

⑷ 몸과 국토를 청정하게 함이니 身見을 여읜 때문이다.【초_ '離身見'이란 출세간에 의탁한 처음이니 수다원과 같기 때문이다. 또 初地에는 분별하는 身見을 끊고 四地에는 함께 일어난 身見을 끊은 때문이다.】

제5 난승지의 게송

經

普藏等門難勝地에　　動寂相順無違反하며
佛法境界悉平等하시니　如佛所淨皆能說이로다

넓은 창고와 평등한 법문 난승지에서
동함과 고요함이 어기지 않고 서로 따르며

불법의 경계 모두 평등하니
부처님처럼 청정함 모두 말하네

◉ 疏 ◉

五地에 四義니 一은 標入地니 謂積集福智라 故云普藏이오 十平等心이라 故曰等門이라 二는 標地名이오 三은 眞俗極違를 會令相順이오 四는 諦法·俗境을 無不等觀이라【鈔_ 十平等心者는 三十六經에 入五地할새 有十心하니 一은 於過去佛法에 平等淸淨心이오 二는 未來오 三은 現在오 四는 戒오 五는 心이오 六은 除見疑悔오 七은 道非道智오 八은 修行智見이오 九는 於一切菩提分法에 上上觀察이오 十은 敎化一切衆生이니 皆有平等淸淨心이라 四諦法俗境者는 良以十重觀四諦故니 四地에 出世오 五地에 卻入일새 云觀俗境이라】

제5 難勝地에 4가지 뜻이 있다.

⑴ 들어간 지위를 내세움이니 복덕과 지혜가 쌓여 있기에 '넓은 창고'라 하였고, 열 가지 평등한 마음 때문에 平等門이라 하였다.

⑵ 지위의 명칭을 내세움이다.

⑶ 진리와 세속의 이치가 지극히 어긋난 것을 하나로 모아 서로 따르게 함이다.

⑷ 진리의 법과 세속의 경계를 평등하게 관찰하지 않음이 없다.【초_ '10가지 평등심'이란 36경(제26 십지품)에 5地에 들어갈 때 열 가지 평등한 마음이 있다. ① 과거불법에 평등하고 청정한 마음이며, ② 미래, ③ 현재, ④ 계율, ⑤ 마음, ⑥ 소견의 의혹과 후회

를 끊음이며, ⑦ 道 또는 道가 아닌 것을 가리는 지혜, ⑧ 수행하는 지혜의 견해, ⑨ 일체菩提分法에 上上으로 관찰함이며, ⑩ 일체중생을 교화함이니, 모두 평등한 청정심이 있다. "⑷ 진리의 법과 세속의 경계"란 진정 열 가지로 四諦를 관찰하기 때문이다. 제4地에서 세간을 벗어나고, 제5地에서 다시 세간으로 들어가기에 "세속의 경계를 관찰한다."고 말한 것이다.】

제6 현전지의 게송

經

廣大修行慧海地에　　一切法門咸徧了하고
普現國土如虛空하시니　樹中演暢此法音이로다

　　광대하게 수행한 지혜바다의 지위
　　일체 법문을 두루 모두 알고
　　국토를 허공처럼 널리 나타내시니
　　보리수에서 이러한 법음 연설하네

● 疏 ●

六地에 有四니 一은 歎行이오 二는 標名이오 三은 正顯行相이니 卽了緣起法이오 四는 明地用이니 得十空三昧故라【鈔_ 得十空三昧者는 卽六地末云이라】

　　제6 現前地에 4가지 뜻이 있다.

⑴ 수행을 찬탄함이며,

⑵ 이름을 내세움이며,

⑶ 행하는 양상을 바로 밝혔으니 곧 연기법을 깨달음이며,

⑷ 제6 현전지의 작용을 밝힘이니 열 가지 空한 삼매를 얻은 때문이다.【초_"열 가지 空한 삼매를 얻음"이란 제26 십지품 제6 현전지의 끝부분에서 말한 바와 같다.[29]】

제7 원행지의 게송

經

周徧法界虛空身과　　**普照衆生智慧燈**이여
一切方便皆淸淨하시니　　**昔所遠行今具演**이로다

　　법계에 두루 한 허공과 같은 몸

　　중생을 널리 비춰주는 지혜 등불

　　온갖 방편 모두 청정하시니

　　옛적 닦으신 원행지에서 모두 연설하네

----

[29] 제6 현전지의 끝부분의 내용은 다음과 같다. '佛子야 菩薩이 住此現前地하야 得入空三昧와 自性空三昧와 第一義空三昧와 大空과 合空과 起空과 如實不分別空과 不捨離空과 離不離空이라'하야 句句에 皆有三昧之言하며 結云, '得如是等十空三昧門爲首하야 百千空三昧門이 皆悉現前이라'하니라("불자여, 보살이 이 현전지에 머물면서 공한 삼매, 자성이 공한 삼매, 第一義諦가 공한 삼매, 크게 공한 삼매, 공과 합한 삼매, 일어남이 공한 삼매, 여실하게 분별이 없는 공한 삼매, 떠나지 않음이 공한 삼매, 떠남과 떠나지 않음이 공한 삼매에 들어갔다."고 하여, 구절구절마다 모두 삼매라는 말을 붙였고, 結句에서 이르기를, "이와 같은 열 가지 공한 삼매문이 첫머리가 되어 백천 가지 공한 삼매문이 모두 앞에 나타난다."고 하였다.)

● 疏 ●

七地有四니 一은 先標果用이오 二는 照達羣機오 三은 雙行巧攝이오 四는 寄行標名이니라

제7 遠行地에 4가지 뜻이 있다.

(1) 먼저 불과의 작용을 내세움이며,
(2) 여러 중생의 근기를 비춰 깨닫게 함이며,
(3) 방편과 四攝을 동시에 행함이며,
(4) 수행에 의탁하여 이름을 내세움이다.

제8 부동지의 게송

經

一切願行所莊嚴으로　　無量刹海皆淸淨하야
所有分別無能動이여　　此無等地咸宣說이로다

　모든 서원의 행으로 장엄한 바는
　한량없는 세계 모두 청정케 하여
　일체의 분별심 일어나지 않음이여
　이 무등지(無等地)에서 모두 연설하였네

● 疏 ●

八地에 四義니 一은 別地行相이오 二는 明淨土果오 三은 略釋地名이오 四는 歎地結說이라

제8 不動地에 4가지 뜻이 있다.

⑴ 별개 지위에 행하는 모양이며,

⑵ 정토의 과를 밝힘이며,

⑶ 간단하게 지위의 명칭을 해석함이며,

⑷ 지위를 찬탄하여 결론을 맺은 말이다.

제9 선혜지의 게송

經

無量境界神通力과　　　**善入敎法光明力**이여
此是淸淨善慧地니　　　**劫海所行皆備闡**이로다

한량없는 경계 신통의 힘
교법에 잘 들어간 광명의 힘이여
이것이 청정한 선혜지(善慧地)
오랜 겁에 행한 일 모두 밝혔네

● 疏 ●

九地에 四義니 一은 標地作用이오 二는 善達敎法이오 三은 標示地名이오 四는 廣行多劫이라

제9 善慧地에 4가지 뜻이 있다.

⑴ 지위의 작용을 내세움이며,

⑵ 교법을 잘 통달함이며,

(3) 지위의 명칭을 표시함이며,

(4) 영겁에 널리 수행함이다.

제10 법운지의 게송

經

法雲廣大第十地여　　　　**含藏一切徧虛空**이라
諸佛境界聲中演하시니　　**此聲是佛威神力**이로다

　법의 구름 드넓고 큰 제10지여
　모든 것을 포괄하여 허공에 두루 하네
　모든 부처님의 경계 음성 중에 울려나니
　이 음성 부처님의 위신력일세

● **疏** ●

十地에 有四니 一은 標起地名이오 二는 含藏法雨오 三은 能蔽如空麤重이오 四는 深廣難測이라 故云佛境이니 諸偈에 多有結說이라 文並可知라

　제10 法雲地에 4가지 뜻이 있다.

　(1) 지위 명칭을 표기함이며,

　(2) 法雨를 간직함이며,

　(3) 허공처럼 거칠고 무거움을 가려줌이며,

　(4) 깊고 드넓어 헤아리기 어려움이다.

이 때문에 부처님의 경계라 말하니 모든 게송에 결론을 맺은 말이 많다. 문장과 함께하면 알 수 있다.

第十 善勇猛菩薩 十頌

제10. 선용맹보살

10송

經

爾時에 **善勇猛光幢菩薩摩訶薩**이 **承佛威神**하사 **觀察十方**하고 **而說頌言**하사대

그때 선용맹광당 보살마하살이 부처님이 지닌, 헤아릴 수 없는 영묘하고도 불가사의한 힘을 받들어 시방을 살펴보고 게송으로 말씀드렸다.

◉ **疏** ◉

文分爲三이니 初一은 總顯이오 次八은 別明이오 後一은 結歎歸佛이니 一一頌中에 各有四義라

게송은 3부분으로 구분된다. 첫째는 총체를 밝혔고, 다음 여덟 게송은 별개로 밝혔고, 마지막 게송은 찬탄을 결론지어 부처님께 귀의하였다. 하나하나 게송에는 각기 4가지의 뜻이 있다.

제1 總歎佛의 게송

經

無量衆生處會中에 **種種信解心淸淨**하야
悉能悟入如來智하며 **了達一切莊嚴境**이로다

한량없는 중생이 모인 법회에
갖가지 믿고 이해하는 마음 청정하여
여래 지혜 모두 깨달아 들어가
모든 장엄경계 통달하였네

● **疏** ●

今初는 總歎佛하야 令物悟入福智니 有四義者하니 一은 多衆이오 二는 心異오 三은 悟智오 四는 了福이라 莊嚴은 卽福也라 亦通二嚴이니 皆佛令爾일새 故顯衆德이 卽爲歎佛이니라

제1 게송은 총체로 부처님을 찬탄하여 중생으로 하여금 복덕과 지혜를 깨닫게 함이다.

여기에는 4가지 뜻이 있다.

⑴ 많은 대중이며,

⑵ 마음이 각기 다름이며,

⑶ 지혜를 깨달음이며,

⑷ 복덕을 통달함이다.

장엄이 곧 복이다. 또한 지혜와 복덕 2가지 장엄이 통하니 모

두 부처님이 그렇게 만들어주었기에 많은 공덕을 밝힘이 곧 부처님을 찬탄함이 된다.

제2 佛體用의 게송

經

各起淨願修諸行하야　　　昔曾供養無量佛일세
能見如來眞實體와　　　　及以一切諸神變이로다

　각각 청정한 서원 세워 만행(萬行)을 닦으시어

　옛적 일찍이 한량없는 부처님 공양하여

　여래의 진실한 본체와

　온갖 신통변화 잘 보았네

◉ **疏** ◉

別中에 一은 見佛體用이라 亦四義니 一은 起願이오 二는 具行이오 三은 見體오 四는 見用이라

　별개로 밝힌 가운데 첫째(제2 게송)는 부처님의 본체와 작용을 보았다.

　이 또한 4가지 뜻이 있다.

　⑴ 서원을 일으킴이며,

　⑵ 만행을 갖춤이며,

　⑶ 본체를 봄이며,

(4) 작용을 봄이다.

제3 佛法身의 게송

經
或有能見佛法身이 　　　　**無等無礙普周徧**하사
所有無邊諸法性이 　　　　**悉入其身無不盡**이로다

그 누가 부처님의 법신을 보았네
같은 이 없고 걸림 없이 널리 두루 하여
한량없는 모든 법성이
그 법신에 모두 들어갔네

● 疏 ●

二는 見法身이니 一은 勝故無等이오 二는 淨故無礙오 三은 大故周徧이오 四는 深廣故로 包含이라

둘째(제3 게송), 법신을 봄이다. 이 또한 4가지 뜻이 있다.
(1) 뛰어나기 때문에 짝할 수 없고,
(2) 청정하기에 걸림이 없고,
(3) 크기에 두루 하고,
(4) 깊고 넓기에 모든 것을 포용하는 것이다.

제4 佛色身의 게송

或有見佛妙色身이　　　無邊色相光熾然하사
隨諸衆生解不同하야　　種種變現十方中이로다

　　그 누가 부처님의 미묘한 색신을 보았네

　　그지없는 색상에 광명이 찬란하여

　　온갖 중생 각기 다른 견해 따라

　　갖가지 신통변화 시방 법계 보여주었네

● 疏 ●

三은 見佛色身이라 一은 色妙니 謂如金等이오 二는 相具니 十華藏相等이오 三은 光盛이니 謂常放等이오 四는 隨機變이니 謂三尺無邊等이라

　　셋째(제4 게송), 부처님의 색상의 몸을 봄이다. 이 또한 4가지 뜻이 있다.

　　⑴ 색상이 미묘하니 황금빛 등과 같음을 말하며,

　　⑵ 相好의 몸 갖춤이니 십화장세계의 모양 등이며,

　　⑶ 광명이 성대하니 항상 광명을 쏟아내는 등을 말하며,

　　⑷ 중생 근기를 따라 변화함이니 작게는 3척의 몸으로, 크게는 그지없는 몸으로 변화하는 몸 등을 말한다.

　　제5 佛智身의 게송

或見無礙智慧身이 **三世平等如虛空**하사
普隨衆生心樂轉하야 **種種差別皆令見**이로다

　　그 누가 걸림 없는 부처님 지혜의 몸을 보았네
　　삼세불 똑같이 허공처럼 광대한 지혜
　　중생이 좋아하는 마음 따라 널리 변화하여
　　갖가지 다른 방편 모두 보여주었네

● 疏 ●

四는 見佛智身이라 一은 無礙니 眞俗無礙故오 二는 等空이니 稱法性故오 三은 知根이오 四는 巧現이라

　넷째(제5 게송), 부처님의 지혜의 몸을 봄이다. 이 또한 4가지 뜻이 있다.

　⑴ 걸림이 없음이니 미묘한 진리와 세속의 이치에 막힘이 없는 때문이며,

　⑵ 허공과 같음이니 법성에 걸맞은 때문이며,

　⑶ 중생의 근기를 앎이며,

　⑷ 신통변화를 잘 나타냄이다.

　제6 佛音聲의 게송

> 經

或有能了佛音聲이 　　**普徧十方諸國土**하사
隨諸衆生所應解하야 　　**爲出言音無障礙**로다

　　그 누가 부처님의 음성을 알았네

　　시방 모든 국토 두루 울려

　　중생이 알아야 할 바를 따라

　　말씀하시는 데 장애가 없으시네

◉ 疏 ◉

五는 **了佛音聲**이니 **一**은 **音普徧**이오 **二**는 **說應器**오 **三**은 **言同類**오 **四**는 **應無礙**라

　　다섯째(제6 게송), 부처님의 음성에 대해 앎이다. 이 또한 4가지 뜻이 있다.

　　⑴ 음성이 두루 울림이며,

　　⑵ 설법이 중생 근기에 응함이며,

　　⑶ 언어가 그 무리와 똑같이 함이며,

　　⑷ 응하는 데에 걸림이 없음이다.

제7 佛光明의 게송

> 經

或見如來種種光이 　　**種種照曜徧世間**하며

或有於佛光明中에　　　　**復見諸佛現神通**이로다

그 누가 부처님의 갖가지 광명을 보았네

온 세간 갖가지로 비춰줌을

그 누가 또 보았네, 부처님 광명 가운데

여러 부처의 신통변화를

◉ 疏 ◉

六은 **見佛光明**이니 **一**은 **多種**이오 **二**는 **徧照**오 **三**은 **見佛**이오 **四**는 **現變**이라

여섯째(제7 게송), 부처님의 광명을 봄이다. 이 또한 4가지 뜻이 있다.

(1) 여러 종류이며,

(2) 두루 비춤이며,

(3) 부처님을 봄이며,

(4) 신통변화를 나타냄이다.

제8 佛毛光의 게송

經

或有見佛海雲光이　　**從毛孔出色熾然**하야
示現往昔修行道하사　　**令生深信入佛智**로다

그 누가 부처님의 바다구름 광명을 보았네

모공에서 쏟아진 찬란한 광채

지난 옛적 수행하신 도 보여주어
깊은 신심 내어 부처님 지혜에 들게 하였네

◉ 疏 ◉

七은 見佛毛光이니 一은 顯光名이오 二는 明出處오 三은 示往因이오 四는 令信悟라

일곱째(제8 게송), 부처님의 털구멍 광명을 봄이다. 이 또한 4가지 뜻이 있다.

(1) 광명의 명칭을 나타냄이며,
(2) 광명이 나온 곳을 밝힘이며,
(3) 예전의 인행을 보여줌이며,
(4) 신심으로 깨닫게 함이다.

제9 佛福相의 게송

經

或見佛相福莊嚴하고　　及見此福所從生하며
往昔修行諸度海를　　　皆佛相中明了見이로다

그 누가 부처님의 복덕 장엄 모습을 보았고
이 복덕이 생겨난 곳도 보았네
지난 옛적 수행한 모든 바라밀을
부처님 상호에서 모두 분명히 보았네

◉ 疏 ◉

八은 見佛福相이니 一은 見福相이오 二는 了福因이오 三은 示因體오 四는 明見處라

여덟째(제9 게송), 부처님의 복덕상을 봄이다. 이 또한 4가지 뜻이 있다.

(1) 복덕상을 봄이며,

(2) 복덕의 원인을 통달함이며,

(3) 인행의 본체를 보임이며,

(4) 볼 수 있는 곳을 밝힘이다.

제10 結歎德廣의 게송

經

如來功德不可量과　　充滿法界無邊際와
及以神通諸境界를　　以佛力故能宣說이로다

　여래의 헤아릴 수 없는 공덕
　법계에 충만하여 끝이 없으며
　신통묘용과 온갖 그 경계를
　부처님 위신력으로 연설하였네

◉ 疏 ◉

後一은 結歎德廣이라 一은 數多오 二는 深廣이오 三은 用普오 四는 結說

이니 謂推功歸佛하야 謙己無能이라(上來에 總明第八大段'座內衆流' 竟하다)

마지막 제10 게송은 부처님의 광대한 덕을 결론지어 찬탄함이다. 이 또한 4가지 뜻이 있다.

⑴ 수효가 많음이며,

⑵ 깊고 광대함이며,

⑶ 작용이 드넓음이며,

⑷ 결론의 말이다.

공덕을 부처님께 돌려주어 자신의 무능함으로 사양함이다.(위에서 제8 대단락의 '사자좌 내의 대중의 무리'에 대해 총체로 밝힌 부분을 모두 끝마치다.)

大科 第九는 天地徵祥이니 謂動地興供이니 卽是顯證이라 上來佛成正覺할세 衆海雲集하야 各申慶讚하야 顯佛高深호되 而下稱機情하고 上協佛願이라 故世主 爲之興供하고 天地 爲之呈祥이라 就文分二니 先은 動地오 後는 興供이라 今은 初라

大科 제9 敎起因緣分은 천지에 상서의 징조가 보임을 밝혔다. 땅의 진동과 공양구름을 일으킴이 곧 뚜렷한 증거이다. 앞서 부처님이 정각을 이루셨기에 대중이 구름처럼 몰려들어 제각기 기쁨과 찬탄을 말씀드려 부처님의 높고 깊은 경계를 나타내되, 아래로는 중생의 근기에 맞추고 위로는 부처님의 서원에 부합하였다. 이 때문에 세주들이 그를 위해 공양구름을 일으켰으며, 온 하늘과 땅이

상서로운 징조를 보여주었다.

문장이 2부분으로 나뉜다. 앞에는 땅이 진동함이며, 뒤는 공양 구름을 일으킴이다.

經
爾時에 **華藏莊嚴世界海**가 **以佛神力**으로 **其地一切**가 **六種 十八相**으로 **震動**하니 **所謂動**과 **徧動**과 **普徧動**과 **起**와 **徧起** 와 **普徧起**와 **踊**과 **徧踊**과 **普徧踊**과 **震**과 **徧震**과 **普徧震**과 **吼**와 **徧吼**와 **普徧吼**와 **擊**과 **徧擊**과 **普徧擊**이니라

그때 화장장엄세계바다가 부처님이 지닌, 헤아릴 수 없는 영묘하고도 불가사의한 힘으로 그 모든 땅이 6가지, 18가지 모양으로 진동하였다.

이른바 일시에, 일방에만 흔들흔들하고, 사방이 차례로 또는 일시에, 그리고 시방에 차례로 두루 흔들흔들하고, 팔방에서 차례로 또는 일시에, 그리고 시방에서 일시로 널리 두루 흔들흔들하며,

일시에, 일방에만 들먹들먹하고, 사방이 차례로 또는 일시에, 그리고 시방에 차례로 두루 들먹들먹하고, 팔방에서 차례로 또는 일시에, 그리고 시방에서 일시로 널리 두루 들먹들먹하며,

일시에, 일방에만 울쑥불쑥하고, 사방이 차례로 또는 일시에, 그리고 시방에 차례로 두루 울쑥불쑥하고, 팔방에서 차례로 또는 일시에, 그리고 시방에서 일시로 널리 두루 울쑥불쑥하며,

일시에, 일방에만 우르르하고, 사방이 차례로 또는 일시에, 그

리고 시방에 차례로 두루 우르르하고, 팔방에서 차례로 또는 일시에, 그리고 시방에서 일시로 널리 두루 우르르하며,

일시에, 일방에만 으르렁거리고, 사방이 차례로 또는 일시에, 그리고 시방에 차례로 두루 으르렁거리고, 팔방에서 차례로 또는 일시에, 그리고 시방에서 일시로 널리 두루 으르렁거리며,

일시에, 일방에만 와지끈하고, 사방이 차례로 또는 일시에, 그리고 시방에 차례로 두루 와지끈하고, 팔방에서 차례로 또는 일시에, 그리고 시방에서 일시로 널리 두루 와지끈하였다.

● 疏 ●

文中에 三이니 一은 動處오 二는 動因이오 三은 動相이라 今初는 自狹之寬일세 且云華藏이어니와 約下結通인댄 實周法界라【鈔 自狹之寬者는 娑婆爲狹이오 華藏爲寬也라】諸天重重이 並華藏之內라 故云其地니 何所不該리오【鈔 諸天重重下는 通妨難이니 難云旣言華藏地動인댄 華藏之地는 乃在大蓮華地面이어늘 今娑婆界라 當第十三重이 曾何是地오 設若是地라도 是娑婆地오 卽非華藏이라 故今通云 乃有二意니 一은 以本該末이니 謂擧華藏하야 總該刹網故오 二十重이 皆華藏內오 況第十三下豈非地耶아】

이 문장에는 3가지 뜻이 있다.

(1) 진동하는 장소,

(2) 진동하는 원인,

(3) 진동하는 양상이다.

⑴ 진동하는 장소란 좁은 사바세계로부터 드넓은 세계로 나가기에 또한 華藏이라 말한다. 아래의 "무진세계를 결론지어 통한 것[結通無盡]"으로 말하면 실로 법계에 가득하다.【초_ "좁은 곳으로부터 드넓은 곳으로 나간다."는 것은 사바세계는 비좁고, 화장세계는 광대함을 말한다.】

거듭거듭 수많은 하늘이 모두 화장세계 속에 있다. 그 때문에 '其地'라 말하니 그 무엇을 포괄하지 못할 바 있겠는가.【초_ '諸天重重' 이하는 논란에 대한 답변이다. 어떤 이가 논란하여 말하기를, "이미 화장세계의 땅이 진동했다고 말했는데, 화장세계의 땅은 대연화의 지면에 있다. 여기 사바세계는 제13重에 해당된다. 화장세계는 어찌 이런 땅이겠는가. 설령 이런 땅일지라도 이는 사바세계이지, 화장세계는 아니다."고 하였다. 이에 대해 회통하여 답하였다. "여기에 2가지의 의미가 있다. 하나는 근본으로 지말을 포괄하니 화장세계를 들어서 '국토의 그물'을 모두 포괄하였다. 20중이 모두 화장세계의 내면인데, 하물며 제13중 이하가 어찌 땅이 아니겠는가."】

又染淨融故로 雖標摩竭이나 而地震華藏이니라

또한 오염된 사바세계와 청정한 화장세계가 하나이기에 비록 摩竭陀國을 내세워 말했지만 하나의 땅이 진동하면 모든 땅이 진동하기에 화장세계까지 진동한 것이다.

二는 以佛神力一句動因中에 就主顯勝하야 但明佛力이어니와 感應道交인댄 亦由物機라 然汎明動因이면 總有其十하니 今當轉法輪이오

亦兼成道라 餘如別章하다【鈔_ 餘如別章者는 卽教義分齊中明이니 謂智論에 引長阿含第二호되 云有八因緣하니 一은 大水動時動이오 二는 尊神試力時動이오 三은 如來入胎時動이오 四는 出胎오 五는 成道오 六은 轉法輪이오 七은 息教오 八은 涅槃時오 九는 依增一二十八하야 更加大神足比丘 心得自在하야 乃至觀地無相일새 故令地動이며 十은 智論에 云 "授菩薩記하야 當於此界作佛之時에 地神喜故로 所以動也"라하다】

(2) '佛神力' 1구의 '진동하는 원인' 가운데 세주의 측면에서 훌륭함을 나타내어 다만 부처님의 위신력을 밝혔지만, 감응의 도가 교류한 것으로 말하면 이 또한 대중의 근기를 따른 것이다. 그러나 대체로 진동의 원인을 밝힌다면 모두 열 가지가 있다. 여기에서는 법륜을 굴림에 해당하며, 또한 成道를 겸하였다. 나머지는 별도의 장과 같다.【초_ "나머지는 별도의 장과 같다."는 것은 教義의 分齊에서 밝혔다. 지도론에서 장아함경 제2를 인용하여 이르기를, "8가지의 인연이 있다.

① 바닷물이 진동할 때 진동함이며,

② 존귀한 신중이 힘을 시험할 때 진동함이며,

③ 여래가 入胎할 때에 진동함이며,

④ 태어날 때에 진동함이며,

⑤ 成道할 때에 진동함이며,

⑥ 법륜을 굴리실 때에 진동함이며,

⑦ 가르침을 쉬실 때에 진동함이며,

⑧ 열반하실 때에 진동함이라." 하였고,

⑨ 증일아함경 28권에 준하여, 다시 "大神足比丘가 마음이 자재함을 얻어서 나아가 지위가 상이 없음을 보았기에 땅이 진동하게 되었다."는 점을 더하였고,

⑩ 지도론에 이르기를, "보살에게 수기를 주어 이 세계에 부처를 이룰 때에 땅의 신이 환희하는 까닭에 진동한다."고 하였다.】

三其地下動相者는 震은 卽是聲이오 動은 卽是形이오 聲은 兼吼擊이오 形은 兼起踊이라 故有六種이니 此六이 各三에 成十八相이라 搖颺不安을 爲動이오 自下漸高를 爲起오 忽然騰擧를 爲踊이오 隱隱出聲을 爲震이오 雄聲郁遏을 爲吼오 砰磕發響을 爲擊이라

十八相者는 唯一方動을 直爾名動이오 四方과 若次第와 若一時動者를 名爲徧動이오 若八方次第와 或一時動을 名普徧動이오 又四方·八方·十方 如次를 名三相動이오 又一方獨動과 十方次第動과 十方同時動을 又爲三相이니 餘五例之라

然이나 動何所爲 依勝思惟梵天經 所爲有七 一은 令諸魔怖故오 二는 爲說法時大衆心不散亂故오 三은 令放逸者生覺知故오 四는 令衆生知法相故오 五는 令衆生觀說法處故오 六은 令成熟者得解脫故오 七은 令隨順問正義故라 此上七緣은 正是今經所爲오 地論에 有四하니 非當此文이라 上約外器어니와 若心地·聖賢地·法性地에 亦有震動等義하니 可以虛求라

(3) 그 땅이 진동하는 양상이란, 震은 소리요, 動은 형상이다. 소리는 우르르 울림과 와르르 부딪치는 소리를 겸하고, 형상은 흔

들거림과 들먹거림을 겸한다. 이 때문에 6가지가 있고, 이 6가지가 각각 3가지씩 있기에 18가지의 양상이 된다.

흔들거려 불안함이 動이며, 아래로부터 점차 위로 들먹거림이 起이며, 갑자기 울쑥불쑥한 것이 踊이며, 은은히 울려오는 소리는 震이며, 웅장하게 으르렁거리는 소리는 吼이며, 부딪쳐 울려 나오는 소리는 擊이다.

18가지의 양상에서 오직 한 방향으로 흔들거림은 단 動이라 말하고, 사방이 차례로 흔들거리거나 일시에 흔들거리는 것은 徧動이라 말하고, 만일 팔방이 차례로 흔들거리거나 혹은 동시에 흔들거림은 普徧動이라 말한다. 또 사방·팔방·시방이 순서대로 흔들리는 것을 三相動이라 하고, 또 한 방위만 흔들거리거나 시방이 순서대로 흔들거리거나 시방이 동시에 흔들거리는 것을 또한 三相動이라 한다. 나머지 5가지[起·踊·震·吼·擊]는 이를 견주어보면 알 수 있다.

그러나 흔들거리는 진동은 무슨 까닭에 일어나는가. 勝思惟梵天經에 의하면, 그 이유는 7가지이다.

⑴ 모든 마군을 두렵게 하기 위함이며,

⑵ 설법할 때에 대중의 마음이 산란하지 않게 하기 위함이며,

⑶ 방일한 자로 하여금 깨달음을 얻게 하기 위함이며,

⑷ 중생으로 하여금 법의 모양을 알게 하기 위함이며,

⑸ 중생으로 하여금 설법한 곳을 살펴보게 하기 위함이며,

⑹ 성숙한 중생으로 하여금 해탈을 얻게 하기 위함이며,

(7) 따라서 바른 뜻을 묻도록 하기 위함이다.

이 위의 7가지 인연이 바로 본경에서 추구하는 바이다. 지도론에서 4가지를 말했는데 이 경문에는 해당하지 않는다. 위에서는 바깥 器世間으로 말했지만, 心地·성현의 땅·법성의 땅 또한 진동 등의 뜻이 있다. 이를 허심탄회하게 추구하여야 한다.

二 興供

제2. 공양구름을 일으키다

經

此諸世主가 一一皆現不思議諸供養雲하사 雨於如來道場衆海하시니 所謂一切香華莊嚴雲과 一切摩尼妙飾雲과 一切寶燄華網雲과 無邊種類摩尼寶圓光雲과 一切衆色寶眞珠藏雲과 一切寶栴檀香雲과 一切寶蓋雲과 淸淨妙聲摩尼王雲과 日光摩尼瓔珞輪雲과 一切寶光明藏雲과 一切各別莊嚴具雲이라 如是等諸供養雲이 其數無量하야 不可思議라라 此諸世主가 一一皆現如是供養雲하사 雨於如來道場衆海호되 靡不周徧하시니

이 모든 세간의 주인이 낱낱이 모두 불가사의의 공양구름을 나타내어 여래의 도량 대중바다에 쏟아 내리니

이른바 온갖 향기 나는 꽃으로 장엄한 구름,

온갖 마니주로 미묘하게 꾸민 구름,

온갖 보배가 불꽃처럼 빛나는 그물구름,

끝없는 종류의 마니보배가 원만하게 빛나는 구름,

온갖 여러 가지 색의 보배진주창고구름,

온갖 보배의 전단향구름,

온갖 보배일산구름,

청정하고 미묘한 음성의 마니구름,

햇살 같은 마니영락바퀴구름,

온갖 보배광명창고구름,

온갖 각기 다른 장엄거리구름이다.

이와 같은 모든 공양구름이 그 수가 한량이 없어 불가사의하였다.

이처럼 많은 세간 주인이 낱낱이 모두 이와 같은 공양구름을 나타내어, 여래의 도량 대중바다에 쏟아 내리어 가득하지 않은 곳이 없었다.

● 疏 ●

文三이니 一은 標數니 同生之衆도 亦得稱主는 爲物依故오.

이 경문은 3단락이다. 제1단락은 수효를 내세워 말하였다. 함께 태어난 중생 또한 '세주'라고 말한 것은 대중의 의지처가 되기 때문이다.

二.所謂下는 略列이오.

제2단락의 '所謂' 이하는 간단하게 구름의 양상을 열거하였다.

三此諸下는 結徧이라(已上은 天地徵祥 竟하다)

제3단락의 '此諸' 이하는 공양구름이 가득함을 끝맺은 것이다. (이상은 천지에 상서의 징조가 보임에 대한 부분을 끝마치다.)

大科 第十 結通無盡

大科 제10. 무진법계를 통틀어 끝맺다

經

〈結華藏內〉如此世界中에 一一世主가 心生歡喜하야 如是供養인달하야 其華藏莊嚴世界海中에 一切世界의 所有世主도 悉亦如是하야 而爲供養이어든 其一切世界中에 悉有如來가 坐於道場하사 一一世主가 各各信解와 各各所緣과 各各三昧方便門과 各各修習助道法과 各各成就와 各各歡喜와 各各趣入과 各各悟解諸法門으로 各各入如來神通境界하며 各各入如來力境界하며 各各入如來解脫門하시니
〈結華藏外〉如於此華藏世界海하야 十方盡法界虛空界의 一切世界海中에도 悉亦如是하니라

이와 같은 세계 가운데 낱낱 세간 주인들이 기뻐하는 마음으로 이와 같이 공양하듯이 화장장엄세계바다 안에 있는 모든 세계의 세간 주인들도 모두 이와 같이 공양하였다. 그 모든 세계에는 모두

여래가 계시어 그 도량에 앉으셨고, 하나하나 세간 주인들이 각각의 믿음과 이해와, 각각의 인연과, 각각의 삼매 방편문과, 각각의 닦아서 도를 돕는 법과, 각각의 성취와, 각각의 환희와, 각각의 나아가 들어감과, 각각의 깨달아 아는 여러 가지 법문으로 각각 여래의 신통경계에 들어가며, 각각 여래의 힘의 경계에 들어가며, 각각 여래의 해탈법문에 들어갔다.

이 화장장엄세계바다처럼 시방의 온 법계와 허공계에 있는 모든 세계바다에서도 모두 이와 같았다.

● 疏 ●

文分有二니 一은 結華藏內요 二는 結華藏外라 前中에 亦二니 先擧此界라

이 경문은 2단락으로 나뉜다.

제1단락은 화장세계 내면을 결론짓고,

제2단락은 화장세계 밖을 결론지었다.

제1단락에는 또한 2가지가 있다. 앞에는 사바세계를 들어 말하였다.

二 其華藏下는 類華藏中一切世界라 於中에 三이니 初는 類衆海興供이라 一切世界者는 謂華藏中에 有十不可說佛刹微塵數世界種이오 一一種中에 各有不可說不可說佛刹微塵數世界니 彼等一切諸世界中에 悉有世主하야 而爲供養이라

첫 단락의 둘째 '其華藏' 이하는 화장세계 가운데 일체 세계의

무리이다.

그중에 3가지가 있다.

⑴ 바다처럼 많은 대중이 공양을 일으킨 무리이다. '일체 세계'란 화장세계 중 10개의 말할 수 없는 부처님 국토에 미진수의 세계 종류가 있고, 그 하나하나 세계의 종류 가운데 각각 말할 수 없는 불찰미진수의 세계가 있다. 그와 같은 일체 세계 가운데에 모두 그 세계의 주인이 있어 부처님에게 공양을 올린 것이다.

二其一切下는 類佛坐道場이라 然有二義하니 一은 彼諸世主 各供當處之佛이오 二는 彼諸世主도 亦供此佛이며 此佛도 亦坐彼界道場이라

⑵ '其一切' 이하는 부처님이 앉으신 사자좌 도량이다. 그러나 2가지 뜻이 있다.

첫째는 저 모든 세주가 각각 자신의 해당 세계에 계신 부처님께 공양을 올리는 것이며,

둘째는 그 모든 세주 또한 여기에 계신 부처님께 공양 올리며, 여기에 계신 부처님 또한 그들의 세계에 존재하는 도량에 앉아 계시는 것이다.

三一一下는 類結大衆得法이니 於中에 有十一句니 爲聞法得益이라 得益有三하니 一은 聞益이니 各各信解故니 謂信其言而解其義오 二는 思益이니 謂於所對審緣慮故오 三은 修益이라 修益에 有七하니 一은 修門이니 謂三昧方便故오 二는 修法이니 謂資糧助道故오 三은 修果니 契理成就故오 四는 修益이니 隨有所得하야 成法喜故오 五는 修轉이니 各

各趣入無量乘門과 及衆生界故오 六은 修同이니 悟解法門이 合先聖故오 七은 修極이니 修極에 有三하니 一은 大悲極으로 入佛神通境이라 入佛神通境은 但爲益生故니 此成恩德이오 二는 大智極으로 入佛力境이니 如來力境은 悲智超絶하야 無能及故로 成佛智德이오 三은 自在極으로 入如來解脫門이니 盡一切障하야 心境自在일새 成佛斷德이니 亦卽是前諸解脫門이라

(3) '一一' 이하는 대중이 법을 얻음에 대해 끝맺음이다. 그 가운데에 11구가 있는데, 법문을 듣고서 이익을 얻음이다. 이익을 얻음은 3가지이다.

첫째는 듣는 이익이다. 각각 믿고 알기 때문이다. 부처님의 말씀을 믿고 그 뜻을 이해함을 말한다.

둘째는 생각하는 이익이다. 마주하는 법에 대해 자세히 생각하여 살핌을 말한다.

셋째는 수행의 이익이다. 수행의 이익에는 7가지가 있다.

① 수행의 문, 삼매 방편이기 때문이다.

② 수행의 법, 양식으로 도를 보조하기 때문이다.

③ 수행의 결과, 이치에 계합하여 성취하기 때문이다.

④ 수행의 이익, 얻은 바에 따라 법희를 이루기 때문이다.

⑤ 수행의 전변, 각각 한량없는 일승법문과 중생계에 들어가기 때문이다.

⑥ 수행의 동일, 법문을 깨달음이 예전의 성인과 일치하기 때문이다.

㉧ 수행의 극치, 수행의 극치에는 3가지가 있다. ㉠ 大悲의 극치로 부처님의 신통경계에 들어가는 것이다. 부처님의 신통경계에 들어감은 단 중생의 이익을 위한 때문이다. 이는 부처님의 은덕을 성취함이다. ㉡ 大智의 극치로 부처님의 十力경계에 들어가는 것이다. 여래의 십력경계는 자비의 지혜가 워낙 뛰어나 미칠 수 없기 때문이다. 이는 부처님의 지혜와 공덕을 성취함이다. ㉢ 自在의 극치로 여래의 해탈문에 들어가는 것이다. 일체 장애가 다하여 마음과 경계가 자재하기에 부처님의 斷德을 성취함이다. 또한 이는 곧 앞에서 말한 모든 해탈문이다.

二如於此下는 結華藏外니 謂以華藏으로 例於法界에 各有此會하야 同爲一大法界會니 方是華嚴無盡說耳라(上來十段에 總明教起因緣分은 竟하다)

둘째 단락의 '如於此' 이하는 화장세계 밖을 결론지었다. 화장세계를 법계에 준하여 보면 각각 이런 법회가 있어 하나의 큰 법회가 이뤄진다. 이는 바야흐로 이 화장세계의 끝이 없는 설법이다.(위의 10단락에 가르침이 시작된 인연[教起因緣]을 총체로 밝힌 부분을 끝마치다.)

◉ 論 ◉

從爾時華藏莊嚴世界海已下에 有二十一行經(三百六十二言)은 明動地興供이라 於此一段經文에 其意有七하니 一은 明舉世界之名이오 二는 推佛神力으로 地六震動이오 三은 世主이 興供歡喜오 四는 明以此로 例同多土오 五는 明佛이 徧興於世오 六은 明世主이 各隨自解오 七은

明法會興供이 普同十方이니라

'爾時華藏莊嚴世界海' 이하 21항의 경문(362자)은 땅을 진동함과 공양구름을 일으킴을 밝힌 것이다. 이 단락의 경문에는 7가지 뜻이 있다.

(1) 세계의 이름을 열거하여 밝힘이며,

(2) 부처님의 위신력으로 땅의 6가지 진동을 추앙함이며,

(3) 세주가 공양을 올리면서 환희함이며,

(4) 이로써 많은 국토가 똑같음을 밝힘이며,

(5) 부처님이 세계에 두루 나타나심을 밝힘이며,

(6) 세주가 각각 자신의 이해에 따름을 밝힘이며,

(7) 법회의 공양을 일으킴이 시방세계에 똑같음을 밝힌 것이다.

問曰何爲地動이니잇고 答曰其地動이 大意有五하니 一은 此會大衆이 得道오 二는 智人이 出現이오 三은 智人이 去世오 四는 世間災變이오 五는 得道歡悅이니 此는 明大衆이 獲益歡悅故로 地動이어늘 推佛神力者는 明師弟之敬으로 推德於上이니라

"무엇 때문에 땅이 진동한 것일까?"

땅이 진동한 데에는 5가지의 큰 의미가 있다.

(1) 이 법회 대중이 도를 얻었기 때문이며,

(2) 지혜 있는 사람이 출현한 때문이며,

(3) 지혜 있는 사람이 세상을 떠난 때문이며,[30]

....

30 지혜 있는… 떠난 때문이며 : 부처님이 열반하시자 대지에 6가지의 진동이 있었다.

⑷ 세간의 재앙과 변고 때문이며,

⑸ 도를 얻어 기뻐한 때문이다. 이는 중생이 이익을 얻어 기뻐 찬탄한 까닭에 땅이 진동하였음을 밝힌 것인데, 부처님의 위신력에 미루어 말한 것은 사제 사이의 존경심으로 부처님에게 그 덕을 미루어 사양함을 밝힌 것이다.

問曰何故로 於此段中에 地動興供이니잇고 答曰爲至此中一段은 明初會中常隨佛衆인 當境之內神天衆과 及如來座內古今諸佛同因衆과 菩提樹內流光衆과 幷如來宮殿內大悲衆인 如是當佛自衆이 來集하야 復得益하며 及賀佛出興하야 衆心喜動에 地亦隨動故니라

"무슨 까닭으로 이 단락에서 땅이 진동하고 구름 공양을 말했을까?"

이 단락을 말하기에 이른 것은 첫 법회에 항상 부처님을 따르는 대중인 해당 경내의 諸天·諸神 대중, 여래 사자좌 내의 고금의 모든 부처님과 인연을 함께한 대중, 보리수의 광명 속에 나타난 대중, 아울러 여래 궁전 내의 大悲衆인, 이와 같이 부처님이 계시는 곳의 대중이 찾아와 다시 법의 이익을 얻으며, 부처님이 출현하심을 축하하여 중생의 마음에 기쁨이 넘치기에 땅 또한 그들의 마음을 따라 진동한 때문임을 밝힌 것이다.

此는 明初會當境之內大集一終이니라 然後에 面門放光하사 普集他土하야 亦來此會니 此是無自他中他也라 以明化儀主伴이니 此乃龍行雲應이라 法事合然이오 爲化衆生하야 軌模如是라 以眞法性으로 塵刹普周하야 一刹那之中에 三世同際니 還以一多相容不同門으로 該

括이라 如是放光集衆은 意令知佛境界가 相參無二니라 已上은 是初成正覺하사 顯示五位行門의 一終因果니라

　이는 첫 법회의 경내에 수없이 운집한 대중에 대해 끝맺은 것이다. 그런 후에 부처님 얼굴에서 광명을 발산하여 다른 국토의 대중들이 널리 운집하여 또한 이 법회를 찾아온 것이다. 이는 나와 남이 없는 가운데 남들이다. 이로써 교화 의식에 있어서의 主伴을 밝힘이니 이는 용이 날자 구름이 일어나는 것과 같다. 법회의 일은 당연히 그럴 수밖에 없고, 중생의 교화를 위하여 규칙이 이와 같은 것이다. 참된 법성으로 미진수 세계에 널리 두루 하여 한 찰나 사이에 삼세가 함께하니 또한 하나와 많음이 서로 함께하면서도 같지 않은 문[一多相容不同門]으로 이를 포괄한 것이다. 이와 같이 광명을 쏟아내어 대중을 운집한 것은 부처님의 경계가 서로 함께하여 둘이 없음을 알려주려는 뜻이다. 이상은 처음 정각을 성취하여 五位行門의 하나로 마친 인과[一終因果]를 보여준 것이다.

此一部之經에 總有六重因果하니 一은 從世主妙嚴品으로 及至華藏世界品히 五品經은 明初成正覺하사 顯示五位行門報得과 及示現入法一重因果오 二는 毗盧遮那品은 是古佛因果니 引古證今하야 明佛佛相襲하야 道不虛來오 三은 第二會普光殿은 顯示十信因果오 四는 從須彌之頂으로 直至離世間品은 顯菩薩의 證修因果오 五는 入法界品은 明古今本法의 不思議因果니 此是一切諸佛의 共所乘宗이라 爲一切佛之本體니 衆生이 同具언마는 只爲迷之오 六은 覺城東會는 明顯示菩薩의 利生行門과 善知識의 攝生形狀과 法則進修因果니 若

545

但說其法이면 在行猶迷일세 此經은 前後六度니 總擧解行證修因果하사 令使啓蒙으로 易解하야 不滯其功이니라(世主妙嚴品 竟하다)

화엄경에는 모두 6重의 인과가 있다.

⑴ 세주묘엄품부터 화장세계품에 이르기까지 5품은 처음 정각의 성취를 밝혀, 5위행문의 과보를 얻은 것과 법에 들어가는 1重의 인과를 보여준 것이다.

⑵ 비로자나품은 古佛의 인과이다. 고불을 인용해서 今佛을 증명하여 부처와 부처가 서로 이어오면서 도가 헛되이 전해오지 않음을 밝힌 것이다.

⑶ 제2 법회가 열렸던 보광명전에서 十信의 인과를 보여준 것이다.

⑷ 수미정상품부터 바로 제38 이세간품까지는 보살이 증득하여 닦은 인과를 밝힌 것이다.

⑸ 입법계품은 고금 본래 법의 불가사의 인과를 밝힌 것이다. 이는 일체 제불이 똑같이 이어온 종지이다. 일체 부처님의 본체가 되니 중생도 함께 갖추었지만 다만 혼미한 것이다.

⑹ 覺城東會는 보살이 중생에게 이익이 되는 行門, 선지식이 중생을 섭수하는 형상, 법을 닦아나가는 인과를 밝힌 것이다.

만일 그 법만을 말하면 수행에 있어 오히려 혼미하기에 이 경은 전후 육바라밀이다. 이는 모두 解行과 證修의 인과를 들어 어리석은 이로 하여금 쉽게 이해하여 공부에 막힘이 없도록 함이다.(세주묘엄품을 끝마치다.)

세주묘엄품 제1-10 世主妙嚴品 第一之十
화엄경소론찬요 제11권 華嚴經疏論纂要 卷第十一

화엄경소론찬요 ②
華嚴經疏論纂要

2016년 6월 7일 초판 1쇄 발행
2017년 6월 22일 초판·2쇄 발행

편저자 혜거
발행인 박상근(至弘) • 편집인 류지호 • 편집 김선경, 양동민, 이기선, 양민호
디자인 쿠담디자인 • 제작 김명환 • 홍보마케팅 허성국, 김대현, 박종욱 • 관리 윤애경
펴낸 곳 불광출판사 03150 서울시 종로구 우정국로 45-13, 3층
　　　　대표전화 02) 420-3200 편집부 02) 420-3300 팩시밀리 02) 420-3400
　　　　출판등록 1979. 10. 10 (제300-2009-130호)

ISBN 978-89-7479-317-3　04220
ISBN 978-89-7479-318-0　04220 (세트)

이 도서의 국립중앙도서관 출판예정도서목록(CIP)은
서지정보유통지원시스템 홈페이지(http://seoji.nl.go.kr)와
국가자료공동목록시스템(http://www.nl.go.kr/kolisnet)에서 이용하실 수 있습니다.
(CIP제어번호: 2016012587)

책값은 뒤표지에 있습니다.
잘못된 책은 구입하신 서점에서 바꾸어 드립니다.
독자의 의견을 기다립니다. www.bulkwang.co.kr

불광출판사는 (주)불광미디어의 단행본 브랜드입니다.